# 생사령
## 生死靈

## 생사령 生死靈

초판 1쇄 인쇄  2012년 8월  5일
초판 1쇄 발행  2012년 8월 10일

지은이 | 자미국
펴낸이 | 金泰奉
펴낸곳 | 한솜미디어
등  록 | 제5-213호

편  집 | 박창서, 김주영, 김수정, 이혜정
마케팅 | 김영길, 김명준
홍  보 | 김태일

주  소 | (우143-200) 서울시 광진구 구의동 243-22
전  화 | (02)454-0492(代)
팩  스 | (02)454-0493
이메일 hansom@hansom.co.kr
홈페이지 www.hansom.co.kr

ISBN 978-89-5959-320-0 (03150)

*책값은 책 표지에 표기되어 있습니다.
*잘못 만들어진 책은 구입하신 서점에서 친절하게 바꿔드립니다.

# 생사령
生死靈

자미국 지음

## 생사령生死靈을 부르는 신비의 능력

생과 사를 주재하시고 심판하시는 태초의 하늘.

우리 모두의 생사를 주재하시고 심판하시며 길흉화복을 좌우하시는 위대하신 진짜 하늘은 석가님, 예수님, 성모님, 상제님, 부처님, 신명님, 하나님, 미륵님이 아니라 태상천존 자미 천황태제님이라는 분이시다.

사람들 대다수가 하늘은 상상 속에서만 존재하는 줄 알고 있을 테지만 인간 눈에는 보이시지 않으나 천상세계에 실제 존재하고 계시고 인간 육신을 통하여 하늘께서 말씀도 내려주신다.

인간 육신이 살아있으면 그 몸 안에 영혼을 생령이라 하고, 육신이 죽은 영혼을 사령이라고 한다.

저자는 인류 최초로 천상세계 신명과 생사령을 부르는 능력을 갖고 있고, 독자 여러분의 생령과 돌아가신 조상님인 사령을 불러서 독자들과 직접 대화를 하게 해줄 수 있는 영 능력자이다.

살아있는 사람들의 영혼을 제3자의 몸으로 불러낸다는 것은 가히 상상을 초월하는 인류 최초의 신비한 일이고 이는 하늘께서 저자에게 신비능력을 주시지 않았으면 불가능한 일이다.

인간 육신이 지구 반대편에 있어도 그의 생령을 즉시 부를 수 있으니 이것이 과연 가능한 일인가? 믿어야 하나 말아야 하나? 정말 경천동지할 일이 자미국에서 일어나고 있다.

세상 그 어느 누구의 생령과 사령도 부를 수 있고, 이로 인하여 그들의 마음을 알 수 있으니 인류가 탄생한 이래 최초이리라. 정말 상상을 초월하는 대단한 일이다.

자미국紫微國의 자미는 저자의 아호雅號이자 하늘의 성씨이며 인류의 구심점이다. 하늘의 대행자인 인황(저자)은 인간세상 표현법으로는 진인 출현이며 진인은 도를 터득한 득도자 또는 천상세계에 계신 신의 명령을 받은 지상의 지배자란 뜻으로 세상을 구할 구세주를 말한다.

저자는 황룡黃龍의 기운을 갖고 태어났다. 몸에 용龍이 있음을 본 사람도 몇 명 있고, 몸에 형상으로도 있으며 이름에도 용이 서로 마주 보고 있는 형상으로 지어져 있다. 그래서인지 저자에게 하늘께서 세상을 구하고 다스리라고 인류 최초로 인황과 지황이란 어마어마한 관명을 황명으로 동시에 내려주셨나 보다.

하늘의 뜻을 세상에 전하는 하늘의 대행자 인황의 명은 곧 법이다. 태초의 하늘 태상천존 자미 천황태제님께서 실제로 존재하고 계심을 인류 최초로 전 세계에 널리 전하고 펼치기 위하여 태어난 인물이고 천상 자미천궁에서 이 땅으로 하강하여 세계 각 나라의 구심점이자 중심이 될 천황님의 나라 자미국을 세우고 있다.

진인眞人은 참 사람이자 착한 사람인데 하늘께서는 이 세상 70억 인류 중 착한 사람은 단 두 명뿐이라고 하시었다. 저자가 세상을 구하고 다스릴 진인이지만 알아볼 자 몇이나 될까?

독자들은 자미국을 통하여 천상에 계신 상상속의 하늘과 만날 수 있으니 행운이고, 저자를 만나 각자의 조상님들과 자신들의 영(신명)이 위대하신 태초의 하늘 천황태제님을 만나는 독자들은 상상을 초월하는 새로운 행복한 세상이 현실로 열릴 것이다.

자미는 북극성 부근을 말하고 자미천궁이라 하고 자미를 중심 기점으로 우주천체의 모든 별들이 운행하고 있으며 만생만물이 창조된 근원인 곳이다. 이곳에 대우주를 창조하신 천계의 주인께서 머물고 계시니 그분이 바로 '태상천존 자미 천황태제님'이시다.

아직까지 세상에 존호 자체가 알려지지 않았던 분으로서 저자에 의해 태초 이래 처음으로 그 위대하신 존명을 알리게 되었다. 천상에는 신선선녀들이 살아가는 환상의 무릉도원 자미천궁이 있고, 지상에는 천황님의 나라 자미국紫微國이 있다.

이분은 종교상으로 모든 인류가 떠받드는 천계의 천주(33명의 하나님)들을 거느리고 다스리시는 절대자 존재이시다. 기독교의 하나님께는 부모님 되시는 존재이시고, 석가모니 부처님과 용화세존 미륵존불님, 구천상제님, 옥황상제님, 제위 모든 천주님들을 다스리시며 지휘통솔 하시는 유일한 천상지상의 절대적 존재이시다.

　이렇게 위대하신 천지 만생만물을 창조한 주인이신 천황태제님께서 동방의 작은 나라 한반도에 자미국으로 2007년 5월 6일 공식 하강 강림하시었다.

　첫째, 하늘과 조상님을 팔아 착취하고 있는 잘못된 종교를 멸하시고, 종교의 노예가 되어버린 인류를 구원하시어 종교로부터 모두를 해방시키시고 또한 더 이상 무당, 도사, 법사, 보살, 스님, 신부, 목사 등 종교인으로 탄생하는 것을 예방하시기 위하여 하강하시었다.

　둘째, 모든 귀신, 원혼귀, 마귀, 악귀, 잡귀, 요괴와 사악한 악령들과 사탄으로부터 인류를 하늘의 신명들로 하여금 보호하게 하시고자 하강하시었다.

　셋째, 장차 다가올 무서운 괴질과 천체(운석) 충돌, 해일(쓰나미), 화산폭발, 지진, 토네이도, 태풍, 폭우, 폭설, 이상 난동, 이상 한파 등 천지 대재앙이 일어났을 때 하늘의 백성인 천손민족들을 무수히 구원해 내시고자 하강하시었다.

　넷째, 불확실한 미래에 대한 공포와 불안을 해소하고, 원인을 알 수 없는 모든 사건, 사고, 관재, 질병, 자살, 돌연사, 살해, 사업실패, 우환, 가난, 우울증, 이혼으로 고통받는 불쌍한 자손들을 구원해 내시고자 하강하시었다.

　다섯째, 허공중천을 떠돌며 자손들 몸에 몰래 숨어들어와 살고 있는 원과 한이 많은 불쌍한 수많은 조상님 영가들을 구원하시고자 하강하시었다.

　여섯째, 인류가 오랜 세월 갈망하며 노래 부르던 꿈의 세계인 이상향의 무릉도원 세계를 지상에 자미국을 통하여 실제로 펼치시기 위하여 하강하시었다.

　일곱째, 생로병사를 초월하여 불로수명 장생하는 천황님의 나라를 세우시고자 하강하시었다.

이 책은 인생을 살아가는 동안 근심걱정 없이 하늘과 조상님의 보호를 받아 가장 행복하게 잘사는 지름길로 여러분 각자의 인생을 인도해 줄 하늘이 내리신 인생 행복의 비결서秘訣書이다.

명산대천을 주유천하하며 33년간 수행 정진한 끝에 마침내 득도의 경지에 올라 인류 역사상 최초로 대우주를 창조하신 천황태제님과 한 몸이 되어 무소불위의 천권天權과 천력天力을 자유자재로 행사하는 초능력자의 몸이 되었다.

하늘의 화신이 되자 모든 천지신명, 조상님영가, 산 사람 생령에게 명을 자유자재로 내릴 수 있는 하늘의 절대적 권한이 어느 날 저자 인황에게 주어졌다.

천황태제님의 신비한 천권과 천력은 우리 인간의 능력과 상상을 초월하고 있다. 하늘·신·조상님을 통하여 우리 인간과 언어전달의 방법이 달라 우리 인간과 언어가 소통되지 않는 하늘·신·조상님들의 원과 한을 저자가 이분들 모두를 대신하여 대한민국의 자손과 세계의 자손들에게 전하고 있다.

천기 12(2012)년 8월 1일<br>
태초의 하늘 태상천존 자미 천황태제님의<br>
명 대행자 인황(남)<br>
명 수행자 사감(여)

# 목차

생사령生死靈을 부르는 신비의 능력 _ 004

## 제1부 사후세계의 진실

- 70억 인류 중 착한 사람은 단 두 명뿐! _ 014
- 하늘과 각자 조상님들의 명은 추상같이 무섭다 _ 019
- 인류 최초로 자신의 생령과 대화 _ 023
- 천황님의 나라 천상궁전 _ 028
- 길을 잃어 울고 있는 슬픈 영가의 모습 _ 034
- 빈손으로 왔다 빈손으로 가는 인생 _ 041
- 조상님들이 가장 싫어하는 것! 굿, 천도재, 기도 _ 046
- 신 내림은 하늘, 조상님의 뜻이 아니다 _ 055
- 각 종교의 구심점 소멸! _ 061
- 몸에 조상님들이 살고 있다 _ 064
- 몸에 신과 귀신이 살고 있다 _ 068
- 명절 차례와 제사 문화가 새롭게 열린다 _ 071
- 정성 들인 만큼 받는 것이 천지 이치이다 _ 074
- 귀신을 부르는 온갖 신물을 버려라 _ 077
- 독자가 보낸 감사 편지 _ 081
- 재물이 온데간데없이 흩어져 _ 085
- 병마의 실체와 사고의 실체 _ 088
- 보이지 않고 들리지 않는 천지기운 _ 092

## 제2부 조상님들을 구원한 입천제 사례

- 약사가 체험한 신기한 이야기 _ 096
- 이혼한 남자가 벼슬입천제 올리고 _ 099
- 구원받은 어느 조상님 _ 104
- 용감하게 종교에서 벗어난 인생 _ 107
- 벼슬을 하사받아 천계로 간 조상님 _ 110
- 모태 신앙인의 환골탈퇴 _ 114
- 영안이 열리신 고승 _ 120
- 천지기운에 이끌려 찾아온 조상님 _ 125
- 신비의 천지기운을 느낀 학생 _ 128
- 파란만장한 신의 조화 _ 132
- 공주로 탄생한 여인 _ 137

## 제3부 훌륭한 나라조상님

- 위대한 하늘을 감동시킨 나라조상님들 _ 148
- 우리의 원과 한은 나라조상님들의 원과 한이었다 _ 152
- 천상궁전과 나라궁전 인간궁전! _ 165
- 인생의 고통은 행복의 근원이어라 _ 169

## 제4부 조상님 영가들의 천상궁전

- 조상님들을 마귀라 박대하지 마라 _ 174
- 죽음 이후의 모습들 _ 182
- 유령(원한 귀신)이 되는 죽음이란! _ 184
- 세계 최초로 행해지는 조상님 벼슬입천의식 _ 186
- 이승을 떠나 저승으로 들어가는 영혼들 _ 189
- 자미국 자미천궁! _ 195
- 조상님들이 가고 싶은 곳은 천상궁전 _ 204
- 영혼의 안식처 천상궁전 가려면 _ 210

## 제5부 희망과 절망

- 하늘의 황실이 한반도에 세워져야 _ 218
- 신비로운 천령정기 기운을 받으면 _ 224
- 하늘의 백성으로 인생을 다시 시작한다 _ 227
- 하늘에서 감추어둔 천계의 대 신명들 _ 230
- 미륵님 출세 _ 233
- 세기적 예언자들은 말한다 _ 237
- 서기 2012년, 2036년 지구 종말론 _ 242

## 제6부 세계를 다스릴 통치 국가

- 천상신명들이 인간 몸으로 하강하였다 _ 250
- 새로운 나라가 세워지고 있다 _ 254
- 천황태제님의 나라 _ 260
- 천황태제님께서 지상에 내려오시는 연유 _ 264
- 천황태제님의 공식하강 및 즉위식 _ 272
- 70억 인류의 구심점을 한반도에 세우자 _ 277
- 세계 최초의, 세계 최고의 조상님 영가입천제! _ 283

## 제7부 천지조화 부리는 신비 능력자

- 산 사람의 생령을 부르는 능력자 _ 288
- 생령을 청배하여 상대의 마음을 알았다 _ 291
- 애인의 생령을 불러 보았더니 _ 295
- 김정일 국방위원장 생령과 대화 _ 301
- 150밀리 강우降雨신명공사 _ 306
- 자미인황님의 풍운조화! _ 312
- 산 기도에서 만난 기적 _ 317
- 하늘이 보내주신 최고의 선물 _ 321
- 하늘이 맺어주신 인연자 _ 325
- 상상을 초월한 천상세계 나들이 _ 328

- 대단하신 하늘의 진실 말씀 _ 334
- 저승세계 명부전을 다녀왔다 _ 340
- 작명과 개명의 비밀! _ 343
- 하늘께 바치는 공덕 _ 346
- 예비백성 가입 _ 351
- 하늘이 내리신 비결서 _ 353

# 제1부
# 사후세계의 진실

70억 인류 중 착한 사람은 단 두 명뿐! | 하늘과 각자 조상님들의 명은 추상같이 무섭다 | 인류 최초로 자신의 생령과 대화 | 천황님의 나라 천상궁전 | 길을 잃어 울고 있는 슬픈 영가의 모습 | 빈손으로 왔다 빈손으로 가는 인생 | 조상님들이 가장 싫어하는 것! 굿, 천도재, 기도 | 신 내림은 하늘, 조상님의 뜻이 아니다 | 각종교의 구심점 소멸! | 몸에 조상님들이 살고 있다 | 몸에 신과 귀신이 살고 있다 | 명절 차례와 제사 문화가 새롭게 열린다 | 정성 들인 만큼 받는 것이 천지 이치이다 | 귀신을 부르는 온갖 신물을 버려라 | 독자가 보낸 감사 편지 | 재물이 온데간데없이 흩어져 | 병마의 실체와 사고의 실체 | 보이지 않고 들리지 않는 천지기운

## 70억 인류 중 착한 사람은 단 두 명뿐!

귀인 한 사람 만나면 성공하고 죄인 한 사람 만나면 망하리라.

착하고 선함으로 위장하고 있는 하늘의 대역 죄인들이 이 땅에 무수히 살고 있다. 단 두 명의 착한 사람을 제외한 인류 모두가 하늘께 모두가 대역 죄인이라는 최초의 진실을 밝힌다.

인간의 상상을 초월하는 하늘의 말씀이다. 하늘을 우러러 한 점 부끄러움 없이 죄를 짓지 않고 살아왔다고 자부하는 사람들과 나름대로 성인군자 도덕군자라고 생각하며 살아가고 있을 테지만 그것은 각자들의 큰 착각이었다.

2012년 7월 21일 하늘께서 밝혀주신 진실이다.

지상에서 두 명을 제외한 인류 모두는 하늘께 죄를 지은 대역 죄인들이기에 하루속히 자미국을 통해 의식을 행해서 심판을 받은 뒤에 죄인의 굴레에서 벗어나야 한다.

죄인들은 천상궁전에 오를 수가 없고, 하늘께서 내려주시는 모든 복을 받을 수 없다. 겉으로 예쁘게 착하게 선하게 생긴 사람들의 몸 안에는 하늘께 대역죄를 지은 죄인들이 함께 살아가고 있다. 하늘께 지은 죄가 크고 많은 사람들과 함께하면 인생이 갑자기 몰락하고 불행해진다는 엄청난 진실도 확인하였다.

죄인들과 가까이하면 인생 자체가 바로 지옥세상으로 변한다. 자신의 주위에 있는 사람들이 누가 죄인들인지 가려낼 수가 없다. 각자들의 고통과 불행, 슬픔은 자신들이 하늘의 죄인이거나 가족이나 주위 사람들이 지은 죄를 뒤집어쓰고 있기 때문이라는 엄청난 진실을 알게 되었는데 각자들이 하늘께 무슨 죄를 지었는지 독자들 스스로는 알 수 없고 오직 하늘께서 만이 알고 계신다.

하늘께 지은 죄를 육신이 살아있을 때 죄를 빌어 용서받아야 자손과 후손들에게 죄가 대물림되지 않는다. 하늘께서는 각자들이 실시간으로 지은 죄를 모두 다 알고 계시고 천상장부에 기록하신다.

세상을 살면서 하늘께 대역죄를 지은 사람을 만나면 어느 날 갑자기 자신의 인생이 고통과 불행, 슬픔으로 전락해 버린다는 인류 최초의 경천동지할 진실을 알게 되었다.

하늘께 대역죄를 지은 죄인들이 있는 가정에는 우환, 질병, 사업부진, 관재발생, 돌연사, 가정불화, 단명, 우울증, 불면증, 자살, 심장마비, 비명횡사, 병명 없는 질병에 시달린다.

이런 불상사 역시 자신들이 죄인임을 가르쳐주시는 감사의 메시지이다. 인간사의 죄인들은 법정에서 심판하여 형량이 정해지고 형기가 끝나면 그것으로 죄의 대가를 치른 것이지만 하늘께 지은 죄는 하늘을 만나서 심판을 받지 않는 이상 억만년이 흘러가도 죄를 사면받을 수 없다.

하늘께 지은 죄!

각자들은 하늘께 죄를 지어 놓고도 그것이 얼마나 무섭고 두려운 일인지 실감 나게 느끼지 못하고 살아간다. 하늘 천황태제님의 모습이 인간들의 눈에 보이지 않기 때문이지만 반대로 하늘께서는 70억 인류가 지은 죄를 손바닥 위에 올려놓고 보시는 것처럼 실시간으로 모두 지켜보고 계신다는 점이다.

인류 최초로 각자들이 지은 죄를 알 수 있고 빌 수 있는 곳은 전 세계 유일한 자미국 하나뿐이다. 종교는 인간들을 선별 없이 무조건 받아주지만 자미국은 하늘께서 엄격히 선별해 주신다.

그래서 의식을 행하고 싶어도 하늘께서 허락이 없으시면 의식을 못 올린다.

죄인들에게는 천복을 내려주시지 않으니 인생사의 알 수 없는 고통과 불행으로 힘들게 사는 것이다. 육신이 살아서 하늘께 죄를 빌어 사면받지 못하면 인생을 살아가면서 고통과 불행, 슬픔은 물론 죽음 이후 공포의 지옥세계로 떨어진다.

하늘의 대행자 인황(지황)은 하늘 태상천존 자미 천황태제님의 화신이자 분신이기에 말하는 대로 현실에서 천지조화가 실시간으로 일어나게 하는 신비의 영 능력자이다. 대단하신 하늘께서 천령정기의 기운을 실시간으로 내려주시고 계시기 때문이다. 그래서 저자가 하는 말은 이 땅에서 곧 법이자 명으로 내려간다.

각자가 하늘과 조상님께 지은 죄가 무엇인지 많이 궁금할 것이다.

사람마다 모두가 천태만상으로 다르지만 공통적이고 대표적인 죄를 몇 가지 말해 준다.

각자들이 어떤 종교를 믿음으로서 영의 뿌리(부모님)인 하늘을 석가, 예수, 성모, 마호메트, 공자, 노자, 상제, 옥황상제, 산신, 용신, 터 신으로 바꾼 죄가 가장 크다는 점이다.

즉, 종교를 믿었거나 현재 믿고 있는 모든 사람들이 하늘을 바꾼 대역 죄인들이니 이해가 될지 모르겠다. 자기 영의 뿌리인 위대하신 하늘 천황태제님을 섬기지 않고 종교숭배자를 받드는 사람들을 환부역조한 역천자라 하신다.

자신을 낳아준 육신의 뿌리인 돌아가신 부모조상님을 구원하지 않고 있는 사람들은 자기 조상님들을 몰라본 죄인들이고, 또한 조상님들을 구원한답시고 종교세계에 입문시키는 굿과 천도재를 행한 것도 죄가 된다. 조상님 구원을 위한 것이 아닌 자신들의 고통을 벗어나고자 의식을 행하는 것 자체가 조상님께 죄인이다.

종교를 통해서는 절대로 조상님들의 구원이 이루어지지 않는다는 진실을 명명백백히 밝힌다. 그리고 조상님들을 구원해 준다고 굿이나 천도재, 치성을 올려주는 종교인들의 죄가 크다는 진실을 세상 사람들은 알지 못할 것이다.

종교의식으로는 조상님 구원이 안 되고, 의식을 행해 주는 종교인들을 왜 죄인이라고 말하는지 이해가 잘 안 될 것이다. 구원이라는 것은 하늘 천황태제님 이외에는 할 수도 없고, 종교인들에게는 구원할 능력도 없다는 점이다. 구원행위를 하는 것 자체가 자신들이 하늘의 역할을 자처하는 것이기에 하늘을 사칭하고 능멸한 죄인이 된다.

즉, 하늘을 사칭하는 큰 죄인이 된다는 것을 이 세상 어느 종교인들이 알고 있겠는가? 인간, 조상님, 영들의 구원의식은 하늘 천황태제님의 고유 권한이시기에 세상 어느 누구도 함부로 할 수 없지만 이런 하늘의 진실을 모르기에 행하고 있다.

하늘께 죄가 되는 줄 모르고 행했다 할지라도 죄는 죄이기 때문에 하늘의 벌을 종교인 본인이나 그의 가족들이 모두 받게 되어 잘되는 종교인들이 없다. 독자들도 그들의 인생을 살펴보면 잘 알 것이다. 그들 중에 대표적인 종교인들이 무속인들인데 잘 사는 무속인들이 거의 없음을 보면 쉽게 이해가 될 것이다.

저자(인황) 역시도 나의 능력만으로는 구원의식을 행할 수가 없다.

하늘께서 허락을 해주셔야만 조상님 구원의식을 행할 수 있다. 의식 때 하늘의 말씀을 실시간으로 들려주시기 때문에 가능하다.

그래서 하늘 천황태제님께서 조상님들에게 천상입궁을 허락해 주시지 않으면 의식을 행하다가도 즉시 중지하고 돌려보내야 하는 경우가 허다하다.

하지만 종교인들은 의식 순서와 시간에 따라서 끝내므로 의식 중단이란 사태는 아예 있을 수 없는 일이다. 하늘 천황태제님은 인간, 조상님, 영들을 마구잡이로 모두 구원해 주시는 분이 아니시다.

죄를 지었다 해도 용서해 줄 수 있는 죄가 있고, 도저히 용서가 안 되는 죄인들이 있다는 점을 세상 그 어느 종교인들도 알지 못한다는 점이다.

그러므로 천황태제님이 아니면 조상님 구원의식은 모두 헛수고이자 돈만 낭비하고 종교인이나 의식 의뢰자가 하늘께 죄인이 된다는 점을 잊지 말아야 한다. 천황태제님께서 조상님 구원을 허락해 주시면 완벽한 구원이 이루어지기 때문에 굿이나 천도재처럼 매년 의식할 필요가 없고 일평생 동안 한 번만 행하면 된다.

도통을 시켜준다고 허송세월하게 만드는 도교인들의 죄가 크다.

하늘을 만나는 것이 바로 도통인데 자미국에서 하늘의 대행자 인황을 통하지 않고서는 절대로 하늘 태상천존 자미 천황태제님을 만날 수 없기에

17

도통을 현실로 이룰 수 없다.

　하늘과 조상님을 몰라보고 사는 것은 곧 자신과 가문, 기업의 멸망으로 이어지니 절대 명심하기 바란다. 인류 모두가 죄인들인데 종교 안에서 죄인들의 말을 하늘의 말씀인 양 따르고 있으니 각자들이 하늘께 더 큰 죄인이 되는 것은 당연지사일 것이다.

　진실이 모두에게 쓴소리로 들릴 수 있겠지만 최초의 위대한 하늘의 진실이니 받아들이고 안 받아들이고는 독자들의 자유이다.

　천황님의 나라 자미국이 수많은 종교와 다른 점은 전생과 현생에 각자들이 지은 죄를 찾아주고 하늘께 심판받게 해주어 죄인의 굴레에서 속히 벗어나게 해서 아름답고 행복한 인생을 살게 해준다는 점이 다르다.

　자미국은 종교가 아니기에 교리 같은 것이 없고, 종교처럼 강요하며 독자들의 정신을 일절 구속하지 않는다.

## 하늘과 각자 조상님들의 명은 추상같이 무섭다

　하늘을 몰라보고 조상님의 추상같은 명이 무엇인지 알려 하지 않고 무시하며 세상을 나 잘났다고 살아가는 사람들의 말로가 어떠한지는 언론과 방송을 통해서 자세히 볼 수 있다. 교도소 구속수감 0순위가 일반 국민들에게 선망의 대상인 정치인, 기업인, 고위공직자들이다.
　재벌그룹이 부도로 파산하고, 재벌총수가 검찰조사를 받고, 국외도피를 하며 잘난 거물 정치인과 고위층들이 줄줄이 검찰에 소환되어 교도소로 들어가고 있다. 우리 사회에서 가장 잘나가는 유명 인사들인데 이들이 왜 영어의 몸이 되는 교도소에 들어갈까?
　각자들의 조상님들이 사후세계에서 교도소(지옥세계)에 들어가 있다는 것을 자손들에게 알려주려 현실로 보여주고 계시는 것인데 인간 후손들이 이런 진실을 어찌 알겠는가?
　교도소에 입소한 순간부터 누군가 하루빨리 꺼내주기를 간절히 바라듯이 자신들의 조상님들도 지옥세계에서 벗어나고자 자손들이 급하게 구원해 주기를 학수고대하고 있다는 사실을 알아야 한다.
　조상님들은 허공중천 구천세계를 떠돌거나 지옥세계에서 하루하루 힘들게 고통받고 살아가는데 자식들은 재물과 권력에 눈이 멀어 돌아가셨으니 끝이라고 부모조상님들의 안위 따위는 여쭈거나 생각하지도 않고 자신들의 부귀영달만을 추구하고 있으니 각자들의 부모조상님들이 얼마나 복장 터지시겠는가?
　인간들이 재물과 권력만 믿고 하늘을 몰라보고 무시하며 살아온 죄, 자기 조상님들이 사후 지옥세계에 떨어져서 고통받고 살아가는 것을 무시하고 몰라본 죄의 대가를 치르고 있는 중이다.
　각자들이 하늘과 조상님들께 뿌리고 행한 대로 현실에서 똑같이 보여주고 있는 것인데 정작 당사자들은 재수 없어서, 운이 없어서 회사가 부도나고 뇌물 받은 것이 들통 나서 구속되었다고 남들을 원망하고 있다. 자신이 행한 죄를 남 탓해 봐야 무엇 하나?

 교도소에 수감되어도 형기가 지나면 출소하여 재기할 수 있겠지만 그렇다고 하늘과 조상님들께 각자들이 지은 죄가 영원히 없어지는 것이 아니라 천상장부에 실시간으로 기록되기 때문에 후손들이 대를 이어서 부모들이 지은 죄를 물려받아야 한다.

 하늘과 조상님들은 실제로 존재하고 계시지만 인간들의 눈에만 보이지 않을 뿐이고 그분들은 반대로 각자들 모두의 행동과 말을 실시간으로 듣고 지켜보신다.

 이 책을 읽어보고도 하늘과 조상님들께 죄를 용서 빌지 않으며 뉘우치지 아니하고 반성할 줄 모른다면 자신들의 불행은 이것이 끝이 아니라 출소해도 또 다른 사건에 연루되어 재수감되는 악몽 같은 불행이 다시 시작될 것이다.

 저자가 대신 전하는 하늘의 명과 각자 조상님들의 명을 독자들이 부정하거나 사이비로 몰아붙이면 영원히 죄인의 굴레에서 벗어날 수 없기 때문에 우환, 질병, 돌연사, 급살, 자살, 관재구속, 사업실패, 사기, 배신, 가정불화 등이 자손대대로 이어져 고통과 불행, 슬픔의 인생으로 얼룩지고 지옥세계 같은 삶을 살면서 천추의 원과 한을 이 땅에 남기고 세상을 떠나게 될 것이다.

 이렇게 강력한 뜻을 전하는 것은 인류를 하나라도 더 구하기 위한 마음인 것이고, 겁을 주려고 말하는 것이 아니라 하늘의 대행자인 저자가 전하는 말은 곧 황명이 되어 현실로 이루어지기 때문이다. 하늘의 위대한 진실은 여러분들이 검증할 대상이 아니므로 황명에 순응하고 반신반의하지 않는 것이 좋다.

 무탈하게 집안이 편안하고 잘 되기를 바라거든 누구라도 하늘과 조상님들께 죄인 아닌 사람이 없으니 천황님의 나라 자미국에 들어와서 자신과 조상님의 죄를 하늘께 용서 빌어 죄인의 굴레에서 속히 벗어나야 살 수 있다.

인류 모두가 하늘과 조상님들께 죄인이라서 하늘과 조상님들께 지은 죄를 용서 빌어야 고통과 불행, 아픔의 인생길에서 벗어날 수 있다. 하늘과 조상님을 몰라보아서 고통받고 살아가는 죄인들을 심판하여 구하라고 위대하신 하늘께서 저자에게 명을 내리셨다.

하늘과 조상님을 몰라보고 살아가는 자체가 바로 죄인들이고 심판대상자이다. 이런 부류의 사람들이 고통과 불행, 슬픔으로 힘들어하고 있다.

인류 모두가 하늘이 실제로 존재하심을 몰라본 큰 죄인들이다.

죄인들은 자미국에 들어와서 하늘을 몰라본 죄와 조상님을 몰라본 죄를 속히 빌어라. 하늘과 조상님을 몰라본 죄인들에게는 인생을 살아가는 동안 끝없는 아픔과 슬픔이 대를 이어서 내려간다. 하늘 무서운 줄 모르고 매일같이 죄를 짓고 살아가는 사람들은 육신이 살아있을 때 자미국을 통해 하늘께 죄를 빌어라.

수많은 사람들이 종교를 믿으면서 자기 영혼을 태초로 창조하신 하늘을 석가, 예수, 상제, 성모로 바꾸어 섬기는 역천자의 대죄를 짓고 있다는 사실도 모르고 살아간다. 영의 뿌리인 하늘을 바꾸어 죄를 지으면서까지 종교를 믿어서 잘된 일이 있는지 뒤돌아봐야 한다.

자기 부모조상님을 종교에 입문시켜 팔아먹고 박대한 죄를 진정으로 자신의 부모조상님께 빌어야 하늘께서 구원해 주신다. 전생과 현생에 지은 죄를 빌어서 하늘께 죄를 사면받아야 다음 생에 윤회했을 때 축생계나 지옥세계에 떨어지지 않고 저가 자손들에게 대물림이 안 된다.

굿, 천도재, 기도, 치성, 미사, 예배를 행했기에 천국천당, 극락세계에 올라가 계실 것이라고 생각하고 있는 사람들이 거의 전부인데 정반대로 지옥세계에 모두 떨어져 있다. 각자들의 돌아가신 부모조상님들은 그곳이 지옥세계인 줄도 모르고 있다.

하늘과 조상님께 눈물 흘리며 진정으로 죄를 빌고 조상님을 구원하는 사람들에게 하늘과 조상님께서 그동안의 모든 죄를 용서해 주시고 행복의 문을 열어주신다.

각자들의 조상님들을 지옥세계에서 구원해 주지 않으면 자신들의 인생

길도 지옥세계와 같은 고통의 삶을 살아가게 되고, 하늘께서 내려주시는 모든 복도 받을 수 없다.

자신의 육신을 낳아준 부모조상님도 무시하며 몰라보는데 어찌 보이지 않는 위대하신 하늘을 섬기고 받들까? 하늘과 조상님들의 명은 한 치의 오차도 없으며 추상같이 무섭고도 두렵다.

하늘의 대행자인 저자 인황은 기존의 종교세계를 모두 흡수·통합하여 천황님의 나라 자미국을 인류 최초로 지상에 건설하고 있다.

## 인류 최초로 자신의 생령과 대화

인간이 태어난 이래 인류 최초로 경천동지할 일이 벌어지고 있으니 그것이 생령 호출이다. 세상을 내일 떠날지 모레 떠날지 모르고 살아가는 불확실한 인생길과 죽음 이후를 대비해야 한다.

저자(인황)가 미래에 귀신이 될 여러분의 영을 하늘제자의 몸으로 불러내어 대화하는 일이다. 생각조차 하지 못한 상상을 초월하는 일을 해내고 있다. 살아있는 자신들의 영을 불러내어 대화한 사람들의 반응은 놀라움과 감동 그 자체이다.

"아, 신기해. 세상에 이런 일이! 정말, 너무너무 똑같아.

어쩜 나와 이리도 똑같지!

귀신이 곡할 노릇이네."

첨단과학으로 이룰 수 없는 하늘의 영역!

모두가 놀라움을 감추지 못하고 있으며 신비함의 극치 바로 그것이었다.

살아서 자신의 영(신)들이 무엇을 원하고 바라는지 알 수 있는 경천동지할 일이 자미국에서 일어나고 있다.

죽어서의 원과 한을 미리 품 수 있는 상상초월의 생령 호출!

죽은 조상님의 영이 아닌 살아있는 각자들의 생령을 부를 수 있고, 생령을 실을 수 있는 전 세계 유일한 영 능력자인 두 저자.

자신 생령과의 대화를 통해서 자신이 누구이며, 이 땅에 왜 태어났는지, 현재의 원과 한은 무엇이며, 살아생전 무엇을 하고 세상을 떠나야 하는지 자세히 들을 수 있으니 경천동지함 그 자체이리라.

내 마음 나도 모르고 사는 것이 우리 모두의 인생인데 그 비밀의 문을 활짝 열어줄 생령生靈호출은 신비하기 그지없다. 이 세상의 도인, 도사, 법사, 무속인, 종교인 그 누구도 행할 수 없었던 생령호출의 신비한 일을 저자가 인류 최초로 이루어내고 있다.

각자들 육신의 몸 안에 머물고 있는 생령 즉, 자기의 신(영)이라 할 수 있는 생령을 부르고 보낼 수 있는 전 세계 유일한 영적 지도자이다. 여러분의 구세주라고 해도 과언이 아니다. 세상의 모든 종교는 소리 없이 문을 닫게 될 것이다.

자미국은 아무나 들어올 수 없고, 책을 감명 깊게 읽고, 선택받은 사람들만이 들어올 수 있는 유일한 공간이다! 하늘의 문, 조상님의 문, 자신(생령)의 문을 열고자 갈망하는 사람들에게만 자미국의 문이 활짝 열려 있다.

죽어서 원혼이 되어 허공중천 구천세계를 떠돌지 말고, 살아서 자신의 생령을 하루속히 만나서 현생과 사후세계의 대처법을 생생히 들어 보아야 한다. 현재 커다란 재물과 권력으로 부귀영화 누리며 잘살고 있다 하여도 무엇이 부족하고, 무엇이 문제인지 자신의 생령에게 물어봐야 갑작스러운 불행을 사전에 예방할 수 있다.

생령호출은 지구 상에서 저자만이 유일하게 행할 수 있는 절대고유영역이며 지구 반대편에 있는 사람의 생령도 자유자재로 부를 수 있다. 당사자의 육신이 저자 앞에 없더라도 미국, 러시아, 중국, 영국, 일본, 북한에 있는 사람의 생령도 즉시 불러서 대화할 수 있는 상상초월의 신비한 대 능력을 갖고 있다.

경천동지할 자미국의 태동은 각자 자신과 가정, 기업, 이 나라를 잘되게 개벽의 길로 인도해 줄 것이며, 자미국은 이 나라와 전 세계의 중심으로 일취월장하며 급격히 부상하게 된다.

대단한 자미국은 바로 이 세상의 중심이자 구심점이고, 독자 여러분의 영원한 정신적 지주가 되어줄 것이다. 하늘께서 내게 주신 경천동지할 대능력은 바로 천지개벽 그 자체이다. 불가능이 없을 정도의 대단한 능력을 주시었다.

그래서 대단한 자미국과 인연을 맺는 사람들은 행운아 중의 행운아라고 하는 것이며, 반대로 인연을 맺지 못하면 살아서도 죽어서도 천추의 원과 한을 남기게 된다.

자미국은 기존 종교형태가 아닌 여러분의 중심, 기업의 중심, 나라의 중심, 세계의 중심이 될 천황님의 나라이기에 주위 사람 눈치 보지 않고 떳떳하게 들어올 수 있는 자랑스럽고 영광된 천황님의 나라 자미국이다.

하늘께서 선과 악을 판별하시는 잣대는 천상입궁의식을 행하여 돌아가신 자신의 부모조상님들을 구원하였는가, 구원하지 않았는가에 따라서 판별하신다고 하시었다.

다시 말하면 현재의 인생을 착하고 선하게 살면서 불우이웃을 도우며 기부금을 많이 내고, 선행을 쌓고 있다 할지라도 이 책을 읽어보고도 감명 받지 못하여 자신의 부모조상님을 구원하지 못하는 사람들은 선이 아닌 악이고 죄인이며 하늘 천황태제님과 자신들의 조상님께 버림받았다는 증표라고 보면 된다.

자미국을 통해서 하늘세계, 사후세계의 진실을 알고도 죽음 이후에 자신의 생령이 올라가야 할 천상 자미천궁으로 천인합체의식을 행하여 천상입궁예약을 하지 않는 사람들이 가장 불행하다.

천인합체의식을 행하지 않은 각자의 생령들은 육신이 죽으면 배고픔과 추위에 떨면서 허공중천 구천세상을 정처 없이 떠도는 슬픈 귀신 신세를 면할 수 없다.

난세가 영웅을 부른다고 했듯이 세상을 이끌어갈 영적 지도자를 부르고 있고, 세상에 출현할 그날이 도래하였다. 하늘의 천기와 천운이 저자에게 내리고 있고 나라의 운세 또한 그렇게 흘러가고 있다.

천기와 천운의 흐름은 자미국의 저자가 세상에 대단한 위상으로 등극하게 되어 있다는 점이다. 자미국과 함께하는 자체가 영광일 것이고, 인류 최초로 인황과 지황으로 하늘께 황명을 공식적으로 받은 저자를 만나는 자체가 행운일 것이다.

미국 대통령이나 로마 교황을 만나는 것보다도 더 영광스럽고 가문에 영광된 일이기 때문이다. 이들 모두도 자미국이 통치할 대상자에 들어가고, 때가 되면 저자를 알현해야 하는 날이 올 것이다.

강압적인 통치가 아니라 자신들이 더 편하고, 더 잘살기 위하여 스스로가 통치(하늘의 보호)대상에 들어가고자 위대하신 하늘 천황태제님과 자미국 저자에게 아름답게 승복하고 인정한다는 의미이다.

전 세계의 모든 대통령과 재벌들도 자미국 저자를 통해야 상상 속으로만 존재하실 것으로 생각하였던 위대하신 태초의 하늘을 만나는 영광을 누릴 수 있다.

현생과 사후세상까지 영원한 인생의 행복을 원하거든 지체 말고 위대하신 천상의 하늘과 천맥을 맺고, 땅의 하늘 지황과 지맥을 맺고, 인의 하늘 인황과 인맥을 맺고 살아가야 한다.

이것이 하늘이 내리시는 천지기운을 받는 유일한 길이다.

세상의 모든 것을 다 이루고 남부러울 것이 없이 잘사는 사람들이 마지막으로 자미국에 입국하여 천지인의 총사령관이신 하늘 태상천존 자미 천황태제님과 인황, 지황의 황명을 받들어야 만물의 영장인 인간으로 태어나 사명을 완수하는 것이고, 마침내 진정으로 성공한 사람이라고 자부할 수 있다.

남들보다 크게 출세하고 성공한 사람들일수록 하늘의 명을 받아야 자신들의 성공과 출세를 더 오래 지킬 수 있다. 특히 기업을 더 번창시키고, 자손만대까지 망가지지 않고 탄탄하게 기업이 유지되기를 원하는 기업인들에게는 하늘의 명을 받드는 것이 필수적이다.

자고 나면 갑자기 인생의 문을 닫고 이승을 떠나는 사람과 말도 안 되는 사건에 연루되어 어느 날 갑자기 구속 수감되고, 주식거래 정지되어 상장폐지 실질심사를 받아 기업의 문을 닫아야 하는 사람들은 자기 자신만이 최고라 생각하며 위대하신 하늘 태상천존 자미 천황태제님과 자기 조상님, 자기 생령의 존재 자체를 인정하지 않고 무시하며 '나 잘났다'고 살았던 사람들이다.

자미국에서 하늘의 명을 받아 하늘로부터 절대적 보호를 받고 살아가면 사람이든 기업이든 망하라고 고사 지내도 망하지 않는다는 점이다. 인간의 능력으로는 자신의 생명을 지키는 것도, 기업을 오래 존속시키는 것도 한계가 있기 때문에 하늘께 자신의 안위와 가정, 기업의 존속에 대한 보호를 우선적으로 의뢰하고 살아가야 한다.

하늘의 절대적인 도움을 필요로 하는 것은 나약한 인간들이다.

천지조화를 자유자재로 부리시는 대 능력자이신 하늘 천황태제님께서는 우리 인간들에게 당신(하늘)을 믿고 따르라고 회유, 현혹, 협박, 강요를 하실 필요가 없으시다. 아쉬운 쪽은 하늘이 아니라 언제나 우리 인간들이기 때문이다.

천인합체의식을 행하여 자신의 생령을 만나 봐야 하는 절박한 이유는 육신이 죽은 후 귀신의 신세를 면하는 것 이외에 육신이 살아있을 때 하늘께서 내려주시는 복을 받을 수 있다는 점이다.

죽음을 가장 두려워하고 무서워하는 존재는 인간 육신이 아니라 자신 몸 안에 영들이다. 자신(영)의 집(인간 육신)을 잃고 허공중천 떠도는 춥고 배고픈 귀신이 되는 것을 가장 꺼린다.

인간 육신들은 하늘 천황태제님께서 복을 내려주시어도 어떻게 받는지 방법 자체를 모른다. 그러나 천인합체의식을 행하여 천인이 되면 하늘이 내려주시는 복을 자연스럽게 받을 수 있다.

세상 그 어디에서도 만나 볼 수 없었던 귀한 책을 통하여 여러분의 뜻한 바 소원도 이루고 인생에 보다 많은 도움이 되었으면 한다.

## 천황님의 나라 천상궁전

　국내 모든 명산의 최고봉에 올라 천제를 올렸고 일본의 후지 산, 황궁, 명치신궁, 금강산, 두만강, 백두산, 발해, 경박호, 장춘, 용정, 훈춘, 만리장성, 자금성을 두루 다니면서 하늘과 조상님들이 내리신 명을 집행하였다.

　저자는 남들과 다른 하늘의 명과 조상님들의 명을 받고 이 땅에 태어남으로써, 하늘의 원과 조상님들의 한을 함께 겪어야만 했다. 그 시간들이 인간으로서는 감내하기 어려운 인생의 길이었다. 눈물, 아픔, 고통 없이는 이룰 수 없는 험난하고도 힘든 길이었고, 그 메시지로 둘러싸인 저자의 인생길은 암흑 속의 안개길 인생이었다.

　시작과 끝이 보이지도 않는 하늘과 조상님들의 눈물의 메시지. 인내의 힘든 과정을 통하여 그분들의 원과 한을 알게 되었고, 원과 한을 통하여 그분들의 애절하고도 간절한 소원이 무엇인지도 알게 되었다.

　저자는 이 힘든 과정을 통하여 조상님들과 자손들을 고통의 질곡에서 해방시켜, 모두가 고통과 아픔 없이 부귀영화 누리며 잘사는 세상을 이 땅에 세우고자 한다.

　나라를 개국하신 72위 나라조상님들과, 각자의 조상님들이 후손들에게 전하는 애절한 메시지와 함께 우리 모두가 잘살 수 있는 비결을 책 속에 수록했다.

　무심코 지나쳤던 각자의 조상님에 대하여 우리 모두는 깊이 생각하고 깊이 반성함으로써 조상님의 의미도 정확히 알아야 한다. 살아있는 우리 모두는 언젠가는 죽음의 길로 가야 하기에 우리 모두는 어쩔 수 없는 예비 조상님(귀신)이다.

　죽음 이후의 길. 여러분들 각자는 어디로 갈 것이고, 어느 세계에 머물 것인가? 허공 중천인가? 구천세계인가? 아니면 꽃피고 새우는, 근심걱정 없는 신선들이 사는 이상향의 나라 천상궁전 자미천궁으로 갈 것인가?
천상궁전 자미천궁!
그곳은 신선의 나라이다. 천상궁전으로 오르면 하늘의 백성으로 다시 태어나는 영광을 누리게 된다. 하늘의 주인(천황태제님)께서 조상님들에게 신분과 서열을 정해 주신다.
사람은 죽음과 동시에 인간사의 모든 것을 잃어버리게 되고, 인간사의 모든 것을 잃어버림으로써 사후세계에 다시 태어나게 된다. 죽은 영혼 모두는 사후세계에 다시 태어남으로써 처음 와보는 사후세계에 대하여 낯설기만 하다.
쉽게 표현해 갓난아기가 된 본인들 스스로는 아무것도 행할 수가 없기에 후손들이 조상님들을 구원해 주지 않으면 조상님들의 힘으로는 아무것도 행할 수가 없고, 지옥세계나 구천세계를 조상님들 스스로는 떠날 수 없으므로 반드시 인간사를 살고 있는 어른(자손)들이 갓난아기(조상님)들을 구원해 주어야 한다.
사후세계에 다시 태어난 조상님들 모두의 소원은? 춥고 배고픈 허공중천의 구천세상이 아닌, 또한 힘들게 찾아가도 왔는지조차도 몰라주어 설움받을 수밖에 없는 자손들의 몸이 아닌, 신선들의 세계 천상궁전으로 하루빨리 올라 힘들고 지쳤던 인간사의 모든 것을 잊고 새롭게 태어나고 싶은 것이 영가들 모두의 한결같은 바람이고 이들의 소원이다.
하늘과 조상님의 말씀으로 가득한 신서. 책을 읽는 도중 온몸으로 조상님들의 기운(설움과 아픔, 원과 한)을 느끼게 될 세계 최초의 신서이자 천서가 될 것이다.
우리와 의사소통의 방법이 다른 각자의 조상님들께서는 자손이 이 책을 읽는 도중 자손의 머리, 어깨, 가슴, 눈, 귀, 코, 입, 허리, 배, 다리, 손, 발, 여러 곳을 통하여 조화를 내려주심으로써 자신들의 존재를 자손들에게 전달하게 될 것이다.
각자의 마음으로 그동안의 조상님들의 원과 한이 전달되어 본인들 본마음과 상관없이 서러움의 마음을 느끼는 독자들도 있을 것이다. 또 한편으로는 아팠던 몸이 갑자기 좋아지는 이적을 보게 될 독자분도 있을 것이고, 갑자기 슬퍼 눈물이 나오면서 본인 스스로도 제어할 수 없는 설움에 대성통곡이 나기도 할 것이며, 지난날의 모든 일들이 진심으로 참회 되면서 희로애락이 교차하기도 할 것이다.

하늘 · 신 · 조상님이 인류에게 전하는 이 책은 인간의 마음과 인간의 정신을 초월할 세계 최초의 신서이자 천서로 길이길이 남아, 지치고 힘든 각자의 인생을 행복의 길로 인도해 줄 인생 행복의 비결서가 될 것이다. 지금까지 수많은 종교 서적과 불경, 성경이 이 땅에 존재하고 있었지만 이 책과 같이 읽는 도중 본인들 스스로가 직접 몸으로 보이지 않는 하늘의 기운, 조상님의 기운을 진정으로 느낄 수 있는 책은 지구 역사상 단 한 권도 없었을 것이다.

하늘과 조상님이 인류에게 내리신 이 책은 여러분들 각자의 인생을 즐겁고 행복하게 살 수 있도록 지도해 줄 것이고 길을 가르쳐 줄 것이다.

보이지 않고 들리지 않아 인간으로서는 감히 알 수조차도 없었던 조상님 세계의 뜻과 조상님들의 말씀을 전달하여 산 자손들은 행복과 부귀영화, 건강의 길로 인도하여 주고 죽은 영혼에게는 그들 모두의 소원인 영혼의 안식처로 인도하여 주는 것이 저자가 하늘께 받은 사명이고 조상님께 받은 사명이다.

우리 인간들 모두가 근심걱정 없이 하루빨리 잘 살기를 원하고 바라고 있듯이, 사후세계에 계신 각자의 모든 조상님들도 자손들처럼 근심걱정 없이 행복해지고자 천상궁전으로 입천 되시고 싶어 자손들이 찾아주기를 어제도 오늘도 지금 이 순간도 손꼽아 기다리고들 있으시다.

살아서의 삶은 무엇을 의미하고? 죽음 이후의 삶은 무엇을 의미하는 것일까? 우리 모두는 죽음 이후에 어디로 가야 하는가? 또한 이미 가신 분들은 도대체 어디에 가 계신 것이며 무엇을 하고 계신 것일까? 우리의 의지와 상관없이 산 사람 모두가 언젠가는 가야 할 사후세계가 분명하건만, 아무것도 모른 채 사후세계로 돌아갈 것인가? 또한 그 길이 어느 길인지도 모른 채 넋 놓고 있다가 갈 것인가?

인생은 길어야 80세에서 100세이지만 죽음 이후의 세상은 장구하고도 장구한 세월이다. 그 장구한 세월에 대하여 아무런 대책들도 없으니 실로 답답하다. 지금까지 수많은 사람들이 이 땅을 다녀갔지만 진실 자체를 아는 이가 없었다.

진실 자체를 아는 이가 없다 보니 밝힐 수도 없었고 가르쳐 주는 이도 없었다. 하지만 저자는 많은 고통의 시간을 통하여 누구도 몰랐던 하늘의 진실, 조상님 세계의 진실을 알게 되었다. 하늘의 진실, 조상님 세계의 진실을 알게 됨으로써 그들 모두가 원하고 바라는 뜻도 알게 되었고 그 해법도 알게 되었다.

그들 모두의 해법을 알게 되면서 우리 인간이 신과 조상님으로부터 자유로워져 우리 인간들도 인간사를 사는 동안 근심걱정 없이 잘 살 수 있는 방법을 알게 되었고, 사후세계에서도 행복해질 수 있는 방법을 알게 되어 이들 모두의 뜻을 책을 통하여 전하고 있다.

이 책을 통하여 하늘과 조상님과 산 사람 모두가 행복하였으면 하는 것이 저자의 간절한 바람이고 진리의 길을 찾아 행복의 길을 살았으면 하는 것이 저자의 간절한 바람이다. 이제 우리는 바로 알아야 한다.

왜 사람으로 태어났는가? 희로애락 그 속에 담긴 숨은 뜻은 무엇인가? 나는 누구인가? 현재의 생은 무엇을 의미하고, 보이지도 들리지도 않는 다음 생은 무엇을 의미하는 것일까? 이 한 권의 책은 그동안 여러분 스스로가 궁금히 여겼있던 많은 부분에 대하여 해법을 제시해 줄 것이고 정답을 내려 줄 것이다.

생소한 용어들이 책 속에 있긴 하지만 정독을 하면 자신도 모르게 신비한 기운을 각자의 몸으로 체험하게 될 것이다. 각자의 가정과 가문의 운명까지도 바꾸어줄 인생 행복의 비결서. 지금 이 순간도 구천을 방황하며, 또는 자손들의 몸에서 구원해 주기만을 바라며 울고 있는 자신의 조상님들을 생각해 보라.

본인들 각자 인생의 불행(사기, 배신, 사업실패, 금전고통, 가정의 파탄, 자손의 가출, 정신병, 우울증)은 어느 누구의 탓이 아닌, 원과 한이 쌓인 본인들 각자 조상님들의 눈물과 아픔이다.

　주위 사람 원망하지 말고, 세상 원망하지 말고, 낳아주고 길러주신 육신의 조상님들을 구원 못 한 각자의 죄이니, 각자의 조상님들을 구원 못 한 본인들 스스로를 원망하라.

　옛날부터 '안 되면 조상님 탓'이라고 했다. 지금까지 속고 속은 천도재나 굿, 기도가 아닌, 하늘의 의식! 입천의식을 통하여 조상님도 구원하고 우리 산 사람도 구원되어야 한다.

　입천의식은 조상님 영혼, 악령, 악신 등을 영원히 우리 산 사람과 구분되게 하여 산 사람은 지상에서 사람답게, 영혼은 구천이 아닌 가장 높은 곳 천상세계(천상궁전)에서 살게 해주는 의식으로서 이 의식은 일생에 한 번으로 끝나는 것이며 영원히 사람과 조상님 영혼 각자의 길을 편히 가게 인도해 주는 의식으로서 인류 역사상 자미국 자미천궁에서 최초로 행해지는 고귀하고 신성한 하늘의 의식이다.

　입천의식은 모든 종파, 종교에 얽매이지 않아도 된다. 영혼세계를 구원하고 인류를 구원하고자 종교의 세계가 아닌 하늘의 본 세계가 이 땅에 열리고 있다.

　모든 것은 때가 되면 원래대로 돌아가게 되어 있다. 인간으로서 인간이 만든 모든 종교 이론에 속박되어 더 이상 방황하지 말고 천지부모인 천황태제님의 품으로 돌아가, 천지부모이신 천황태제님의 품 안에서 우리 모두는 다시 태어나야 한다.

　종교의 이론이 선량한 사람의 마음과 불쌍하고 억울하게 죽은 영혼들을 속여 잠시 잠깐 그들을 현혹시켜 인간의 배를 채웠을지는 모르나, 종교의 거짓된 이론으로 하늘을 능멸하고, 진정한 진실을 왜곡시킬 수는 없다.

　거짓이 강하다 하지만, 거짓이 진실을 이길 수는 없다. 때가 되면 거짓은 물러나고 진실이 자리 잡게 되는 것이 세상 이치이다. 이 책을 쓰는 저자의 마음은 너무 쓰리고 아프다.

　진실이 감추어져 있는 동안 많은 산 사람들과 죽은 영혼들이 거짓의 세계에서 배신의 상처로 그 얼마나 마음이 아프고 괴로웠을까를 생각하니 그들 모두의 배신의 고통이 저자의 마음에 전해져 이내 마음이 그들과 함께 천 갈래 만 갈래 찢어지는 고통이다.

진실의 세계가 이 땅에 하강함으로써 거짓의 세계는 자연히 소리 소문 없이 스스로 사라지게 된다. 진정한 진실 앞에 어떠한 거짓이 통하랴? 진정한 진실 앞에 어떠한 변명이 통하랴? 자미국 자미천궁은 진실이 모여 진실의 세계가 그 얼마나 위대한지 진실의 실체를 이 땅에 보여주게 될 것이다.

현혹, 강요, 이론이 아닌 진실의 말과 행동을 통하여 본인들 스스로가 판단하여 선택할 수 있도록 하여 종교세계가 아닌 하늘 본체의 뜻을 이 땅에 전하고 이 땅에 펼치게 될 것이다. 더 이상 종교의 굴레에서 산 사람과 죽은 영혼들이 배신의 아픔으로 방황하며 괴로워하는 모습을 이제 더 이상은 지켜볼 수 없다.

또한 이 책을 보는 독자들 역시 저자와 같은 생각일 것이다. 진실의 진리 앞에 우리 모두는 행복해질 권리가 있고, 우리 모두는 행복해져야만 한다.

우리의 영혼을 주신 천황태제님도, 우리의 육신을 주신 조상님들도, 또한 이 땅을 살고 있는 우리 모두도 이를 간절히 원하고 바라고 있다. 천황태제님의 뜻에 따라, 조상님들의 뜻에 따라 순응하여 우리 모두가 잘 살아야 진실이 거짓을 이길 수 있다.

자미국 자미천궁은 진실이 밝혀지는 그날까지 최선을 다하여 모든 조상님들을 구원하고자, 산 사람 모두를 구원하고자 최선에 최선을 다할 것이다.

## 길을 잃어 울고 있는 슬픈 영가의 모습

　이 세상의 그 무엇과 비교를 할 수 없을 정도로 예쁘고 사랑스러운 것이 있다면 그것은 아마도 이 세상의 아이들일 것이다. 복잡하고 어지러운 세상을 편안하고 행복하게 정화시켜 주어 우리의 지친 영혼에 한 줄기 웃음을 선사해 주는 이들도 아이들일 것이다.
　이 땅의 모든 아이들은 엄마 아빠 사랑의 결정체이다. 사랑의 결정체 모두는 엄마 아빠의 축복을 받으며 이 땅에 탄생한다. 인간 탄생의 신호. 응애! 아기들이 이 땅에 탄생할 때 왜 하필이면 응애! 하고 태어나는지 그 속에 담긴 진실은 무엇일까? 하고 이 책을 보시는 독자들께서는 한 번쯤 생각해 본 적이 있는지 궁금하다.
　어떤 만생만물도 하나의 생명으로 탄생함에 응애! 하면서 태어나는 것은 하나도 없다. 사람만 유일하게 응애! 하면서 태어난다. 신의 세계, 조상님 세계에 대하여 아무것도 몰랐을 때, 이 부분에 대하여 저자 역시도 대수롭지 않게 생각하며 살았다. 하늘의 공부, 조상님 세계의 공부를 열심히 하던 어느 날, 하늘의 말씀, 조상님의 말씀을 통하여 이 속에 담긴 하늘이 감추어 놓은 하늘의 진실, 영혼세계의 진실을 알게 되었다.
　이 세상에 올 때만 응애! 하는 것이 아니라 인간의 삶이 다하여 사후세계로 돌아갔을 때, 우리 모두는 사후세계에서 응애! 하며 다시 태어나 인간사처럼 아기가 된다는 진실이 숨어져 있었다.
　우리 모두는 지금까지 이 사실을 알지 못했다. 우리 대한민국 국민뿐만이 아니라 세계인 모두가 알지 못했다. 이 세상에 태어난 아기들은 엄마 아빠가 사랑으로 지켜주고 지극정성으로 보호하여 줌에도 무엇이 무섭고 무엇이 두려운지 어느 정도의 시간이 지날 때까지는 응애, 응애! 하며 수시로 운다.

말을 할 줄 모르는 아기들의 응애!라는 울음소리에는 많은 뜻이 내포되어 있다. 응애라는 울음소리. 인간 탄생의 의미와 더불어 본인들의 뜻을 부모에게 전달하고자 할 때, 부모의 도움이 필요하여 부모를 부를 때, 또한 자신의 몸이 아플 때, 각자의 뜻을 응애 라는 한마디 말로 그 모든 것을 다 전달하고 있다.

아기의 응애 소리가 들리면 엄마 아빠는 하던 일을 뒤로하고 아기에게 달려간다. 의사소통이 안 되는 아기가 무엇이 불편한 것은 아닌지? 어디가 아픈 것은 아닌지? 걱정이 되어 이곳저곳을 정신없이 돌보면서 아기에게 말을 걸어본다.

배고파? 어디 아파? 쉬했어? 일어나고 싶어? 목말라? 수없이 많은 말을 걸어보지만 아기들은 여전히 아무런 말도 하지 않는다. 아니 정확히 표현하자면 말을 안 하는 것이 아니라 어떻게 말을 하는지를 몰라 말 대신 불편하면 울어 버리는 것이다.

이와 같이 아기 본인들 스스로는 아무것도 할 수가 없다. 인간사의 아기들이 이러하듯이 인간사의 삶을 마치고 사후세계에 아기로 태어나 있는 각자의 조상님들 모두도 마찬가지이다.

스스로 모든 것을 다 행할 수 있다면 어찌 아기이겠는가? 각자의 모든 조상님들은 인간사의 아기들처럼 본인 자손들의 손길을 빌리고자, 구천세계에서 구원하여 달라고 응애! 응애! 하며 울고 있고, 불편하고 힘든 상황을 전달하고자 절규의 응애를 외치고 있건만 산 자손들의 귀에는 조상님들의 응애 소리가 들리지 않는다.

아니, 정확히 표현하자면 안 들리는 것이 아니라 조상님들이 이러고 있다는 사실 자체를 지금까지는 어느 누구도 알 수가 없다 보니 감히 산 자손들은 조상님들이 아기가 되어 응애라는 소리로 자신들을 부르고 있을 것이라고는 어느 누구도 상상해 본 적이 없었을 것이다.

각자의 조상님들은 처음 와보는 사후세계에 대하여 두렵고 무서워 어떻게 해야 할지 몰라 어리둥절해 있건만 이 사실을 모르는 자손들은 각자의 인생이 본인들의 뜻대로 풀리지 않아 힘이 들고 답답하면, 절에 찾아가 천도를 하면서 본인들의 소원을 빌고, 무당집에 찾아가 굿을 하면서 본인들의 소원을 빌고, 교회나 성당에 찾아가 각자의 소원을 빌고 있으니 이를 지켜보는 하늘과 조상님들은 통탄에 눈물을 흘릴 수밖에 없다.

사후세상에서 아기가 되어 본인 영혼들 하나도 구원받지 못하여 구원받고자 응애 하고 있는 조상님들에게 산 자손들은 도와 달라 하고 있으니 기가 막히다. 어른(산 자손)이 아기를 돌봐주어야지, 아기(조상님)가 어떻게 어른(산 자손)을 돌봐줄 수 있겠는가?

어른은 어른의 역할이 있고, 아기는 아기의 역할이 있다. 입장 바꿔 갓 태어난 아기에게 어른들의 인생사 답답한 사연을 얘기한다면 이를 지켜보는 모든 이들이 비웃을 것이다. 또한 우리 어른의 인생이 답답하니 "아기야, 그렇게 누워있지만 말고 얼른 일어나 나 좀 도와주고 내 문제들 좀 해결해 줘"라고 한다면 주위에서는 미쳤다고 손가락질을 할 것이다.

이제 우리 모두는 바로 알아야 한다. 아기 본인들 스스로는 아무것도 행할 수가 없다. 그렇기 때문에 위대하신 하늘 천황태제님께서는 가정을 이루게 하시어 부모는 아기를 사랑으로 보살피게 하시었다.

시간이 지나면서 아기는 점점 성장하여 어른이 된다. 부모의 보살핌과 사랑을 받아 성장한 자손들은 부모에게 수십 년의 세월 동안 본인들이 부모에게 받은 큰 사랑과 은혜를 보답하기 시작한다.

참으로 아름다운 모습이다. 부모는 자손을 사랑으로 돌보아 하나의 사람으로 완성시키고 자손은 부모에게 이 사랑의 은혜를 보답하고, 이 땅의 모든 사람들 각자에게 부모가 없었다면 우리 모두는 이 땅에 올 수 없었을 것이고, 부모의 사랑과 보살핌이 없었다면 이 땅에 태어났을지라도 고아가 되었거나 나쁜 사람으로 인하여 이 세상을 하직하였을지도 모른다.

또한 자손이 없다면 나이 먹어 누군가의 절실한 도움이 필요할 때 도와주는 이 없어 나이 먹은 할아버지 할머니들은 이 세상을 지탱 못 하고 일찍 세상을 떠날 수밖에 없었을 것이다.

하지만 아이는 부모가 지켜주고, 나이 든 할아버지 할머니들은 성장한 자손들이 지켜주고, 서로의 도움과 보살핌이 있어야 우리 인간은 살 수 있다. 그렇다면 사후세계에 있는 본인들 각자의 조상님은 누가 지켜줄 것이고 누가 보호해 줄 것인가?

또한 누구의 도움과 누구의 보살핌을 받아야 각자의 조상님들은 영원히 행복할 수 있을지? 이 부분에 대하여 독자들은 마음 깊이 생각해 본 적이 있는가? 있다면 그분이 본인들 스스로는 누구였으면 좋겠는가? 또한 어느 분이 본인들의 조상님을 지켜줄 때 본인들 마음이 편하겠는가?

어떤 분은 예수나 하나님, 또는 부처님. 상제님이라 한다.

각자의 생각이나 각자의 종교관에 따라 서로 다른 의견들을 말하겠지만, 본인들의 조상님들을 영원히 구원해 줄 수 있는 분은 단 한 분이신 하늘의 천황태제님이시다.

씨를 뿌린 자만이 거둘 수 있다 하였듯이, 우리의 영혼을 창조하신 분만이 우리의 영혼을 구원하여 주실 수 있다. 우리의 영혼을 창조하신 분이 부처님, 상제님, 예수님이 아니라는 것은 많은 사람들이 다 알고 있는 사실일 것이다.

우리가 대단하다고 생각했던 부처님, 상제님, 예수님, 그 밖에 이 세상에 이름을 알리지 못했던 수많은 사람들의 영혼을 창조하신 분이 하늘의 천황태제님이시었다. 물론 현 세상을 살고 있는 우리 모두의 영혼을 창조하신 분도 천황태제님이시고, 이 세상을 떠난 모든 조상님들의 영혼을 창조하신 분도 천황태제님이시다.

남녀가 만나 사랑을 하여 한 가정을 이룸으로써 새로운 생명이 태어난다. 하나의 생명을 성장시킴에 있어서는 많은 고통의 시간과 시련도 따르지만, 많은 부모들은 그것을 고통과 시련이라 생각하지 않는다. 부모로서 자손을 성장시키는 일은 '당연한' 일이라 생각하며 꿋꿋이 그 일을 해낸다.

본인들 스스로는 고통이 따를지라도, 자신의 고통의 시간을 통하여 자손들이 즐거워하고 행복해 하면 부모들은 모든 고통 잊고 그 자손들의 웃음에 더 즐거워하며 흐뭇해하고 뿌듯함을 느낀다.

그 이유가 무엇일까? 왜 자손의 행복을 위해서라면 고통도 감내해 내는 것일까? 그것은 본인이 낳은 본인의 자손이기에 가능한 일이다. 다시 말해 내가 뿌린 씨이기에, 나의 씨에게 희생하는 것은 당연한 일 아니던가? 또한 나의 씨앗에게 지극정성 다함은 당연한 일 아니던가?

자손은? 제2의 본인들의 생명이다.

반대로 누군가가 어느 날 갑자기 본인들을 찾아와 낯선 아이를 데려다 주면서 "이 아이를 본인의 아이 보살피듯 지극정성으로 보살피고 본인의 삶을 희생하라" 한다면 세상 대부분의 사람들은 못한다 할 것이다.

이 또한 당연한 일이다.

본인의 자손은 본인들이 뿌린 씨앗이기에 이를 악물고 자손을 위해 희생할 수 있으나, 남의 자손은 본인들의 씨가 아니기에 그렇게 희생할 이유도 없고, 우선 희생하고 싶은 마음 자체도 생기지 않기에 행할 수도 없을 것이다. 남의 자손을 위하여 희생을 안 하는 누군가에게 세상 사람은 뭐라 할 수가 없다.

그것이 인간사의 보이지 않는 법칙이다. 바로 이것이다. '씨는 뿌린 자만이 거둘 수 있다'는 말처럼 인간사에도 이러한 법칙이 있거늘 높고 높은 천상세계, 하늘세계에 어찌 법칙이 없으랴.

부처님 앞에, 예수님 앞에, 상제님 앞에 앉아 기도를 올리지만 본인들의 소원이 이루어지지 않음과 본인들의 조상님이 구원받지 못함은 이와 같다.

부처님이나 예수님, 상제님 입장에서 보았을 때 우리 모두는 그들의 자손이 아니며 그들의 창조가 아니다. 그분들께서는 우리 영혼의 주인이 아니시다 보니, 우리 사람들이 울면서 소원을 빌어도 그분들은 그런 모습이 하나도 애처롭지가 않다.

애처롭지가 않다 보니 힘들어하는 우리들을 위해 본인들을 희생할 이유도, 희생하고 싶은 마음도 전혀 없으시다. 부처님이나 예수님, 상제님 입장에서 보면 우리 모두는 남의 자손들이다. 우리 모두는 부처님, 예수님, 상제님의 자손들이 아니라 하늘 천황태제님의 자손들이었다.

뜻이 이러하다 보니 수많은 사람들이 절을 통하여 각자의 조상님들을 구원하고자 천도재를 올리지만 각자의 조상님이 극락, 선경의 세계로 오르지 못함의 이유는 여기에 있었다. 쉽게 표현해 부처님 예수님, 상제님께서는 산 우리들과 죽은 영혼을 그분들이 책임지고 구원해 줄 필요가 없다.

또한 책임지고 구원 안 한다고 누가 뭐라 하지도 않는다.

처음부터 산 우리 사람들과 죽은 영혼들의 주인은 부처님 예수님, 상제님이 아니고 하늘의 천황태제님이시다 보니, 산 사람의 구원과 죽은 영혼 구원의 권한은 원래부터 대우주를 창조하신 천황태제님의 고유권한이었다.

천황태제님의 고유 권한이거늘 부처님, 예수님, 상제님께서 산 우리들과 죽은 영혼들을 위하여 본인들 스스로가 희생할 필요까지는 없었을 것이다.

뜻이 이러하다 보니 천도재를 올리고 굿을 해보아도 아무 소용이 없었을 것이다. 또한 산속에서 수행을 하고 도를 닦아도 교회나 성당에서 오랜 세월 열심히 기도정진을 하였음에도 각자의 인생에 변화가 없고 각자의 조상님이 구원되지 못함은 이처럼 많은 이유가 숨겨져 있었다.

자미국 자미천궁의 조상님들을 위한 입천의식 행사는 기존에 속고 속았던 절이나 무속세계에서 행했던 천도재나 굿의 의식이 아닌, 그렇다고 기독교에서 행한 아무 대답도 없는 기도 의식이 아닌, 하늘 천황태제님의 명에 따라 하늘 천황태제님께서 가르쳐 주시고 지시해 주시는 말씀과 뜻에 따라 행하는 존귀하고도 신성한 하늘의 의식이다.

이곳 자미국 자미천궁은 세상 그 어느 누구도 알지 못한 하늘의 진실, 조상님 세계의 진실을 낱낱이 밝히어 하늘, 조상님, 산 사람 모두가 아픔 없는, 고통 없는 이상향의 무릉도원 세계를 살 수 있도록 거짓이 아닌 진실에 귀를 기울이며 여러분의 크고 작은 사연들의 실체와 병마의 실체를 각자가 진정으로 깨닫게 함으로써 아름다운 삶을 살아갈 수 있도록 지도해 주고 있다.

이제 이 땅의 모든 자손들은 새롭게 깨달아야 한다. 본인들의 많은 조상님들은 사후세계에서 아기로 다시 태어나 자손들에게 도움의 손길을 목 놓아 기다리고 있다. 조상님 영혼이 자손의 손길로 인하여 구원받고자 "응애" 하면서 슬피 울고 있는 각자의 조상님들을 이제 우리 모두는 구원해 드려야 한다.

인간사에서도 아기가 매일 울면 그 집은 '되는 일이 없다' 했다. 하물며 각자의 많은 조상님들이 구천에서 매일 울고 있다면, 각자의 가정과 각자의 인생은 과연 어떠하겠는가? 아기가 울지 않고 방긋방긋 웃어야 집안이 잘 풀린다.

구천세계에 계신 각자의 조상님들도 이제는 힘들고 외로운 구천세계를 떠나 천상궁전 천황태제님의 궁전으로 입천 되시어 언제 힘들었냐는 듯이 조상님들이 모든 근심걱정 잊고 천상세계에서 방긋방긋 웃으시는 그날 각자의 인생에도 각자의 가정에도 웃음꽃이 활짝 피게 될 것이다.

이 세상의 모든 것을 우리 사람의 마음대로 모두 행할 수 없듯이, 조상님들도 사후세계에서 모든 것을 조상님들의 마음대로 모두 다 행할 수 없다.

인간이 행하고 싶은 대로 모두 행하고, 조상님들이 행하고 싶은 대로 모든 것을 다 행할 수 있다면 세상만사 무슨 걱정이 있겠는가? 인간세계에도 엄연한 법도가 존재하고 있듯이 천상세계에도 법도가 존재하고 있다.

천상세계! 죽은 영혼들이 오르고 싶다 하여, 하늘의 주인이신 천황태제님의 허락 없이 본인들 마음대로 함부로 올라갈 수 없는 하늘의 궁전이다.

뒷부분에서 아무도 몰랐던 하늘의 진실, 조상님 세계의 진실을 더 구체적으로 밝히기로 하고, 이 부분은 이쯤에서 정리하고 다음 단계로 가야 할 것 같다.

## 빈손으로 왔다 빈손으로 가는 인생

　무심코 지나쳤던 말. '빈손으로 왔다 빈손으로 가는 인생' 누구나 한 번쯤 들어본 말이기에 그리 낯설지는 않을 것이다. 이 말 속에 숨어 있는 또 다른 하늘의 진실, 사후세계의 진실은 무엇일지 독자들은 생각해 본 적이 있나요?
　또한 불교계에 몸담고 계신 분이나, 기독교에 몸담고 계신 선각자 여러분 중에서는 생각해 본 적이 있는지요? 생각해 본 적이 있다면 정답을 찾으셨습니까? 저자는 하늘의 말씀, 원 맺힌 조상님들 말씀과 조상님들 통곡의 눈물을 통하여 정답을 찾게 되었다.
　'빈손으로 왔다 빈손으로 가는 인생', '빈손으로 왔다'는 인간세계, 현 세상의 탄생을 의미한다. 우리 모두는 이 세상에 올 때 잘났든 못났든 어느 누구를 막론하고 아무것도 없는 빈손의 상태인 아기로 이 세상에 탄생했다.
　'빈손으로 가는 사후세계'는 죽음의 길을 상징한다. 우리 모두가 이 세상을 떠날 때 현 세상에서 재산이 많았든 적었든 어느 누구를 막론하고 아무 것도 가져갈 수가 없다. 또한 가져갈 방법도 없다. 물론 부자들은 관 안에 고급 물건들이나 살아있을 때 본인들이 소중히 여겼었던 물건들을 넣어 간다는 말도 있긴 하지만, 그렇게 한다고 해서 죽은 영가가 실제로 가져갈 수 있는 것은 아니다.
　'왔다'와 '가는'이라는 말은 탄생의 길과 죽음의 길을 상징하는 서로 반대의 언어이다. 그러나 이상하다. 서로 반대되는 언어 안에 공통된 언어가 있다. 바로 '빈손'이라는 언어이다. 사람들이 인간세계에 올 때 빈손으로 오고 싶어 빈손으로 온 사람은 아무도 없을 것이다.
　사람의 의지와 상관없는 하늘의 이치, 천지자연의 이치이기에 그렇게 되었을 것이다. 하지만 이 세상의 모든 사람들은 이 부분에 대해서 불평불만이 없다.

　불평불만이 없다는 얘기는 하늘의 뜻, 천지자연의 뜻에 순응한다는 뜻도 있을 것이고, 또 하나의 이유는 우리 인간이 이 부분에 대하여 하늘께, 천지자연께 따지고 불평불만을 말한다 한들, 이루어질 수 없는 무모한 짓인 줄을 미리 알기에 포기를 하였는지도 모른다.

　맞다. 우리 인간이 하늘께서 행하시는 일에 불평불만을 어찌할 수 있으랴? 또한 우리 인간이 불평불만을 말한다고 위대하신 하늘께서 우리 인간이 원하고 바라는 그 모든 것을 주시지도 않는다.

　올 때도 빈손, 갈 때도 빈손. 우리 모두는 왜 빈손들일까? 올 때는 아기였으니깐 어쩔 수 없이 빈손으로 올 수밖에 없었다. 하지만 갈 때는 올 때와 반대로 우리 삶에 무엇이라도 남아 있을 텐데 왜? 무엇 때문에 빈손이어야 하는가?

　그 이유는? 아기이기 때문이다. 갓 탄생한 아기에게 왜 인간세상에 아무것도 안 가지고 태어났어?라고 따지는 사람은 한 명도 없다. 세상 사람 모두는 빈손으로 탄생한 아기들을 질책하기 이전에 사랑으로 그들의 탄생을 축복해 준다.

　왜 세상 사람 모두는 '아기'에게 관대한 것일까? 그 이유는? 아기니깐.

　아기 앞에서 관대해지는 데는 이유가 필요 없다. 아기! 라는 존재 앞에 우리는 순수해지고 그들의 실수에 관대해질 수밖에 없다.

　왜? 아기이니깐. 아기라는 뜻에는 '이 세상에 처음 옴'이라는 뜻도 함축되어 있을 것이다. 이 세상에 처음 왔기에 그들은 어른이 아닌 아기일 것이다.

　인간사가 이와 같듯, 우리의 삶이 다하여 우리가 사후세계로 돌아갔을 때 우리 모두도 사후세계의 길에 처음 가게 되는 것이고, 사후세계에 태어나게 되는 것이니 우리 모두도 사후세계에서는 아기가 되는 것이 당연 이치 아니랴?

　이것을 몰랐던 세상 사람들은 인생사 본인들의 뜻대로 이루어지지 아니할 때 천도재와 굿을 통하여 각자의 조상님들에게 복을 달라, 인생사 힘든 일들 해결해 달라 하면서 빌고 있으니, 이 모습을 지켜보시는 하늘의 천황태제님께서는 우리들의 못난 행동에 통탄하실 수밖에 없으시고, 각자의 조상님들은 아기가 되어 어른인 자손의 도움을 원하고 있는데, 산 자손들은 아기가 되어 아무것도 행할 수 없는 각자의 조상님에게 도와 달라 하고 있으니 기막힌 일이 아닌가?

우리 모두는 새롭게 알고, 새롭게 배워, 새롭게 태어나야 한다. 우리 모두는 아기 앞에서 관대하지 않던가? 이젠 하늘의 진실을 통하여 사후세계에서 아기가 되어 있는 각자의 조상님들에게 관대해지자. 왜? 본인들의 힘들고 답답한 인생사의 일들 안 도와주느냐고 아기인 조상님들 붙들고 하소연하지 말고 우리 모두가 그들에게 관대해져 사랑을 드리자.

자미국 자미천궁의 천황태제님을 통하면 본인들의 모든 조상님들을 천황태제님의 궁전 천상궁전으로 입천(승천)시킬 수 있다. 각자의 모든 조상님들께서 구천세계가 아닌 하늘 천상궁전에 입천 되시어 하늘의 자손으로 다시 태어났을 때 각자의 인생과 각자의 조상님은 영원무궁 행복할 수 있다.

천황태제님께서 각자의 모든 조상님들을 보호하고 살펴주셔야 아기였던 각자의 조상님들은 성인의 조상님으로 성장할 수 있다. 각자의 조상님들이 천상궁전에서 성인으로 다시 태어났을 때, 각자의 인생도 실수와 실패, 배신과 질병으로 얼룩진 아기의 인생에서 벗어나 인생을 안락하고 평안하게 마음먹고 뜻한바 모든 일들을 소원성취 이루어가며 잘 살 수 있게 된다.

한 번뿐인 소중한 인생.

길어 보이지만 짧은 인생이다. 언제까지 실수와 실패를 거듭하는 아기의 인생을 살 것인가? 이제 우리는 각자의 인생을 책임질 수 있는 성인의 삶을 살아야 한다. 배신당하고 싶어 배신당하는 사람, 이 세상에 한 명도 없다. 못 살고 싶어 못 사는 사람, 이 세상에 한 명도 없다. 몸 아프고 싶어 아픈 사람, 한 명도 없다. 자손들의 실패를 원하는 사람, 한 명도 없다. 사람들은 인생을 살면서 고통과 아픔을 원하지 않지만, 우리의 의지와 상관없이 각 가정과 사회에서는 고통의 일들이 인간의 상상을 초월하여 일어나고 있다.

인생사의 고통들.

사람들은 피하려 하고 막아보려 하지만, 인간의 힘으로는 피할 길도 막을 길도 없다. 신과 조상님은 인간의 눈에 보이지 않고, 귀에 들리지 않기에 피할 길도 막을 길도 없다.

신과 조상님이 인간의 눈과 귀에 보이지 않고 들리지 않아 우리 인간이 피할 수 없고 막을 수 없다면 차라리 신과 조상님께 모두가 굴복하여 그분들께 힘든 우리 인간의 삶을 도와 달라고 하는 것이 행복의 지름길이 아닐까 하고 저자는 당당히 결론을 내린다.

보이지 않는 신과 조상님께 우리 인간이 대적한다는 것은 무모한 짓이다. 대적하면 할수록 각자의 삶은 더 힘들어지고, 각자의 삶은 깊은 늪 속으로 빠져 나중에는 그들에게서 영원히 벗어날 수 없는 고통의 삶이 된다.

우리 산 사람도, 각자의 조상님들도 영혼의 부모님이신 천황태제님의 자손으로 다시 태어날 때, 각자의 인생도 각자의 조상님도 행복해질 수 있다. 더 이상 남의 부모인 부처님, 예수님, 상제님께 본인들의 삶과 본인 각자 조상님의 구원을 의지하지 말고, 우리 본래의 영혼의 부모님이신 천황태제님께 각자의 인생, 각자의 조상님 구원을 의지해야 우리 모두가 행복해질 수 있다.

앞에서도 말했듯이 '씨는 뿌린 자만이 거둘 수 있다' 했다. 우리의 영혼을 창조하신 천황태제님만이 산 사람과 죽은 영혼을 구원하여 주실 수 있다. 영혼의 부모님이신 천황태제님의 존재를 무시하고 살아온 우리의 삶.

산 영혼(사람), 죽은 영혼.

모두의 삶이 힘들고 아프다. 옛날부터 '역천자는 망한다' 했다. 하늘의 뜻대로 행하지 않아 역천자가 되어 하늘의 벌을 받지 말고, 하늘의 뜻대로 행하여 하늘의 순천자가 되어 광대한 하늘의 천복 억 만복을 받아야 우리 모두가 행복할 수 있다.

부모와 자식 간의 인연을 천륜이라 한다. 천륜을 어기면 하늘의 재앙이 따른다는 말이 있다. 인간사의 인연인 천륜을 어겨도 하늘의 재앙이 따른다고 하였거늘, 하물며 영혼의 어버이를 몰라보고, 어버이의 뜻에 거역한 그 죄는 살아서도 죽어서도 영원히 용서받지 못할 대죄에 해당할 것이다.

이제 우리 모두는 육신을 주신 각자의 조상님과 영혼을 주신 하늘의 천황태제님 전에 그동안 우리가 지은 죄를 빌어야 살아서나 죽어서나 영원히 행복할 수 있다.

조상님의 음덕을 받아야 잘 된다는 격언이 있다. 이는 육신으로 왔다가 되돌아간 조상님을 뜻하는 줄 알고 있으나 그 말 속에는 더 큰 뜻이 담겨 있다.

최고 높은 조상님의 음덕을 받으라는 말이다. 조상님이란 모든 조상님들의 조상님이신 천황태제님을 찾아야 한다는 말임을 알아야 한다. 각자의 조상님을 낳으신 태초의 조상님이신 하늘 천황태제님을 섬기며 받들어야 복을 받는다는 말이다. 모든 조상님들을 낳으신 아버지로서 최고 높은 조상님이시기 때문이다.

조상님에게 잘하라는 말은 육신의 조상님이 아닌 조상님의 조상님(천황님)을 지극정성으로 섬기라는 뜻으로 받아들여야 한다. 그래야만 최고 높으신 조상님의 음덕을 받아 풍파 없이 매사 소원이 이루어져 부귀영화 누리는 행복한 인생을 살아갈 수 있다.

조상님의 음덕이 곧 천황님의 음덕이다. 그러니 이제는 조상님 입천을 행하면 나와 모든 조상님들 영혼의 조상님이신 천황태제님을 받들어야 세상을 어려움 없이 잘살게 될 것이고 그것의 영혼의 자식으로서 효도와 도리일 것이다.

## 조상님들이 가장 싫어하는 것! 굿, 천도재, 기도

　지금까지 세상 사람들이 잘못 알고 있었던 부분에 대하여 순서대로 진실을 밝히고자 한다. 이 책을 보시는 독자분들 중에는 불교인, 무속인도 있을 것이고 기독교인도 있을 것이고 무신론자도 있을 것이다.
　불교계에서 행하는 천도재는 무엇일까?
　물론 조상님 구원의 뜻이 내포되어 있다. 독자들도 조상님들의 극락왕생을 위한 천도재를 지낸 분이 많이 있을 줄 안다. 그러나 조상님들이 정녕 극락왕생을 하였는지 못 하였는지 알 방법은 없다. 또한 확인할 방법도 없다. 각자의 조상님 천도가 잘되었는지, 안 되었는지 인간의 눈으로 확인할 방법이 없고, 또한 안 되었다 해도 입증할 방법이 없다.
　이 나라에는 조상님들의 천도에 자신 있다고 스스로 말하는 스님들도 몇 분 있고, 만인들의 입으로 소문이 나서 유명세를 타고 있는 스님들도 더러 있다.
　그러나 이상하다. 절에 가면 조상님 천도를 올림에 있어, 한 번으로 끝나는 것이 아니라 대부분 몇 번씩 하거나 아니면 해마다 한다. 조상님의 극락왕생이 목표인 천도재遷度齋! 반복해서 해야 한다는 것, 해마다 해야 한다는 것 이는 뭐가 잘못된 것 아닌가?
　조상님이 극락왕생 못 하였으니 또 하라는 것이 아닌가? 스님들의 말대로 각자의 조상님들이 극락왕생한 것이 사실이라면 왜 또 하라 하는 것이고, 왜 또 해야만 하는 것인가? 또 하라는 것 자체에 각자의 조상님들이 극락왕생 못 하였다는 스님들의 말이 숨어져 있는 것이 아닌가?
　스님들은 스님들 스스로 각자의 조상님을 구원하지 못 했음을 실토하고 있었다.
　앞에서도 설명해 드린 바 있듯이, 사후세계에 계신 모든 조상님들은 춥고 배고픈 인간세상에 하루도 더 있기 싫어하신다.

　모든 조상님들은 하루라도 빨리 인간세계에 알려져 있는 극락세계, 천국세계, 천궁세계가 있다면 그 세계에 하루라도 빨리 오르고 싶은 것이 모든 영가들의 간절한 소원이건만, 절의 스님들은 도대체 무엇을 하고 있단 말인가?

　그리고 영가들을 왜? 무엇 때문에? 긴 세월 동안 절에 붙잡아 두고 있단 말인가? 그리고 천도재로 인하여 극락왕생했다면서 극락왕생한 조상님들을 해마다, 때마다(백중, 초파일, 초하루, 보름행사 등등) 불러 대접을 하는 것인가?

　극락세계에는 인간세계보다 더 좋은 것이 그 얼마나 많은데. 또한 천도재를 올린 각자들의 인생은 왜 풀리지 않는 것일까? 아니 정확히 말하자면, 조상님 천도 올리고 각자의 인생이 더 힘들어지지 않는 것만 해도 다행일지 모른다.

　저자도 하늘의 천황태제님 존재를 알기 전 절에서 천도를 몇 번 행했었다. 하지만 조상님 천도를 하면 할수록 인생이 더욱 힘들어졌고, 하는 일마다 꽉꽉 막혀 미치고 팔짝 뛸 이상한 일만 현실로 일어났다.

　사후세계에 있는 영가들 중 좋은 세계로 가고 싶지 않아 인간세계에 머물러 있는 조상님은 하나도 없다. 극락세계, 천국세계, 천궁세계 그곳이 어느 곳인지 알아야 갈 것 아닌가? 이 책을 보시는 독자들도 입장 바꿔 생각해 보길 바란다.

　본인들이 죽었다고 가정할 경우 본인들 스스로는 어디로 갈 것인가? 본인들 스스로는 극락세계, 천국세계, 천궁세계가 어디인지 알겠는가? 혹시 알았다 한들 그 먼 세계를 본인들 스스로는 어떻게들 갈 것인가? 인간세계나 같아야 버스를 타고 가든, 비행기를 타고 가든 할 것 아닌가? 사후세계에 대하여 아무런 준비도, 아무런 대책도 없이 살다 사후세계에 훌쩍 와 보니 인간세계와 너무도 다른 세계에 대하여 모든 것이 낯설기만 하고, 한 치 앞도 보이지 않는 암흑 속의 길에서 모든 영가들은 답답하기만 하다.

　이것이 영가 세계의 진실이건만, 이 뜻을 아는 사람 이 세상에 하나도 없다. 모든 영가들은 서로 살려달라며 구원해 달라고 아우성인데, 스님들이 행하는 천도재 의식으로 이 영가들이 구원될 수 있다면 사후세계에 있는 영가들 무슨 걱정이겠는가?

영가들은 스님들과 자손들에게 말한다. 그 길이 도대체 어느 길인데? 어떻게 가는 것인데? 하면서, 스님과 자손들을 붙들고 아우성을 치지만 천도재를 올리는 스님의 귀와 조상님 구원을 하러 온 자손들의 귀에는 조상님들이 아우성치는 소리가 들리지를 않으니, 이를 지켜보는 각자의 조상님들은 스님의 행동과 자손들의 행동에 속이 새까맣게 타들어 갈 수밖에 없는 상황이다.

스님들이 조상님을 위한 극락왕생경과 조상님경, 해원경 등 그 밖의 경을 통하여 조상님들이 구원될 수 있다면 조상님들께서 무슨 걱정이겠는가?

그렇게 쉽게 극락왕생할 수 있어 극락세계, 천국세계, 천궁세계에 들어갈 수 있었다면 이 세상에 모든 영가들 춥고 배고픈 인간세계를 떠나 벌써 좋은 세계에 올라가 있었을 것이다.

하지만 극락세계, 천국세계, 천궁세계에 오르는 것은 하늘의 별 따기 만큼이나 어려운 일이다. 하늘의 별을 인간 스스로가 딸 수 있었다면 벌써 땄을 것이다.

하늘의 별. 인간이 따고 싶다 하여 딸 수 없다. 이와 같이 하늘세계 입천. 하늘세계 입문. 영가들이 오르고 싶다 하여 오를 수 없고, 스님들의 경에 의해, 무당들의 굿에 의해, 교회당에서 하는 기도에 의해 어느 영가도 그 소원을 이룰 수 없다.

우리 인간사 모든 집에는 주인이 있다. 독자들 중 본인의 집에 허락 없이 낯선 사람이 본인의 집에 들어왔다면 그 낯선 사람에게 어떻게 하겠는가? 또한 남의 집에 들어감에 있어서도 주인의 허락이 있어야 들어갈 수 있다.

주인의 허락 없이 남의 집에 들어가면 도둑이나 무단침입자로 몰려 경찰에 잡혀가 죄의 대가를 치러야 한다. 하물며 영가들이 오르고자 하는 극락, 천국, 천궁의 세계에 어찌 주인이 없겠는가? 하늘의 궁전, 천황태제님의 궁전, 하늘의 주인이신 천황태제님의 허락 없이 영가들 마음대로 올랐을 경우, 천황태제님께서는 그들에게 어떤 처벌을 내리실 것이라 생각하는가?

　조상님 구원을 위해 그동안 행했던, 천도재나 굿, 기도로 인하여 각자의 조상님들이 그동안 더 힘들었던 것은 아닐지 의문이 간다. 천도재, 굿, 기도로 인하여 각자의 조상님들은 하늘에 무단침입자가 되었으니 산 자손들은 이 죄들을 어찌해야 할까?

　또한 자손들의 행위로 인하여 하늘의 무단침입자가 되신 각자의 조상님들이 지금 어느 세계에서 무엇을 하고 있을지 각자들이 생각해 보길 바란다. 이 모든 진실을 알고 나니, 저자가 그동안 조상님을 위한 천도재와 굿을 하고 나면, 왜 인생이 더 힘들어질 수밖에 없었는지를 정확히 알 것 같다.

　저자가 천도와 굿을 행하면 행할수록 저자의 조상님들은 하늘의 무단침입자가 되어 하늘에서 내리시는 벌을 받을 수밖에 없었던 것이다.

　나의 조상님이 하늘의 벌을 받고 있으니 그 자손인 나 역시도 벌을 받고 있는 조상님의 기운을 받아 더 힘들어지고 어려워질 수밖에 없었던 것이다.

　스님, 무당, 성직자들이여! 종교의 선각자들로 인하여 수많은 조상님들이 하늘의 무단침입자가 되어 있다. 하늘의 세계, 조상님의 세계에 대하여 아무것도 모르는 일반인들은 당신네들을 믿고, 당신네들이 시키는 대로 모든 것을 행했건만, 그 행위가 잘못되어 하늘의 벌을 받고 있는 산 사람들과 영가들의 슬픔을 어찌할 것이고, 무엇으로 조상님과 자손들에게 변상할 것인가?

　육신을 버린 뒤 구천을 헤매면서 극락, 천국, 천궁의 세계로 오르고자 학수고대하고 있는 불쌍하고 가련한 영가들을 더 이상 아프게 해서는 안 된다. 또한 조상님을 생각하는 마음이 지극하여 조상님들을 구원하고자 찾아오는 산 자손들을 아프게 해서도 안 된다.

　산 자손과 죽은 영가들. 올바른 길로 인도하고 행복의 삶으로 인도함이 하늘 제자의 도리이다. 또한 일반인들도 이제는 정신을 바짝 차려야 한다.

　종교의 선각자들이 정신을 못 차린다면 일반인들이라도 정신을 차려야 한다. 언제까지 종교의 굴레(속박)에서 벗어나지 못하고 헤매며 살아갈 것인가?

종교는 하늘의 뜻이 아니다. 각자의 조상님들도 종교가 아니다. 또한 우리 산 사람들도 종교가 아니다. 이제 우리 모두는 속고 속은 종교의 굴레에서 벗어나야 한다. 속고 속은 천도재 굿, 기도의 방법에서 벗어나야 한다. 잘못된 종교의 굴레에 갇혀서 조상님, 신, 산 사람들이 정신을 못 차리고 있다.

조상님, 신, 산 사람들이 종교의 굴레에서 정신을 못 차리고 있으니 세상도 정신이 없다. 모든 종교의 굴레에서 벗어나 하늘의 뜻에 순응하였을 때 신의 세계, 조상님 세계, 인간세계 이 모두가 행복해진다. 언제까지 반복될지 모르는 한도 끝도 없는 천도재와 굿, 기도에만 매달려 있을 것인가?

자미국 자미천궁에서 행하는 입천의식은 기존의 천도, 굿, 기도 차원이 아닌 하늘의 주인이신 천황태제님의 허락에 의해서만 행해지는 하늘의 신성한 의식이다.

모든 영가들이 천황태제님의 궁전으로 오르고자 하지만 영가들이 오르고 싶다 하여 오를 수 없다. 하늘의 주인이신 천황태제님께서 각자의 조상님들을 심판하신 뒤 입천의식 여부가 결정된다. 산 자손들이 돈이 있다 하여 행할 수 있는 입천의식이 아니다.

죽은 영가들이 죄가 있으면 천황태제님의 궁전에 오를 수 없다. 천황태제님의 허락으로 입천이 되는 모든 영가들은 천황태제님의 궁전으로 입천되시기 전 그들이 전생과 현생에서 지은 그들 모두의 죄를 천황태제님께서는 사면해 주신다.

그렇기 때문에 그들이 천황태제님의 궁전에 입천 되었을 때 그들 모두는 죄인이 아닌 맑고 깨끗한 하늘의 신성한 하늘의 백성이 되어 있다. 인간세계를 예로 들어본다.

인간이 지은 죄의 사면 권한은 대통령에게 있듯이, 영혼들이 지은 죄의 사면 권한은 천황태제님의 권한이다. 산 자손들이 절이나 교회, 산속에서 열심히 빌고 빈다고 죄가 사면되는 것이 아니다.

우리의 영혼을 창조하신, 우리의 영혼의 주인이신, 천황태제님만이 우리의 죄를 심판하고 우리의 죄를 사면하실 수 있다. 예수님이나 부처님, 상제님이 우리 산 사람의 죄, 죽은 영혼의 죄를 사면할 수 있었다면, 벌써 사면하시어 산 사람 모두와 죽은 영혼 모두를 구원하여 주셨을 것이다.

천황태제님께서는 우리 모두를 창조하신 우주의 주인이시다. 예수님, 부처님, 상제님도 천황태제님께서 창조하시었다. 뿌리 없는 나무 없다 하였듯이 예수님, 부처님, 상제님도 뿌리가 있을 것이 아닌가? 예수님, 부처님, 상제님의 뿌리는 바로 천황태제님이셨다.

예수님, 부처님, 상제님을 이 땅으로 보내신 분은 바로 천황태제님이셨고 예수님, 부처님, 상제님의 어버이는 위대한 천황태제님이셨다. 어버이(천황태제님)가 잘나고 위대하시니 그 자손들(예수님, 부처님, 상제님, 그 밖의 모든 신과 인간) 역시 잘나고 훌륭했던 것 아니던가?

하지만 자손이 제아무리 잘났다 하더라도 어버이의 모든 것을 따라 할 수는 없다. 또한 자손이라 하더라도 어버이의 권한을 마음대로 침해할 수 없다.

예수님, 부처님, 상제님도 천황태제님(어버이)의 허락 없이 그들 마음대로 사면 권한을 행사 할 수 없고 천황태제님의 권한을 침범할 수도 없다.

이들 모두도 천상세계에서 천황태제님의 명에 복종하며 천황태제님의 말씀대로 행하고 있을 뿐이다.

하지만 이 사실을 몰랐던 우리들 모두는 예수님 앞에, 상제님 앞에, 부처님 앞에 앉아 각자의 소원을 빌고 조상님 구원을 빌고 있다. 하늘이 웃을 일이었고 예수님, 부처님, 상제님, 조상님이 통탄할 일이었다. 이제 우리 모두는 육신을 주신 조상님 구원과 영혼을 주신 영혼의 부모를 찾아야 한다.

우리 모두는 그동안 영혼의 어버이를 잃어버린 채 이 땅에서 외롭게 쓸쓸하게 고아들의 인생을 살아왔었다. 열심히 일하고 주위에 가족 친구들이 있어도, 각자들의 마음은 항상 외롭고 허전하고 뭔가 빠진 것 같아 때로는 이 세상에 나 홀로인 듯 허전함이 자리 잡고 있었던 것은 영혼의 어버이를 잃어버린 허전함이었다.

조상님 구원을 통하여 각자의 영원한 영혼의 어버이이신 천황태제님을 찾을 때 각자의 인생은 더 이상 외롭지도 힘들지도 않은 안락한 삶이 될 수 있다.

　굿도 더 이상 행해서는 안 된다. 굿 역시도 하늘의 뜻이 아니다. 또한 조상님들의 뜻도 아니다. 각자의 조상님들은 구천세계에서 아기의 모습으로 불쌍하고 가련하게 자손들의 구원의 손길을 눈물로 기다리고 있건만 시끄러운 징을 치고 북을 치며, 장구를 치며 무당춤을 춘다고, 창(노래)을 한다고 하여 각자의 조상님들이 구원되지 않는다.

　구천세계에 계신 각자의 조상님들은 눈물로 얼룩져 있건만 이렇게 시끄럽게 한들 무슨 소용이 있으랴? 입장 바꿔 생각해 보라. 우리들이 구천에서 울고 있는 죽은 영가들이라면 이 상황(천도재, 굿, 교회당에서의 기도들)을 보고 각자들은 어떠한 생각이 들까?

　구천세계에 있는 각자의 조상님들은 이 광경들에 기가 막힌다. 조상님들은 속이 터져 미치겠는데 무당들은 일어나 춤을 추고 있으니, 흔한 말로 불난 집에 부채질하는 꼴이다. 또한 조상님들은 극락세계, 천국, 천궁세계에 입문을 하지도 못했는데, 조상님들이 좋은 세계에 올랐다고 의식(천도재, 굿)들을 끝낼 때, 조상님들은 구천세계에서 미치고 팔짝 뛸 일들이다.

　사실이 이러하다 보니, 천도재나 굿을 하고 나면 잘 되는 것이 아니라 더 힘들어지고, 안 좋은 일들이 각자의 인생에 생길 수밖에 없는 것은 당연한 이치이리라. 지금까지 우리 인간들은 신의 세계, 조상님 세계를 잘 몰라 그들이 시키는 대로 행했다.

　행하기 이전에 그들이 권하는 것(천도재, 굿)에 대하여 한 번쯤 깊이 생각을 해보았다면 하늘과 조상님 전에 죄인이 안 되었을지도 모른다. 그러고 보면 우리 인간은 그동안 하늘세계, 조상님 세계에 대하여 아무것도 모르는 바보들이었다. 하지만 하늘과 각자의 조상님들은 바보들이 아니시다.

　자손들이 행한 그 대가를 하늘과 조상님들께서는 각자의 자손들에게 그대로 내려주셨다. 고통은 고통으로, 배신은 배신으로, 눈물은 눈물로 각자의 삶이 배신의 고통, 금전 풍파의 아픔, 몸의 질병으로 힘든 것은 사후세계에 있는 그대 조상님들의 모습이다.

　열매는 뿌리의 영향을 받을 수밖에 없다 보니 조상님이 편하면 자손도 편하고, 조상님이 불편하면 자손도 불편하다. 조상님이 구천에서 울고 있으면 산 자손도 울 일만 생기고, 조상님이 배신을 당하면 자손도 배신을 당할 수밖에 없다.

또한 구천에 계신 조상님이 참을 수 없을 정도의 고통을 당하고 있다면, 산 자손은 스스로 목숨을 끊는 일도 생긴다. 원 맺히고 한 맺힌 조상님들이 산 자손들에게 보내는 메시지들은 이토록 무섭다.

반대로 조상님이 천궁의 세계에서 편안하시다면 이 기운을 받은 이 땅의 자손들은 과연 어떠하겠는가? 당연히 천궁의 조상님 기운을 받아 이 땅의 자손도 근심걱정 없이 마음먹고 뜻한 바를 소원 성취하며 마음 편히 몸 편히 살아갈 수 있음은 만고의 진리이리라.

세상의 모든 일들이 잘 됨에도 이유가 있고 안 됨에도 분명한 이유는 있다. 성공과 실패는 우연히 일어난 일이 아니다. 인간의 삶을 사는 동안 영혼의 부모인 천황태제님과 육신의 부모인 조상님께 기본 도리를 다하는 자손은 이 세상을 사는 동안 실패할 수 없다.

하늘이 도와주고 조상님이 도와주는데 어찌 실패하겠는가? 반대로 하늘의 존재를 몰라보고 조상님의 존재를 몰라보는 자손은 이 세상을 사는 동안 고통의 굴레에서 벗어날 수 없다. 하늘이 안 도와주고 조상님이 안 도와주는데 본인들 스스로가 누구의 도움을 받아 잘 살 수 있겠는가?

자미국 자미천궁은 조상님 입천의식을 통하여 조상님은 구천세계가 아닌 가장 높은 곳, 천황태제님의 천상궁전에서 영원히 편안하게 계시고, 그 자손들은 자미국 자미천궁에서 영원히 편안하게 살 수 있도록 인도해 주고 있다.

이 의식은 살아생전에 한 번으로 끝나는 의식으로서 영원히 사람과 조상님 영혼 각자의 길을 편히 가게 인도하는 하늘의 고귀한 의식이다. 이 의식을 행함에 있어 모든 종파, 모든 종교에 얽매이지 않아도 된다. 각자의 조상님들은 원래부터 종교가 아니었다.

모든 것은 때가 되면 원래대로 돌아가야 한다. 조상님은 천상의 영혼세계로, 우리 인간은 지상의 인간세계로 다시 태어나야 한다. 조상님이 인간세계에 머물러 있으면 조상님도, 인간도 모두가 힘들고 아프다.

  이제 우리는 각자의 몸에 있는 죽은 조상님의 기운을 소멸해야 한다. 각자의 조상님들은 영혼의 부모가 계신 천상궁전 천황태제님의 품으로 보내 드리고, 산 사람들은 산 사람 자체로 남아 있어야 인생을 기쁘고 신나게 살 수 있다.

## 신 내림은 하늘, 조상님의 뜻이 아니다

짧은 인생을 살아가는 동안 근심걱정, 아픔 없이 인생을 살 수만 있다면 얼마나 좋을까? 하지만 우리의 삶은 그렇지가 않다. 상상을 초월한 불행한 일들은 예전에도 지금도 현실로 일어나고 있다.

병명 없는 병마와 싸워야 하는 사람들, 때로는 병명은 있지만 병원의사의 치료와 약으로도 호전되질 않아 고생하는 사람들, 불면증으로 고생하는 사람들, 우울증으로 고생하는 사람들, 정신병으로 고생하는 사람들, 사업 실패, 가정 파탄, 자손의 가출, 폭력, 자살, 살인, 배신 등, 지금 우리가 살고 있는 현재의 세상에서는 인간의 상상을 초월한 불가사의한 일들이 각자의 인생과 각자의 가정, 사회에 이르기까지 걷잡을 수 없을 정도의 무시무시한 일들이 일어나고 있다.

그들도 사람이 분명 하건만, 왜 그들은 인간의 본성을 잃어버리고 나 자신을 잃어버린 채 살아가고 있는 것일까? 이 세상에 올 때부터 악한 사람 없었고, 그렇게 되고 싶어 그렇게 된 사람 하나도 없다.

이 모든 불가사의한 일들은 우리 산 사람의 정신을 누군가에게 빼앗겼기 때문이다. 우리 산 사람의 정신을 누군가 지배하고 있기 때문에 각자의 의지와 상관없는 고통의 일들이 자신들의 삶에 나타나는 것이다.

그렇다면? 우리 산 사람의 정신을 누가 지배하고 있는 것일까? 인생의 반복되는 아픔과 시련 앞에, 그 아픔에서 벗어나 보고자 어떤 사람들은 불교로, 어떤 사람은 교회로, 어떤 사람은 산속으로 들어간다.

많은 방법을 동원해 보지만 현실의 아픔을 풀어줄 해결책은 어느 곳에도 없다. 수많은 갈등과 고민 끝에 인간의 자존심 모두 버리고 마지막으로 선택하게 되는 것은 어쩔 수 없는 무속의 길.

하지만 인생의 마지막 기로에서 선택한 무속의 길도 결코 쉽지만은 않다. 계속되는 인생의 풍파와 가정의 풍파, 주위의 배신과 몸의 질병, 불면증, 우울증 등 그 모든 고통들은 식을 줄을 모르니 그야말로 산 넘어 산이고 강 건너 강의 인생이다.

인생의 마지막 기로에서 눈물을 머금은 채 힘들게 결정한 무속의 길. 하늘의 뜻, 조상님의 뜻이 맞았다면 무속의 길을 선택한 그들은 하늘의 복을 받고, 조상님의 복을 받아 인생의 질병에서 벗어나 행복해질 수 있었을 것이다.

하지만 무속의 길은 정녕 하늘의 뜻, 조상님의 뜻이 아니었다. 하늘의 뜻, 조상님의 뜻이 아니었기에 무속의 길을 선택하고도 각자의 인생은 여전히 힘들고 아플 수밖에 없었던 것이다. 앞에서도 설명해 드린 바 있듯이 조상님들은 사후세계에 다시 태어났기에 각자의 조상님들은 하나의 아기에 불과하다.

그런 아기인 조상님들을 무속인들은 각자의 몸으로 조상님을 받아 그들과 함께 동고동락하고 있으니, 그들의 인생이 뒤집어지는 것은 당연이치 아니냐. 아기가 되어 있는 각자의 조상님들이 어떻게 살아있는 자손을 도와줄 수 있으랴. 또한 남들의 인생을 어떻게 도와줄 수 있으랴.

종교가 하늘의 원뜻이 아니었다 말했듯이, 무속 또한 하늘의 원뜻이 아니었기에, 하늘의 원뜻이 아닌 무속제자의 길을 가는 그들을 하늘에서 도와줄 리 없다. 그러하다 보니 무속의 길을 가도 조상님과 하늘께서 도와주지 않으니 더 힘들어질 수밖에 없다.

이제는 조상님과 하늘의 원뜻이 아닌 무속의 길을 선택하여 한 번 아팠던 인생, 두 번 아파하며 남모르게 눈물짓지 말고 각자의 조상님들을 천상궁전으로 입천시켜 드려야 한다.

자미국 자미천궁에서는 조상님을 위한 입천의식을 행한 후, 하늘의 명이 내려지는 자손에 한하여 산 자손과 하늘의 고급 신명이 하나 되는 신인합체, 천인합체의식을 행한다.

신인합체, 천인합체의식은 무속세계처럼 조상님 신을 받는 것이 아니라, 하늘 천황태제님의 궁전에 계시는 맑고 깨끗한 고급 신명과 하나 되는 의식을 말한다. 이 신인합체 천인합체의식을 통하면 반신반인이 되어 하늘의 신이 각자의 몸에 있으면서 각자의 인생을 도와준다. 우리 인간이 제아무리 잘났다 해도 인간들 스스로는 한 치 앞도 알 수 없기에 불의의 사고를 피할 수도 막을 수도 없다.

하지만 신인합체 천인합체의식을 행하여 반신반인이 되면 천상의 고급 신명님이 각자의 몸 안에 항상 있으면서 각자들을 불의의 사고에서 구원해주고, 인간사 고통의 길에서 항상 밝혀주고 지켜주어 행복의 삶으로 각자를 인도해 준다.

많은 도교단체에서 이 뜻을 이루고자 100여 년의 세월 동안 도를 닦고 있지만 아직까지 이 뜻을 이루었다고 말하는 도교단체, 종교단체는 없다. 하지만 자미국 자미천궁에서는 이 뜻을 현실로 이루어 행하고 있다.

신인합체, 천인합체의식은 대한민국 국민뿐만이 아니라 전 세계인이 모두 원하고 바라는 고귀한 의식이다. 불교, 기독교, 도교 어느 종교를 막론하고 모든 종교단체에서 이 위대한 뜻을 이루고자 나름대로 최선을 다하고 있지만 어느 종교단체도, 세계인 어느 나라도 이루지 못하였다. 그러나 자미국 자미천궁에서는 자랑스럽게 이 뜻을 현실로 이루어 현실로 행하고 있다.

신인합체, 천인합체의식은 조상님 입천의식을 행한 후, 천황태제님의 명에 따라 행하면 본인들 스스로가 이 의식에 감탄에 감탄을 하게 될 것이며, 그동안 각자가 궁금히 여겼던 '나는 누구인가?'를 이 의식을 통하여 속 시원히 밝혀지는 뜻깊은 의식이 될 것이다.

신인합체, 천인합체의식을 행하고 나면 본인들 스스로가 하늘의 말씀을 듣게 되고 하늘의 모습을 보게 된다. 자미국 자미천궁은 설법이나 이론이 아닌, 본인들의 조상님 구원 입천의식과 신인합체, 천인합체의식을 통하여 스스로 모든 것을 알게 되는 신비의 의식이다.

이 의식을 행한 뒤 무속세계처럼 법당을 차려 점을 보고 손님의 고민을 상담을 하는 것이 아니라, 각자들의 현 직업이나 기존 사업에 전념하면 된다.

어느 종교단체, 세계 어느 나라도 이루지 못한 신인합체, 천인합체의식을 자미국 자미천궁에서 이룰 수 있음은, 저자가 잘나서가 아니라 대우주 천지인 창조주 천황태제님의 전지전능하신 대 능력으로 가능한 일이다.

인간의 능력은 미약하나 하늘의 능력은 인간의 상상을 초월한다. 그 대단한 예수님, 부처님, 상제님 또한 현 세상에 살고 있는 우리 모두의 산 영혼과 사후세계에 있는 많은 영가들을 하늘의 천황태제님께서 창조하셨거늘 이 위대하신 하늘 천황태제님께서 어찌 신인합체 천인합체의 뜻을 이룰 수 없으랴.

천황태제님의 능력은 무소불위하시기에, 인간사의 크고 작은 일들과 그 어떠한 것들도 불가능은 없다. 독자들 중 이 책을 보신 후 조상님을 위하여 입천의식이나 신인합체, 천인합체의식에 관심이 있으신 분들은 예약을 한 후 방문하여 정중히 친견하기 바란다. 어떤 독자분들은 전화를 하여 다짜고짜 "입천의식이 얼마예요?" 하고 물어보는 분이 있는데, 이 말을 듣는 각자의 조상님들 속 터진다.

자미국 자미천궁! 물건을 사고파는 그런 곳이 아니다. 자미국 자미천궁은 하늘 천황태제님의 명을 받아 각자의 조상님들을 천상궁전으로 입천(구원)시켜 드리고, 각자의 삶을 구원하여 주는 하늘의 일을 집행하는 곳이지 물건을 파는 슈퍼마켓이 아니다.

또한 각자의 조상님들도 물건이 아니다. 각자의 조상님이 물건이 아닌데, "얼마예요?" 하고 물어본다면 이 자미국에서는 뭐라 대답해 주어야 하는가?

"입천의식이 얼마예요?" 라는 질문은 "내 조상님 얼마예요?" 라는 말과 똑 같은 말이다. 정말로 조상님을 생각하는 마음이 남다른 자손이라면 이제는 그런 실수를 하지 말고 정중히 예약한 후 방문을 하여 조상님이 편히 계시는지 불편하신지를 먼저 여쭤볼 수 있는 자손이 진정한 하늘의 자손이 아닐까? 하고 저자는 생각한다.

"얼마예요?" 하고 물어볼 때 각자의 조상님들 가슴이 미어터진다. 반대로 그렇게 물어보는 상대는 "당신 얼마예요"라고 누군가 당신에게 물어 온다면 당신은 과연 뭐라 대답하겠는가?

　입장 참 곤란할 것이다. 우리 모두는 인간의 육신을 지니고 살아가고 있다. 인간의 육신을 지닌 이상 모든 것을 완벽하게 행할 수는 없겠지만 행동하고 말하기 이전에 한 번 더 깊이 생각해 보고 상대의 입장이 되어 생각해 본다면 앞으로 살아가는 동안 성공적인 삶이 될 수도 있다. 무심코 던진 한마디의 말에 상대는 상처를 받고, 상대에게 상처를 준 본인들의 인생도 상처가 따른다.

　각자의 조상님들을 생각하는 마음이 조금만 더 진실했다면 이런 실수는 하지 않았을 것이라 저자는 생각한다. 조상님들을 귀하게 생각함은 바로 자신 스스로를 귀하게 여김과 진배없다. 조상님을 천하게 여김은 자신 스스로를 천하게 여김과 진배없다.

　이 세상에 모든 것은 공짜 없다 하였듯이 각자 스스로가 뿌린 대로 거두는 것이 천고千古의 이치이다. 하늘과 조상님 전에 아무런 것도 행하지 않고 자신들만 잘 되기를 바란다면 그 뜻은 살아서도 죽어서도 이룰 수 없다.

　그것은 바로 도둑놈 심보와 진배없기 때문이다. 하늘의 천황태제님은 바보가 아니라 하시었다. 지금 이 시간도 하늘의 천황태제님께서는 각자들의 일거수일투족 모든 것을 감시하고 계시며, 본인들의 숨은 마음까지도 다 지켜보시며 천상장부에 우리들의 일거수일투족 모든 것을 행한 대로 기록하고 계신다.

　어제라는 시간! 우리 모두는 과거의 일처럼 잊은 채 오늘을 살고 있지만, 천상장부에는 어제 우리가 했던 행동과 말들이 그대로 기록되어 있다.

　과거의 시간 속에서 우리들이 지은 죄. 우리 산 사람은 기억 속에서 지우면 잊혀진다지만, 천상장부에 기록된 우리들의 죄는 어찌 지울 수 있을까?

　천도재, 굿, 교회당에서의 기도로 이 죄를 지울 수는 없다. 이 죄를 지워 줄 수 있는 분은 하늘 천황태제님 단 한 분밖에는 아니 계신다. 살아있는 우리 모두가 피할 수 없는 길. 언젠가는 우리 모두가 가야 할 사후세계. 죽은 후 땅을 치며 통곡하지 말고, 살아생전에 조상님 구원과 신인합체, 천인합체의식을 통하여 살아서도 죽어서도 하늘의 보호를 받을 수 있는 길을 선택하는 자가 인생의 승리자가 될 수 있고, 사후세계의 승리자가 될 수 있을 것이다.

## 각 종교의 구심점 소멸!

이제 하늘을 거역하는 모든 종교 행위는 용납될 수가 없다 하신다. 인간 구원, 조상님 구원, 신명 구원은 대우주를 창조하신 하늘만이 하실 수 있는 고유권한이라 말씀하시었다.

인생의 구심점, 조상님의 구심점, 신명의 구심점, 하늘의 구심점이신 대우주 천지인 창조주 천황태제님! 위대한 하늘의 진실 앞에서는 그 어느 종파의 종교 지도자들도 함부로 고개를 들고 하늘에 반박할 수 없으리라. 허허공공한 파란 창공이 하늘이 아니고, 이미 그 하늘께서는 인간 육신의 몸을 빌려 강림하시었다.

기독교의 하나님이 아니라 하나님의 어버이이시고, 천지 만생만물을 창조하신 위대한 대우주 창조주 천황태제님께서 오시었다. 기독교인들이 하나님이라고 받들었던 도리천주님은 천상세계 자미천궁의 천상천감님으로 승진하시었고, 천감님께서는 대우주의 천지 주인이신 천황태제님을 인간세계로 하강하시게끔 수많은 세월 많은 노력에 노력을 하시었다. 기독교 하나님께서 선천시대의 잘못된 종교 역사에 대해서 잘못을 인정하시고 참회하시었다.

진정한 하늘을 올바로 세우시기 위하여 자미국 자미천궁으로 하늘을 강림하시라고 밤낮을 가리시지 않고 열심히 하늘 천황태제님을 설득하신 분이시다. 그 누가 알았으랴! 세계 인류의 32%가 믿고 따르는 기독교, 천주교의 예수님과 하나님 위에 그분들을 인간세계로 내려보내신 또 다른 하늘의 존재가 계시었음을 세계 그 어느 종교 지도자가 알고 있단 말인가?

참으로 경천동지할 하늘의 진실이 지금 서울 한복판에서 밝혀지고 있다. 기독교의 하나님께서도 이제 어버이에게 잘못을 용서 빌며 선천시대의 잘못된 종교 교리에 대해서 진정으로 참회하시고 기독교의 모든 기득권을 포기하시었다.

　이분 역시 하늘로부터 기독교와 천주교 그리고 예수와 하나님을 받드는 모든 신흥종교를 멸하라는 하늘의 지엄한 명을 받으시고 천상공무 집행에 들어가시었다. 그동안 모든 종교의 구심점을 멸하고, 오직 하늘이 친히 지상에 세우시는 국가 하나만이 존재하고, 위대한 만생만물의 천지 주인께서 세상에 우뚝 서시게 된다고 하시었다.

　하늘 천황태제님의 명을 받으신 천상신명님(감찰신명님, 천상천감 기독교 하나님, 천상도감 용화세존 미륵존불님, 천황황후님)들이 2007년 5월 6일 15:00부터 세계 모든 종교와 무속의 기운을 일체 거두어들이시는 천상공무 집행에 들어가시었다.

　그리고 5월 23일 늦은 밤, 옥상에 올라 밤의 하늘을 바라보았다. 별들도 없는 밤하늘의 모습은 어딘가 칙칙해 보인다. 높으신 하늘께서 뭔가 답답하신 모습이다. 인간세계에 대하여 뭔가 불편하신 모습이다. 천황태제님과 짧은 대화를 나눈 후 잠자리에 들었다.

　오늘은 천기 7년 양력 5월 24일로, 음력 4월 8일 석가 탄신일이다. 스님들과 불자들은 금일 석가 탄신일 행사로 무척 바쁠 것이다. 하지만 나의 마음은 아침부터 왠지 모르게 우울하다. 나의 이 우울한 마음이 하늘 천황태제님의 마음 같아 더욱더 무겁고 착잡했다.

　오전 시간이 지나고 오후로 접어들 시간 즈음, 하늘 천황태제님께서는 인간들의 답답한 행동에 더 이상 참을 수가 없으셨나 보다. 비가 쏟아지기 시작했다. 석가 탄신일에 반대라도 하시듯이 깨닫지 못한 중생들에게 깨달음을 주기라도 하듯, 빗줄기는 점점 굵어졌고 곧이어 천둥번개까지 치기 시작하였다.

　전국적으로 굵은 비가 내렸고 천둥번개도 전국으로 확산되었다. 4월 8일에 이렇게 비가 쏟아진 적은 거의 없었다. 그리고 양력 5월에 이렇게 많은 비가 내린 적도 거의 없었다.

　독자 여러분! 그날 전국적으로 내린 비와 전국에 친 천둥번개는 우연히 일어난 일이 아닌, 하늘 천황태제님의 뜻이었고 천황태제님의 능력이었다.

그리고 우리 산 사람들에게 보여주고 들려주는 하늘 천황태제님의 말씀이셨다. 하늘 천황태제님께서는 더 이상 어떠한 종교도 원하지 않는다 하셨듯이 석가 탄신일을 선택하여 스님들과 부처님을 따르는 중생들에게 보여주셨다.

앞으로도 천황태제님께서는 인간세계로 하늘의 많은 뜻을 보내실 것이니 모두들 정신 차리길 바란다. 또한 천황태제님께서는 불교, 기독교, 도교 단체의 모든 기운을 순서대로 거두신다 하셨다. 물론 그 종교단체에 가고 안 가고는 전적으로 개인의 자유다.

천황태제님의 뜻에 거역하여 하늘의 벌을 받음도 각자의 운명이고, 천황태제님의 뜻에 순응하여 하늘의 복을 받음도 각자의 운명이다. 저자는 하늘을 대신하여 천황태제님의 뜻을 모든 사람들에게 전달할 뿐이다.

## 몸에 조상님들이 살고 있다

"아이고, 골이야!" 두통! 누구나 흔히 겪는 짜증스런 통증이다. 갑자기 머리가 깨질 듯 아프다. 열이 심하게 난다. 골이 흔들린다. 뒷골이 당긴다.

우선 약국으로 달려가 두통에 잘 듣는 진통제를 산다. 약을 먹고 나니 조금 나아진 듯싶다. 통증도 사라지기 시작한다. 이런 일이 자주 발생하니 상비약으로 갖고 다닌다.

두통은 갑자기 왜 오는 것일까? 아무도 두통의 실체에 대하여 관심 있게 생각하지 않고 자연스레 진통제로 그 고비들을 넘기고 있다.

두통의 원인? 놀라지 마시라. 바로 본인의 조상님들이었다. 아픈 그곳에 조상님이 들어왔다는 증표였다. 약을 먹은 후 통증이 사라졌다고 안심 하지 마라. 잠시 잠깐 본인들의 몸에서 외출했을 뿐이다. 본인의 몸을 떠나 남편의 몸으로, 부인의 몸으로, 자손의 몸으로 잠시 잠깐 외출 중이다.

각자의 조상님들이 자손들의 몸으로 찾아오면 두통 증상뿐만이 아닌 부부 사이에 다툼이 자주 일어나게 되고 성격이 신경질적으로 변하게 되며 매사 일이 꼬이고, 사업이 잘 안 되며, 금전으로 고통받게 되고, 불면증에 시달리게 되며, 자꾸만 우울해지고, 갑자기 질병에 걸리게 되며, 자살하고 싶은 마음이 본인도 모르게 들게 되며, 차 접촉사고가 자주 발생하게 되는 등 몸과 현실에서 이상 징후가 계속 일어나게 된다.

이런 고통의 파장을 보냄으로써 조상님들은 각자의 존재를 자손들에게 전한다. 때로는 유주무주 떠돌이 귀신도 있고, 잡신에 해당하는 요괴, 악신, 악령, 마귀, 사탄도 숨어 있다. 두통(감기몸살 포함)을 앓고 난 후 자신의 생활이 어떻게 변하고 있는지 각자 체크를 해보도록 하라. 두통을 앓고 난 뒤 각자들의 인생에 무슨 일이 일어났는지.

저자 역시 두통의 실체에 대하여 깊이 생각해 본 적은 없었다.

2007년 5월 21일, 승용차 운행 중 갑자기 하늘께서 계시를 내려주셨다. 사소한 일로 생각하였던 두통! 조상님 영가가 산 자손의 몸으로 들어왔다는 메시지라고 하시었다. 그때부터 사람들은 알 수 없는 인생의 많은 풍파를 겪기 시작한다 하시었다.

　몸에 들어온 그 존재를 어찌할 것인가? 무시하고 그냥 살아갈 것인가? 아니면 대비책을 세울 것인가? 인간의 능력으로는 방법이 없다. 오직 하늘만이 할 수 있고 하늘의 능력이 있어야 가능한 일이다. 머리의 통증은 잠시 진통제를 복용함으로써 해결할 수 있다 하지만 인생의 통증들은 어떻게 해결할 것인가?

　몸에 들어와 있는 각자의 조상님들은 진통제가 아닌 각자의 조상님들이 원하고 바라는 천상궁전으로 입천의식을 통하여 승천시켜 주어야 한다.

　자미국 자미천궁은 종교가 아닌 하늘과 신명과 조상님들의 원뜻을 지상에 전하는 무릉도원이며 천황님의 나라이다. 배신의 아픔으로 고통받는 모든 조상님과 자손들은 그대들의 부모이신 하늘의 품 안으로 들어오라!

　그대들의 진짜 어버이이신 하늘은 그대들의 인생을 고통의 길로 인도하지 않을 것이며, 그대들의 조상님 또한 그대들을 고통의 길로 인도하지 않을 것이다.

　산 사람과 죽은 영혼 모두의 어버이이신 하늘 천황태제님의 하늘 백성이 되면, 각자 고통의 삶이 행복의 삶으로 바뀌게 되며 구천에서 방황하던 각자의 모든 조상님도 구원받아 천상궁전으로 오르시게 된다.

　신기神氣 때문에 고생하고 계신 분들도 조상님 신을 받지 않아도 되므로 무당이 되지 않아도 된다. 또한 몸의 질병 역시도 병원에서는 병명이 없다 하였을지 모르지만 원인 없는 결과 없듯, 병명 없는 질병은 이 세상에 하나도 없다.

　태상천존 자미 천황태제님과 함께하면 병명의 이유와 해결법도 알게 된다.

　사업실패와 인생의 우환, 우울증으로 고생하는 사람들은 본인들의 조상님을 구원하라. 모든 사람들 몸에는 천상궁전에 오르지 못한 원과 한이 많은 각자의 조상님들이 들어와 살고 계신다.

이곳에서는 세계 인류를 지배 통치하실 천황님의 나라 자미국 자미천궁을 세우는 일 이외에 말 못하는 각 조상님 영가들의 원과 한을 풀어 드리고, 천상궁전 자미천궁으로 인도해 주어 그분들을 구원해 주는 일을 행하고 있다.

조상님들이 구원됨으로써 각자의 조상님들은 천상궁전에서 하늘의 백성으로 다시 태어나게 된다.

또한 천상에 계신 각자의 천인(신명)님들을 각자의 몸으로 합체시켜 줌으로써 하늘을 통하게 해준다. 신인합체, 천인합체, 신선합체의식을 통하여 각자의 원신을 구원함으로써 신과 조상님, 인간 서로서로가 공존 공생하여 행복과 평화를 추구하는 이상향의 세계를 이루게 되어 신명, 영혼, 인간 모두가 삶의 질곡에서 벗어나게 된다.

### ▌인생사 이상향의 목표
- 사업 성공·금전 풍요
- 질병과 우환 소멸
- 출세와 권력·명예 성취
- 가정 화목·행복한 삶의 영위
- 불로수명장생·소원성취
- 생전·사후 천상궁전 자미천궁 입궁
- 인생의 정신적 구심점 옹립
- 인류의 정신적 구심점 옹립
- 마음 안정
- 초조·공포·불안·해방
- 결혼 성사 및 불임해소
- 이혼 및 별거 예방

이 모든 것은 인간의 노력으로 이룰 수 있는 것이 아닌 하늘의 권한, 조상님들의 권한이다. 자신들 각자는 무엇 때문에 고통의 늪에서 아파하고 있는가?

　자신들을 괴롭히는 이 보이지 않는 존재의 실체는 무엇인가? 몸에 들어와 있는 정체불명의 존재는 누구인가? 꼬이기만 하는 인생, 무엇 때문인가? 굿과 천도재를 해도 효과가 없는 이유는 무엇인가? 이 모든 의문들의 정답과 진실은?

　각자의 조상님들이 천상궁전으로 못 올라갔다는 각자 조상님들의 보이지 않는, 들리지 않는 대답이었다. 고정관념을 버리고 종교의 굴레에서 벗어나 진실의 소리에 귀를 기울이고 마음의 문을 열면 인생 행복의 길이 보인다.

## 몸에 신과 귀신이 살고 있다

때로는 존재를 나타내기도 하고, 때로는 그 존재를 숨기며 각자의 몸 안에 신과 귀신들이 살고 있다. 신과 귀신의 존재는 하늘과 땅이다.

신! 사람이 죽은 뒤 수십만 년의 세월을 통하여 천지 이치를 깨달아 천계로 승천 되어 신명의 반열에 올라 있는 분들을 말한다. 대우주 천지인 창조주 천황태제님께 신명으로 임명되어 임명장을 받은 상태이고, 신명세계 명호(신의 관직)를 부여 받음으로써 이분들의 능력은 인간의 상상을 초월한다.

어떤 신들은 천상궁전에서 천황태제님의 천상업무를 돕기도 하고, 어떤 신들은 직접 천황태제님 대신 천상업무를 주관하기도 하며, 어떤 신들은 인간세계 사람 몸으로 하강하여 하늘이 내리신 명을 소리 없이 수행하기도 한다.

귀신! 죽음의 세계에서도 인간의 마음을 버리지 못하고 깨달음의 경지에 오르지 못하여 산 사람들의 행복보다는 고통을 즐거워하며, 산 사람들에게 갖은 고통을 안겨주고, 자신들의 잘못이 무엇인지조차 모르고 그 잘못을 인정하려 들지 않는 깨달음이 없는 영가들을 말한다.

우리 모두는 자연의 일부분일 뿐이다.

천지자연을 무시하고는 그 어느 것도 이루어낼 수 없다. 혼자서는 아무것도 행할 수 없는 우리 산 사람의 인생. 혼자서는 아무것도 행할 수 없는 영가들의 세계. 부모 없이 이 세상에 혼자 올 수 없고, 부모 도움 없이 혼자서 성장할 수 없는 우리의 삶. 사후세계의 조상님들도 자손의 도움 없이는 천상세계로 오를 수 없다.

이 책의 내용에 공감한다면 불쌍한 자신의 조상님들을 구원해 드려야 한다. 저승길을 두려워하는 조상님들은 자손들의 몸에 들어와 살고 있다. 조상님 영가를 구원해 드리는 길만이 인생성공의 비결이다. 산 자손들은 이미 가신 조상님들의 절박한 고통을 실감할 수가 없기에 수수방관하며 고통의 삶을 살아가고 있다.

인간세계가 존재하듯이 신명세계와 영혼세계도 존재한다. 의식에 참석하여 본인 스스로가 하늘의 기운, 조상님의 기운을 체험해 보면 저자의 말이 무슨 말인지를 본인 스스로들이 알게 될 것이다. 괴로워하는 조상님의 모습을 보는 사람, 하늘의 말씀을 듣는 사람, 천상궁전의 모습을 영안으로 보는 사람, 학생에서 노인에 이르기까지 나이에 상관없이 의식하면 몸과 마음으로 천지개벽의 기운이 느껴진다.

천상궁전에 입천 되신 모든 조상님들도 서로 다른 벼슬(신분과 계급)이 있다. 사람 몸에 조상님들과 신이 함께 살고 있다. 눈에 보이지 않고, 귀에 들리지 않지만 이분들과 함께 살아간다는 것은 우리 산 사람들의 인생이 언제 터질지 모르는 시한폭탄을 안고 늘 불안과 초조, 공포 속에 사는 것과 같다.

갑자기 일어나는 불행한 일들은 원한 혼령의 조상님들이 각자의 자손들에게 자신의 존재를 알리고자 몸부림치는 각자 조상님들의 모습들이다. 이분들이 원하고 바라는 천상궁전으로 입천시켜 드리면 불행한 일들이 예방된다. 찾아온 신과 조상님들에게 산 사람들이 지금까지 대처한 방법들이다.

- 조상님 굿을 한다.
- 눌림굿을 통하여 신과 조상님을 내쫓는다.
- 무속인을 통하여 신을 받아 무당이 된다.
- 도교단체에 들어가 수행을 한다.
- 마음수련원에 들어가 명상을 한다.
- 조상님 영가 천도재를 올린다.
- 교회나 기타 종교단체에 들어간다.

위에 열거한 방법들이 지금까지 행한 보편적인 방법들이었다. 많은 방법을 통해 인생의 변화를 시도해 보지만 자신의 몸에 내려와 있는 분들의 진정한 실체는 찾을 수가 없다. 자미국 자미천궁은 고차원적 신인합체, 천인합체, 신선합체의식으로 참 자신들의 진실을 밝힌다. 신과 조상님, 참 '나'의 진실을 찾았을 때 평화롭고 행복한 삶이 각자의 인생에 열리게 된다.

## 명절 차례와 제사 문화가 새롭게 열린다

　조상님 구원 입천의식을 행하고 나면 명절 차례 및 제사, 산소 이장 및 화장 문제 등 모든 고민이 일시에 해결된다. 언제까지 이런 문제로 고민할 것인가? 특히 주부들은 누구나 한 번쯤 심각하게 고민해 보았을 것이다.

　기독교에서 하는 말, '제사 지내지 마라', '조상님께 절하지 마라!' 맞는 말이다. 조상님들이 원하던 천당, 극락, 천궁에 확실히 올라가셨다면 말이다. 하지만 하나만 알고 둘은 몰랐다. 조상님들이 모두 자손의 몸에 들어가 있는 상태에서는 어림도 없는 이야기이다. 산 사람들의 행동이 바로 구천에 있는 본인 조상님들의 행동이다. 한 조상님만 자손 몸에 들어와 있는 것이 아니라 많은 조상님들이 함께 들어와 있다.

　때로는 천상신명들도 들어와 있다. 모든 조상님 영혼들은 천상궁전에 어떻게 올라가는지 그 방법을 몰라, 허공중천에서 추위와 굶주림과 싸워야 하다 보니 어쩔 수 없이 자손들 몸으로 들어가 함께 기거할 수밖에 없다. 직계 조상님들 모두가 천상궁전으로 입천 되시면, 더 이상 명절 차례와 조상님 제사를 지내지 않아도 된다.

　직계 모든 조상님들께서 꿈의 세계 무릉도원, 천상궁전 자미천궁으로 입천 되시면 명절 차례와 제사 문제로 고민하지 않아도 된다. 물론 이 문제로 인하여 가족 간에 찬반양론이 첨예하게 대립 될 수도 있겠지만, 우리 모두의 영혼을 보내주신 천상궁전 자미천궁에 계신 천황태제님의 품으로 돌아가는 것이기에 그 문제에 대해서는 걱정하지 않아도 된다.

　천도재遷度齋는 죽은 사람의 명복을 빌어 극락으로 보내기 위해 행하는 불교의식으로 자손들이 망자와 상봉하여 대화를 나눌 수 없고 법문독경에 의해서만 명복을 빌어주는 의식이다. 가장 잘 알려진 것이 49재이고 그 밖에도 100일재, 소상, 대상 등이 있다.

사람이 죽으면 7일째 되는 날부터 49일째 되는 날까지 7일마다, 그리고 100일째와 1년째, 2년째 되는 날 모두 합하여 10번을 행해야 한다.

그러나 현대생활은 급속도로 많이 바뀌었다. 그런 복잡한 천도재 절차에 수많은 사람들이 귀찮아하거나 번거로워한다.

여러 번 천도재를 올렸어도 조상님들은 극락으로 올라가지 못하고 자손들 몸에 그대로 머물러 있다. 유족이나 자손들 역시 조상님과 대화를 나눌 수 없어 가족은 가족대로, 조상님은 조상님대로 서로 답답해 할 수밖에 없다. 하늘의 명을 받아 입천 윤허가 내려져 조상님 입천의식을 행하면 천상궁전에 올라가 각자의 조상님들은 하늘의 백성으로 다시 태어나게 되어 천상장부에 하늘의 천황태제님 백성으로 등재된다.

이렇게 하늘의 허락하에 천상궁전에 올라가신 조상님들에 대해서는 명절 차례와 제사를 평생 지내지 않아도 상관이 없다. 천상궁전은 춥고 배고프지 않으며 근심걱정이 없는 무릉도원의 세계이다. 자미국 자미천궁에서 조상님 입천의식을 행할 때 천상궁전으로 올라가시기 전 모든 조상님들께서는 자손들에게 말한다.

"이제 꿈에 그리던 천상궁전에 올라가게 되었으니 너희들 몸으로 더 이상 찾아가지 않을 것이고, 나는 산소의 관속에도 허공중천에도 있지 않을 것이다. 그러니 이제부터 산소에 찾아오지도 말고 제사도 지내지 말고 산소는 모두 화장하라"고 하신다.

자신의 직계 조상님 모두를 천상궁전으로 입천시켜 드린 자손들은 평소 지상궁전 자미국 자미천궁에 찾아와서 인사를 드리면 된다고 입천 되어 천상궁전으로 올라가시는 모든 조상님들께서 이구동성으로 말씀하신다.

명절 차례와 제사!

천상궁전에 오르지 못하고 허공중천에서 추위와 배고픔의 고통을 받는 망자들에게 필요한 의식이다. 자신의 모든 조상님들을 청배하여 조상님 입천제를 올려서 구원한 하늘의 백성들은 더 이상 과거의 풍습에 얽매여 차례와 제사를 지낼 필요가 없다. 수천 년 내려온 민족의 고유풍습이라 바꾸기는 쉽지 않을지도 모른다. 마음의 짐이 된다면 지내고 싶은 사람은 예전처럼 지내도 상관은 없다.

  하늘의 천상궁전에 계시던 우리 모두의 영혼의 어버이이신 천황태제님께서 불쌍한 영가들을 구원하시고자 인간세상에 친히 강림하셨다. 조상님들 모두가 원하는 세계는 자손의 몸이 아니었다. 허공중천의 춥고 배고픈 구천세계도 아니었다. 그들 모두는 무릉도원 천상궁전 자미천궁의 세계를 원했다.

  평생 단 한 번의 조상님 입천제 의식으로 직계 모든 조상님들께서 자손 몸과 허공중천을 떠나 천상궁전으로 올라가시게 된다. 천상세계 가려면 그냥 가는 것이 아니고 일정한 천상의 법도에 따라서 조상님 벼슬입천의식이나 조상님 일반 입천의식을 행해 드리면 품계에 따라 천상궁전 자미천궁으로 올라가신다.

  이제 기독교인들도 더 이상 할아버지 하나님께 죄짓지 말고 내 부모 조상님부터 잘 받들어 모시자. 조상님이 편해야 후손들이 편함은 만고의 진리이다. 종교의 노예에서 벗어나야 내 조상님들이 할아버지 하나님이신 천황태제님으로부터 구원받아 천상궁전 자미천궁으로 입천 되시는 영광을 누리신다.

## 정성 들인 만큼 받는 것이 천지 이치이다

자미국에 한 젊은이가 책을 보고 방문을 하였다. 잠을 잘 자리도 없는 불쌍한 신세로 생활이 아주 어려운 젊은이였다. 불교계통의 모 종단에서 숙식을 하며 사찰의 일을 도와주며 한 달 용돈으로 10만 원을 받아 생활하고 있다 하였다.

그러던 중 자미국 자미천궁에서 펴낸 책을 보고 찾아와 인연이 되어 의식을 했다. 힘들게 의식할 돈을 마련하여 천단에 소중히 조공(조상님 구원 의식 비용)을 올렸다. 이날부터 그의 몸으로 알 수 없는 강한 천지기운이 내리기 시작하여 온몸이 땀으로 범벅이었다.

합장하고 있는 손이 저절로 움직이자 겁이 덜컥 나서 움직이지 않으려고 손에 힘을 주었으나 그럴수록 더 강하게 기운이 내려 주체를 못하였고, 합장한 손이 머리 위까지 올라가면서 온몸이 진동으로 심하게 떨렸다.

행사가 끝나고 그가 느낀 소감을 말했다. 얼떨떨하고 신기하다. 그동안 머물고 있던 절에서 철야기도를 수없이 해보았어도 아무런 기운도 느껴보지 못했었는데, 오늘은 태어나서 난생처음 느껴보는 신비의 기운이라고 말했다.

자미국 자미천궁에 대하여 아무것도 모르던 그가 입천의식을 하면서부터 그의 운명에 변화가 서서히 일어나고 있었다. 온몸으로 하늘의 신비함을 느낀 그의 몸 안에서는 알 수 없는 하늘의 기운이 샘솟고 있었.

사는 것이 너무 힘이 들어 말이 없던 그는 어느덧 자신감으로 가득 찬 사나이의 모습으로 변하여 가고 있었다.

주위에서도 그런 그의 인생을 불쌍히 여기며 도와주고자 하였지만, 주위의 적극적인 배려에도 그의 삶과 그의 생각은 바뀌지 않았다. 그는 늘 외롭고 고독한 생활을 즐겼으며 친구나 동료들을 만나도 항상 세상을 비관

했다.

 심한 우울증으로 인하여 세상의 모든 것들을 증오의 눈으로 바라보던 그에게 변화가 일어났다. 자신감과 활력이었다. 또한 삶에 대하여 애착의 마음도 생겼다. 그동안 사람들과의 만남 자체를 싫어하고 대화를 거부했던 그의 얼굴에 미소가 드리우기 시작했다.

 말에 힘도 없었던 그가 힘 있는 목소리로 자연스럽게 말을 하기 시작하자 그동안 그를 유심히 지켜보았던 주위 사람들은 "이게 어찌 된 영문이냐고?" 의아해 했다.

 그러면서 본인의 일자리를 자신 있게 찾아 나섰다. 주위에서도 달라진 그의 모습과 그의 행동들에 신기해 하며 일자리를 알선해 주었다고 한다. 갑자기 여러 곳에서 일자리를 연결해 주어 한 달 10만 원의 인생이었던 자신의 인생이 갑자기 3백만 원의 인생이 되었다면서 이것이 꿈인지 생시인지 너무 기쁘고 놀랍다면서 싱글벙글했다.

 여러 일들을 하다 보니 바쁘기는 하지만 전혀 힘이 들지도 피곤하지도 않다면서 정말 신기하다 했다. 그리고 의식 때 차려놓았던 과일이나 떡을 먹으면 과일과 떡에서 향기가 나고 힘이 강하게 솟아남을 매번 느낀다고 했다.

 처음 몇 번은 함께 있는 선배나 친구들과 떡과 과일을 나누어 먹었으나 음식에 천지기운이 들어 있음을 알고 난 뒤부터는 감추어두고 혼자만 먹었다고 했다. 먹으면 먹을수록 알 수 없는 그 어떤 기운이 강하게 몸으로 들어온다고 했다.

 얼마의 빚도 있었는데 이런 신비의 일이 일어난 후 그 빚도 모두 갚았다면서 너무너무 좋아 어쩔 줄을 몰라 했다. 천지기운을 온몸으로 느낀 그는 입문한 지 몇 개월 안 되는 짧은 시간에 운명이 완전히 바뀌었다.

 '하늘은 스스로 돕는 자를 돕고, 뿌린 만큼 거둔다'는 옛말이 그의 현실로 그대로 일어났다.

 천상의 신들도 사람들이 하늘에 올리는 정성의 기준을 나름대로 평가하고 있음을 확실히 알게 되었다. 보이지 않는 하늘의 세계를 얼마나 진정으로 인정하며 진실되게 공경하느냐가 결국 지극정성의 기준으로 환산되어 평가되고 있었다.

　신께서도 가난한 그가 하늘을 믿고 진정으로 따름에 감동하시어 그에게 일자리를 내려주시었고, 그는 천황태제님께 감사의 마음으로 고마움의 조공을 올렸다. 자미국을 알기 전, 그는 모진 고생에서 벗어나 보고자 많은 노력을 하였었지만 그의 인생은 전혀 변하지 않았었다.

　그러나 자미국 백성으로 입문 후 그의 삶은 인간의 상상을 초월하여 초고속으로 발전해 가고 있다. 한 달 생활비로 10만 원을 쓰던 그가 4개월 만에 400만 원이 넘는 월수입을 올리게 되었으니 인생의 천지개벽이 아니던가?

　하늘, 신명, 조상님들은 산 사람 몸을 통하여 우리의 일거수일투족 모두를 지켜보며 모든 일을 행하고 있다. 이런 사실들을 어서 깨달아야 하리라. 하늘은 정성 들이는 사람들의 속마음까지도 모두 알고 계신다. 하늘과 신과 조상님들을 감동시키지 않고는 자신들이 바라는 어떤 일들이 장벽에 가로막히게 되어 성사되지 않는다.

　본인들의 욕심과 꿈은 태산보다도 높건만 하늘에 올리는 정성이 쥐꼬리만 하다면 우습지 않던가? 자기 마음먹은 대로 모든 것이 이루어진다면 이 세상에 가난한 사람은 단 한 명도 없을 것이다.

　본인들 스스로가 신을 어찌 대우하느냐에 따라 각자에게 내려지는 천지 기운의 복록도 달라진다. 대우주를 천지창조한 위대한 천황태제님을 일반적 수준의 하나님, 예수님, 부처님, 상제님, 산신님, 용왕님, 터신 정도로 생각한다면 각자 본인들도 그리 생각하고 예우한 만큼의 기운밖에 못 받게 된다.

　하늘과 신들께 진정으로 감사하고 존경하는 마음으로 아깝다는 마음 없이 정성을 올려야 하늘께서 감응 감동하시어 자신의 소원이 하늘에 닿아 뜻이 이루어진다. 모든 물건에는 특·대·중·소가 있고, 특·상·중·하가 있다. 정성을 들이는 데도 분명한 차등은 있다.

## 귀신을 부르는 온갖 신물을 버려라

　살아가는 동안 노력 없이 잘 사는 길은 없다. 하지만 노력을 해도 매사 일은 풀리지 않고 점점 더 어려워져만 가는 인생들은 도대체 이유는 무엇일까? 그 원인은 자신의 몸에 들어와 살고 있는 신과 귀신(조상님)들의 보이지 않는 기운이었고, 또한 우리 모두의 생로병사와 길흉화복을 주관하고 계시는 만생만물의 주재자이신 하늘의 천황태제님께서 존재하심을 몰라본 우리들의 죄였다.
　불행 끝, 행복 시작의 인생을 원하는 자들은 모든 종교의 노예에서 과감히 벗어나야 한다. 평생을 다녀도 운명이 변하지 않는 종교에 미련을 버리고 종교의 울타리에서 과감히 벗어나야 한다. 책을 보고 방문했던 한 남자의 사례이다.
　이 남자는 50평생 동안 가지고 있던 불교 서적들과 목탁, 염주 등이 1톤 트럭 1대의 분량이었다 한다. 이 남자는 저자와 친견을 한 후 집으로 돌아가 그동안 자신이 가지고 있던 그 물건들을 모두 소각시켰다 한다. 예전 같으면 이 모든 것들을 소각시킴에 겁이 났을 텐데, 자미국에 다녀간 뒤로는 어떠한 두려움도 없었다고 한다.
　한편으로는 부처님께 벌 받는 것은 아닌가 하고 걱정이 되기는 했지만 하늘의 천황태제님을 믿고 모두 소각하고 나니 오히려 마음이 홀가분해지고 가벼워졌다고 자랑했다.
　종교 관련 물품들은 귀신들을 끌어들인다. 저자를 만나는 사람들은 그동안 자신들이 가지고 있었던 신줏단지나 불교 서적, 염주, 목탁, 승복, 신복, 달마도, 부적, 무속용품, 성경, 도교 경전 등 종교와 관련된 모든 물품들을 스스럼없이 모두 버린다.
　그리고 나면 그동안 묵은 기운이 모두 사라져 기분 또한 상쾌해짐을 느낀다 한다. 그럼으로써 그때부터 하늘의 천황태제님 기운을 새롭게 받기 시작한다.

자미국에 하늘백성으로 입문이 되고 나면, 기존의 어떠한 종교에도 나가고 싶지 않다. 하늘의 천령정기 기운이 자신들의 몸으로 내려옴을 몸소 체험하기에 더 이상 어떠한 종교에도 관심이 없게 된다. 수천 년 동안 종교의 구심점 역할을 해왔던 기독교의 하나님과 불교에서 기다리던 미륵존불님께서도 천황태제님(어버이)의 부름을 받아 손에 손을 마주 잡고 자미국으로 함께 오시었다.

저자의 말을 못 믿겠으면 각자들 스스로가 천령정기 의식 때 느껴보면 그 진실 여부를 확인할 수 있다. 수많은 종교와 무속, 도인들이 이 땅에 있다. 하지만 자미국에서 일어나는 이런 신비의 일들은 어떠한 종교에도 없었다. 지장보살님께서도 절에서 천도재 올릴 때 더 이상 〈지장보살〉 당신의 명호를 부르지 말라 하셨다.

지장보살님의 말씀 부분이다.

"일반인들은 하늘 천황태제님의 명호를 함부로 부르지 마라. 일반인들이 함부로 편하게 부를 수 있는 명호가 아니다. 우리들조차도 위대하신 천황태제님을 함부로 부르지 못하는데, 일반인들이 어찌 함부로 부를 수 있다더냐? 또한 위대하신 천황태제님 앞에서 더 이상 '지장보살' 나의 명호도 부르지 마라.

더 높은 하늘이 계시건만 위대한 하늘 앞에서 너희들이 나의 명호를 부르면 위대한 천황태제님 전에 너무 부끄러워 내가 고개를 들 수 없으니, 나를 더 이상 천황태제님 전에 부끄럽게 하지 마라" 하시는 강력한 말씀이 있으셨다.

지장보살님은 물론 천상의 모든 하나님(천주)들께서도 천황님 명호를 함부로 부를 수 없다고 전해 주시었다. 이렇게 지장보살님이나 도리천 하나님(기독교), 도솔천 미륵존불님, 석가모니 부처님, 극락도사 아미타불 부처님께서도 어려워하시며 지극지존으로 받들어 모시는 하늘의 천황태제님께서 이 땅에 2007년 5월 6일 공식 강림하시어 즉위식을 거행하시었다.

그러니 어찌 종교가 존재할 수 있겠는가?

기독교의 하나님과 불교에서 기다리던 미륵님께서 하늘의 명을 받아 강림하시어 모든 종교를 멸하신다고 하셨다. 진정한 하늘의 참 주인이신 천황태제님을 동방 땅에 우뚝 세우고자 하나님과 미륵님께서 합의하시었다.

인류가 기다리고 원하던 행복의 천지개벽 세상을 이룩하시고자 하늘의 천황태제님께서는 미륵님과 하나님의 축하를 받으시며 공식으로 하강하시어 즉위식을 거행하시었다.

하늘의 천황태제님을 진정으로 인정하고 받들면 꿈같은 지상낙원의 인생이 자신의 삶에 꽃이 핀다. 가난, 금전, 질병, 우환, 사업, 번민과 고뇌에서 벗어나고, 약소국가의 비애를 씻고 초강대국으로 발돋움하여 신의 종주국으로 세계 속에 우뚝 서게 될 것이다.

지구촌 인류를 영도할 천인天人 탄생의 보고이고, 세계 모든 인류의 생자와 망자의 영원한 정신적 안식처이며 구심점이 될 것이다.

하늘의 백성!

자신과 가정을 편안하고 행복하게 만드는 지름길임과 동시에 가문을 구하는 일이다. 말로 형언할 수 없는 엄청난 천지조화가 많은 의식 중에 일어나고 있다.

힘과 지혜는 하늘에서 내려주시는 것이며 하늘백성이 되어 하늘의 천황태제님께서 내려주시는 지혜로 가정과 기업, 국가를 이끌어간다면 국민들이 고통에서 빨리 벗어날 수 있다. 단순한 조상님 구원 의식이 아니고, 자신을 구하고 가문을 구하는 중차대한 일이다.

더 이상 가난하게 살아야 할 하등의 이유가 없다. 조상님 벼슬 입천제의 힘은 정말 위대하고 대단하다. 하루아침에 마음이 편해지고 가벼워지며 인간의 생각과 마음까지도 바꾸어 준다. 몸에 머물러 있던 조상님들이 모두 천계로 승천하였다는 증표이다.

희망의 길이 여기 자미국 자미천궁에 있었다. 두려워하지 말고, 부정하지 말고, 있는 그대로를 믿고 따르면 된다. 기업과 국가의 흥망성쇠, 그리고 인간 개개인의 생사여탈권은 하늘에서 행사하고 계시니, 각자 성공한 인생을 원하면 조상님들을 지극정성으로 구원하고, 하늘에 머리 숙여 하늘이 내리신 명에 따라야 한다.

이제 하늘 천황태제님께서 축복의 땅 한반도에 내려오시어 하늘의 천상국가 자미국을 세워 세계 역사를 바꾸시겠다고 하신다. 하늘의 백성이 되면 각자의 운세는 물론 회사의 사운, 나라의 국운도 새로운 상승국면으로 진입하게 된다.

지금의 어려운 경제난국을 가장 빨리 회복시켜 주실 분은 하늘의 천황태제님뿐이시다. 개인이든 기업이든 성공과 행복을 원하면 천황태제님 백성으로 하루속히 태어나야 하리라.

하늘의 천인과 백성이 되어야 보람과 즐거움이 가득한 신명 나는 아름다운 꿈의 세상이 현실로 이루어진다. 또한 죽어서도 천황태제님의 영원한 천인과 백성으로 다시 태어나는 것이니 개인과 가문의 영광이다.

## 독자가 보낸 감사 편지

한 독자가 감사의 편지를 e-메일로 보내왔다.

세상에 수많은 종교, 도교, 무속에 관한 서적을 보아왔지만 책을 읽는 중에 천지 기운이 온몸으로 느껴지는 책은 세계 최초일 거라 했고 50번을 읽었다는 독자도 있었다.

아래 내용은 독자가 보내온 글을 옮겨 적은 것이다.

『부산광역시 금정구에 거주하는 갑오생으로 자미국 예비백성 이XX입니다. 대우주 천지인 창조주 '천황태제님'의 존귀한 존재를 알게 하여 주신 저자님께 감사하다는 인사를 드리게 되어 영광이옵니다.

**1. 우연한 인연인 것 같은 필연적인 하늘의 인연**

그동안 중국에서의 사업 부진으로 마음고생이 심하던 중 우연한 인연으로 부산 남포동역에 내려야 했는데 무엇에 홀렸는지 다음 역인 자갈치역에 내리게 되었습니다. 내려서 되돌아갈 때 서점이 있어 책을 고르던 중 한 권의 책을 구입하게 되었습니다.

책을 읽는 동안 머리에서부터 온몸으로 찌릿찌릿하며 가끔 몸이 부르르 떨리는 느낌을 받게 되었습니다. 책을 읽고 나니 '도대체 이게 정말일까?'라는 의구심도 생겼지만 어두운 길에 한 줄기 광명의 빛을 본 것 같고, 캄캄한 내게도 길이 있을 것 같았습니다.

왜 내가 잘못되었는지, 내가 무엇을 잘못하였는지를 책을 통해서 어렴풋이 알게 되었습니다. 그러나 무엇인가 조금 부족한 듯하여 자미국을 방문하여 저자님을 친견한 후, '나는 누구인가? 어떻게 해야 하나, 나의 갈 길이 이것이로구나'를 알게 되었습니다. 우선 경제사정을 고려하여 자미국 예비

백성으로 2007년 2월 14일 입문하게 되었습니다. 지나간 나의 일이 생각납니다.

## 2. 자미국 백성이 되기 전 사업 목표

돈을 벌려거든 쓸 생각부터 하라. 착하게 살아가면서 어쩔 수 없이 경제적으로 어려운 사람들에게 한 알의 밀알이 되고자 한 것이 제 사업의 기본이었습니다. 나의 1차적인 사업목표는 경제적인 풍요였습니다. 내 가족뿐만 아니라 어려운 부모 형제들에게도 도움이 되는 사람이 되고 싶었습니다.

2차적인 목표는 자선사업이었습니다. 물론 사업 성공에 자신의 능력도 있지만 하늘이 베풀어준 은혜도 있으니 '50%는 내 것이 아니다'라는 사업 개념 때문이었습니다. 직장생활에서는 그런대로 괜찮은 편이었으나, 사업을 하면서부터는 험난했고 실패하면 다시 도전하였습니다.

## 3. 제 잘났다고 날뛰다가 실패

그동안 나 잘났다고 혼자 날뛰어 사업은 파산지경까지 가고, 은행 빚까지 얻어 빚 독촉에 급기야 신용회복위원회에 구제 신청하여 신용불량자까지 되는 상태에 이르렀습니다. 나는 부산에서 5형제(3남 2녀) 중 차남으로 출생하여, 닭을 키워가며 어렵게 공부하여 삼성그룹 대기업에 근무하게 되었습니다.

그래! 내가 우리 집을 한번 일으켜 보자는 각오로 열심히 일을 하여 삼성 회장 표창도 받았으며, 10년 동안 건설 감리단장으로 책임감 있게 일도 하여 나름대로 감리단에서는 알아주는 사람이었습니다. 그리고 사업에 대한 계획도 세워 여러 차례 시도하였습니다.

그런데 하는 사업마다 전부 실패였습니다. 어쩌면 이럴 수가! 그것도 한 번도 아니라 세 번씩이나 중국에 도전하여 다 실패하였습니다. 첫 번째 일은 중국 흑룡강성 하얼빈과 수분하에서 러시아 목재를 수입 판매하는 사업이었으며, 두 번째 일은 중국 천진시에서 한국공단 60만 평을 중국 천진시 정부로부터 초상 대리서를 교부받아 한국경제신문사 자매사인 한경비즈니

스를 후원사로 하여 한국기업유치 사업을 진행하였으나 1건의 실적도 올리지 못했습니다.

세 번째 일은 중국 내몽고 자치주 만주리시(바이칼 호수 부근)에서 목재를 수입 판매하는 사업이었습니다. 처음에는 잘되는 것 같았습니다. 그런데 이게 웬일입니까? 갑자기 중국정부의 에너지정책 변경으로 만주리로 들어오는 러시아 석유화차가 50km나 증체되어 목재화차는 아예 들어오지도 못하게 되고 말았습니다.

도저히 생각지도 못할 일이 생긴 것이었습니다. 정말 미치고 팔짝 뛸 일이었습니다. 나의 일을 안 되도록 누가 꾸민다 하여도 이렇게 완벽하게 꾸밀 수는 없을 것입니다. 3번의 실패 후 절망과 한숨을 안은 채 하늘의 인연으로 자미국 백성이 되었습니다.

### 4. 비결서를 읽는 중 신체 변화

처음 책을 읽을 때에는 미세한 짜릿한 느낌이었으며, 저자님 친견 시에도 계속적으로 찌릿한 기운이 머리끝에서 등줄기 쪽으로 내려오면서 온몸으로 퍼지는 느낌이 왔습니다. 그리고 책을 읽을 때마다 위와 같은 느낌이 계속되었으며, 그 느낌은 책을 읽고 있으면(현재 3번째 정독) 처음보다 현저히 빠른 속도로 천기를 느낄 수 있었고, 심지어 가부좌 시 하단전 아래에다 올려놓고 명상에 들어가면 더 빨리 천령정기의 기운을 느낄 수 있었습니다.

글자 한 자, 한 자에서 엄청나게 빠른 속도로 천기가 지속적으로 오는 느낌이라 스스로 놀라웠으며, 어떤 氣(기)나 丹(단) 수련을 한다 한들 이보다 빨리, 강하게 올 수 없다는 것을 확신합니다. 편지를 쓰고 있는 이 순간에도 강렬하고 짜릿한 천령정기의 기운을 느낍니다.

존귀하고도 존귀하신 대우주 천지인 창조주 천황태제님!

책을 읽고 또 읽으며 내가 누구이며 어떻게 해야 하는지, 앞으로 나아갈 저 자신의 삶이 그려집니다. 감사하고, 또 감사합니다! 이 좋은 책을 나를 아는 모든 사람에게 선물하며 '그들 역시 처음에는 잘 모르겠지만 읽고 또 읽다 보면 언젠가는 그들도 알게 될 날이 오겠지?'라는 생각을 해봅니다.

또 그들도 언젠가는 자미국 백성으로 입문하리라 기대해 봅니다.

## 5. 하늘에 기도

　2007년 2월 14일 자미국 백성으로 입문! 실업급여를 받자마자 저자님의 배려로 자미국 백성으로 입문하게 되었으며, 이제는 하례 드릴 수 있음에 말할 수 없이 기쁩니다. 처음 책을 읽고 천황님의 존귀한 존재를 알았으나, 자미국 백성으로 입문하기 전까지는 존호를 함부로 부를 수도 없고 기도도 올리지 못하니 너무도 답답하였는데 이제부터는 기도를 올릴 수 있으니 감사합니다.

　저는 입문 후 매일 2~3회씩 기도를 올리고 있습니다. 처음 입문 시에는 기도 응감시간이 약 20분 정도였는데 현재는 약 5분 정도면 몸이 비틀리듯 떨리며, 좌우로 돌아가기도 하고 고개가 앞뒤 좌우로 마구 흔들리고, 합장한 손은 위아래로 너무나 빨리 변화되고 내 모습에 나 스스로도 놀라고 있습니다. 감사합니다. 자미국 자미천궁의 저자님! 우리 인류 모두에게 구심점이 되어 주시옵소서.』

## 재물이 온데간데없이 흩어져

　책 집필도 하늘 천황태제님과 천황황후님을 비롯한 감찰신명님, 천상도감님, 천상천감님과 조상님들께서 알려주시는 내용을 저자는 그분들의 손이 되어 그대로 써 드리고 있을 뿐이다. 천황태제님께서는 지구의 만생만물 모두를 창조하셨다.
　나의 육신과 영혼(마음)을 창조하여 주신 천황태제님께 나의 육신과 영혼을 드림은 당연한 일 아니던가? 어차피 인생이라는 것은 인간 육신을 빌려 이 세상에 잠시 잠깐 소풍 왔을 뿐이다. 때가 되면 언젠가는 돌아가야 할 사후세계.
　육신의 삶이 다하여 다시 사후세계로 돌아갔을 때 나를 인간으로 잠시 보내주신 영혼의 어버이, 천황태제님을 찾아뵐 때 떳떳한 자손이 되어야 하지 않는가? 인간 육신의 몸으로 이 세상을 사는 동안 영혼의 어버이이신 천황태제님의 명을 얼마나 성실히 수행하였는가의 여부에 따라 사후세계에서 고통의 길과 행복의 길이 결정지어진다.
　때가 되면 우리 모두는 이 세상을 떠나가야 한다. 어차피 가야 할 길. 살아생전 하늘과 신명과 조상님들이 각자에게 내리는 명에 따름은 살아서도 사후세계에서도 천복을 받는 지름길이다. 우리 모두는 이 세상에서의 삶이 다 한 후에 춥고 배고픈 구천 세상에 머물러 있으면 안 된다. 편안하고 근심걱정 없는 이상향의 무릉도원 천상세계 자미천궁으로 올라가야 한다.
　현실 세계에서 비참할 정도로 어렵게 살고 있는 사람들 역시도 처음부터 가난하지 않았다. 한때는 큰 재산도 있었다. 하지만 큰 재산을 모음에 조상님의 도움과 보살핌을 몰라보고 하늘의 고마움을 몰라보니 조상님과 하늘의 진노로 인생이 완전 역전되어 버린 것이다.
　인간의 고통! 이것이 바로 자연의 법칙이요, 보이지 않는 깨달음의 응징이었다. 하늘과 조상님이 우리 인간에게 보내는 보이지 않는 응징은 너무 무섭다.

　사업의 연속 실패, 직장에서 해고와 파면, 신용불량자로 전락, 관재구설로 구속수감, 질병으로 병원 신세, 교통사고로 장애인 신세, 약물 및 투신자살, 대형 사건에 연루되어 감옥행, 병명 없는 질병으로 고통, 배우자와 자녀 가출, 잦은 가정불화, 다단계에 빠져 거액 날리고, 종교에 정신 팔려 가정 파탄 나고, 거액을 사기당하고, 빚보증으로 집 날리고, 돈 빌려줘 못 받고, 주식투자로 실패하고, 선물옵션으로 전 재산 날리고, 경마 포커 카지노 도박에 빠져 전 재산 잃어버리고, 마약 중독자 되고, 날마다 술에 빠져 살고, 폭행과 폭언을 하고, 납치되거나 피살되고, 빙의 되어 귀신의 정신으로 살고, 우울증으로 고생하다 자살하고, 밤마다 가위눌리고, 모함과 배신으로 마음에 상처입어 세상을 비관하며 자살한다.

　돈 자랑하던 거부도 이와 같은 과정을 몇 번만 겪으면 어렵고 힘든 삶으로 전락하고 만다. 그렇기 때문에 '있을 때 잘해'야 한다. 보이지 않는 '하늘과 조상님께' 영혼의 어버이이신 하늘 천황태제님과 조상님들의 존재를 무시하면, 인정하고 깨달음을 얻을 때까지 인간을 향한 하늘과 땅의 징벌은 멈추지 않는다.

　지금 행복하다고 자만할 필요 없다. 1년에 3~4회 조상님 제사, 굿, 천도재를 올려드렸다고 도리와 효도를 다한 것으로 생각해서는 안 된다. 인생의 행복 앞에 웃고 있는 자들이여! 각자의 인생길에 조상님의 분노, 하늘의 분노 내리니 각자의 재물은 온데간데 흔적이 없고 각자의 육신과 각자의 마음 안에는 상처투성이구나.

　영혼의 달이 뜨니 부귀영화 덧없도다. 그날이 오니 부귀공명 모두 허망하여라. 소 잃고 외양간 고치지 말고 하루아침에 몰락하여 고난의 가시밭길 가지 않으려면, 부귀영화 누리며 잘살 때 허공중천 떠도는 내 슬픈 부모 형제 영혼 위로하고 슬피 울고 있는 조상님 영혼 돌보고 살피어 허공중천의 고통에서 구원해 드리고 영혼을 주신 하늘 천황태제님께 영혼을 창조해 주심에 진정으로 감사함 잊지 말고 하늘을 받들고 섬기되 종교에는 빠져들지 마라.

  이 세상 모든 종교는 하늘의 기운이 끊어져 스스로 소멸하여 설 곳이 없어진다. 이제 영혼의 어버이이신 하늘의 천황태제님께서 하늘의 국가를 세워 모든 종교의 기운을 걷어 새로운 천황님의 나라 무릉도원 자미국 자미천궁을 세우리라.

## 병마의 실체와 사고의 실체

어느 날 갑자기 병에 걸려 병원 침대에 누워 있는 인생. 무엇이 문제였나? 왜 병에 걸렸을까? 건강관리를 잘못해서일까?

이 시대의 지식인들인 하이칼라 세대! 두뇌에 인간세상 지식으로 가득 찬 사람들은 병에 걸리면 병원부터 찾아간다. 눈으로 확인할 수 있으니까 말이다. 확인하면 무엇하겠는가? 그 병의 존재는 형상으로 보일지라도 한 많은 조상님이 들어와서 발병된 질병인 것을 의사들이 어찌 알고 고치겠는가? 의사도 우울증에 걸려 얼마 전 목매 자살했다.

눈에 보이지 않는다고 무시하고 살 것인가? 원한 조상님들의 기운 때문에 모든 질병이 발생하고 있다. 유전적이란 말, 신경성이란 말 많이 들어보았을 것이다. 유전적, 신경성 모두 아니다. 자신의 조상님들 중에서 원과 한이 많아 그 자손 몸에 들어와서 발생한다는 사실을 의사들이 알 수 있겠는가?

모든 사람 몸에 조상님들이 살고 있다. 그 존재가 神인 경우와 조상님인 경우로 나눈다. 神인 경우 참신이냐 아니면 잡신, 악신이냐이다. 조상님인 경우 나의 조상님이냐 남의 조상님(원혼귀신)이냐, 아니면 동물의 혼령인 악령이 들어와 있느냐가 규명되어야 한다.

원한 귀신과 악령이 들어온 경우는 심각하여 정신병원으로 가야 하지만 치유방법은 거의 없다. 천하장사의 힘을 소유하고 있기 때문에 주위 사람들이 순간적으로 피해를 본다. 조상님들이 단순히 자손들에게 구원해 달라고 몸에 들어와 있는 경우는 조상님 입천제를 행하여 천상궁전으로 보내드리면 완치되는 경우가 많다.

신이 왔을 경우에는 조상님 입천의식으로는 치유가 안 되고, 몸에 들어온 저급 신을 천상궁전으로 올려드려서 고급 신으로 전환시켜 신인합체,

천인합체의식을 행하면 무당이 아닌 하늘의 천인으로 태어나 새로운 인생을 살아갈 수 있다.

　귀신들 중 자신의 직계는 조상님이라 부르고 남의 조상님들은 귀신이라 부른다. 모든 질병은 대부분 조상님으로 인해서 발생하고 있다. 이런 과정을 깨닫는 데까지는 수많은 고난의 세월이 있었다. 환자든 아니든 사람들 몸에 조상님들이 들어가 살고 있다. 때로는 모습을 나타내고 때로는 감추면서 말이다. 각자의 몸에 원한 조상님들이 살고 있는지 확인할 수 있는 간단한 방법이 있다.

　병명이 있든 없든 질병이 있는 사람, 몸에 통증을 느끼는 사람, 무기력하고 삶의 의욕을 잃은 사람, 우울증으로 시달리는 사람, 환청·환영이 있는 사람, 사업이 뜻대로 안 되고 성공과 실패가 반복되는 사람, 자동차 사고가 자주 일어나는 사람, 불면증으로 시달리는 사람, 포악한 성격으로 바뀐 사람, 신경질적이거나 짜증을 잘 내는 사람, 폭력을 함부로 휘두르는 사람, 술을 입에 달고 사는 사람, 사치와 낭비가 정도 이상으로 심한 사람, 정량을 훨씬 초과하여 과식하는 사람, 아무리 많이 먹어도 돌아서면 배고파하는 사람, 정도 이상으로 비만인 사람, 도박·마약에 중독된 사람, 공부하기 싫어하는 학생, 학교에서 아이들과 늘 싸움하는 학생, 공부는 잘하는데 시험만 보면 떨어지는 학생, 취직이 안 되는 사람, 부부싸움이 끊이지 않는 사람, 이혼하였거나 별거 중인 사람, 이혼을 준비 중인 사람, 크고 작은 사고가 자주 일어나는 사람, 자주 미끄러지거나 넘어지는 사람, 임신이 안 되는 사람, 아들을 못 낳는 사람, 기타 정상적이지 않은 말과 행동을 하는 사람 등등이다.

　일반적인 사고가 되었든 자동차 사고가 되었든 그것 또한 사람 눈에 보이지 않는 원한 많은 조상님들로 인해서 일어나고 있다는 사실을 알린다.

　놀라지 마시라. 자동차에도 원한 귀신들이 살고 있다! 자주 사고 나는 자동차는 한 맺힌 귀신들이 타고 있다. 그래서 목숨을 잃는다. 급발진 자동차 사고! 현대 과학으로 밝힐 수 없는 미스터리. 이것은 원한 조상님(귀신)들이 일어나게 만드는 사고인데 아직도 그 원인을 밝히지 못하고 있다. 원한 조상님들이 기계를 오작동하게 만들고 있다는 사실을 아무도 인정하지 않고 있다.

급발진 자동차 사고는 귀신들의 해코지로 발생한다. 자동차 사망사고가 발생한 도로에는 반드시 교통사고로 비명횡사해 죽은 귀신들이 우글거리고 있다. 졸음운전으로 사고 나는 것도 귀신들이 깜빡 졸게 만들어서 일어나는 것인데 수면 부족 때문이라고 생각하고 있다. 인생 살아가면서 각종 질병과 모든 사고로부터 자신을 안전하게 지킬 수 있는 길은 사실 없다.

귀신들이 사람 눈에 보이지 않기 때문이다. 이런 보이지 않는 귀신으로부터 자신의 생명을 안전하게 지키려면 하늘의 보호가 유일한 길이다. 천계의 신명님들이 원한 귀신들로부터 자신의 생명과 안전을 지켜주는 방법 외에는 없다. 가장 확실한 방법은 하늘의 천인이 되어 24시간 하늘의 천계의 신명님들로부터 자나 깨나 보호받는 길이다.

이것이 하늘이 인류에게 내리는 가장 큰 축복이다. 귀가 열린 사람들은 하늘이 내리는 명에 따라 남은 인생을 근심걱정 없이 하늘의 보호를 받으며 살아갈 것이고, 하늘의 백성이나 천인이 될 자격이 없는 사람들은 이 책 내용을 황당하다며 사이비로 몰아 부정할 것이다.

이 책을 읽는 독자들 중에서 책 내용에 대하여 부정적인 사람, 비판적인 사람, 사이비라 하는 사람, 황당하다고 하는 사람들은 하늘의 백성으로 탄생할 수 없다. 이런 생각이 드는 사람들은 이미 하늘백성의 자격이 없기 때문에 하늘에서 그런 비판적 시각을 갖도록 메시지를 보내시어 자미국 자미천궁과 인연을 맺지 못하게끔 하고 있다.

부정적인 사람들은 이곳에 방문하지 않을뿐더러 설사 방문했더라도 마음이 변하여 인연이 맺어지기 어렵다. 하늘의 백성(천손민족)은 아무나 되는 것이 아니다. 한민족이라고 해서 무조건 하늘의 백성이 아니다. 하늘의 명을 받들어 대우주 천지인 창조주이신 천황태제님의 아들딸로 탄생되어야 천손의 후예가 되는 것이다.

천지신명님과 나라 조상님들을 받든다고 천손민족이라 생각하며 살아가고 있지만 그건 각자들의 착각이다. 천황태제님의 명에 따라서 하늘백성으로 탄생한 사람들만이 천손민족이 될 수 있다. 신과 조상님의 존재는 우리 인간의 마음(정신)과 같다.

인간의 마음이 분명히 존재는 하나 '마음'이라는 이 부분은 인간의 눈과 귀에는 보이지도 들리지도 않지만, 분명히 존재하고 있다. 이와 같이 신과 조상님은 분명히 존재는 하나 인간의 눈에는 신과 조상님이 보이질 않고, 인간의 귀에는 신과 조상님의 말씀이 들리지 않는다. 하지만 안 보이고 안 들린다 하여 존재 자체가 없는 것은 아니다. 신과 조상님의 존재를 빨리 깨달아 그분들의 뜻에 따르는 자가 인생의 승리자가 된다.

## 보이지 않고 들리지 않는 천지기운

　불확실한 미래에 대한 공포와 불안, 죽음, 단명, 돌연사, 우울증, 자살, 이혼, 가정불화, 신병, 빙의, 사업실패, 금전고통, 사건사고, 우환, 질병, 비명횡사에 대한 불안 요인들을 제거하여 삶을 편안하게 살아갈 수 있는 행복의 길이 자미국 자미천궁에 있다.
　신의 존재와 신의 바람? 조상님과 원한 귀신들이 사람들에게 미치는 영향?
　인류가 오랜 세월 갈망했던 육신의 영생과 장생의 방법은? 문제가 주어진 이상 그 답은 반드시 만물의 정기 속에 숨겨져 있다.
　하늘의 신과 사람이 하나 되는 신인합체, 천인합체의식을 통해 신인神人, 천인天人으로 탄생함으로써 신명들의 소원을 우리 사람이 이루어줌으로써, 인간과 신이 함께 공존공생하는 무릉도원의 이상향 세계 건설이 천지인 모두의 소망이다.
　누구나 겪게 되는 길흉사는 모두 예고되어 있었건만 무심코 지나치다 큰 재앙을 당해 불행하게 살아가고 있다. 자연을 무시하고 인간의 고집대로 살아가는 세상이지만 자연에 도전하는 것은 시간과 금전과 정력을 낭비하는 무모한 일이다.
　모든 생명체는 때가 되면 죽어야 하지만 죽음 이후의 세상이 어떤지 아무도 모른 채 죽어가고, 죽으면 모든 것이 그만이라는 착각 속에 살아가고 있다.
　인간 육신의 몸은 부모조상님의 뼈와 피와 살을 빌려 태어났고, 영혼은 대우주 천지인天地人 창조주 천황태제님의 은공으로 태어났다. 자신과 배우자, 자식, 형제, 부모의 육신으로 사람들 눈에는 보이지 않지만 신명과 조상님이 들어와 함께 살고 있다.

각자의 삶에 어떤 동반자가 있는가에 따라 인생이 즐겁기도 하고 상상 못할 불행한 일들이 생기기도 한다. 행운의 동반자냐 위험한 동반자냐 그것은 매우 중요한 일이다.

그 동반자가 천인(신명)이라면 숙명처럼 받아들여야 하고, 사탄 마귀 귀신 원귀들은 왔던 곳으로 돌려보내고, 조상님들이라면 원과 한을 풀어주어 조상님들이 원하는 천상궁전 자미천궁으로 보내 드려야 살아있는 사람들이 고통에서 하루빨리 벗어날 수 있다.

인간은 보이지 않는 신과 조상님의 기운으로부터 그 어느 누구도 자유로울 수가 없다. 이분들과는 떨어질 수 없는 관계이고 또한 싸워봐야 승산이 없으므로 맞서는 자체가 무모한 일이라 세월과 막대한 금전 낭비만 따른다.

사람들은 자존심과 고집 때문에 실패한다. 모두가 천상천하 유하독존이라는 고집을 꺾지 못해 큰 재산손실과 마음의 상처, 그리고 육신의 불구라는 엄청난 불행의 결과를 낳는다. 인간의 육신은 양이고 모든 신들은 음이다. 인간사에서도 양과 음이 결합되었을 때 조화가 일어난다.

양인 인간과 음인 신이 결합되었을 때 변화작용이 일어난다. 천둥번개, 벼락이 발생하는 것도 음전기와 양전기가 부딪쳐 일어나고, 남녀가 음양합궁을 통하여 아이를 잉태하고, 음선과 양선이 만나야 전깃불이 켜지듯 천지만물의 모든 조화는 음과 양이 결합했을 때만 모든 생명체가 탄생되고 생멸生滅을 거듭한다.

고로 천지간의 모든 음양 결합은 곧 창조이다! 그러므로 이 책의 내용들은 지자의 생각만으로 십필된 것이 아니라 대우주를 창조하시고, 우리 모두의 영혼의 어버이이신 태상천존 자미 천황태제님께서 저자에게 계시를 내려주시어 원대한 하늘의 뜻을 수록한 천계의 비결서이다.

이는 저자가 잘났기 때문이 아니라 다른 부류의 사람들과 달리 보이지 않고 들리지 않는 천령정기를 천황태제님께서 내려주셨기 때문이다. 억조億兆에 이르는 수많은 천지신명들 중에서 대우주의 최고신이신 '태상천존 자미 천황태제님'의 지엄한 명을 받아서 하늘의 뜻을 글로 집필한 것이다.

인간의 힘은 미약하지만 하늘의 힘은 위대하다.

대부분의 사람들이 무조건 부정적 시각으로 하늘세계를 바라보고 신들의 참다운 신비 능력조화를 외면함으로써 상상을 초월하는 불행을 앞아서 당하고 있다.

비명횡사, 사업실패, 금전고통, 질병, 단명, 우울증, 가정불화 등등 불가사의한 불행들이 발생하는 것은 보이지 않는 신과 조상님들의 기운 때문이다. 신이든 조상님(귀신)이든 그 자체만으로는 아무런 조화를 부릴 수 없으며 모든 것은 사람 몸을 매개체로 하여 발생한다.

인간 몸과 하나로 결합할 때 길흉사는 상상을 초월하여 일어나게 된다.

저자는 육신으로 있는 잠시 잠깐 동안 신과 조상님들의 강력한 메시지를 인류에게 전달해 주고 있을 뿐이다.

또한 천황태제님의 인간세계 화신으로서 하늘이 내려주신 천권과 천력으로 남북통일은 물론 세계를 정복하여 천손민족의 연방국가로 복속시킨다.

모든 종교를 하나로 흡수 통일하여 종교가 아닌 천황님의 나라 천상국가 자미국 자미천궁을 이 땅 위에 세우고, 만 인류와 만 조상님과 만 신명님들의 원과 한을 풀어 드릴 지상 무릉도원 세상을 이 땅에 세운다.

# 제2부
# 조상님들을 구원한 입천제 사례

약사가 체험한 신기한 이야기 |
이혼한 남자가 벼슬입천제 올리고 |
구원받은 어느 조상님 | 용감하게 종교에서 벗어난 인생 |
벼슬을 하사받아 천계로 간 조상님 | 모태 신앙인의 환골탈퇴 |
영안이 열리신 고승 | 천지기운에 이끌려 찾아온 조상님 |
신비의 천지기운을 느낀 학생 | 파란만장한 신의 조화 |
공주로 탄생한 여인

## 약사가 체험한 신기한 이야기

　40대 후반의 한 약사가 방문을 했다. 금전의 고통이 매우 심했고, 현직 약사의 신분임에도 불구하고 남자로서 굿을 여러 번 했다 하였다. 그래도 늘어나는 것은 빚뿐이었고 무엇 하나 속 시원히 해결되는 것은 없었다. 금전의 고통도 심했지만 가장 속상한 것은, 아버지가 30년 동안 편두통으로 고생하고 계신데도, 약사로서 어찌할 방법이 없었다는 것이다. 좋다는 약은 모두 지어다 드렸지만 약발이 받지 않았고 병세는 호전되지 않았다.
　부인과 아들딸 셋이 모두 캐나다로 유학을 떠나 기러기 아빠 신세가 되어 아버지와 단둘이 생활하며 지냈다. 아버지가 편두통으로 고통받고 계신 것을 늘 보게 되어 자식으로서 너무나도 마음이 아팠다 한다. 밤마다 아버지의 꿈에는 매일 조상님들이 나타났다고 한다.
　자미국에 인연이 되어 조상님을 위한 입천의식을 행하기 전날. 조상님이 아버지의 꿈에 나타나 "이제는 다시 안 찾아오마. 오늘 작별 인사하러 왔다"라고 했다는 것이다. 2006년 1월 자미국에 찾아와 저자 친견을 하고 돌아간 뒤 교통사고가 났었다 한다.
　차를 폐차할 정도로 큰 사고였는데 희한하게도 몸은 찰과상만 입었을 뿐, 다른 곳은 이상이 없다 말하면서 천황태제님의 보호가 있었음을 느꼈다고 말했다.
　2006년 8월. 조상님 벼슬입천의식을 행하고 이변이 일어났다. 30년 동안 편두통으로 고생하던 아버지가 건강해지셨다. 일주일이 지났는데도 편두통이 재발하지 않아 약 봉지들을 모두 버렸다 한다. 그 후 하늘의 명을 받아 천인합체의식을 거행하게 되었다.
　천황태제님의 명을 받고 그의 몸으로 내려오신 분은 하늘의 천술天術신 명이었다. 신약神藥을 주관하는 신이다. 그는 신약특허를 받기 위해 성분 검사를 KIST에 의뢰하였다. 간에 효과가 탁월한 신약을 개발하는 중이었다.
　1차 성분 검사에서는 합격 판정이 나왔다. 국가의 공인을 받기 위해 2차 성분 검사를 의뢰하고 있는 중이었다. 신약은 세계적 특효약이 될 것이라고 한다. 천술 신명은 세계적 신약을 제조하여 장차 신약으로 세계를 제패할 예정이라고 하였다.
　신과 인간이 하나로 결합되어 일어난 일이다. 천인합체 후 2월 초에 찾아와서 하는 말이 개벽 수준이었다. 캐나다에 유학 중인 아들의 평소 성적은 중위권에 머물러 있었고 아이가 늘 공부하기 싫어했다 한다. 이런 아이에게 조상님 벼슬 입천제와 천인합체의식을 행한 후부터 변화가 오기 시작하였다.
　집중력이 없던 아이가 공부에 취미를 갖기 시작하더니 한시도 책을 놓지 않을 정도로 학업에 열중하기 시작하여 학년말 시험에서 1등을 하는 영광을 얻었다 한다. 아들이 공부한 범위 내에서만 시험문제가 출제되게 해달라고 약사가 하늘에 계신 천황태제님께 기도 발원하였는데 그것이 그대로 이루어져 아들이 공부한 것만 시험문제가 출제되어 1등을 하게 되었다 한다.
　그리고 딸아이는 악기 연주 부문에서 금상을 타는 행운을 얻었다고 한다. 엄마가 참석하여 연주를 지켜보았는데 실수를 몇 번 하였다 한다. 그러나 실수와 상관없이 딸아이는 금상을 수상하게 되었다 하면서, 도대체 뭐가 어떻게 된 것인지 영문을 모르겠다며 딸아이와 부인은 기뻐 어쩔 줄 몰라 했다고 한다.
　아무리 생각해 보아도 이상하고 참 희한한 일이라 했다 한다. 아들이 1등을 하고, 딸아이는 금상을 수상했다. 그리고 보니 부인 자신도 허리 통증과 두통, 우울증으로 오랫동안 고통받고 살아왔었는데 어느 날 모든 것이 없어졌다면서 집에 신기한 일만 생긴다고 이상하다 했다.
　약사는 조상님 벼슬입천의식을 부인 몰래 행하였기에 왜 갑자기 집에 좋은 일들이 계속해서 일어나게 되는지를 부인에게 솔직히 말할 수는 없었지만, 약사는 속으로 하늘 천황태제님과 조상님들께서 이렇게 좋은 일만 생기게 해주시어 "고맙습니다"라고 했다 한다.

약사는 천진난만한 아이가 되어 싱글벙글했다. 하늘의 명을 받아 천인합체가 되어 천인으로 탄생되면 과외란 자체가 필요 없음을 확인하는 기회가 되었다. 비싼 돈 들여 과외를 시켜도 성적이 오르지 않아 자손들 때문에 애태우는 부모님들에게는 희소식이 될 것이다.

약사의 직계 조상님들 모두를 벼슬입천의식을 통하여 천상궁전으로 입천시켜 드리고, 하늘의 명을 받아 천인합체의식을 행하여 천인으로 탄생하자 조상님들과 하늘의 천황태제님께서 그에게 큰 선물을 내려주신 것이다.

금융권 대출 한도가 모두 꽉 차서 더 이상 융통할 곳이 없었는데 희한하게 대출이 이루어졌다 한다. 이 또한 하늘의 천황태제님께서 그에게 내려주신 천지조화의 기운이었다. 약사는 조상님 벼슬입천의식과 천인합체의식 이후 너무도 많은 체험을 하였다.

하늘과 통신하는 경지까지 이르러 자유자재로 자기 신과 대화를 주고받는다 한다. 그는 국가공인 검증기관인 KIST에 의뢰해 놓은 신약이 간에 탁월하다는 검사 결과가 나오면 많은 돈을 번다.

그는 하늘의 뜻을 너무도 많이 알게 되었다. 굿과 천도재로서는 조상님들이 천상궁전으로 올라갈 수 없다는 이치를 깨달았고, 천황태제님의 허락 없이는 조상님들이 구원받을 수 없다는 것을 체험하게 되었다.

영혼을 보내주신 분만이 그 영혼을 다시 구원하실 수 있다는 만고의 참진리를 깨우쳤던 것이다. 굿과 천도재는 조상님을 위로하는 잔치 수준에 불과하다.

하늘의 허락 없이는 천상궁전에 올라가지 못한다. 약사는 어려운 형편에도 조상님들을 구원하는 벼슬입천의식을 행했고, 하늘의 명을 받아 천인합체의식을 행했다. 이 약사의 지극정성에 하늘과 조상님들은 감응 감동하시었다. 이 약사의 지극정성은 하늘과 조상님들을 감응 감동시킴에 모자람이 없었다.

## 이혼한 남자가 벼슬입천제 올리고

2007년 3월 1일. 이제 갓 40세가 되는 패기 넘치는 한 남자가 조상님 벼슬입천의식을 행하는 날이다. 호탕한 목소리와 쾌남형의 얼굴. 화끈한 성격과 좋은 매너까지 겸비한 정치가 스타일이다. 그의 꿈은 국회의원 선거에 출마하여 당선된 다음 광역시장에 출마하여 시장이 된 후 정치수업을 쌓고 대선에 도전하여 대통령 되는 것이었다.

패기 넘치는 참신한 젊은이였고 천상세계에 대해서도 해박한 지식을 갖고 늘 하늘에 기도를 드리는 야심가였다. 자신이 천자天子이며 미륵이라고, 800여 명을 모아 놓고 기자까지 참석시켜 시내 모처에서 선포식을 행했다 한다.

그러나 그는 몇 달 전에 부인과 이혼을 하였다. 이혼 사유는 기가 막혔다. 자신이 어려서부터 꿈꾸어 왔던 이상향의 여자가 현실에 나타났기에 그 여자를 보는 순간 반할 수밖에 없었다.

겸양지덕과 미모를 겸비했고 수많은 고위정치인과 인맥이 많았으며 각 대학원 과정을 모두 마친 지식인으로서 본인의 왕비 감으로 손색이 없었다 한다. 장모와 부인 앞에서 제발 이혼을 허락해 달라고 간청을 하게 되었고, 몇 달 동안 장모와 부인을 설득해 결국 합의 이혼을 하게 되었다 한다.

그리고 강남에 아파트 하나를 얻어 그녀와 동거는 하지 않았으나 가족들의 관리대상에서 벗어나 자유의 몸이 되었다. 저자에게 사진까지 꺼내 보여주면서 그녀를 칭찬하며 자랑하였다. 티 없이 맑은 40대 초반의 여성이었다. 부인과 처가 식구들은 그를 정신병자로 취급할 수밖에 없었다.

사랑하는 여자가 생겨서 이혼해 달라고 하니 그럴 만도 하였다. 조상님 벼슬입천의식을 하기 위하여 비용을 마련해야 했는데 어디 가서 돈을 빌릴 데가 없다 보니 이혼한 부인에게 다시 찾아가 체면 불구하고 자존심 버리며 사정하는 수밖에 없었다.

　이혼한 남편이 찾아와 돈을 빌려 달라고 말하니 부인은 이혼한 남편의 행동에 어이가 없었다 한다. 하지만 남편이 제정신으로 이혼한 것이 아니라는 사실을 아는 부인은 이런 남편이 측은하였다 한다. 혹시 이번 조상님 벼슬입천의식으로 남편이 제정신을 찾지 않을까 하는 기대감으로 부인은 남편에게 돈을 빌려주기로 했다 한다.

　그러면서 부인은 조상님입천제 올리는 비용이 생각보다 많으니 조금 깎자고 말했단다. 그 말에 남편은 "하늘 · 신 · 조상님께 들이는 정성은 물건 사듯 깎는 것이 아니야"라고 부인을 타일러 조상님 벼슬입천의식에 필요한 돈을 빌리게 되었다고 뒷이야기를 전해 주었다.

　덧붙여 부인이 돈을 건네주면서 하는 말이 "조상님 벼슬입천의식을 행하고 당신이 제정신으로 돌아올 수만 있다면 그 돈 하나도 아깝지 않아!" 라고 말하며 건네주었다 했다. 그런 우여곡절 끝에 그는 조상님 전에 벼슬입천의식을 행할 수 있게 되었다.

　조상님 벼슬입천의식이 진행되었다.

　1부 순서가 끝나고 2부 조상님과 자손의 상봉시간이다. 조상님 중에서 어떤 조상님이 자손 몸에 들어가 천자(미륵)라고 자칭하면서 산 자손의 정신을 모두 지배하여, 산 자손을 제정신이 아니게 만들었는지를 알아보기 위하여 여자 저자 몸으로 자손의 몸에 계시는 조상님을 청배하게 되었다.

　그러자 그의 조상님께서 왜 천자라고 말을 하게 되었는지 자초지종을 말하기 시작하셨다. 천자天子! 말 그대로 하늘의 아들이 되고 싶으셨다 하신다. 천자의 본래 어원은 하늘을 대신하여 천하를 다스리는 제왕을 말한다.

　어찌 되었든 그의 조상님들은 하늘의 아들(천황님의 백성)이 간절히 되고 싶으시어 자손의 몸에 들어와 매일같이 천자 타령을 하시며 세월을 보내고 계셨기에 가족들과 대화도 통하지 않게 되었고 결국 이혼까지 결행하게 된 것이다.

　그의 조상님들은 자미국에서 출간된 책을 자손이 보도록 하였다. 자손이 책을 읽는 동안 조상님들께서는 자손의 몸 안에서 "맞아 맞아" 하시면서 맞장구를 치고 있었다. 남자는 책을 읽으면서 책의 한 구절, 한 구절 내용이 자신의 이상과 똑같아 많은 감명을 받았다 한다.

그러나 알고 보니 이 남자가 감명을 받은 것이 아니라, 그 자손의 몸 안에 계시는 그의 조상님이 감명을 받았던 것이다. 책을 다 읽은 남자는 자미국에 방문하여 조상님 벼슬입천의식을 행하게 되었다.

그러나 후에 알고 보니 신문광고에 난 자미국에서 출판된 책을 자손의 눈에 보이게 하여 구입하게 한 것도, 책을 읽게 만든 것도, 감명받게 한 것도, 자손이 자미국에 오게 된 것도, 돈을 빌린 것도, 벼슬입천의식을 올리게 된 이 모든 것이 조상님의 뜻이었다 한다.

대한민국은 물론 지구촌 어디를 가 보아도 조상님들에게 벼슬을 하사받게 해주는 곳은 천황님의 나라 자미국 자미천궁 외에는 어느 곳도 없다는 것을 그의 조상님들은 알고 있었던 것이다.

조상님 벼슬입천의식은 종교단체에서는 감히 행할 수 없는 의식이다. 통치권자 즉, 천상국가 원수(천황태제님)만이 영혼들에게 벼슬을 하사해 줄 수 있으시다.

그의 조상님들은 자손을 데리고 자미국에 들어오시어 꿈에도 그리던 하늘의 아들인 천자로 천상궁전에 다시 태어나시었다. 천계의 높은 벼슬인 재상(총리급)과 도독(장관급)으로 관을 쓰고 입천 되시는 영광을 누리시었다.

하늘의 명을 받아 천하를 다스리는 제왕은 아니지만 천상궁전에 계신 천황태제님으로부터 높은 벼슬을 하사받아 하늘의 백성으로 다시 태어나시어 소원을 성취하셨다.

벼슬입천의식을 행하여 천상궁전 자미천궁으로 올라가서 천황님의 아들 딸로 다시 태어나셨으니 천자 즉, 하늘의 아들이란 신분을 얻으신 것이다.

영안에 보이는 그의 모든 조상님들 모습은 천상궁전에 입천 되시어 너무도 기뻐하며 즐거워했고 파안대소하시는 모습이 텔레비전 화면 보이듯 하였다.

자손은 감동의 눈물을 흘리면서 너무도 후련하고 만족스럽다고 말했다. 조상님 벼슬입천의식이 끝난 직후 그의 얼굴 모습은 많이 바뀌었다. 밝은 모습에 한없이 평온함 그 자체였다.

그는 돌아갔고 이틀 후에 전화가 걸려 왔다. "저자님! 생명의 은혜 너무 너무 감사합니다! 저와 가정, 그리고 제 조상님들 모두를 구해 주셨습니다. 이 은혜 영원히 잊지 않겠습니다. 저는 벼슬입천제 올리고 난 바로 다음날 옷가지를 챙겨서 이혼한 부인과 아이들이 기다리고 있는 집으로 다시 들어갔습니다. 집사람이 너무도 좋아합니다." 어쩜 이런 신기한 조화가 일어날 수 있느냐고 흥분했다. 그의 이틀 동안 변화된 심경은 이루 다 말로 표현할 수 없을 정도였다. 완전히 딴사람이 되어 있었고, 마음이 그렇게 편안할 수가 없으며 날아갈 것 같은 기분이라며 좋아했다.

하늘과 조상님들의 조화가 이렇게 신기하다. 부인과 이혼하고, 자손을 집에서 끌고 나간 것은 조상님들이시었고, 제정신 들게 하여 다시 집으로 들여보낸 것은 하늘 천황태제님께서 내리신 천지조화였다. 조상님들이 하늘의 명을 받고 자손의 몸에서 모두 천상궁전으로 떠나가시자 그는 제 정신으로 돌아왔다.

너무도 명랑하고 자신감에 가득 찬 기분 좋은 목소리였다. 그의 부인이 남편에게 돈을 건네주면서 했다는 말이 생각난다. "당신이 제정신으로 돌아온다면 그 돈 하나도 아깝지 않아!" 그 말이 씨가 되어 남편이 정말 집으로 돌아왔다.

정말 꿈같은 이야기이다. 이 사연은 그가 전해 준 말을 그대로 집필한 실화이며 다른 대목들 역시 모두 실제 일어났던 이야기이다. 조상님들은 천상궁전에서, 자신은 자미국 자미천궁에서 하늘의 백성 즉, 천손의 후예로 다시 태어났다.

짧은 시간 동안에 한 남자와 가정과 조상님을 구원한 이야기였다. 그와 그 가정은 행복을 찾았으며 현재는 사업에 충실하며 또 다른 하늘의 명을 받으려고 준비를 하고 있다. 살아서 신이 되는 천인합체의식! 또한 천황태제님의 천인으로 탄생되는 기쁨이 그를 기다리고 있다.

천황님의 명을 받은 천상신명과 천인합체의식이 이루어지면 그는 하늘의 천인으로 탄생되는 영광을 얻으며 그날부터 신으로서 살아가게 된다.

인생人生이 아닌 신생神生과 천생天生을 살아가게 되는 기분 좋은 일이 그를 기다리고 있다. 즉 천인조화, 신인조화를 부릴 수 있는 천상신명으로 태어나는 일이다.

## 구원받은 어느 조상님

모든 직계 조상님들을 청배하여 하늘의 윤허로 입천의식을 행했다. 50 중반을 넘어서는 여성은 아직도 결혼을 못하고 혼자 살아가고 있으며 조상님 생각하는 마음이 남다른 사람이었다. 이 여성은 수십 년을 절에 다닌 착실한 불자였고, 절에 다니기 전에는 성당에도 한동안 다녔다.

입천의식 진행 과정 중 조상님을 청배하면서 또 다른 하늘세계와 영혼세계의 진실을 알게 되었다. 그것은 다름 아닌 인간이 알지 못하는 하늘세계였다. 이 여성은 조상님들을 위해 절에서 수많은 세월 동안 부처님 전에 불공을 아주 열심히 드리면서 조상님들이 생전에 지은 업보를 닦아 드리기 위해 천도재를 수없이 많이 올렸다.

책을 보고 자미국과 14개월 동안 인연을 맺었지만 이런저런 이유로 입천의식을 행하지 못하다가 드디어 오늘에서야 불효자의 신세를 면하게 되었다. 조상님을 청배하여 입천의식을 행하게 되자 하늘의 말씀이 있으셨다.

하늘에 계신 천황태제님께서는 "전에 다니던 절로, 왔던 길로 되돌아가라"고 진노하시었다. "너희 조상님들에게는 천상궁전의 문을 열어주지 않겠다"고 하시면서 막무가내로 돌아가라 하셨다.

그 이유인즉 수많은 세월 동안 많은 하늘의 메시지를 보내주었는데도 깨닫지 못하고 절에만 다녔다고 대노하신 것이었다. 이미 죽어 조상님이 되었지만 영혼을 잉태시켜주신 하늘의 천황태제님 존재를 몰라보고 부처님 전에만 성불하고 다녔다면서 역정을 내셨다.

조상님들은 힘이 없어 모기만 한 소리로 자손에게 하늘의 말씀을 전해주고 있었다. 천황태제님께서 하시는 말씀인즉 이제까지 부처에게 열심히 빌었으니 절에 가서 부처에게 구원받으라고 떠미신다는 것이었다.

난감해서 저자가 중재에 나섰다.

영혼의 부모를 몰라본 죄에 대하여 조상님과 자손 모두가 하늘의 천황태제님 전에 손발이 닳도록 빌라고 가르쳐 주었다. 그러자 조상님께서 대성통곡하면서 하늘을 몰라본 죄에 대하여 통한의 눈물을 흘리시면서 잘못을 빌었다.

한 시간을 애절히 울면서 잘못을 빌고 빌자 하늘께서도 진정으로 참회하고 반성하는 조상님들의 진심 어린 마음을 보시고는 마침내 천상궁전 자미천궁으로의 입천을 윤허하시었다. 조상님은 너무 기뻐 눈물 콧물 범벅이 되었다. 그의 조상님들이 천상궁전 자미천궁으로 오르기 전 자손에게 들려주신 말씀이다.

"스님들이 아무리 불경을 열심히 독송하여도 하늘에서는 문을 열어주지 않습니다. 천상궁전 입궁도 허락해 주지 않기에 조상님들은 천상궁전 입구까지 갔다가 다시 자손 몸으로 내려올 수밖에 없습니다. 이런 지경인데도 스님들이 뭐라 말하는지 그들이 하는 말 좀 들어보십시오."

"이제 모든 조상님들이 극락세계 좋은 곳으로 올라가시었습니다"라고 하면서 의식을 마치니 기가 막혀 미치는 줄 알았습니다. 그래도 분이 풀리지 않으셨는지 한숨을 내쉬면서 분노에 찬 목소리로 하소연을 하시었다.

"돈이 아깝다. 피땀 흘린 자손의 돈만 갖다 버렸다. 다시는 천도재 올리지 마라" 하면서 신신당부했다. 매번 천도재 올릴 때마다 스님들은 똑같은 말만 되풀이하였다 하면서 어이가 없었다고 했다. 그러던 중 자미국에 인연을 맺어 찾아는 왔지만 절에서 너무 많이 속았던 조상님들은 또다시 속지 않기 위해서 그들 나름대로 자미국은 진짜인가? 가짜인가? 조상님 나름대로 지켜보았다 한다.

혹시 속고 속았던 절의 천도재와 똑같은 것은 아닐까 하면서 무려 14개월의 시간이 걸렸다. 절에서 만난 수많은 동료 영가들은 아직도 절 법당에서 대책 없이 부처님 얼굴만 쳐다보면서 허송세월을 보내고 있다 하면서 그 영가들을 걱정하고 있었다.

조상님 영가 구원은 하늘의 태상천존 자미 천황태제님 한 분밖에 하실 수 없다는 사실을 세상 그 어느 누구도 알지 못한다고 하소연을 하였다.

자신들은 천상궁전에 올라가기에 한없이 기쁘고 좋지만, 그동안 절 법당에 있으면서 함께했던 영가들은 갑자기 없어진 자신들의 존재에 대하여 "어디 갔지? 어디 갔지?" 하면서 궁금해 할 것이라 했다.

자손과 절에 인연을 맺기 전에, 자손과 교회도 나가 보았지만 교회에 가면 조상님들인 우리들을 사탄마귀 취급하며 박대하기에 발을 들여 놓았다가 다시 나올 수밖에 없었다면서 하소연을 하였다.

그 뒤 자손과 함께 절에 가기는 하였지만 천상궁전에는 오르지 못하고 지금까지 구천세계 자손의 몸 안에 함께 있었다고 하소연을 하였다. 교회에서는 사탄마귀니 하면서 조상님을 박대하여 쫓아내고, 절에서는 극락세계로 보내준다고 거짓말만 시켰다고 했다.

사실이 이러하다 보니 진짜인 천황태제님을 찾아오는 시간이 이렇게도 오래 걸렸다고 죄송하다면서 참회를 하였다. 영혼의 어버이를 몰라본 불효자를 용서하여 달라고 하면서 지난날들을 후회하고 참회의 눈물을 떨어뜨렸다.

이제 모든 종교의 굴레에서 과감히 벗어나 진정한 참 하늘을 찾아야 각자 모두와 각자의 조상님들이 구원받을 수 있다.

## 용감하게 종교에서 벗어난 인생

경남 창원에서 방문한 50대 남자의 이야기이다. 그는 한 사찰에서 오랜 포교사 생활을 하면서 천도재 의식이 있을 때는 참가하여 천도재 일도 도왔다 한다. 수십 년 동안 사찰에 있으면서 그가 사들인 불교 서적과 불교용품들, 도교 서적들의 양은 이루 말할 수 없을 정도였다고 한다.

자미국에서 출간된 책을 읽은 후, 그동안 모은 불교용품들과 도교 서적들을 태웠다고 했다. 그 서적들 중에는 값나가는 3천 페이지 분량의 귀중한 불교 서적도 있었다 한다.

그는 그 많은 분량의 용품들을 태움에 있어서 '혹시 천벌 받아 급살로 죽는 것은 아닌가' 하고 잠시 잠깐 두려운 마음이 들기도 했다고 한다. 그러나 책에 있는 천황태제님의 존재를 진정으로 인정하며 '천황태제님께서 도와주시겠지?'라는 생각을 하고 나니 마음이 가벼워짐과 동시에 어떠한 자신감이 몸 안에서 샘솟아 오름을 느낄 수 있었다 한다.

또한 3천 페이지의 책이 너무 두꺼워 태우는데 시간이 걸릴 줄 알았는데 천황태제님의 보살핌이신지 예상외로 너무 잘 타 놀라웠다 한다.

맞다. 위대하신 하늘의 천황태제님께서 이 땅에 하강하시었다. 이제 더 이상 어떤 신도 천황태제님께서 행하시는 일에 반대를 할 수 없다.

지금까지는 불교용품, 도교용품, 무속용품, 기독교용품들을 함부로 다루고 소각을 시킴에 있어 각자의 인생에 불행이 따랐을지도 모르지만, 하늘 천황태제님이 하강하신 지금 이 시간 이후부터는 반대로 불교용품, 도교용품, 무속용품, 기독교용품을 지니고 있으면 각자의 인생에 크고 작은 재앙들이 따를지도 모른다.

하늘 천황태제님 앞에서는 어떠한 종교도 통하지 않는다.
오로지 진실만이 통할 뿐임을 각자 모두는 새롭게 상기하여야 한다.

수십 년을 사찰에 몸담아 오면서 절에서 시키는 모든 것들을 진심으로 행하며 기도도 열심히 했지만, 그의 생활은 시간이 지날수록 나아지는 것이 아니라 점점 힘들어져만 갔고 몸도 천근만근 무겁기만 했다.

그야말로 생활도, 마음도, 육신도, 어느 것 하나도 편하지 않은 답답함과 고통만이 그의 삶에 남았다 한다. 그는 우연한 기회에 책을 접하게 되었고 그동안의 지긋지긋했던 모든 종교적 고정관념을 과감히 버리고 자미국에 입문하여 자미국의 백성으로 새롭게 태어났다.

사찰에 오래 있었던 그는 천황님의 나라 자미국을 만나는 순간 자미국이 '진짜'인지 '가짜'인지 한눈에 알아볼 수 있었다 한다. 어려운 형편에도 불구하고 그는 조상님을 구원하고자 하는 지극 마음으로 어렵게 돈을 마련하였다.

자미국과 인연을 맺은 지 20일 후에 그는 자신의 직계 모든 조상님들을 천상궁전 자미천궁으로 승천시켜 드리는 조상님 일반 입천의식을 2007년 1월 13일 동생과 함께 거행했다. 의식 진행 중 사후세계에 계시는 선친(아버지)의 영혼을 불러 자손과 상봉하는 시간이 되었다.

여자 저자의 몸을 빌려 돌아가신 아버지가 오시자 두 형제는 아버지를 부르며 대성통곡하였다. 아버지 임종 때 두 형제는 아버지의 곁에 없었기에 항상 가슴이 아팠다 한다. 하지만 이제라도 다시 아버지 혼령과 만나게 되자 그동안 맺혔던 서러움들을 부자父子는 참지 못했다.

이 광경을 지켜보던 나의 눈가에도 이슬이 맺히더니 끝내는 소리 없는 눈물이 흘러내렸다. 다른 천인들도 모두 울었다. 산 자와 죽은 자의 만남의 시간. 실로 감동적이었고 실로 슬픈 장면이었다. 자손들이 조상님들을 위하여 그동안 수많은 천도재와 굿을 해 드렸건만, 조상님들은 천상세계에 오르지 못하고 자손의 몸 안에서 오랜 세월 자손과 함께 생활하고 있었다.

나이 50세에 아버지를 부르며 어린아이처럼 목 놓아 우는 모습. 이 얼마나 아름다운 모습이던가? 세상에는 아름다운 모습이 많다. 하지만 자손과 부모의 사랑. 이보다 더 아름답고 값진 장면이 어디 있으랴. 이들의 아름다운 마음에 하늘 천황태제님께서 어찌 감응 감동 안 하시랴?

하늘 천황태제님께서 이들의 마음에 감응 감동하셨는데 어찌 죽은 영혼과 산 자손을 구원 안 하시랴? 하늘 천황태제님께서는 독한 사람을 싫어하신다. 또한 모진 마음을 지닌 사람도 싫어하신다. 하늘의 마음처럼 맑고 깨끗한 마음을 지닌 영가와 사람을 좋아하신다.

그러기에 천황태제님께서는 맑고 깨끗한 마음을 지닌 영가와 사람만 구원하신다. 천황태제님께서는 조상님을 몰라보는 죄인들을 싫어하신다. 자손이 조상님을 몰라보고, 조상님 귀한 줄을 모르는 것은 인간의 마음이 아닌 사탄마귀의 악한 마음이라 하신다.

천황태제님께서는 사탄마귀는 구원하시지 않는다 하신다. 천황태제님께서는 사탄을 구원하시는 분이 아니다. 맑고 깨끗한 마음을 지닌 죽은 영가의 영혼과 산 사람의 영혼과 육신을 구원하여 주시는, 한 치의 오차도 없으신 대단한 천황태제님이시다.

'하늘은 스스로 돕는 자를 돕는다' 했다. 각자의 몸에 들어와 불쌍하게 울고 있는 각자의 조상님들이 원하고 바라는 것을 자손들은 행하지 않으면서 각자의 행복과 부귀영화만 이루려 한다면 그 뜻을 어느 누가 이루어 주겠는가?

자기가 세운 인생의 목표를 성취하려거든 몸 안에 들어와 있는 신과 조상님들의 소원부터 이루어 드려야 가능한 일이다.

## 벼슬을 하사받아 천계로 간 조상님

2007년 1월 하순, 한 중년 남자가 조상님 벼슬입천의식을 행하는 과정의 일이었다. 사후세계에 계시는 할아버지께서 여자 저자의 몸을 빌려 하강하시었다.

자손과 저자, "할아버지, 벼슬이 마음에 드세요?"라고 묻자, "나는 하늘의 벼슬을 받을 자격이 하나도 없는데 이렇게 높은 벼슬을 하늘의 천황태제님께서 저에게 내려주시니 감사하고 감사할 따름입니다" 하면서 눈물을 하염없이 흘리셨다.

할아버지는 벼슬입천의식을 행해주는 자손을 부여안고 고맙다고 하면서 계속 기쁨의 눈물을 흘리셨다. 하늘의 천황태제님께서는 할아버지에게는 재상(정1품. 총리), 할머니에게는 재상부인의 자리를 주시어 천상궁전 자미천궁으로 오르게 해주시었다.

또한 천상궁전으로 입천 되어 올라가시는 직계 모든 조상님들 또한 천황태제님의 은혜에 기뻐하며, 영혼의 어버이이신 천황태제님께 감사하여 "황은이 망극하나이다"라며 일제히 예를 올리고 있었다. 조상님들께서는 자손에게 하늘의 말씀을 전해 주셨다.

"불쌍한 우리들을 위하여 벼슬입천의식을 행해 주어 너무너무 고맙다. 우리들을 지극히 생각하는 너의 그 마음이 하늘 천황태제님의 마음을 움직였구나. 너의 착하고 고운 마음에 하늘의 천황태제님께서 죽은 우리들에게 하늘의 벼슬을 내려주시니 너에게 고맙고, 천황태제님께 감사하여 우리는 모두 몸 둘 바를 모르겠다.

우리는 지금 이 순간부터 너희 몸과 산소에 머물러 있지 않고 천상궁전으로 승천한단다. 천상궁전에 오르면 추위와 배고픔 모든 근심걱정이 없어진단다. 그러니 더 이상 산소에 찾아오지 마라. 우리들은 이제 산소에 있지 않을 것이다.

 또한 제사도 지내지 마라. 천상궁전에는 인간세상에서 상상도 못하는 그 모든 것들이 다 준비되어 있기에 더 이상 제삿밥 먹으러 찾아가지 않을 것이다. 이제부터는 명절 차례와 제사 그 모든 것을 신경 쓰지 않아도 된다. 그 모든 의식들은 우리들이 천상궁전에 오르지 못하고, 자손들 몸과 허공중천 구천세계 있을 때 필요했던 의식들이었다.

 우리들 모두는 꿈에 그리던 그리운 나의 고향, 영원한 나의 고향인 천상궁전 자미천궁에 올라 하늘의 백성(천자)으로 다시 태어나기에 그 모든 것들은 이제 아무 소용없으니 이제는 우리 걱정하지 말고 너나 잘살도록 하여라.

 대신에 우리들 제사 안 지내면 형제들끼리 만날 기회가 없어져 서로 멀어질 수도 있으니 가정화합 차원에서만 지내도록 하여라. 우리 모두는 영혼의 어버이가 계신 천상궁전으로 올라가게 되니 인간세상 아무런 미련도 없단다.

 그리고 앞으로 네 인생에 대해서는 아무것도 두려워 말고 겁먹지 마라! 너와 우리들 모두는 금일 대 능력을 지니신 영혼의 어버이를 만났으니 천황태제님께서 앞으로 너의 인생을 지켜주실 것이니 힘내라" 하시는 말씀을 전해 주시었다.

 할아버지의 긴 말씀을 들은 자손은 조심스럽게 할아버지께 여쭤 보았다. "할아버지! 그럼 할아버지는 그동안 어디에 계셨어요?"라고 하자 자손의 말을 들은 할아버지는 한 말씀하시었다.

 "너의 몸 안에 있었지. 내가 갈 곳이 어디 있더냐. 다른 자손 몸에 찾아가면 잡신 왔다고 우리들을 다 내쫓아 버리기에 너에게는 미안하지만 우리들도 어쩔 수 없었단다" 하시는 말씀을 전해 주시었다.

 자손은 "할아버지, 제 몸에 들어오셔서 뭐 하고 계셨어요?" 하고 여쭤보았다. 할아버지 말씀은 "뭐 하고 있긴. 우리들이 왔다는 것을 너에게 쉼 없이 가르쳐 주고 있었지. 오랜 세월 우리들의 존재를 가르쳐 주는데도 우리들 존재를 네가 몰라주어 어느 날은 답답한 마음에 네 머리를 한 번 쥐어 박았더니 갑자기 골이 깨질 듯 아프다고 두통약 사러 약국으로 쪼르르 뛰어가는 네 모습을 보니 속이 터지기도 하고, 한편 그런 너의 모습이 측은해 보이기도 했단다.

너의 어깨에 올라가 있으면 갑자기 어깨가 무겁다고, 아이들에게 어깨 좀 주물러라, 허리도 아프니 발로 밟아라 했지. 가슴에 들어가 있으면 먹은 것이 얹혔나 하면서 소화제를 찾았고, 배에 머물러 있으면 갑자기 배를 쥐어 잡고 아프다 하면서 화장실로 달려갔고, 이 방법 저 방법으로 가르쳐 주어도 못 알아들어 하루는 내가 너의 귀에 대고 큰소리쳤더니 누가 내 말 하나? 하면서 귀가 간지럽다고 하니, 이런 너의 모습을 바라보면서 우리 조상님들 모두가 답답해 미치는 줄 알았단다" 하시면서 그동안의 사연을 모두 말씀하시면서 눈물을 흘렸다.

계속 이어지는 말씀은 "그동안 너의 인생사의 근심걱정, 네 인생사의 아픔과 슬픔 들은 네 마음이 아닌 사후세계에서 방황하던 죽은 우리 조상님들의 마음이었다. 이런 우여곡절 끝에 너와 우리들은 영원한 안식처인 천황태제님을 만났으니 이 얼마나 큰 영광이고 행운이더냐. 천황태제님 궁전에 오르는 자체만으로도 기쁜데, 하늘의 벼슬까지 하사받게 되었으니 너와 나의 영광이고 우리 가문의 영광이도다. 그동안 네가 우리들 때문에 참으로 고생 많이 했다. 네 몸에서 우리가 빠져나가니 너의 얼굴은 혈색이 변할 것이고, 너의 아팠던 부위가 모두 건강해질 것이며, 금전 고통에서 또한 벗어날 것이니 근심걱정하지 마라" 하시는 긴 말씀을 전해 주시었다.

할아버지 말씀에 자손은 눈물을 흘리며 한 말씀 올렸다. "예, 감사합니다. 할아버지! 천상궁전 잘 올라가시어 영원히 편안하시고 행복하세요. 또한 천황태제님의 일등 백성으로 다시 태어나시어 천황태제님 사랑 많이 받으세요. 할아버지 축하드립니다. 안녕히 천상궁전으로 올라가세요!" 하면서 의식은 끝났다.

'조상님 벼슬입천의식!' 태초 이래 지구 역사상 아무도 해내지 못했던 신비의 하늘 의식이다. 죽은 영가를 사랑하심에 죽은 영가에게 벼슬을 하사하여 주시는 하늘의 천황태제님의 영가 사랑의 마음에 무한한 감사를 드린다.

조상님을 생각하는 자손의 정성이 너무 지극하여 천황태제님께서는 그의 조상님 모두를 천상궁전으로 입궁을 윤허하시었다. 천황태제님의 존재를 인정하고 믿는 사람들의 조상님들께만 천상궁전으로 벼슬입천의식을 행하여 주신다. 조상님들에게 벼슬(계급)을 하사할 수 있음은 하늘의 대행자이자 화신인 저자 '인황'의 고유 권한이다.

천상궁전 자미천궁으로 입천 되는 조상님들에게 천황태제님의 화신으로서 벼슬하사의 명을 내릴 수 있는 천권天權을 천황태제님께서는 저자에게 주셨다.

이 의식은 흉내 낸다고 하여 아무나 행할 수 있는 의식이 아니다. 하늘의 명을 받아 하늘의 명대로 집행하였을 때만 이루어지는 의식이다. 입천제入天祭 의식도 사회에서나 종교단체에서는 전혀 알지 못한 하늘의 신성한 의식으로서 천황태제님께서 가르쳐 주신 그대로 자미국 자미천궁에서만 행하고 있다.

절에서 행하는 천도재는 영혼들의 명복을 빌어주는 위령 행사이다. 하지만 입천제入天祭는 영혼의 명복을 비는 것이 아니라 하늘의 궁전으로 승천시켜 드리는 하늘의 의식을 말한다.

## 모태 신앙인의 환골탈퇴

　영혼을 주신 영혼의 어버이 천황태제님이 참 부모인 줄 모르고 살아온 죄. 나를 낳아준 육신의 어버이와 그 외에 조상님들이 이 세상을 떠났다고 그들을 사탄마귀로 몰며 그들을 박대하여 그들 모두에게 상처를 준 죄.
　독자 여러분!
　하늘의 참뜻을 모른 채 교리에 얽매여 열심히 종교에 나가 기도를 올리는 각자들의 행동, 하늘에 덕을 쌓는 것인지? 악을 쌓는 것인지? 혹시 생각해 보신 적 있나요?
　예수님과 하나님(도리천주 천상천감님) 전에 열심히 기도를 하며 충성을 맹세 함에도 불구하고 각자들의 인생과 각자들의 가정은 왜 힘들어지는지 각자들 모두는 깊이 생각해 보아야 한다.
　만생만물! 모든 것에는 주인이 있고 뿌리가 있다. 하찮은 미물조차도 출생지가 있고 부모가 있기 마련이거늘, 그 위대한 예수님과 하나님이 어찌 뿌리가 없고 부모가 없었으랴.
　천황태제님은 산 영혼과 죽은 영혼 모두를 창조하셨고, 이 땅에 만생만물 모두를 창조하신 어버이이시다. 예수님의 어버이는 하나님이고, 하나님의 어버이는 천황태제님이시다. 예수님은 하나님을 어버이라 하고 하나님은 천황태제님을 어버이라 부른다.
　하지만 그동안은 이런 진실을 모르다 보니 많은 성직자들은 하나님의 어버이(천황태제님)는 무시하고 어버이(천황태제님)의 자손(하나님)이 최고인 줄 알고 살아왔다. 결국 뿌리(천황태제님)는 허공에 뜬 채, 열매(예수님, 하나님)만 찬양하였던 것이다.
　많은 사람들이 예수님과 하나님을 열렬히 찬양하면 찬양할수록 예수님과 하나님은 천황태제님 전에 죄인이 되어 천황태제님 전에 죄송스러워 고개를 들 수 없다는 것이 이분들의 말씀이었다. 뜻이 이러하다 보니 열심히 기도를 하고, 열심히 찬양을 하여도 각 가정에 복을 주시지 아니하심은 당연한 이치 아니랴.

예수님과 하나님도 이제는 영혼의 어버이가 계신 천상궁전으로 올라가시어 어버이이신 천황태제님의 뜻에 동참하기로 하시었다.

우주의 창조주! 우주의 모든 것을 창조하신 분을 말한다. 지금까지는 하나님이라 알고 있었다. 그렇다면 하나님께서는 부처님도 창조하셨단 말이던가? 말이 맞질 않는다. 우주의 창조주란? 누구는 창조하고, 누구는 창조 안 하고 하는 이런 분은 창조주가 될 수 없다.

창조주란! 우주의 만생만물 이 모두를 창조하신 분을 말한다. 부처님도 미륵님도 영혼의 어버이가 계신 천상궁전으로 오르시어 천황태제님의 뜻에 동참하고 계신다.

예수님, 하나님, 부처님, 미륵님, 이 모든 분들은 이제는 서로 대립의 관계가 아닌, 서로 협력자의 관계로 어버이인 천황태제님의 뜻에 따르기로 하시었고, 천황태제님의 존재를 이 땅뿐만이 아니라 세계만방으로 천황태제님의 진정한 존재를 전파하고자 여념이 없으시다. 그러하다 보니 자미국 자미천궁은 더 이상 종교가 될 수 없다.

우주의 구심점인 천황태제님을 중심으로 하여 천황태제님의 자손들이신 신명님, 하나님, 미륵님과 예수님, 부처님이 모두 다 내왕을 하고 계시니 어찌 종교의 뜻을 펼 수 있으랴.

본론으로 들어가 보자. 하루는 착실한 천주교인이 예약 후 방문을 하였다. 그의 어머니는 고인이 되셨지만 그는 어머니 때부터 성당에 열심히 다닌 모태 신앙의 신자였다. 그의 나이는 올해 70세를 넘었고 그는 70년이라는 시간 동안 열심히 성당에 다녔다고 했다. 지금도 신자들의 미사를 도와주고 있다고 했다.

엄마의 뱃속에서부터 시작하여 이 세상에 태어나 70평생을 성당에 몸과 마음을 바친 천주교 신자! 그러던 어느 날 그의 인생에 그의 마음에 이변이 일어났다. 자미국에서 펴낸 책 『황명』을 구입하여 두 번 읽은 후 70평생

지녔던 신앙이 송두리째 무너졌다. 이제까지 세상 그 어느 누구도 알지 못했던 하늘과 조상님의 진실 부분이 책 속에 낱낱이 밝혀져 있었다. 그는 "내가 찾던 곳을 이제야 찾았구나!" 하면서 예약을 한 후 방문을 하였다.

2007년 1월 22일, 한 가문의 직계 조상님 모두를 청배하여 영혼의 어버이가 계신 천상궁전 자미천궁으로 보내드리는 의식이 거행되었다. 이미 이 세상을 떠나신 조상님들이 많이 계셨지만 그 많은 조상님들 중에서 그는 엄마가 가장 그립고 보고 싶다고 했다. 자손이 가장 보고 싶어 하는 어머니의 혼령을 저자가 청배하였다. 드디어 자손과 어머니의 만남이 이루어졌다.

눈물 없이는 볼 수 없는 감동의 드라마가 시작되었다. 49세 되던 해에 갑자기 세상을 떠나신 어머니! 그 가족들은 60세 이전에 암과 급살, 간질병, 췌장암으로 4촌까지 포함해 20여 명이 세상을 등졌다. 이제 70을 넘은 그는 여자 저자의 몸을 빌려 잠시 오신 어머님의 영혼과 만날 수 있었다. 70이 넘은 나이임에도 불구하고 어머니가 오시자 자손 본연의 모습으로 돌아가 그는 부모 앞에 아이가 되었다. 우리 모두는 부모 앞에서는 나이에 상관없이 모두가 아이가 되나 보다.

어머님의 손을 부여잡고 어머님을 하염없이 부르며 목이 메어 흘리는 칠순 노인의 눈물. 그의 어머니 또한 할아버지가 된 자손의 손을 부여잡고 대성통곡하며 눈물을 흘리시었다. 아들은 눈물을 흘리며 어머니께 한 말씀 드렸다.

**아들**     어머니! 어머니께서는 살아생전 열심히 성당 다니면서 하늘의 뜻을 잘 따르시고 착하게 사셨으니 천상궁전에 올라가 계시지요? 제 말이 맞죠? 어머니는 분명히 천상궁전에 올라가 계시죠? 아들의 질문에 어머니는 대답하셨다.

**어머니**     내가 천상궁전에 올라가 있다면 사랑하는 내 아들을 어찌 안 도와주고 있겠느냐?

**아들**     아니 어머니는 평생을 성당에 다니셨는데 왜 못 올라가셨어요? 왜 못 올라가고 계세요?

**어머니**  나도 살아생전에는 예수님, 하나님 열심히 믿으면 죽어서 바로 천상으로 인도되어 올라가는 줄 알았는데 죽어 보니 그게 아니야. 천상궁전 자미천궁에 들어가려면 갖추어야 할 천상법도가 따로 있더라. 그곳에 주인이시고 우리 모두 영혼의 어버이이신 천황태제님의 입궁 허락이 있기 전까지는 못 올라가.

그리고 살아생전에 죄업이 있으면 절대 올라갈 수 없는 곳이 천상궁전 자미천궁이란다. 반드시 천황태제님께서 우리들의 살아생전 모든 죄를 용서하시고 사면령과 함께 입천 윤허가 내려져야만 올라갈 수 있는 곳이란다. 우리들 마음대로 천상궁전 자미천궁에 오르고 싶다 하여 오를 수 있는 곳이 아니란다. 그곳에는 궁전의 법도가 있더라.

그리고 나 역시도 살아생전 천주교에서 성모님을 섬긴다는 이유로 조상님들을 사탄마귀 취급하며 박대하였기에 그 죄에 대한 심판을 받고 있었어. 죽어 보니 하나님께만 충성한다고 되는 것이 아니야. 또한 죽은 영가들 모두가 오르고 싶어 하는 그 천국세계의 주인은 우리가 알고 있는 예수님, 하나님이 아니라 천황태제님이 주인이라 하시니 사후세계에서 알게 된 이 사실에 모든 영가들은 기가 막혀! 죽어 보니 육신을 주신 육신의 부모조상님을 몰라보고 사탄마귀라 박대한 죄, 영혼의 주인이신 하늘을 바로 알지 못한 죄들에 대해 엄중한 심판을 받고 있었어.

**아들**  그럼 그동안 어디에 계셨어요?

**어머니**  나는 먼저 돌아가신 조상님들과 함께 네 몸에 오랜 세월 들어가 있었단다. 고생 많았다. 네 덕분에 모든 조상님들이 천상궁전 자미천궁으로 올라가게 되어 천만다행이구나. 조상님 입천의식을 행해 주어 참으로 고맙다.

아들아~! 천황태제님은 우리가 알고 있던 하나님이 아니시라 그 위에 계신 하나님의 아버지셨어. 그러니까 예수님께는 족보상으로 할아버지가 되시는 분이시지. 어찌 됐든 나는 네 덕분에 살아생전에 지은 나의 모든 죄를 오늘 천황태제님께서 모두 사면해 주신다 하니 천만다행이다. 또한 나와 함께 너의 모든 조상님들도 네 정성 덕분에 천상궁전으로 올라가게 되니 너무 너무 기뻐 눈물이 멈추질 않는구나.

**아들** 참 어머님은 무엇 때문에 일찍 세상을 떠나가셨는지요?
**어머니** 묻지 마라! 그것 또한 영혼의 어버이를 몰라본 죄였느니라. 하늘의 천황태제님께서 행하신 일에 대하여 감히 내가 따질 수는 없는 법.

그 모든 것이 하늘의 뜻이었으니 더 이상 궁금해 하지도 말고 알려고도 하지 마라. 그래도 내가 너를 깨닫게 하여 자미국 자미천궁까지 데리고 오지 않았더냐?

천상궁전 자미천궁이란, 천상궁전의 주인 허락 없이는 어느 누구도 함부로 오를 수가 없는 곳이란다. 살아생전에 예수님과 하나님 믿는다고 갈 수 있는 곳이 아니란다.

아들아! 어찌 됐든 너와 나는 진정한 하늘 천황태제님을 이제라도 만났으니 이 얼마나 큰 축복이더냐. 나는 오늘 일자로 천상궁전 자미천궁의 백성으로 다시 태어나고, 너는 지상의 자미국 자미천궁의 백성으로 다시 태어나게 되었으니 너와 나 우리 가문은 이제 살았구나. 너와 나 우리 가문을 이제부터는 하늘의 천황태제님께서 지켜주실 것이란다.

**아들** 어머니! 저는 어머니께서 평생을 성당에 다니셨기에 천상궁전으로 올라가시어서 편히 계신 줄만 알았습니다. 깨닫지 못한 불효자를 이제라도 용서하십시오. 이제는 천상궁전 자미천궁 올라가시어서 모든 조상님들과 편히 지내십시오. 안녕히 올라가십시오.

어머니가 들려준 말씀을 통하여 아들은 그동안 몰랐던 사후세상과 하늘의 새로운 진실을 알게 되었다. 평생을 성당에 다니셨으니 돌아가시면 당연히 천상궁전에 올라가는 줄 알고 살아왔던 인생, 죽으면 모든 것이 끝인 줄 알고 살아왔던 지금까지의 잘못된 인생이 부끄럽다 하면서 하늘의 참 진실 앞에 그는 환희의 눈물을 흘렸다.

그는 조상님 입천의식이 끝난 후, 그동안 본인 인생의 평생 짐이 되었던 종교의 무거운 짐을 훌훌 벗어 버렸다. 그는 오늘부터 하늘의 백성으로 다시 태어났다. 이와 함께 그의 인생도 새로워질 것이다. 그의 조상님 구원의식은 실로 감동적이었다. 조상님 입천의식을 행한 후 45일이 지난 2007년 1월 22일 어느 날, 그는 자미국 통장으로 거금의 천공天貢을 보냈다.

그의 형편이 어렵다는 것을 저자는 이미 알고 있었기에 뜻밖에 올린 거금의 천공에 의아해 전화를 걸어 어찌 된 영문인지 물어보니, "뜻하지 않게 행운의 돈이 생겼어요" 하면서 싱글벙글했다.

뜻하지 않았던 행운에 본인 스스로도 너무 기쁜 나머지 어안이 벙벙하여 정신을 차릴 수가 없다고 말하는 것이었다. 또한 주위에 알고 지내왔던 한 사람이 갑자기 돈을 빌려줄 테니 슈퍼마켓이라도 해보라고 권유를 해 왔다고 하면서 반복되는 행운에 너무 기쁘고 신기해 어찌할 바를 모르겠다고 기쁨의 마음을 전해 왔다.

또한 주인공 남자는 너무 감동하여 "하늘 천황태제님의 천지조화가 이렇게 대단할 수가 있느냐"고 반문해 왔다. 70평생을 성당에 다녔지만 이처럼 기분 좋은 일은 없었다 한다. 자신의 마음은 자나 깨나 항상 자미국 자미천궁 생각밖에 없다 말하면서 자신에게 그 높은 하늘세계를 깨닫게 해 주고, 자신의 모든 조상님들을 구원해 준 은혜 평생 잊지 않겠다며 감사의 말을 전했다.

지금 현재의 마음은 너무나 편안한 상태이고 아무런 근심걱정이 없는 상태라고 하면서 자미국 자미천궁과 인연 맺은 것을 너무나 큰 영광으로 생각한다고 했다. 종교의 노예에서 과감히 벗어난 그의 용감한 결단에 박수갈채를 힘차게 보내며 자미국 자미천궁 백성으로의 입문을 진정으로 축하한다!

## 영안이 열리신 고승

지난 2006년 양력 2월 25일. 모 종단의 종정 큰 스님께서 천황태제님 전에 조상님 입천의식을 행하는 날이다. 스님은 책의 내용 하나하나가 자신이 오랜 세월 늘 가슴 속에 그려왔던 이상향의 세계와 똑같아 깜짝 놀랐다고 했다.

올해 나이 72세로 15살의 나이에 출가하여 57년간 불도에 몸과 마음 모두를 담고 계셨고 현재도 종정 큰 스님이시다. 57년이란 세월 동안 일심으로 부처님을 모시고 부처님의 뜻을 전파하며 영가 구원의식(천도재)을 행하면서도 본인의 마음은 항상 허전하였다 한다.

57년 세월 동안 보이지 않고 들리지 않는 세계의 그 무엇을 찾고자 노력도 해보았지만, 스스로의 힘으로는 '그 무엇인가'를 찾을 수가 없었다 한다.

하지만 마음 안에서는 항상 '일반세계에 알려져 있는 부처님의 뜻이 전부가 아닐 것이고, 분명히 숨겨져 있는 높은 어떠한 뜻이 있을 것이다' 하면서 살아오던 중에 자미국에서 출간된 책을 보는 순간, 본인 가슴에 수십 년 의문으로 남아 있던 모든 문제들이 순서대로 풀리는 시원함을 느꼈다 한다.

조상님들을 구원해 주실 수 있는 분은 부처님이 아니라 만생만물의 창조주이신 천황태제님이시며, 인간의 생사여탈권을 행사하실 수 있는 분도 하늘의 천황태제님이시라는 부분에 공감을 하셨다 하신다.

어서어서 온 국민들 모두가 하늘세계와 사후세계, 조상님 세계의 진실에 대하여 새롭게 깨달아야 한다고 강조하셨다. 큰 스님께서는 조상님 입천의식을 행한 후 1년의 시간이 지난 2007년 3월 9일 전화를 하시었다. 책을 택배로 급히 보내달라고 주문하시면서 3월 16일 방문하시겠다고 하셨다.

그리고 다음 날 아침에 다시 전화를 하시었다. 3월 16일 날 천인합체의식을 행해 달라고 당부를 하시면서 자미국 구좌로 신명합체 의식비용을 송금하시겠다고 하셨다. 58년 동안 불문에 입문하여 부처님 뜻을 펼치신 큰 스님이 하늘 천황태제의 황명을 받겠다고 스스로 전화를 하시니 이 또한 보이지 않는 천황태제님의 대단한 하늘 능력이 아니시던가.

이 큰 스님의 마음을 감히 어느 누가 움직일 수 있단 말인가? 예수님도, 하나님도, 상제님도, 그 밖의 어느 신도 감히 이 큰 스님의 마음을 움직일 수 없었다. 위대하신 하늘, 태상천존 자미 천황태제님이셨기에 가능한 일이었다.

조상님 입천의식을 행하는 날, 천인합체의식을 행하는 날 큰 스님께서는 부처님 전이 아닌 천황태제님 전에 예의 바르게 인사를 올리며 지극정성을 다 하였다.

그날의 큰 스님의 모습과 행동들은 하늘 천황태제님을 감응 감동시킴에 조금도 부족함이 없었다. 큰 스님의 모습은 참으로 멋지고도 아름다운 하나의 장면이었다. 스님께서는 58년 동안 불법의 도를 닦으면서 항상 자신이 누구인지 궁금하였다 한다. 자신이 도대체 누구이기에 인간세상에 태어나 남들처럼 평범하게 못 살고 어린 15살부터 남들과 다른 스님의 삶을 살아야만 했던 것일까?

나는 도대체 누구인가? 내 안에 숨은 또 다른 나는 도대체 누구란 말인가? 내 안에 숨어서 나의 일평생을 부처님 전에 희생하고 있는 이 인물은 도대체 누구일까? 누구일까? 누구일까? 이 누구일까?라는 의문은 스님 인생에 꼬리표가 되어 일평생을 따라다녔다 한다.

하지만 이 의문에 대한 답변을 다른 고승이나 세상 그 어디에서도 찾을 수 없어 답답한 마음 한두 해가 아니었다 한다. 오랜 세월 자나 깨나 불법에 수행정진하면서 나 자신의 '신명'을 찾을 수 없었던 큰 스님! 천상궁전에 있는 자신의 신명은 도대체 누구인지 세상을 떠나기 전에 반드시 알고 이 세상을 떠나고 싶다 하였다.

평생의 의문점을 풀기 위한 큰 스님의 천인합체 의식! 과연 하늘께서는 스님께 어떤 명을 내리실지 주인공인 스님과 저자, 천인합체의식에 참석한 천인들 모두는 굉장히 궁금했다. 함부로 추측할 수는 없지만 대 신명이 하강하실 것 같은 예감이 들었다.

성철스님을 능가할 뿐 아니라 원효대사, 서산대사, 사명대사, 의상대사, 진묵대사도 능가할 정도의 엄청난 천상신명이 하강할 것이라는 예감이 들었다. 모든 것은 천황태제님의 고유 권한이시기에 천황태제님께서 이 스님에게 어떤 명을 내려주실지 그것은 천황태제님의 마음이자 고유 권한이시다.

천황태제님의 명을 받기 전까지는 어느 누구도 함부로 말할 수 없는 부분이다. 함부로 말할 수는 없지만 여하튼 불교계에 대 개벽이 일어날 것 같은 예감이 들었다.

하늘의 명을 받는 천인합체의식 시간이 되었다. 고귀하고도 존귀하신 하늘 천황태제님의 명을 받을 수 있음은 산 자손이나 천상의 신명, 이 모두에게 엄청난 행운이 따르는 존귀한 의식이다. 천황태제님께서는 아무에게나 하늘의 명을 내려주시지 않는다.

스님과 저자, 천인들 모두 천황태제님의 명을 기다리고 있었다. 긴장이 감도는 엄숙한 분위기 속에서 천황태제님의 명이 스님에게 내려졌다. 스님과 천인합체를 하실 분은 다름 아닌 석가모니 부처님이셨다.

석가모니 부처님께서는 오랜 세월 스님의 몸 안에서 고행의 세월을 보냈다. 석가모니 부처님께서는 하늘 천황태제님의 존재를 이 땅에 전하고자 스님의 몸 안에 숨어 스님과 함께 소리 없이 고행의 세월을 보내고 있었다.

석가모니 부처님께서는 하늘 천황태제님의 존귀하심을 알고 육신인 스님을 깨우치게 하여 자미국 자미천궁으로 인도하였다 하셨다. 부처님께서는 영혼의 어버이인 천황태제님의 명을 받게 되어 매우 기쁘다 하시면서 이제부터는 불법이 아닌 하늘 천황태제님의 천상법도를 펼치시겠다고 맹세하시었고 석가모니 부처님께서 한 말씀하시었다.

"나는 살아생전에 종교를 만들어 나를 불교의 주인으로 모셔 달라 말 한 적 없었는데 나의 제자들이 나의 참뜻을 몰라보고 불교를 세워 나를 불교의 주인으로 수천 년 세월 동안 세워줌이 고마운 것이 아니라, 너희들의 잘못된 행동으로 인하여 내 영의 주인이신 천황태제님을 능멸한 죄가 되었기에 너희들의 과잉충성으로 인하여 나는 천황태제님 전에 큰 죄인이 되었도다.

하지만 나의 육신(스님)이 오늘 이렇게 천황태제님의 진정한 존재를 깨닫고 하늘(천황태제님)의 명을 받으러 찾아와 주어 너무너무 고맙다. 나는 오늘부터 인간세계에 알려져 있는 석가가 아니니라.

나는 오늘 일자로 내 영혼의 주인이 계신 천상궁전으로 승천하여 하늘의 자손으로 새롭게 태어날 것이고, 내 육신(스님)의 몸으로 새롭게 태어날 것이다. 새롭게 태어나는 나에게 하늘 천황태제님께서는 새로운 하늘의 이름을 주셨다. 천황태제님께서 나에게 주신 새로운 하늘의 이름은 석가가 아닌 '천상천가'이니라.

나는 이제부터 하늘의 '천가'가 되어 하늘을 찬양하고 천황태제님을 찬양하는 역할을 할 것이다. 불교라는 것은 원래부터 내가 만든 것이 아니었다. 인간인 너희들이 너희들 스스로 만들었으니 만든 너희들이 너희들 스스로 멸하도록 하여라. 모든 것은 만든 이가 소멸해야 하는 것이 천지자연의 이치가 아니더냐.

너희가 만든 종교의 굴레에 스스로 갇혀 종교의 노예가 되지 말고, 인간 스스로 멸하여 종교의 굴레에서 벗어나 진정한 영혼의 주인을 찾아 삶의 질곡에서 벗어나도록 하여라. 종교의 굴레에서 벗어나야 진정한 뜻을 볼 수 있게 되고, 진정한 각자 본연의 모습을 찾을 수 있게 되어 각자의 인생이 빛나게 된단다.

나는 이제 오늘 일자로 나의 본고향, 내 영혼의 주인이 계시 나의 영원한 고향, 천상궁전으로 승천하여 하늘 천황태제님의 뜻에 동참할 것이고, 내 육신(스님)의 몸으로 내왕하면서 하늘의 진정한 뜻을 만 세상에 펼칠 것이니 그리 알도록 해라"라는 말씀을 전해 주시었다. 스님께서는 작년 음력 1월 28일에 조상님 입천의식을 행했다.

음력 1월 27일, 조상님 입천의식 이후 정확히 만 1년이 되는 오늘 천인합체의식을 행하게 되니 이것 또한 하늘 천황태제님께서 스님에게 내려주시는 천지조화가 아니던가? 억지로 날짜를 맞춘 것도 아닌데 하루 차이도 없는 만 1년이라는 시간을 맞추어 천인합체의식을 행하니 이것 또한 신기한 일이었다.

　천인합체의식을 행하면서 1년 전 천상궁전 자미천궁으로 입천 되신 조상님들께 벼슬도 하사하여 드렸다. 1년 전에는 스님께서 금전 형편이 안 좋아 조상님 입천의식을 행함에 있어 벼슬입천의식이 아닌 일반 입천의식을 행했다. 하지만 오늘은 천인합체의식을 행하기에 천황태제님께서는 조상님들께도 하늘의 벼슬을 내려주셨다.

　자손이 하늘의 천인으로 탄생하니 당연히 조상님들도 하늘의 백성에서 하늘의 천인으로 다시 태어나게 되는 것이다. 각 조상님들에게 하늘의 벼슬을 하사하는 시간이 되었다. 하늘께서 주신 하늘의 벼슬의관을 갖추어 입고 하강하신 본인의 조상님들 모습을 모두 영안으로 보았다고 하시면서 신기하고도 마음이 너무 뿌듯하다 말했다.

　이제 올해 73세의 고승은 영안이 열려 신과 조상님을 자유자재로 보게 되었다. 스님께서도 기쁨을 감추지 못하였지만 스님의 조상님들 모두도 하늘의 벼슬을 하사받으심에 기뻐하시는 모습이다. 자손인 스님과 영가인 조상님들 모두가 천상지상에서 싱글벙글 기뻐하시고, 석가에서 하늘의 '천가'가 되신 신명도 기뻐 싱글벙글 모두가 정신이 하나도 없다.

　이와 같이 하늘 천황태제님의 명으로 진행되는 조상님 입천의식과 천인합체의식은 인간의 상상을 초월하여 현실로 이루어지고 있고 인간과 조상님, 신명 모두가 기쁨을 함께 느낄 수 있는 하늘의 신성한 의식이다.

## 천지기운에 이끌려 찾아온 조상님

2007년 2월 7일, 경산에서 한 여인이 어린 딸아이 하나를 데리고 오후 5시경 친견예약도 없이 방문을 했다. 어찌 된 영문인지 물어보니 그냥 발길이 이곳 자미국으로 옮겨져 무작정 상경했다고 말했다. 경산은 대구 밑에 있다. 경산에서 이 먼 곳까지 무작정 상경을 했을 때 저 여인의 마음은 과연 어떠했을까?

친견을 하는 동안도 훌쩍거리며 눈물을 흘리느라 정신이 하나도 없다. 약속도 없이 이 먼 곳까지 갑자기 오게 된 이유를 여인 스스로도 잘 모르고 있었지만 저자는 알고 있었다. 그 여인의 몸에는 수많은 그의 조상님들이 있었다.

그녀는 도교단체에 13년째 다니고 있다고 한다. 모든 재물과 인생, 시간을 헌신하다 보니 이제는 월세방 사는 인생이 되었다 한다. 도교에 다니는 동안 생활은 초라할 정도로 비참해져 갔지만 쉽게 빠져나올 수가 없었다고 한다. 상제님을 배신하면 벌 받는다고 하였기에!

도교단체에 있는 동안 조상님을 위한 제를 많이 올려드렸는데 그 여인의 조상님들은 아직도 자손의 몸 안에 그대로 있는 상태였다. 자손의 몸을 통하여 먼 곳 자미국까지 정처 없이 찾아온 여인의 조상님들은 그동안의 설움에 눈물을 흘리고 있었고 눈물은 통곡으로까지 이어졌다.

여인과 조상님만 우는 것이 아니었다. 여인의 어린 딸도 함께 울고 있었다. 어린 딸의 몸 안에도 조상님들이 들어와 있는 상태였다. 어린 딸아이의 눈물이 방울방울 방석 위로 떨어지고 있었다. 산 자손과 죽은 조상님 모두가 불쌍하고 가련한 모습이었다.

산 자손은 산 자손 나름대로 13년이란 시간 동안 일심으로 도교단체에 헌신을 하였건만 그런 그녀에게 남은 것은 가난과 배신, 몸의 질병밖에 없었다.

 또한 현재는 정신까지 정상이 아니다 보니 오랜 세월 부인의 행동에 용서를 하였던 남편도 이제는 지겨워서 더 이상 못 살겠으니 어서 집을 나가라고 말한 상태라면서 자신의 인생을 어떻게 하면 되느냐고 소리 내어 엉엉 울었다.

 또한 그 여인의 몸 안에 있는 조상님들은 조상님들 나름대로 본인들의 고통에 눈물을 흘리고 있었다. 매번 좋은 곳으로 보내준다고 하여 기대를 했었지만, 매번 그들에게 배신을 당했던 조상님들의 심정은 오죽하랴?

 도교단체에 대한 배신감으로 산 자손과 그의 조상님 모두는 자미국 자미천궁의 천황태제님 앞에서 그동안 참았던 눈물과 설움, 분노를 참지 못하고 터뜨렸다.

 도대체 종교란 무엇이란 말이던가? 인간 구제인가? 인간 파멸인가? 조상님 구원인가? 조상님 파멸인가? 신명 구원인가? 신명 파멸인가?

 말로는 '인간 구원, 조상님 구원, 신명 구원'을 외치고들 있는데 종교의 선각자들이여! 그대들은 인간이기에 인간의 모습을 볼 수 있지 않은가? 그대들의 신도들이, 그대들의 중생들이, 그대들의 도인들이 아프다 말하고 있고, 아프다 울고 있지 않은가? 집도 없어 오갈 곳이 없다고 울부짖고 있지 않은가?

 그대들의 말이 진실인 줄 알고 믿고 따르다 보니 그대들의 말을 들은 그들 모두는 지금 정신도, 이상도, 희망도 모두 잃어 정신의 불구자가 되어 있다. 불쌍한 저들을 도대체 이제는 어찌할 것인가? 가련한 저들을 도대체 어떻게 할 것인가? 저들 모두는 행복할 권리가 있다. 이제는 그들 모두에게 행복과 건강, 이 모든 것을 돌려주어야 한다. 또한 그대들로 인하여 신과 조상님들도 배신의 상처를 받았도다.

 육신의 몸을 버리고 춥고 배고픈 구천세계에서 고생하며 천상궁전에 오르고자 애쓰고 있는 불쌍하고도 가련한 영가들에게 더 이상 아프게 하여 상처 주지 말고, 진실에 귀를 기울여 진정한 하늘·신·조상님의 뜻대로 행하여 인간 파멸, 조상님 파멸, 신명 파멸이 아닌 인간 구원, 조상님 구원,

신명 구원의 길에 앞장서자.

 인생의 행복을 꿈꾸는 자 종교의 굴레에서 과감히 벗어나야 한다. 인간이 만든 종교의 굴레에 인간 스스로가 갇혀 각자의 인생을 가두고, 각자의 조상님들을 종교에 가두고 있도다.

 종교에서 과감히 벗어나는 인생. 그것이 바로 행복한 인생의 지름길이고 종교에서 과감히 벗어나는 영혼이 천황태제님의 구원을 받을 수 있는 지름길이다.

 이 여인과 이 여인의 조상님들은 세상을 향하여 절규의 소리로 외치고 있었다. "세상 사람들아! 또한 구천의 영혼들아! 우리 이제 더 이상 종교의 세계에 속박되어 배신의 아픔으로 괴로워하지 말고, 아파하지 말자."

## 신비의 천지기운을 느낀 학생

　하늘의 명을 받아 천인합체의식을 행하고자 학생의 부모님이 의식비용을 준비하였다. 그는 매일 천상궁전에 자유자재로 오르고 있었고, 하늘의 천황태제님과도 자유자재로 통신하는 경지까지 올랐다. 그의 부모님은 아들에게 천인합체의식을 행해 주고자 열심히 움직이고 있었다.
　학생은 친구들과 어울리기를 싫어했다. 그러다 보니 학생은 항상 외로운 학교생활을 할 수밖에 없었다. 이런 자손을 바로 잡아 주고자 부모님은 많은 노력을 하였지만 그럴수록 아들은 심각해져 갔다. 매일 컴퓨터 앞에 앉아 게임을 몇 시간씩 하면서 하루하루의 시간을 아무 의미 없이 보내고 있었다. 이로 인해 부부는 싸움도 많이 했다고 한다.
　그러던 어느 날 엄마 아빠를 따라 학생이 자미국에 오게 되었다. 엄마 아빠를 따라 자미국에 1~2번 내왕을 하여 신비의 천지기운을 느낀 학생은 모든 것이 확 바뀌기 시작했다.
　소심했던 성격도, 친구들과 어울리지 못했던 성격도, 게임에만 몰두하던 습관도, 말하는 법도, 그야말로 모든 것이 변하였다. 학생은 의식에 참석을 하여 저자의 법문(하늘주문)이 시작되면 학생의 생령은 지구를 떠나 천상궁전 자미천궁에 올라가 그곳의 실제 모습과 천황님께서 전해 주시는 말씀까지 받아 수많은 사람들에게 상황을 자세히 설명해 주었고, 저자의 법문 소리가 끝남과 동시에 그의 생령도 그의 몸으로 다시 귀환하는 이변이 일어났다.
　삶의 천지개벽! 그것은 다름 아닌 하늘 천황태제님의 권한이었다. 학생의 신분인 그는 부모님의 배려로 하늘의 명을 받는 천인합체의식의 기쁨과 영광을 얻었다.
　천기 7(2007)년 4월 3일. 청명을 이틀 앞두고 인류 최초로 최연소 천인天人이 탄생하였다. 학생에게 신비한 조화가 일어난 것은 얼마 전이었다.

그러니까 4개월 전, 학생은 부모님을 따라 자미국에 우연히 오게 되었다. 기도가 끝난 후 부모님과 학생에게 기도하는 법을 가르쳐 주었다. 천기력은 우주의 천지 주인이신 태상천존 자미 천황태제님의 기운이 들어가 있는 달력이니 함부로 대하면 안 된다는 주의 사항도 일러 주었다.

천황태제님께 기도를 올리기 전에는 천기력 앞에서 공손히 5배의 큰절을 올린 후 기도를 시작하라고 알려주었다. 어느 누가 보아도 천기력은 단순한 달력에 불과했다(이곳은 불상이나 신령, 탱화 같은 형상이 없다).

달력 앞에서 절을 하라는 저자의 설명에 가족들은 믿음이 가지 않았다 한다. 하루는 학생이 천기력 앞에 서서 장난삼아 절을 하며 천기력에 몸을 비볐더니 그 순간 신의 말씀이 들렸다 한다.

"절을 하려면 똑바로 해야지! 다시 하여라."

어디선가 호통치듯 들리는 목소리에 깜짝 놀라 몸과 마음을 가다듬고 정중히 5배의 큰절을 다시 올리자, "그래, 그렇게 하는 거야!"라고 다시 신의 말씀이 들렸다 한다. 이때부터 그 목소리의 주인공과 학생은 자주 대화를 하게 되었고, 천계의 천상궁전 자미천궁에 오르는 신비한 일들도 생겼다 한다.

후에 알고 보니 그 목소리의 주인공은 바로 천계의 주인이신 천황태제님이셨다 한다. 가족은 천황태제님께 아침저녁 지극정성으로 기도를 올렸다 한다. 천황태제님께서는 어린 학생의 지극한 마음에 감응 감동하시어 어린 학생에게 천황태제님의 음성을 들려주시었고 천상궁전의 모습까지 보여주셨던 것이다.

이 가족은 자미국에 오기 전 교회에 6년 동안 다녔다. 그러던 중 자미국에서 출간된 책을 본 후 인연이 되어 조상님 입천의식도 행하였고 하늘의 천인으로 탄생하는 천인합체의식까지 행하게 되었다.

가족 모두는 책의 내용에 공감하였고 감명도 받았다. 어려운 가정 형편에도 불구하고 조상님들을 위하여 조상님 입천의식을 행하였으니 조상님과 천황태제님 모두를 감동시킴에 부족함이 없었다.

부부는 기도를 올려도 하늘이 내리는 천령정기의 기운을 느끼지 못하였지만 아들(17세)과 딸(25)은 천황태제님의 말씀을 자유자재로 들을 수 있었다. 아들에게 하늘의 신성한 기운이 강하게 내려지자 부부는 결심을 하였다.

　아들에게 천인합체의식을 먼저 시켜 주기로 결심을 하고 돈을 구하기 시작한 지 20여 일 만에 신기하게 돈이 구해졌다. 평소에는 돈을 잘 빌려주지 않던 사람들이 "알았어" 하면서 빌려주었다며 신기하다고 했다.

　하늘은 무에서 유를 창조한다고 하셨다. 이 가정에 천황태제님의 무한한 천령정기가 내려짐과 동시에 신비의 조화가 이 가정에 현실로 나타난 것이다. 하늘의 천인이 될 사람들은 정말 신기하게 천인합체의식 할 돈이 구해진다. 돈이 구해짐은 하늘이 선택하셨다는 하늘의 보이지 않는 말씀이시다.

　아들의 천인합체의식이 있는 날! 가족들 모두가 참석을 하였고 주인공 학생은 '천자天子'라는 높은 신명의 관직을 천황태제님으로부터 하사받았다. 자미국에 인연을 맺어 천황태제님을 알기 전 그의 인생은 학생의 신분이었지만 항상 외롭고 힘들었다. 보이지 않는 그 어떠한 기운에 항상 짓눌려 의기소침하였고, 공부도 하기 싫고, 친구들과 어울리기도 싫은, 말 그대로 매사 짜증이었다. 그러나 그 학생은 새롭게 태어났다.

　하늘의 '천자' 신명으로 그의 인생은 더 이상 외롭지 않을 것이며, 의기소침하지도 않을 것이다. 또한 앞으로 인생을 살아가면서 많은 시련과 아픔이 따를지라도 이제는 걱정 없다. 만생만물의 어버이이신 천황태제님과 천자신명이 그의 인생에 함께하실 것이기에.

　천황태제님께서는 진실한 마음을 가진 이들을 사랑하신다. 천황태제님께서는 진실한 마음을 가진 이들에게는 하늘의 귀한 것을 모두 주시려 하신다.

　천자신명으로 탄생하고자 애쓴 학생. 인간사의 아들을 하늘의 천자신명으로 탄생시키고자 어려운 가정 형편에도 불구하고 하늘을 믿고 행한 부모님. 천황태제님께서는 이들의 진실한 마음을 알고 가정에 하늘의 큰 선물을 주실 것이다.

　의기소침하였던 학생의 성격에 변화가 일어났다. 이제는 매사 자신이 있다 한다. 학교에서 회장의 자리도 맡고 있으며, 성적도 쑥쑥 오르고 있어 친구들과 선생님의 선망도 한몸에 받고 있다면서, 천황태제님의 깊은 사랑에 항상 감사드리며 올바른 마음으로 세상을 살고자 오늘 하루도 최선을 다하는 그 모습이 참으로 멋지다.

불쌍하고 가련한 만 중생 모두를 사랑하시는 천황태제님의 인자하신 마음. 천황태제님께서는 지금 이 시간에도 지상의 자손들을 보살펴 주시고자 또한 우리들의 소원을 이루어 주시고자 수고를 아끼지 않고 계신다.

## 파란만장한 신의 조화

천기 7년 4월 13일, 사업을 하는 30대 후반의 미혼 여성이 조상님 입천의식을 행하는 날이다. 4일 전에 방문을 하여 친견을 하였던 이 여인은 자미국에 오기 전 자궁선근종증, 혈액순환 장애로 인하여 4번의 수술을 받았고, 사업과 인생의 굴곡으로 인해 굿도 10번 이상을 했다 한다.

젊은 나이에 비하여 이 여인의 인생사 사연은 그야말로 한 편의 드라마 같았다.

광고업을 하고 있었던 그녀는 성공과 실패의 연속이었다. 30대 초반의 나이에 수십억을 벌어도 보았다. 하지만 벌면 뭘 하나. 소리 소문도 없이 날아가 버리는데. 전국에 유명하다는 점집과 절을 모두 찾아다니며 그들이 권하는 굿과 천도재는 모두 다 해보았지만 몸과 사업은 갈수록 태산이었다.

또한 무당집에서는 신이 왔으니 신을 받아 무당이 돼야 한다는 말도 수없이 들었다 한다. 하지만 이 여인은 다른 것은 몰라도 무당 되기는 죽기보다 싫었다 한다. 굿으로도 안 되고, 천도재로도 안 되고, 신은 받기 싫고 고민이 이만저만이 아니었다 한다.

그런데 한 달 전부터 매일 밤 이 여인의 꿈에 "하늘의 부름을 받고 너를 데리러 왔다"라고 하면서 누군가 매일 밤 꿈속에 자신을 데리러 온다면서 너무너무 무서워 견딜 수가 없다고 하소연하면서 꼭 죽을 것만 같다고 말하였다.

이 일을 어떻게 해야 하나? 고민을 하던 중에 자미국에서 출간된 책을 우연히 본 후 예약을 하여 4일 전에 친견을 하고 오늘은 조상님들을 천상궁전으로 보내 드리는 입천의식을 행하는 날이다. 자미국에 방문을 하려고 집에서 준비를 하고 있는데, 누군가 자신에게 "가지 마, 가지 마" 하였다는 것이다.

그 소리를 들은 여인은 잠시 마음속으로 갈등을 하였다 한다. '갈까? 가지 말까?' 잠시 망설이던 여인은 결심을 한 후 혼잣말로 되뇌였다 한다. "아무리 못 가게 나를 잡아도 오늘은 소용없어, 나는 갈 거야. 그러니 네가 양보해."

어렵게 결정을 내린 후 자미국에 왔다면서 자꾸만 누군가가 자신을 쫓아 다니면서 자신의 삶과 인생을 괴롭힌다고 말했다. 이 여인은 다른 사람과 달리 지혜와 예감이 적중하는 신비한 능력이 있었다. 20대 후반에 사업을 시작하였는데 누구의 도움인지는 몰라도 누군가가 자신의 몸 안에서 자신을 돕고 있다는 생각이 들었다고 했다.

그 존재를 찾고 싶어 많은 무당집과 스님들을 찾아가 보았지만 보이지 않는 존재를 찾을 수가 없었다면서 그 존재에 대하여 무척 궁금하다 했다.

굿을 하러 가면 자신의 몸 안에 있는 신이 쉽게 나가지 않는다면서 무당들이 "잡귀야 물러가라" 하면서 자신의 몸을 인정사정없이 때리는데도 정작 본인은 하나도 아프지 않았다 한다. 이런 우여곡절의 사연을 가진 이 여인이 오늘 천황태제님 전에 본인의 조상님을 위하여 벼슬입천의식을 행하는 날이다.

1부 조상님 상봉의식 시간이 끝나고 2부 하늘의 신명님 청배 시간이 되었다. 자미국에서 행하는 2부 신명님 청배 의식은 세계 어느 나라에서도 아직까지 행한 적이 없고, 또한 아무나 따라 할 수도 없는 하늘의 고귀한 의식 중의 하나이다.

천황태제님의 아들 천감님(기독교에서 말하는 하나님)을 통하여, 이 여인에게 천황태제님께서는 천인합체의식을 윤허하여 주실 것인지 여부를 알아보는 시간이 되었다. 천황태제님의 명을 받으신 하늘의 천감님께서 여자 저자의 몸을 빌려 하강하시었다.

천감님께서 "천황태제님의 명을 받아 하강하였으니, 그녀의 몸 안에 숨어 있던 모든 신들과 조상님들은 어서 이 여인의 몸 안에서 나와 천상궁전으로 가자"고 한 말씀 하시었다. 천감님의 말씀을 조용히 듣고 있던 여성의 표정이 갑자기 일그러지기 시작했다. 또한 목소리도 변하였다.

그러면서 여인의 몸 안에 오랫동안 숨어 있었던 신명이 존재를 밝히기 시작했다. 이 여인의 입을 빌려 정체 모를 신이 천감님의 말씀에 대답하였다.

"난 안 가. 난 못 가! 난 이 몸에 그대로 있을 거야. 그리고 올해 안에 데려갈 거야. 나 혼자서는 죽어도 안 가. 난 이 여인을 데리러 왔어. 내가 이 몸에 내려온 지 32년의 세월이 되었어"라면서 이 여인의 몸 안에 있는 신이 말을 하고 있었다. 여인은 자신도 모르게 자신의 입을 통하여 나온 말에 대하여 깜짝 놀라고 있었다.

그러면서 이 여인은 말했다. 자신의 몸 안에서 말한 그 신이 '저승사자'라면서, 자신을 데리러 온 저승사자의 모습이 또렷하게 보인다고 말하였다. "그럼, 이제 나는 죽는 것이냐"고 반문하는 그녀의 표정은 겁에 질린 모습이었다.

겁을 주려고 한 말도 아니고, 자신의 입을 통하여 자신을 잡으러 왔다고 말하고, 눈에 저승사자가 보이니 어찌 하늘이 무섭지 않고, 천황태제님의 대 능력에 고개를 숙이지 않을 수 있으랴. 뜻하지 않은 광경에 저자와 천인들 모두 깜짝 놀랐다.

이 여인을 잡아가고야 말겠다는 결의가 대단한 신에게 그렇게 하면 안된다고, 저자와 천인들 모두가 매달려 달래도 보고, 설득도 해보았지만 무조건 잡아가고야 말겠다며 어떠한 방법도 통하지 않았고, 어떠한 말도 통하지 않았다. 이 여인도 살려 달라고, 자신을 데려 가지 말라고 간곡히 부탁을 하며 빌고 또 빌어 보았지만 모두 다 소용없다고 단호히 말하는 것이었다.

그러자 천상천감님께서는 그 몸 안에 있는 신에게 하늘 천황태제님의 진실을 전해 주며, 이 여인은 앞으로 천황태제님의 황명(천인합체)을 받을 귀한 몸이기에 지금부터 이 여인에게 함부로 대하면 천황태제님께서 하늘의 엄벌을 내리실 것이니 어서 그 몸에서 나오라고, 춥고 배고픈 구천세계가 아닌 인간의 몸이 아닌 천황태제님이 계신 천상궁전으로 오르자고 훈계를 하시니 고집을 부리던 저승사자도 순한 양이 되어 천황태제님의 뜻에 따르겠다면서 그 여인의 몸에서 빠져나왔다.

저승사자가 그 여인의 몸에서 빠져나옴과 동시에 그 여인은 순한 양이 되었다. 그동안 답답했던 그 무엇이 확 풀리는 시원함이었다면서 자신의 몸 안에 그렇게 무서운 신이 있을 줄은 꿈에도 몰랐다고 했다. 천황태제님이 아니었으면 자신은 어쩔 뻔 했냐고 하면서 천만다행이라며 천황태제님의 능력에 놀랍다고 했다.

천감님 하강 의식이 끝난 후, 의식 절차에 따라 조상님 벼슬입천의식도 모두 끝났다. 이 여인은 자신의 조상님이 천상궁전에 승천하신 모습과 조상님들이 천상궁전에 올라 자손에게 전해 주시는 말씀도 모두 보고 들었다.

"머리에 큰 관을 쓰고 수많은 사람들에게 둘러싸여 있는 30대 초반의 왕비 모습이 보인다고" 말했다. 그녀의 친할머니는 조상님 벼슬입천의식에 의해 하늘의 명을 왕비로 받았다. 그 할머니는 80세에 세상을 떠나셨지만 천상궁전에서는 30대의 어여쁜 왕비의 모습으로 다시 태어나셨다.

또한 이 여인은 평상시에 사물이 두 개로 보여 운전을 할 수가 없었다. 그러나 의식이 끝남과 동시에 그 증상들이 신비하게 모두 없어졌다고 말했다.

그동안 무당집에 다니면서 쌓였던 스트레스가 모두 풀어져 속이 시원하고, 그들이 주었던 신줏단지도 모두 내다 버렸다 한다. 무속용품을 비롯한 일체의 종교적 물건들 모두를 다 버리고 나니 몸도 마음도 가볍고 개운해졌다 한다.

자미국은 종교가 아니기에 기존의 종교적 기운이 담겨 있는 불경, 성경, 도교경전, 무속경전, 불화, 성화, 십자가, 달마도, 염주, 목탁, 가사, 분상, 탱화, 신령형상, 종교형상 액세서리, 기타 종교와 관련된 일체의 책들을 집에 비치하는 것을 불허한다.

그는 이제 4일 후, 하늘의 명을 정식으로 받아 천인합체의식을 통하여 하늘의 천인으로 탄생할 예정이다. 32년 동안 그의 몸에 들어와 있던 천계에서 내려온 신의 존재를 밝히는 날이다. 그를 천계로 데려가려고 하늘의 명을 받고 내려왔다가 데려가지 못한 채, 32년 동안을 그녀의 몸에 머물러 있었던 이유가 무엇인지 자못 궁금해진다.

"부질없는 세상 살면 무엇 하냐? 어서 가자"고 늘 재촉을 하여 여러 번

자살시도를 해보았다고 한다. 약을 먹고 죽을까? 투신자살을 할까? 몸 안의 신은 그럴 수밖에 없었을지도 모른다.

32년이란 세월을 기다려 주어도 자신을 찾아주지 않자 이에 화가 난 신은 육신에게 메시지를 주었던 것이다. 예우한다는 것이 기껏 굿판 벌이는 일이었으니 신의 입장에서는 마음이 많이 상한 상태였을 것이다. 우리는 입장을 바꿔 생각해 보아야 한다. 그들의 입장을 무시한 채 함부로 행을 하다 보면 복 받는 것이 아니라 이처럼 벌을 받게 된다는 또 하나의 진실이 이 여인을 통해서 밝혀졌다.

또한 인간의 몸에 들어와 있는 각자의 조상님과 각자의 신명 존재를 정확히 찾아 이분들이 원하는 것을 해주기 전에는 인간의 풍파는 한도 끝도 없다는 새로운 진실도 알게 되었다. 하늘과 신과 조상님께 인간이 대적한다는 것은 결국 시간 낭비, 몸 낭비, 금전 낭비이다.

인간은 보이지 않는 하늘과 신과 조상님과 싸워서 이길 수가 없다. 그분들의 존재는 인간의 눈에 보이지 않고, 인간의 귀에 들리지 않기에 그분들을 이겨 낼 방법이 없다. 자미국 자미천궁의 천황태제님만이 그 모든 해결책을 알고 계신다.

하늘의 명을 받아 천황태제님의 지시대로 행하는 자미국 자미천궁에서 신비한 조화가 계속 일어나고 있다. 그 어디에서도 해결책을 찾을 수 없었던 이 여인은 오늘 천황태제님을 만남으로서 인생의 해결책, 사업 성공의 해결책, 무당으로 가지 않고 인간으로 살아갈 수 있는 해결책, 저승길로 가지 않는 해결책 등 그 모든 것들의 해결책을 찾았다.

2007년 4월 17일(음력은 3월 초하루), 천황태제님의 공주로 탄생하기 위한 영광의 천인합체의식이 그녀를 기다리고 있다.

## 공주로 탄생한 여인

조상님 벼슬입천의식을 행한 후 하늘의 명을 받아 천인합체의식을 통해 천황태제님의 공주로 탄생하여 새로운 인생을 살아가고 있는 한 여인의 이야기이다.

조상님 벼슬입천의식과 천인합체의식을 행하기 이전과, 행한 이후의 자신의 달라진 모습에 대해 자신이 직접 체험한 사항들을 글로 써서 e-메일로 보내온 내용이다.

『17살 때의 일이었다. 난 밤마다 똑같은 꿈을 계속 꾸었다. 그곳은 하늘나라였고 그곳에 있는 많은 이들이 나에게 공주라고 불렀다. 하늘나라에서 나는 작은 실수를 하였다. 천황태제님께서 나의 작은 실수를 벌하기 위해 나를 인간세상에 내려 보냈다.

그리고 어느 날. 천황태제님께서는 공주가 보고 싶으니 이제는 데려오라고 하셨다. 천상의 신명이 곧 나를 데리러 올 것이라는 내용의 꿈이었다. 나는 눈을 뜨면 학교로 곧바로 뛰어갔다. 왠지 학교 앞에서 누군가 나를 기다리고 있을 것 같은 느낌이 들었다.

하지만 가보면 아무도 없다. 수업시간에도 누군가 나를 데리러 올 것만 같은 느낌이 들어 나는 누군가를 계속 기다렸다. 수업이 끝나면 미친 듯이 뛰어 아파트 단지로 가보았지만 집 앞에는 나를 데리러 온 사람은 없었다.

밤이 되어 잠자리에 든다. 잠을 자고 일어나면 이 세상이 아닐 것 같은 기분이 든다. 하지만 깨어나 보면 여전히 내 방이고 내 침대다. 이와 같은 꿈은 계속되었다. 내 집과 내 방이 항상 낯설게 느껴지고, 나를 낳아주신 부모님 역시 나에게는 남인 것처럼 생각되어지고 항상 낯설기만 하였다.

고등학교 시절 담임선생님과 면담할 때, 나도 모르게 나의 엄마는 친엄마가 아닌 계모라고 말씀드렸다. 졸업 때까지 담임선생님은 나의 엄마가 정말로 계모인 줄 알고 있었다.

나는 4살 때 한글을 다 익혔고 덕분에 많은 책을 읽었다. 8살 때는 매일 밤새워 가며 책을 읽다가 엄마한테 혼도 많이 났다. 중학교 때는 이문열 소설부터 시작해 웬만한 전집은 다 읽었다.

17살 때 같은 꿈을 계속 꾸게 되면서 인간은 어디에서 왔고, 죽으면 어디로 가는 것인가? 이 모든 것에 대해 너무 궁금해 이 의문점을 풀고자 모르몬교, 성경, 코란, 통일교교리, 대순진리회를 비롯하여 불교경전들을 나름대로 구입해 모두 읽었지만 의문이 풀리지 않아 나중에는 종교에 관한 서적들을 모두 구입해 읽어도 보았다.

그런데 궁금증이 풀리기는커녕 꼬리에 꼬리를 무는 궁금증은 더 커져만 갔다. 이 땅에 존재하고 있는 종교단체에는 모두 가보았고 기도회와 각종 모임에 참석하여 열심히 해보았다.

지금은 지나간 모든 것들이 정확히 기억은 나지 않지만, 난 그 많은 종교단체를 돌아다니며 그들의 허점을 읽었다. 난 종교단체의 많은 모순을 찾을 수 있었다. 허점과 모순을 찾으면서 나는 그들을 비판하기 시작했다.

허점과 모순이 보일수록 나의 마음 깊은 곳에서는 '내가 신이 되어야겠다'라는 결의에 찬 욕망이 마음 깊은 곳에서부터 용솟음치고 있음을 느낄 수 있었다. '나 자신의 마음이 평온하고 행복해야지, 종교가 다 무슨 소용이야'라는 생각이 들면서 종교서적 읽는 것도 시들해졌다. 그러면서 17살을 지나 18살이 되었다.

그런데 이게 어찌 된 일인가? 시험 점수가 40점, 30점으로 최악의 놀라운 점수가 나왔다. 나는 어려서부터 책을 한 번 보고 나면, 책장을 덮고 난 후에도 눈앞에 그 책 속의 내용들이 모두 다 보였기에, 시험을 본다 하여도 책을 넘기면서 시험을 보는 것과 똑같아 모르는 문제가 없을 정도였다.

그런 나였는데, 지금은 갑자기 아무것도 보이지 않는다. 눈앞에 아무것도 보이질 않으니 다 틀릴 수밖에. 그러면서 밤마다 목이 졸리는 가위에 눌렸다. 고통스러운 밤의 연속이었지만 가족들은 고 3병이라면서 이 병원,

저 병원으로 나를 데리고 다녔다.

내가 목표했던 대학의 전공은 아니었지만 간판으로는 국내 최고라고 할 수 있는 여자대학에 들어갈 수 있는 점수가 나와 간신히 입학을 했다. 그러면서 고통의 증상들은 사라지는 듯했다.

그렇지만 '내가 살고 있는 이 집은 내 집이 아니다'라는 생각과, '내가 있을 곳은 이곳이 아니다'라는 생각이 계속 들었다. 대학 3학년 때 경제적, 심리적으로 완전한 독립을 했다. 대학을 졸업하면서 일반적인 대기업을 들어가면 사업가로 성공할 수 없을 것 같아 나름대로 고민 후, 광고대행사에 들어갔다.

지금 생각하면 있을 수도 없는 일이지만 6개월 다니고 나니 거기서는 더 이상 배울 것이 없다는 생각이 들면서, '내가 혼자 하면 더 잘할 것 같다'라는 알 수 없는 배짱이 생기자 사표를 내고 그때부터 회사를 설립하여 지금까지 15년째 광고 사업을 하고 있다. 광고회사를 설립하여 내 나름대로 열심히 한 것도 있지만 기적 같은 일이 많이 일어나 생각보다 돈도 많이 벌었다.

아무튼 이런 과정을 통하여 회사를 잘 운영했었으나 4년 전부터 수많은 시련들이 내 삶으로 몰려와 나는 고통의 터널 속에 갇힐 수밖에 없었다.

사업을 하는 대부분의 사람들은 고독하고 외롭다 했다. 정말 너무 고독하고 외로워 이를 참지 못하고 오랜 시간 밤마다 외로움의 눈물을 흘렸다. 때로는 며칠 동안 멍한 상태가 되어 아무 판단도 서질 않는다. 이런 상태가 반복되면서 사기와 배신, 계약 위반, 세무조사에 이르기까지 불운은 그칠 줄을 모르고 계속되었다.

엎친 데 덮친 격으로 몸에 암까지 걸리게 되면서 열심히 살려고 노력하는 이 모든 것들이 부질없다는 생각이 들면서 더욱 힘든 나날을 보냈다.

그러면서도 마음 한구석에는 '나는 누구인가? 나는 왜 이런 고통 속에서 살아야만 하는 것일까? 그 이유가 무엇일까? 이 의문에 대한 답을 이제는 찾고야 말겠다'는 마음의 각오가 굳게 섰다. 그러면서 무속의 세계를 접하게 되었다.

3년이란 짧지 않은 시간 동안 무당들이 시키는 대로 모두 행하고, 그들의 뜻을 따르며 무속의 세계에서 허우적거려도 봤지만, 어느 순간부터는 무속인의 나쁜 속마음이 내 마음에 느껴졌다. 그들의 말에 나도 모르게 "거짓말" "거짓말"이란 말이 튀어나왔다. 무속인은 잡귀가 씌어 그런 말을 한다고도 생각했다. 어디를 가도 내가 원하는 답을 찾을 수가 없다 보니 속은 더 답답해 미칠 것만 같았다.

작년 1월부터는 새벽 4시에 일어나 기도하면, "천상의 신분을 회복하라. 앞으로 이승에서의 남은 삶은 천상의 공주로 살 것이다"라는 말이 20~30번씩 나의 입을 통하여 반복하여 나왔다.

하지만 내 입으로 말을 하고도 그 말이 무슨 뜻인지 몰라 이 뜻을 알고자 이곳저곳 찾아다녔지만 정답은 찾지 못하고 어떤 무당이 '신주' 단지를 집에 모시고 있어야 살 수 있다고 하기에 가지고 있던 집을 팔아 그 의식을 행했지만 답답하기는 마찬가지이고 몸도 마음도 점점 병만 들어갔다. 암수술을 한 직후라 재발하지 않길 바라는 마음으로 집에서 요양을 하였지만 정신은 멍한 상태로 아무 말도 하기가 싫었다.

이런 상태가 지속되다 보니 회사도 엉망이 되었고, 암 수술한 것은 재발이 되고, 무당들은 나에게 더 이상 못 버틸 것 같으니 신을 받을 수밖에 없는 단계까지 온 것이라고 했지만, 내 마음은 그건 아니라고 계속 도리질을 했다.

신줏단지 모실 때까지는 뭐를 잘 모를 때였는데 어차피 그 길을 갈 거라면 이제는 내가 스승을 찾아야겠다는 마음을 먹고 강원도 산골, 전라도 어디, 서울 변두리 어디 어디를 소개받아 물어물어 찾아다니기 시작했다.

처음에는 10군데 정도를 찾아간 후에 '내가 결정할 것이다'라고 마음먹었다. 그러던 어느 일요일, XX문고에서 만난 신비스런 책 한 권이 나를 자미국 자미천궁으로 이끌었고 천인합체의식까지 하게 해주었다.

본격적으로 사주공부를 하리라 마음먹고 역학, 사주 코너에서 책을 고르고 있었다. 지금 생각하면 참 이상한 일이다. 책꽂이 밑 칸에 있어 잘 보이지도 않던 자미국의 책을 쪼그리고 앉아 꺼내 든 순간 내 심장은 터져 버릴 것만 같았다. 그리고 '이젠 살았구나' 하는 생각이 들었다.

일요일 하루 만에 쉬지 않고 다 읽었다. 그 책은 나를 월요일에 자미국 자미천궁으로 인도하였고 나는 바로 입천제를 결정하고 며칠 간격으로 천입합체의식까지 행하게 되었다. 천인합체의식을 통하여 수십 년 동안 궁금히 여겼었던 그 모든 진실들을 알 수 있었고 모든 의문을 풀 수 있었다.

내가 살아온 39년이라는 인간의 삶, 그것은 인간이 아니었다. 내가 무속의 세계를 접하면서 나는 인간과 영靈의 중간 상태에 있는 인물이라고 정의했었다. 인간세상의 삶에서 인간인 나의 마음이 그 무엇으로도 채워지지 않았으며, 마음이 허하고 외롭고 고독하고 쓸쓸하여 이것은 어쩔 수 없는 나의 타고난 운명인가 보다 하면서 항상 고통스러웠다.

하지만 나는 이젠 더 이상 그런 삶을 살지 않아도 된다. 나는 천인합체의식을 통하여 잃어버렸던 나의 존재를 확실히 찾았다. 달라진 나의 모습에 지금 나는 너무 행복하다.

이 세상 태어나 처음 느껴보는 이 행복에 나는 너무 감격스럽다. 앞으로 내 육신이 살아있는 동안 마음이 안정되고 허전하지 않은 것만으로도 나는 너무 행복하고 감사할 따름이다. 그 고통은 당해 보지 않은 사람은 알 수가 없고, 겪어보지 않은 사람들은 감히 그 고통의 깊이를 논할 수 없을 것이다.

이 세상 그 어느 곳에서도 구원받을 수 없었던 나의 신명과 인간인 나는 자미국 자미천궁을 통하여 구원받았다. 나와 나의 신명님을 구원해 준 자미국에 너무 감사하고 또 감사할 따름이다.

누군가 나에게 "세상에 신이 있습니까?"라고 물어온다면 나는 자신 있게 대답할 수 있다. "네, 신은 있습니다"라고.

산 사람의 신은 정신이고, 죽은 자의 신은 귀신이기에 산 사람이 정신을 똑바로 차리면 될 것이라고 나 역시도 생각했었다. 하지만 뜻대로 마음대로 되지 않았다. 의지박약아 같이 뭐 하나 내 통제대로, 내 의지대로 되지 않았다. XX문고에 책 사러 나가기 2주 전에 재발한 종양 제거수술을 받았다. 수술하고 하루가 지나고 이틀이 지나고 몸이 회복되어야 하는데 3일째부터는 낮과 밤이 새도록 자지도 먹지도 않고 울기만 하였다.

울음이 멈춰지지가 않아 속수무책으로 울고 또 울었다. 멈춰지지 않는 눈물! 이것은 인간인 내가 우는 것이 아니었다. 내 몸 안에 있는 신이 울고 있었다. 그 사실을 알고도 신의 눈물을 멈출 수 있게 도와줄 수 없는 나 자신을 발견하고, 그 신의 눈물에 안타까워할 수밖에 없었다.

눈물은 꼬박 이틀을 울고 나서야 멈추었다. 어떻게든 내가 이 세상에 온 이유와 당신의 존재를 꼭 밝혀내 주겠다는 약조를 한 후에 그 울음은 멈추었다.

슬퍼서 우는 것도 아니고, 아파서 우는 것도 아니고 몸 안에 신명을 찾아달라고 울었다는 사실을 이젠 알게 되었다. 나에게는 아픔과 고통의 시간이 있었기에 천인합체의식을 행함에 많은 생각과 시간이 필요치 않았다.

"내가 살 길은 이것밖에 없다. 그리고 이 길만이 나를 살릴 수 있다"라는 확신으로 조상님 벼슬입천제를 행하게 되었다. 그런데 자미국에 처음 방문했을 때 나는 저자분께 물어봤었다. "진짜 보이나요?"라고. 돌이켜 보면 민망할 따름이다.

신줏단지에 모셨던 나의 늙은 꼬부랑 할머니는 조상님 벼슬입천의식을 행한 이후에는 천상세계에서 너무도 우아하고 젊고 고운 자태로 환하게 웃고 계셨다.

왕비의 모습으로 천상궁전의 많은 사람들을 거느리고 웃으며 앉아 계시는 모습이 내 눈에 또렷이 보이자 마음이 다시금 평온해짐을 느꼈다. 조상님 벼슬입천제 전날, 돌아가신 조상님들 이름을 적는데 외할머니 성함이 생각나지 않아 너무 죄송한 마음이 들었다.

살아계실 적에 나를 얼마나 예뻐하셨는지를 회상하며 안절부절못하고 있는데, 갑자기 외숙모께서 10여 년 만에 나에게 안부전화를 하셨다.

엄마에게 외할머니 성함을 여쭈어보면 혹시라도 안 좋은 소리 하실까 봐 못 물어보고 있었는데, 외숙모가 때마침 전화를 걸어와서 외할머니 성함을 알 수 있었다.

그날 밤 꿈에 외할머니가 나타나셔서 아직 살아계시는 외할아버지 걱정을 하시기에, 내가 나중에 외할아버지도 조상님 벼슬입천제 해 드릴 테니 먼저 가 계시라고 하자, "내가 왜 이름이 없노, 나는 '무명씨'가 아니다" 하시는 것이었다. 왜 낮에 뜬금없이 외숙모님께 전화가 왔었는지를 알게 되었다.

돌아가신 외할머니가 외숙모를 시켜 나에게 전화를 하게 해서 당신의 이름을 알게 해주셨다는 사실에 나는 보이지 않는 세계에 대해 너무너무 신기하고 놀라울 뿐이다.

그렇게 조상님 벼슬입천제를 마치고 난 후부터는 오랜 불면증에서 벗어나 평온하게 깊은 잠을 너무 편히 잘 수 있게 되었고, 다음날에는 신줏단지며 모든 종교용품은 일체의 망설임 없이 모두 태워 화단에 묻어 버렸다.

요즘 세상은 인간이 평등하다고 가르친다. 모든 종교집단에서 특히 기독교에서 인간 평등을 가르치고 있다. 하지만 우리는 평범한 인간사에서 인간이 평등하지 않음을 매일매일 경험하며 살고 있다. 인간 하나의 생명은 존엄한 것으로써 인격은 격이 다르다고 생각해 왔으나 그것은 곧 신격이 다르다는 것이었음을 알았다.

천인합체의식을 통하여 진실을 알게 되었다. 육신이 하나인 나의 몸 안에 조상님들, 옥황상제 넷째 딸, 서산대사, 천황태제님의 따님이신 공주 등 5명의 신들이 내 작은 몸 안에서 기거하며 나와 함께 살고 있었다는 충격적인 사실을 알았다.

그동안 내 몸 안에 살고 계셨던 조상님 신과 직계 조상님 일체와 외가 조상님 모두를 벼슬입천제의식을 행하여 무릎도원 천상세계 자미천궁으로 보내드리고 난 후, 천황태제님의 공주와 천인합체의식을 통하여 공주와 나는 하나로 결합하였다.

공주신명이 높은지라 천인합체를 하고 나니 당장 다음 날 아침부터 직원들이 인사하는 태도가 바뀌어 목례가 아닌 90도에 가까운 반절을 받게 되었다. 아무에게도 말을 안 했는데 어떻게 된 일인지 참으로 신기할 따름이다. 이제는 머리가 너무너무 맑아졌고 잠도 푹 잘 수 있어서 피부도 점점 좋아지고 있다.

전에는 배가 찢어지도록 폭식을 하기 일쑤였는데 식사량도 정량보다 약간 줄어 살도 빠지고 있어 하루하루가 신기하고 재미있을 뿐이다. 며칠 전에는 발바닥에 약간 있던 군살까지 다 없어져 아기 발 같이 느껴지고, 피부가 20대 피부보다 더 좋은 10대 아니 아기 피부 같아져서 나 스스로도 너무 놀라울 따름이다.

건강도 더 좋아질 수 있을 거라 확신하고, 요즘은 마음이 꽉 차고 허전하지 않아 기쁨과 행복으로 가득한 마음뿐이다.

조상님 벼슬입천제와 천인합체의식이 이렇게 신비한 천상의식일 줄 전혀 몰랐다. 자미국 자미천궁에서 행하는 신비한 의식은 지구촌에서 유일무이한 곳이라 생각한다.

아무리 유명한 도사나 유명 무속인들도 감히 흉내 낼 수 없는 차원 높은 인간 구원, 조상님 구원, 신명 구원 의식이었다. 천도재나 굿과는 감히 비교도 할 수 없는 수준 높은 입천제와 천인합체의식이었기에 나를 알고 있는 모든 이들을 자미국 자미천궁으로 인도하고 싶다.

이제 더 이상은 도인, 도사, 도교, 무속, 절, 철학관, 종교 같은 곳에 빠지지 말고 진리를 찾아 자미국 자미천궁과 인연 맺으라고 진정으로 권하고 싶다.

황후님이 하강하시던 날! 나는 또 하나의 신비한 경험을 하였다.

2007년 4월 20일, 천황태제님의 황후님이 인간세상으로 내려오시는 날! 난 누가 시키지도 않았는데 그동안의 내 서러움 누가 알아주든 말든 그동안 참았던 서러움의 눈물과 그리움의 눈물을 많이 흘렸다. 자미공주 신명이 그동안 황후님에 대한 그리움의 눈물이었다.

이 그리움을 누구에게 말로 설명할 수는 없었지만 내 마음 가는 데로, 내 마음에서 느껴지는 데로 나는 그리움의 눈물을 그날 너무 많이 흘렸다. 일부러 운 것이 아니었다. 내 의지와 상관없이 내 몸 안에 신명님은 기쁨의 눈물을 흘렸던 것이다.

나도 모르게 흘렸던 눈물은 내 안에 머물러 계셨던 공주신명의 진심이었다. 천인합체를 하기 전에는 누가 일하자고 할 때 10개의 일이 들어오면 일 욕심 때문에 다 하겠다고 했었다. 무리해서 일을 하다 보니 일은 모두

분산되었고, 시간이 지난 다음에야 안 된다는 걸 알게 되면서 후회를 해 보았지만 일은 벌써 산산조각이 난 상태다.

하지만 지금은 일을 시작하기 전에 할 일, 안 할 일의 구분이 명확해져 일이 어수선해지지 않는다. 집중력이 더 생겨 수주율도 예전보다 더 올라가고 있지만, 오히려 예전보다 바쁘게 진행되는 것이 아니라 평온하게 진행되니 지금은 몸도 마음도 너무 편하고 좋다.

주변 일상생활도 차분히 정리되어 그동안 못해 보았던 운동도 하고 여가 시간도 보내며 일상생활을 행복하게 보내고 있다. 나는 나를 버리고 자미공주님과 하나가 되기 위해 많은 대화와 많은 이야기를 나눈다.

옷을 입기 전에도 음식을 먹기 전에도 나날이 천인합체의식의 신비스런 조화는 나의 일상생활로 매일같이 하루도 쉬지 않고 나타나고 있다.」

공주로 탄생한 천인은 말하고 있다. "도대체 왜 이렇게 마음이 편하지? 이렇게 마음이 편해도 되는 건가? 너무너무 마음이 편하니 오히려 이상하네"라고 말하면서 환히 웃는 그녀의 해 맑은 모습은 천상궁전의 천황태제님 공주와 너무나 똑같았다.

# 제3부
# 훌륭한 나라조상님

위대한 하늘을 감동시킨 나라조상님들 |
우리의 원과 한은 나라조상님들의 원과 한이었다 |
천상궁전과 나라궁전 인간궁전! |
인생의 고통은 행복의 근원이어라

## 위대한 하늘을 감동시킨 나라조상님들

환인, 환웅, 단군 72위 나라조상님들의 간절한 바람은 하늘, 땅, 인간을 창조하신 대우주 천지인 창조주 태상천존 자미 천황태제님을 이 땅에 세우는 일이었다.

나라조상님들께서는 살아서나 죽어서나 한결같은 마음으로 대한민국 이 나라가 잘 되기를 바라고 또 바라고 계셨다. 나라조상님들께서는 우리 산 자손들이 지은 죄를 대신하여 손수 본인들의 죄라 하시며 항상 우리 모두를 보호하고 지켜주시고자 애쓰셨다.

나라조상님들의 애끓는 나라 사랑과 백성 사랑의 마음은 하늘을 감동시킴에 부족함이 없었다. 수천 년의 세월 동안 나라조상님들께서는 그 위대하신 하늘을 이 땅, 대한민국에 세우시고자 피나는 노력과 헌신의 노력을 하셨다.

나라조상님들께서는 우리 대한민국을 건국하시고 대한민국 자손을 낳으시어 대한민국 이 나라를 창성시키시어 우리 대한민국 국민들 모두를 이 땅에 살게 해주신 주인공들이시다.

우리 대한민국 자손들의 탄생. 어느 날 갑자기 하늘에서 뚝 떨어진 것이 아니다. 또한 어느 날 갑자기 땅속에서 솟아오른 것도 아니다. 우리에게는 엄연한 뿌리가 있다. 우리의 훌륭한 뿌리는 나라조상님들이셨고 우리 모두는 나라조상님들의 뿌리에서 나온 열매들이다.

하찮은 미물조차도 출생의 뿌리가 있건만, 우리 대한민국 국민들이 뿌리가 없다면 세계적으로 그 얼마나 창피한 일이던가? 그 뿌리조차도 몰라보고 뿌리의 존귀함과 고마움도 몰라보고 살아온 우리 대한민국의 자손들.

나라조상님 모두에게 그 얼마나 불효였단 말인가? 하지만 훌륭하신 나라조상님들께서는 이를 개의치 않으시고 대한민국을 지켜주시고자 피나는 노력을 하시면서 인고의 세월을 보내셨다. 심지어 우리 모두가 잠든 깊은 밤 시간에도 우리를 지켜주시고자 하늘 천황태제님 전에 우리 모두의 행복과 건강을 우리 모두를 대신하여 기원하여 주시며 눈물 어린 충성을 하고 또 하셨다.

　나라조상님들 정말 감사합니다. 그 깊은 은공을 몰라보고 산 우리들이 잘나서 잘 먹고 잘사는 줄 알았는데, 그 깊은 사랑이 숨어 있는 줄 어느 누가 감히 알았겠습니까? 우리는 지금까지 나라조상님들의 피맺힌 눈물을 먹고 자랐었군요. 부모가 자손에게 끝없이 주는 사랑의 마음. 이 마음이 바로 나라조상님들께서 우리 모두를 사랑하시는 마음이셨습니까?

　나라조상님들께서는 우리를 살리시고자 그 위대하신 하늘! 태상천존 자미 천황태제님 전에 빌고 또 비시어 다른 나라가 아닌 우리 동방 땅! 대한민국으로 하강 강림하여 주실 것을 수천 년의 세월 동안 원하고 바라셨다.

　나라조상님들께서 그 긴 세월 동안 하늘 천황태제님 전에 충성에 충성을 하셨는가 하면?

　첫째는 힘든 삶에 지친 대한민국 자손 모두에게 하늘의 부모를 찾아주어 위대한 하늘의 보호를 받게 함으로써 인생사 근심걱정 없이 모두가 행복하게 잘 살았으면 하는 자식 사랑의 마음과 쓰러져 가는 이 나라가 천황태제님의 전지전능하신 대 능력으로 다시 우뚝 서 세계만방으로 이름을 떨치었으면 하는 나라 사랑의 마음이셨다.

　둘째는 이미 오래전에 이 세상을 떠났으나 아직까지 천상세계에 오르지 못하고 허공중천 구천세계를 떠돌고 있는 불쌍한 내 나라조상님 영혼들을 모두 구원해 그 영혼들 모두가 아픔 고통 없이 행복하였으면 하는 영가 사랑의 마음이셨다.

　나라조상님들께서는 많은 수행, 많은 고통의 시간을 통하여 우리 산 사람들로서는 감히 알 수조차도 없었던, 우리 살아있는 모든 영혼과 이미 이 세상을 떠난 그 모든 영혼들을 창조하신 분은 일반인이 알고 있는 기독교의 하나님이 아니라 하늘인 천황태제님이셨음을 수천 년의 세월을 통하여 알게 되셨다.

"씨를 뿌린 자가 열매를 거둘 수 있다" 하였듯이 영혼을 만드신 분께서만이 그 영혼을 구원해 주실 수 있다는 하늘의 깊은 이치를 깨달으셨다.

이 깨달음을 통하여 한 가정의 조상님이 구원받음으로써 그 가정의 자손이 구원받아 편안해질 수 있다는 하늘의 진실도 알게 되었다.

한 가정의 구원은 너와 나의 구원으로 이어지고, 너와 나의 구원은 우리 모두의 구원으로 이어지고, 우리 모두의 구원은 국가 구원으로 이어지고, 국가 구원은 국가 부흥으로 직결됨도 알게 되었다.

많은 세월 동안 후손들로부터 냉대를 받아왔으나 그 섭섭한 마음을 모두 잊으시고 사랑의 깨달음을 통하여 깨닫지 못한 산 자손들과 후손 영가들을 구원의 길로 안내하시고자 마음의 문을 활짝 열기로 합의 합심 동참하시었다.

그동안 후손들이 각종 종교에 세뇌되어 홀대한 생각을 하면 미움이 앞서지만, 사후 영혼세계의 아픔을 뼈저리게 체험하신 나라조상님들께서는 미우나 고우나 당신들이 모두 뿌린 씨앗(자손)들에게 상처받은 마음을 감추시고, 후손 영가들에게 하루빨리 천상궁전 자미천궁으로 올라가서 행복하라고 조상님 세계에 전하느라 여념이 없으시다.

하늘과 조상님, 산 사람 모두가 기쁘고 행복해지는 지름길은 조상님 영가입천의식이다. 영가입천의식을 윤허해 주실 분은 우주에 단 한 분 하늘(천황태제님)뿐이시고, 이 의식을 행해 주는 곳은 자미국 자미천궁 단 한 곳 뿐이다.

이 모든 진실을 나라조상님들께서는 모두 알게 되셨기에 72위 나라조상님들께서는 이 뜻을 지상과 영혼세계에 전하여 이제는 백성과 나라를 부흥시키고 잃어버린 옛 영토를 되찾고자 하신다.

72위 나라조상님들은 우주의 천황태제님을 이 땅에 강림시키신 1등 공신들이시다. 1등 공신들이신 훌륭한 나라조상님들을 이제 더 이상은 종교화 또는 단체화시켜서는 안 된다.

우리 모두가 종교의 중심이 될 수 없듯이 72위 나라조상님들과 개인들의 조상님들도 종교의 중심이 될 수 없다. 나라조상님들은 우리들에게 종교의 대상이 아니시며, 우리 후손들이 이 땅에서 살 수 있도록 우리 모두를 낳아 주시고 정성과 사랑으로 우리 모두를 길러주신 육신의 아버지, 어머니이다.

우리 모두는 이젠 각자 육신의 어버이이신 자신의 조상님과 영혼의 어버이이신 천황태제님께 정중히 고개를 숙여 예의를 갖추어야 한다. 조상님들이 계셨기에 현재의 내가 있거늘 그 부모님의 사랑과 은혜를 몰라보고 부모님이 죽었다고 부모조상님, 형제조상님에게 사탄이니 마귀니 한다면 인간의 도리, 자손의 도리가 아니다.

'입장 바꿔 생각해 봐'라는 말이 있듯이, 자신들이 죽었을 때 자식들이 본인들에게 사탄마귀라고 한다면 그 말을 들은 본인들 각자의 마음은 과연 어떠하겠는가?

감히 있을 수 없는 일이다. '있을 때 잘해, 후회하지 말고'라는 말이 있듯이, 우리의 삶이 장구한 것 같지만 눈 깜짝할 사이다. 우리의 육신이 살아있음에 감사하며 인간의 육신이 살아있을 때 인간의 도리, 자손의 도리를 충실히 하여 사후세계에 갔을 때 하늘과 조상님 전에 부끄럽지 아니하고, 자랑스러운 자손이 되고자 인간의 육신으로 있을 때 최선을 다 하여야 한다.

인간의 육신으로 머무는 동안 본인들 스스로가 하늘과 조상님 전에 불효만 하였다면 사후세계에 가서 그 많은 죄들을 과연 무엇으로 씻을 수 있을지 깊이 생각하고 각자 살아온 인생을 다시 반성해 보아 자신들이 지은 죄는 살아서 모두 용서를 받고 이 세상 정리하기를 나라조상님 모두는 간절히 원하고 바라신다.

## 우리의 원과 한은 나라조상님들의 원과 한이었다

이 나라를 태초 이래 최초로 러시아의 바이칼 호수 근처에 세우신 초대 환인천제 1세. 우리 모두의 조상님이자 우리 모두의 원 뿌리이신 안파견 조상님의 한 맺힌 말씀이 있으셨다.

"천손민족인 한민족이 부끄러워 감히 하늘을 대할 수가 없구나. 이 나라를 내가 어찌 세웠는데 후손들은 그 공도 몰라보고 자신들의 영욕만 추구하며 가난과 불행만 탓하고 있단 말인가?

너희들의 뿌리인 내가 사후세계에서 너희들로 인하여 가슴이 너무 아파 원과 한이 사무쳤건만, 찾아주는 자손 하나 없고 잘 있는지조차 물어봐 주는 자손이 없으니 하늘이 노할 일이고 땅이 노할 일이로다.

잘 들어라.

너희들의 뿌리인 내가 아프도다. 뿌리인 내가 아픈데 열매인 너희들이 잘될 줄 알았느냐? 너희들 인생의 아픔과 고통은 나의 아픔과 고통이었고, 나의 한숨이었느니라.

너희들이 잘 살기를 바란다면 뿌리를 찾아라. 뿌리를 못 찾으니 각자의 인생들이 허공에 뜬 인생들이지. 허공에 뜬 인생들이니 불안하고 답답하고 서글프고 무섭지?

이제부터는 육신의 뿌리(조상님)를 제대로 찾고 영혼의 뿌리(하늘)를 제대로 찾아 허공에 뜬 불쌍한 인생들 살지 말고, 안락하고 포근한 하늘의 보금자리 찾아 영원히 정착할 영원의 안식처를 찾도록 하여라" 하시는 자식 사랑하는 절규의 말씀이 있으셨다.

나라를 세운 개국시조 72위 나라조상님들을 찾아주는 자손들이 없음에 섭섭해 하시며 울부짖고 계시건만 이 뜻을 아는지 모르는지 산 자손들은 제 앞가림들만 하고 있다.

하늘의 명을 받고 인간세계 내려와 거대한 영토를 마련해 놓았건만 그것을 제대로 지키지도 못하여 한반도를 반 토막 만들어 놓았으니 이내 마음 슬프고도 슬프도다. 거대한 12환국을 세워 너희들에게 물려주었건만 이를 지키지도 못하고 남의 나라에 빼앗기고 비참하게 살아가는 나의 백성들이 가엽구나.

조상님을 몰라보는 너희들은 정녕코 어디서 온 자손들인가? 또한 조상님의 존재를 무시하는 너희들은 누구의 피를 받아 이 땅에 탄생하였던가? 각자의 진짜 조상님들은 모두 갖다 버리고 남의 조상님(종교의 교주가 된 석가, 예수, 상제, 공자, 노자, 마호메트, 성모 마리아 등등)을 수입해 복 달라고 빌고 있으니, 참으로 답답하고도 한심한 노릇이로다.

너희들 눈에는 우리들 육신이 죽었다고 영혼도 죽어 아무런 능력도, 아무런 생각도 없는 하나의 귀신으로 보이더냐? 너희들 눈에 내가 하나의 귀신으로 보였다면 내 눈에는 하늘도 몰라보고, 조상님도 몰라보는 너희들 각자가 귀신으로 보이니라.

인간으로서는 도저히 할 수 없는 일들을 모두 행하고들 있으니 이 죄들을 도대체 어떻게 할 것이며 지은 죄들을 어떻게 수습들을 하려고 하는 것인가?

철부지 자손들아! 제발 이제라도 정신들 차려라. 너희들에게 육신을 준 어버이는 석가, 예수, 공자, 노자가 아닌 바로 우리들이고 각자의 시조 조상님들이니라. 또한 너희 영혼의 어버이도 석가, 예수, 공자, 노자가 아닌 하늘의 '태상천존 자미 천황태제님'이시다.

부모와 자식 간의 인연은 너희들이 바꾸고 싶다고 하여 너희들 마음대로 바꿀 수 없다. 천륜은 하늘도 못 바꾸고 하늘도 못 막는다 하였거늘 너희들이 감히 천륜에 역행한다면 그것은 천벌을 받을 일이고 살아서도 죽어서도 용서받지 못할 일이거늘, 너희들 스스로가 인간 육신의 조상님을 바꾸고 영혼의 주인인 하늘을 바꾸고들 있으니 하늘이 통탄할 일이고, 조상님들이 통탄할 일이로다.

또한 살아있는 너희 모두가 통탄할 일이로다. 사랑하는 나의 천손의 후예들이여! 이제는 정신들 차려서 위대하신 하늘 천황태제님의 백성으로 다시 태어나 근심걱정 없이 행복하게들 살아야지. 언제까지 하늘의 진노로 아파들 할 것인가?

어서들 잃어버렸던 올바른 정신들 찾아와 진실 앞에 굴복해야 이 나라를 살릴 수 있지" 하시면서 오늘도 하늘에서 통곡하고 계신다.

위대하신 개국시조 72위 나라조상님들을 독자 여러분의 이해를 돕고자 설명해 드린다.

환인천제 7분, 환웅천황 18분, 단군천황 47분을 합해서 모두 72분이 우리나라를 세우시고 다스리신 통치자 제왕諸王들이시다. 단군 할아버지를 시조로 알고 있으나 이는 잘못된 역사이다.

단군 할아버지부터 역사를 논한다면 5천 년의 역사이고, 환인천제 할아버지부터 한민족의 시원을 계산하면 1만 년에 가까운 장구한 역사를 가진 자랑스러운 민족이다.

그런데 왜 스스로 5천 년의 역사로 줄인단 말인가? 9206년 전에 나라를 세운 우리의 훌륭한 나라조상님들이 계시건만 이를 잊은 채, 어느 조상님들의 핏줄인지도 모르고 살아가고 있으나, 우리 모두는 72위 나라조상님들의 핏줄을 이어받고 이 땅에 태어난 천손의 후손들이다.

상기하자! 위대한 천손의 후예들이여!

우리 조상님들의 영광스런 태고의 역사를 바로 알리고 세계 인류를 영도하는 천손의 민족으로 거듭 태어나자. 아직도 단군 할아버지가 누구인 줄 모르기에 한 분만 계신 줄 알고 살아가는 불행한 민족이다.

이는 일본과 외래 종교가 유입되면서 나라조상님의 거대한 역사를 왜곡하거나 종교화를 막기 위해 신화神話라고 모든 종교가 정신을 세뇌 교육시켜 왔기 때문이다.

아래는 우리나라를 최초로 건국하신 훌륭한 나라조상님들로 역대 제왕을 지내신 분들이시며, 장차 하늘의 명을 각기 받으시어 72위 신명으로 다시 인간세계에 내려오실 훌륭한 나라조상님들이시다.

## ▮7世 환인桓因천제의 계보

| | | |
|---|---|---|
| 제 1세 | 안파견安巴堅 | 환인천제 |
| 제 2세 | 혁 서赫 胥 | 환인천제 |
| 제 3세 | 고시리古是利 | 환인천제 |
| 제 4세 | 주우양朱于襄 | 환인천제 |
| 제 5세 | 석제임釋堤壬 | 환인천제 |
| 제 6세 | 구을리邱乙利 | 환인천제 |
| 제 7세 | 지위리智爲利 | 환인천제 |

## ▮18世 환웅桓雄천황의 계보

| | | |
|---|---|---|
| 제 1세 | 거발한 | 환웅천황 |
| 제 2세 | 거불리 | 환웅천황 |
| 제 3세 | 우야고 | 환웅천황 |
| 제 4세 | 모사라 | 환웅천황 |
| 제 5세 | 태우의 | 환웅천황 |
| 제 6세 | 다의발 | 환웅천황 |
| 제 7세 | 거 련 | 환웅천황 |
| 제 8세 | 안부련 | 환웅천황 |
| 제 9세 | 양 운 | 환웅천황 |
| 제10세 | 갈 고 | 환웅천황 |
| 제11세 | 거야발 | 환웅천황 |
| 제12세 | 주무신 | 환웅천황 |
| 제13세 | 사와라 | 환웅천황 |
| 제14세 | 치 우 | 환웅천황 |
| 제15세 | 치액특 | 환웅천황 |
| 제16세 | 축다리 | 환웅천황 |
| 제17세 | 혁다세 | 환웅천황 |
| 제18세 | 거불단 | 환웅천황 |

# 47世 단군檀君천황의 계보

| | | |
|---|---|---|
| 제 1세 | 왕 검 | 단군천황 |
| 제 2세 | 부 루 | 단군천황 |
| 제 3세 | 가 륵 | 단군천황 |
| 제 4세 | 오사구 | 단군천황 |
| 제 5세 | 구 을 | 단군천황 |
| 제 6세 | 달 문 | 단군천황 |
| 제 7세 | 한 율 | 단군천황 |
| 제 8세 | 우서한 | 단군천황 |
| 제 9세 | 아 슬 | 단군천황 |
| 제10세 | 노 을 | 단군천황 |
| 제11세 | 도 해 | 단군천황 |
| 제12세 | 아 한 | 단군천황 |
| 제13세 | 흘 달 | 단군천황 |
| 제14세 | 고 불 | 단군천황 |
| 제15세 | 대 음 | 단군천황 |
| 제16세 | 위 나 | 단군천황 |
| 제17세 | 여 을 | 단군천황 |
| 제18세 | 동 엄 | 단군천황 |
| 제19세 | 구모소 | 단군천황 |
| 제20세 | 고 홀 | 단군천황 |
| 제21세 | 소 태 | 단군천황 |
| 제22세 | 색불루 | 단군천황 |
| 제23세 | 아 홀 | 단군천황 |
| 제24세 | 연 나 | 단군천황 |
| 제25세 | 솔 나 | 단군천황 |
| 제26세 | 추 로 | 단군천황 |
| 제27세 | 두 밀 | 단군천황 |

| | | |
|---|---|---|
| 제28세 | 해 모 | 단군천황 |
| 제29세 | 마 휴 | 단군천황 |
| 제30세 | 내 휴 | 단군천황 |
| 제31세 | 등 올 | 단군천황 |
| 제32세 | 추 밀 | 단군천황 |
| 제33세 | 감 물 | 단군천황 |
| 제34세 | 오루문 | 단군천황 |
| 제35세 | 사 벌 | 단군천황 |
| 제36세 | 매 륵 | 단군천황 |
| 제37세 | 마 물 | 단군천황 |
| 제38세 | 다 물 | 단군천황 |
| 제39세 | 두 흘 | 단군천황 |
| 제40세 | 달 음 | 단군천황 |
| 제41세 | 음 차 | 단군천황 |
| 제42세 | 을우지 | 단군천황 |
| 제43세 | 물 리 | 단군천황 |
| 제44세 | 구 물 | 단군천황 |
| 제45세 | 여 루 | 단군천황 |
| 제46세 | 보 을 | 단군천황 |
| 제47세 | 고열가 | 단군천황 |

　가정의 구심점은 가장인 아버지이고, 가문의 구심점은 선대조상님이며, 회사의 구심점은 회장이다. 또한 나라의 구심점은 대통령이지만 그러나 이상하다. 민족의 구심점은 없다. 도대체 어떻게 된 것일까?
　작은 가정에도 가문에도 회사에도 나라에도 구심점이 있건만, 또한 구심점이 있어야 가정도 가문도 회사도 나라도 질서 있게 유지되건만, 민족의 구심점이 바로 서지 않은 채 어떻게 하나의 나라가 질서 있게 발전하기를 바라고 있는 것인가?

이제 우리 모두는 민족의 구심점을 바로 세워야 한다. 전 세계인들 인류의 구심점이 되실, 우리 영혼을 보내주신 영혼의 주인이신 천황태제님과 한민족의 영원한 구심점이 되실 개국시조 72위 나라조상님들이시다.

환인천제 7분은 나라의 태시조 조상님이시고, 환웅천황 18분은 나라의 중시조 조상님이시고, 단군천황 47분은 나라의 시조 조상님이시다. 독자 여러분의 각자 조상님들이 종교일 수 없듯이, 나라의 72위 조상님들 역시도 종교가 아니시기에 종교화가 될 수 없고, 또한 그리 되어서도 안 된다.

순수한 우리나라를 최초로 세우신 한민족 모두에게 감사한 조상님들이시다.

수많은 단체들이 72위 나라조상님들을 앞세워 종교화로 시도하려고 하나 그것은 위험천만한 발상이고, 하늘에서나 72위 조상님들 모두가 원치 않으시기에 그 단체들이 번창하지 못하고 있는 것이다.

이분들의 절대적인 목표는 종교가 아닌 조상님으로서 떳떳하게 후손들로부터 대우받고 싶으신 것이며, 천손민족임을 일깨워 세계 인류를 호령하는 하늘 천황태제님의 훌륭한 백성으로 거듭 태어나 자손들 모두가 고통 없이 잘 살았으면 하는 것이 이분들의 진정한 뜻이다.

이분들의 관명은 모두가 최고 높은 칭호였다. 환인천제님은 하늘의 임금을 상징하는 천제天帝, 환웅과 단군님은 하늘의 황제를 상징하는 천황天皇이었다.

즉, 이분들은 한민족이 장차 세계를 지배 통치할 하늘의 백성(천손)이 되리라는 것을 이미 알고 있었고, 그 숨은 진실을 관명官名을 통하여 우리 모두에게 가르쳐 주고 있었던 것이다.

하늘의 허락이 없으셨다면 감히 그런 관명을 사용하지 못하였을 것이고, 하늘의 허락 없이 인간 마음대로 사용하였다면 왕조는 일찍 무너져 역사 속으로 사라졌을 것이다.

천손이란 '하늘(천황태제님)의 아들딸'을 상징하므로 한민족은 위대한 하늘이 내리신 귀한 민족이다. 하지만 우리 모두는 그 위대한 하늘의 진실, 조상님들의 진실, 우리 한 민족의 존귀성, 개인 각자의 존귀성을 망각한 채 인생 자체를 힘들고 아프게 살아왔고 살아가고 있다.

모든 것은 때가 되면 진실이 밝혀지게 되어 있고, 모든 것은 때가 되면 원래대로 돌아가게 되어 있다. 이제 우리 한민족 모두는 참 하늘이신 대우주의 천황태제님을 찾고, 우리들의 뿌리(나라조상님과 개인 각자의 조상님)를 찾아 인간의 도리, 자손의 도리를 다하여야 태고의 옛 영토도 되찾을 수 있을 것이다.

또한 각자 인생의 잃어버렸던 행복 웃음도 되찾을 수 있을 것이다. 우주의 천황태제님께서는 72위의 나라조상님들과 우리들을 창조하여 이 땅에 살게 해주신 우리 모두의 영혼의 주인공이셨다. 하지만 우리 모두는 영혼의 주인을 몰라보고 지금까지 살아왔다.

천지만물의 모든 것.

주인이 없는 것 같지만 모든 것에는 엄연히 주인이 존재하고 있다. 집도 주인이 있고, 회사에도 주인이 있고, 차에도 주인이 있고, 하찮은 동물도 주인이 있다. 크든 작든 모든 것에는 주인이 있기 마련인데 이를 몰라보고 내 것이 아닌데 남의 것을 가지게 되면 도둑이나 사기죄로 몰리게 되고 간통죄에 걸려 감옥에 가게 된다.

내 집이 아닌 남의 집에 주인 허락 없이 내 맘대로 들어가게 되면 무단침입 죄, 도둑으로 몰려 경찰이나 감옥에 가서 큰 죄는 큰 죄대로, 작은 죄는 작은 죄대로 죄의 대가를 치러야 된다.

이것이 인간사의 법칙이거늘 우리 사람에게 영혼을 주신 영혼의 주인(하늘)을 몰라본 우리들의 죄. 우리 사람에게 육신을 주신 육신의 주인(조상님)을 몰라본 우리들의 죄.

이 죄들은 과연 무슨 죄에 해당되고, 하늘과 조상님들께서는 이런 우리 사람과 자손들에게 어떤 처벌을 내리실지 생각들을 해보셨는지 궁금하다.

우리 각자의 인생이 아프고 힘든 것은 인간들이 말하고 인간들이 알고 있는 '운이 없어서'가 아니요, '재수가 없어서'도 아니요, '때가 안 되어서'도 아니요, '타고난 팔자라서'도 아니다.

이는 하늘을 몰라보고, 조상님을 몰라본 각자의 죄에 대하여 하늘이 심판하고, 조상님들이 심판하여 본인들이 행한 것에 대한 복은 복대로, 죄는 죄대로 받고 있는 것이다.

각자들 인생사에 일어나고 있는 고통과 불행, 슬픔이 바로 전생과 현생에서 지은 죄의 대가를 지금 받고 있는 중이다. 그렇기 때문에 본인들의 인생과 가정이 마음먹은 대로 되질 않는다고 남을 탓할 필요 없이 하늘과 조상님을 몰라본 각자들의 죄이니 각자들의 죄를 자미국에 들어와서 하늘과 자신의 조상님들께 빌어서 용서를 받아야 한다.

이제 우리 모두는 각자의 육신의 주인을 찾고 영혼의 주인을 찾아, 본인들 스스로가 인생의 주인공이 되어야 한다. 언제까지 본인들 인생을 세상에 맡기고, 주위 사람들에게 맡긴 채 방관할 것인가?

각자의 소중한 인생. 구경꾼 인생이 아닌, 관람객 인생이 아닌, 주인공 인생이 되어야 하지 않는가? 드라마나 영화를 보면 수많은 위험의 장면과 목숨을 잃을 것 같은 아슬아슬한 장면이 많이 있지만 주인공은 항상 극적으로 살아남게 된다.

또한 수많은 고통의 굴레 속에서도 진실하게 착하게 올바르게 사는 사람들은 처음에는 그 어느 누구보다도 고통과 시련이 많지만 결국에는 성공의 열쇠를 거머쥐고 활짝 웃게 되는 것이 주인공들의 삶이다.

이와 같이 주인공과 엑스트라의 삶은 틀리다. 또한 주인공과 엑스트라의 역할 분담도 틀리다. 우리 모두는 엑스트라의 인생이 아닌 주인공의 삶을 살아야 한다. 뿌리 없는 나무와 꽃은 작은 바람에도 지탱을 하지 못하고 쓰러져 죽게 된다.

하지만 뿌리가 튼튼한 나무는 큰 강풍에도 아랑곳하지 않는다. 주인공과 엑스트라, 뿌리가 튼튼한 나무와 뿌리가 없는 나무. 이것이 바로 우리네의 삶이다.

본인들 각자는 어떠한 삶을 원하고 어떠한 삶을 추구하는가? 인생을 값지게 주인공의 인생을 살고 싶은 자들은 이젠 하늘 원망, 조상님 원망, 본인들 팔자타령이 아닌 잃어버렸던 각자의 하늘과 땅의 본 뿌리를 하루빨리 찾아야 한다.

본인들 인생의 주인은 석가, 예수, 상제, 성모, 하나님, 공자, 노자가 아닌 천황태제님과 나라 조상님 그리고 각자의 조상님들이시고, 본인들 인생의 흥망성쇠의 열쇠는 본인들의 노력이 아닌 하늘의 도움, 나라조상님들의 도움, 각자 조상님들의 도움에 달려있다.

이제 본론으로 들어가 72위의 나라조상님들은 살아서나 죽어서나 훌륭한 분들이시다. 그 위대한 하늘을 이 땅으로 하강하시게 하였으니 그 위대한 하늘께서 다른 나라로 하강 강림하실 수도 있었지만 72위 나라조상님들이 우주의 천지 주인이신 천황태제님께 오랜 세월 일심의 마음으로 눈물어린 충성에 충성을 하시면서 진심 어린 마음으로 빌고 또 빌어 한반도를 선택하시게끔 큰 공로를 세우셨다.

나라조상님들의 보이지 않는 나라백성 사랑의 일심된 마음. 그 위대한 하늘께서도 나라조상님들이 자손들을 사랑하는 그 마음에 감동에 감동을 하시게 되었다.

2007년 5월 6일 입하 날. 그 위대한 하늘! 대우주 창조주 태상천존 자미천황태제님께서 백성, 천인들과 나라조상님들의 축하를 받으시며 남자 저자(인황)의 몸을 빌려 공식 하강 강림하시어 성대히 즉위식까지 거행하시었다.

한민족을 부강한 나라로 만드시려고, 나라의 백성을 살리시고자 하늘을 강림시키신 나라의 72위 개국시조 나라조상님들과 자미국을 통하여 천황님의 나라 천상궁전으로 이미 입천 되신 모든 조상님들께 진정으로 감사드리며 그 공로를 높이 치하하는 바이다.

그동안 쌓이고 쌓였던 대한민국 자손들의 원과 한을 이제는 하늘의 도움, 나라조상님의 도움으로 차례대로 순서대로 풀 수 있으리라 본다. 또한 나라조상님들의 그 공로에 보답고자 2007년 5월 20일 오후 3시에 나라조상님들을 청배하여 감사의 제를 올렸다.

이날에는 72위 나라조상님 중 초대 환웅님이신 거발한 조상님께서 하늘 천황태제님의 명을 받으시어 제1위 신명으로 하강하시었다. 이제 나머지 71위 나라조상님들도 새로운 후손의 몸을 빌려 신명으로 하늘의 명을 받으시어 차례대로 내려오시어 이 나라와 이 백성들을 살리고자 준비 중이다.

어느 자손들이 71위의 신명으로 하늘의 명을 받아 탄생할지 당사자 또한 영광스런 일이 될 것이라 본다. 자미국에는 이미 나라조상님 제단 중앙에 환인천제 7위 신위를 중심으로 좌측에 환웅천황 18위 신위, 역대제왕신위, 각성시조 조상님신위, 호국장군 일체신위, 호국대사 일체신위와 우측에는 단군천황 47위 신위, 애국지사 일체신위, 충의열사 일체신위, 호국영령 일체신위를 모시고 있다.

이 모든 분들은 2005년 12월에 천상궁전 자미천궁으로 모두 입천의식을 통하여 올라가시었다. 이제 우리 모두는 똘똘 합쳐 강해짐으로써 세계 인류를 지배 통치하며 다스려야 한다. 그래야 천손민족의 위상이 정립되고 나라조상님들의 원과 한, 우리 살아있는 자들의 원과 한이 동시에 풀어진다.

천손민족이여! 하늘과 땅의 본 뿌리를 중심으로 뭉치고 이분들을 세우고 세계를 지배 통치할 자미국을 위대하게 이 땅에 펼치자! 훌륭한 나라조상님들의 공덕을 하늘이 치하하시고 계신다! 신의 종주국으로 새롭게 태어날 천손민족!

세계를 호령하며 인류 모두를 굴복시키는데 앞장서실 위대한 나라조상님들! 나라조상님들이 아니 계셨다면 감히 하늘 천황태제님을 이 땅에 강림시키시지 못했을 것이다.

민족의 구심점으로 72위 나라조상님들께서 모두 신의 자리에 오르시고, 인류의 구심점으로 삼라만상과 우리 인류 모두를 창조하신 영혼의 어버이 천황태제님께서 이 땅에 서시었다.

이제 새로운 동방 땅에서 인류 역사가 새롭게 시작되고 있다. 세상 모든 종교가 이제 서서히 문을 닫게 되고, 오직 하늘의 주인만이 세상에 우뚝 서게 될 것이다. 자랑스러운 한민족이 하늘 천황태제님의 아들딸인 천손의 후예로 새롭게 다시 태어나서 세계 인류를 지배 통치하여 영도하리라. 이제 모든 가난을 물리치고 천손의 후예들이 근심걱정 없이 부귀영화를 누리며 살아가리라.

오랜 노력 끝에 하늘을 강림시키시어 세계 인류를 다스릴 자미국을 세우는데 동참하고 계신 72위의 나라조상님들과 각 성씨 모든 시조 조상님들께 고마움을 표시한다.

감사합니다. 수고 많으셨습니다. 모든 나라조상님들이시여! 이젠 울지 마십시오. 이젠 서러워 마십시오. 이젠 기뻐하십시오. 이젠 후손들이 하늘을 강림시키신 나라조상님들의 공로를 인정하고 훌륭히 지극정성으로 받들게 될 것입니다.

그동안 알아주는 후손들이 없어 얼마나 외로우셨습니까? 그러나 이제 천손들이 있지 않습니까? 그 원과 한을 나라조상님들의 후손인 자미국 천인과 백성들 모두가 힘을 모아 모두 풀어 드리겠습니다.

위대한 나라조상님!

그동안 고생 너무 많으셨습니다. 하늘을 강림시키신 그 은혜 어찌 잊을 수 있겠습니까? 후히 예우하며 나라의 만 백성들이 받들겠나이다. 하늘의 천황태제님께서 이 땅에 강림하시어 즉위식을 거행해 하늘의 원과 한을 조금이라도 풀었으니, 이제는 나라조상님들도 모든 원과 한을 풀고 편히 지내시기 바랍니다.

하늘을 강림시키시어 한반도를 인류의 구심점으로 세우신 그 높은 공로를 하늘이 알고 계십니다. 하늘의 천황태제님께서 나라조상님들께 장하다, 고맙다 하십니다. 이제 힘내시고 이 나라의 후손들을 올바른 길 자미국으로 이끌어 주십시오.

각 성씨의 시조 조상님들이시여! 하늘궁전 천상궁전 자미천궁에 오르시어 천황태제님의 훌륭한 백성이 되신 것 축하드립니다. 여러 각 성씨 시조 조상님들의 공로가 있었기에 위대하시고 천지만물을 창조하신 하늘께서 이 땅에 내려오실 수 있었습니다.

살아생전에는 하늘이 어디 있는 줄도 모르고, 죽으면 모든 것이 끝나는 줄 알았는데 이제야 그 하늘의 진실을 깨달으시게 되었으니 천만다행입니다. 이제는 천상궁전 자미천궁이 존재함을 깨달으셨으니 후손들도 책을 통하여 아직 천계에 오르지 못한 원과 한이 많은 각 성씨의 모든 조상님들께 구천세계에서 떠돌지 말고, 자손들을 앞세워 자미국을 통해 구원받을 수 있도록 메시지를 전해 주시기 바랍니다.

하늘의 대우주 창조주께서 '태상천존 자미 천황태제님'이라는 새 옷을 입으시고 공식 하강 강림하심을 기점으로 해서 72위의 나라조상님들과 각 성씨 시조 조상님들이 삼라만상을 창조하신 하늘의 천황태제님을 모실 자미국 궁전을 지상에 건립하시려고 모두 팔을 걷어붙이셨다.

즉, 하늘의 자미천궁을 지상에 건립해야 천손민족이 세계 인류의 구심점으로 떠오르고, 더불어 나라조상님들도 후손들로부터 새롭게 대우를 받게 되신다.

그동안 관심 밖의 일로 생각되었던 모든 나라조상님들의 궁전이 이제는 국민 모두의 후원성금으로 국가적 차원에서 떳떳이 세워져야 한다. 우리 모두의 나라조상님들을 내팽개쳐버리고, 후손들이 어찌 두 발 뻗고 잘 수 있으랴. 거처할 곳 없이 정처 없이 떠도는 신세가 되신 불쌍한 나라의 모든 조상님들께 참으로 죄송하였습니다.

그러나 이제는 후손들이 힘을 모아 하늘의 천황태제님과 함께 머무실 지상궁전을 화려하고 웅장하게 이 땅에 세워드려 나라조상님들을 편히 모시겠나이다.

모든 나라조상님! 이제 저희들이 있습니다. 이제는 더 이상 슬퍼하거나 노여워하지 마십시오. 그동안의 노고와 후손들로부터 서러움 당하신 것 모두를 보상해 드리겠습니다.

이제는 후손들이 이 책을 통하여 많이 깨닫게 될 것이라고 봅니다. 힘드셔도 그때까지만 참고 기다려 주십시오. 제가 앞장서서 후손들 모두의 마음을 돌려놓겠나이다.

## 천상궁전과 나라궁전 인간궁전!

　우리의 혼을 잃어버리지 말자.
　누가 뭐라 해도 한민족은 천손天孫의 자손이다. 세계 인류를 지배 통치하여 영도하며 살아가라는 하늘이 내리신 민족인데 어찌해서 내 모든 정신과 혼을 잃어버리고 인생을 종교에 모두 빼앗기고 살아가는지 안타깝다.
　이제 보이지 않는 신을 섬기는 시대는 지나갔다.
　각자가 직접 신인神人, 천인天人이 되는 시대가 도래하였다. 인류의 가장 큰 소망이 무엇인가? 그것은 바로 영생이고, 이 영생을 현실적으로 도래하게 만드실 수 있는 분이 삼라만상을 창조하신 대우주의 천지 주인이신 하늘 천황태제님이시다.
　모든 것은 각자 나의 마음속에 그 신명정기의 비밀이 숨겨져 있음을 찾지 아니하고 살아갈 뿐이다. 우리 몸에는 하늘의 기운이 흐르고 있다는 사실을 깨달아야 한다. 훌륭한 나라조상님과 하늘 천황태제님께서 하강 강림하시었다.
　이젠 부처의 시대, 예수의 시대, 도의 시대, 무속의 시대는 끝났다. 자미국은 하늘 천황태제님의 나라이고, 우리들은 하늘 천황태제님의 후손들이다. 잃어버린 정신과 혼을 어서 되찾아 각자가 누구인지 깨닫고 새로운 하늘의 천상국가를 지상에 세워 다시 출발해야 한다.
　이 책은 나라조상님들의 숨겨졌던 존재를 수많은 백성들에게 알리는 계기가 될 것이다. 하늘의 천권과 천력을 행사하여 세계 인류를 지배 통치하게 해주실 하늘 천황태제님이 동방의 작은 땅에 내려오실 수 있도록 나라조상님들이 큰일을 해내셨다.
　뜻있는 하늘의 자손들이 모여 민족의 굴절되었던 역사를 바로잡고 나라조상님들의 원과 한을 풀어 드려야 한다. 천손민족이여 잠에서 어서 깨어

나라! 한민족의 무서운 결집력을 보여줄 때가 왔노라.

너와 나. 우리 모두가 힘을 합해 하늘께는 천상궁전을 나라조상님께는 나라궁전을 세워 드리자. 나라를 건국하신 72위의 환인, 환웅, 단군과 역대 제왕, 대통령, 장군, 신하, 각 성씨 본관별 시조 조상님 위패를 봉안하여 7천만 민족의 정신적 구심점인 나라궁전을 세워 위대한 천손민족의 뿌리를 찾아 세우자.

환인, 환웅, 단군 72분을 비롯하여 주몽(동명성왕), 광개토대왕, 발해왕 대조영, 선덕여왕, 신라 29대 왕 김춘추, 서산대사, 사명대사, 원효대사, 의상대사, 진묵대사, 무학대사, 문무대왕, 김유신 장군, 대막리지 연개소문, 강이식 장군, 권율 장군, 강감찬 장군, 을지문덕 장군, 곽재우 장군, 최영 장군, 온달 장군, 고려태조 왕건, 조선태조 이성계, 세종대왕, 충무공 이순신 장군, 계백 장군, 도마 안중근 의사, 매헌 윤봉길 의사, 유관순 열사, 도산 안창호 선생, 백범 김구 선생, 철기 이범석 장군, 소파 방정환, 몽양 여운형 선생, 이승만 대통령, 박정희 대통령 등등 이외에도 나라를 빛낸 조상님들은 많다.

나라를 위해 공로를 세운 분이나 목숨을 초개와 같이 던져 나라와 백성들을 구한 의사, 열사, 의인들은 우리 민족의 나라 신으로 봉안하여 모든 백성들이 받들고 참배하여야 한다. 그리하여 숭고한 나라조상님들의 훌륭한 민족정신을 받들어 계승 발전시킴으로써 그 얼을 후손 대대로 전하여 빛나게 하여야 마땅하다.

환인천제님은 BC 7199년경 지금의 시베리아 바이칼 호수 지역에 12환국 桓國을 세우시었고 강역은 남북이 5만 리, 동서가 2만 리로써 거대한 하나의 제국을 세우시었고 하늘에 늘 제사를 지냈던 것으로 알려져 있다.

비리국, 양운국, 구막한국, 구다천국, 일군국, 우루국, 객현한국, 구모액국, 매구여국, 사납아국, 선비이국, 수밀이국 등 12개 국가이다.

하늘에 천상궁전이 있다면 땅에도 당연히 지상궁전이 있어야 음양의 조화가 맞지 않는가?

저자의 논리에 공감하시거나 하늘과 나라조상님 전에 뜻이 있는 독자들께서는 우선 자미국과 인연을 맺으시기 바란다. 나라조상님들도 중요하지만 우선은 독자 여러분과 더 가까운 자신의 직계 조상님들께서 허공중천 구천세계를 떠돌지 않게 구원해 드려야 한다.

자기의 조상님들도 구원하지 못한 사람이 어찌 나라조상님들을 구원할 수 있겠는가? 그것은 사리에 맞지 않는 일이니 우선은 자기 조상님들부터 구원해 드려야 한다.

전국의 많은 백성들의 힘이 결집되었을 때 우리 민족 모두의 나라조상님들 신위를 받들 수 있는 민족정신의 구심점인 나라궁전이 웅장하게 세워질 수 있을 것이다. 나라궁전 건립 후원자 모두는 민족정신의 영웅으로 나라에 귀감이 되어 대한민국이 존재하는 한 모든 국민들로부터 우레와 같은 박수갈채를 자손 대대로 영원히 받을 것이다.

하늘 천황태제님께서 머무실 지상궁전 자미국과 나라조상님들 신위를 모실 나라궁전은 어느 종교단체의 한 종파가 아닌 인류를 지배 통치할 하늘이 세우시는 국가가 될 것이다.

세계 인류와 우리 민족 모두의 정신적 결집체가 되고 영원한 구심점이 될 것이다. 삼라만상 대우주를 창조하신 태상천존 자미 천황태제님은 우주에 한 분이시지만 아직까지 세상 그 어느 누구도 위대하신 하늘의 진정한 존재를 몰랐었다.

종교상 거론되는 하나님, 하늘님, 하나님, 여호와 하나님, 한울님, 한얼님, 한님, 하날님, 상제님, 천제님, 천존님, 천주님 이 모두 분들 거느리고 다스리며 하늘과 땅 인간 모두에게 명을 내리시는 유일무이한 대우주 통치자이시고 천지인 총사령관이시다.

자미국! 이곳은 새로운 종교를 세우고 기존 종교의 이론을 펼치는 곳이 아닌 하늘·신·조상님, 인간의 진정한 진실을 밝히고 진실의 뜻에 순응하여 살아서도 죽어서도 근심걱정 없이 행복하게 살 수 있는 진리의 길을 찾는 곳이다.

우리 모두의 고유 맥이라 할 수 있는 하늘 존경과 조상님 숭배, 인간 근본 도리의 진실과 중요성을 널리 전파하여, 세계 인류와 민족정신의 구심점을 세우고자 한다.

　살아계신 자신의 부모님을 지극정성 봉양하지 않음과 돌아가신 각자의 조상님을 숭배하지 않음은 도리에 맞지 않는다. 이제라도 그동안 소외되었던 나라조상님들과 역대 제왕, 장군, 충신, 열사, 의사, 각 성씨 시조 조상님들 신위를 나라궁전을 건립하여 나라의 호국 신으로 봉안한 후 민족정신의 영원한 구심점으로 세워 드려야 한다.

　7천만 국민정신을 하나로 결집하여 위대한 천손민족의 기상을 드높일 때가 왔다. 나라를 사랑하는 순수한 국민들만이라도 하늘을 모실 지상궁전 자미국과 나라조상님들의 신위를 모실 나라궁전을 건립하는 데 앞장서 주었으면 한다.

　깨달음을 얻은 국민들만이라도 그 세력을 결집하여 우리 고유의 정신문화를 바로 세우고, 하늘 천황태제님의 천권과 천력으로 우리 민족을 지켜야 한다.

　힘이 없는 개인과 국가는 강자에게 지기 마련이다. 수천 년 내려온 우리 겨레의 얼은 우리가 지키고 세워야 한다. 뜻이 있는 독자들께서는 그 힘을 함께 모아 주었으면 한다. 우리는 백의민족이고 천손의 후예들이다. 우리 민족 고유의 정신문명을 지키고 세우려면 국민 모두가 하나로 뭉쳐야 나라궁전을 건립할 수 있다.

　그래서 나라궁전은 민족의 정신적 구심점으로, 지상궁전 자미국은 인류의 구심점으로 세워 세계 인류를 지배 통치하는 위대한 천손민족으로 다시 태어나 이 나라를 살려야 한다.

　위대하신 하늘! 천황태제님께서 자미국이 있는 이 나라를 보호하시기에 세계 어느 국가도 우리나라를 침략하거나 간섭하지 못한다. 모든 외세로부터 민족을 수호하고, 나라정신을 지키는데 공감하거나 지상궁전 자미국과 나라궁전 건립에 적극적으로 동참해 주기를 바란다.

## 인생의 고통은 행복의 근원이어라

　보이지 않고 들리지 않는 하늘의 뜻을 찾아 지상에 하늘을 세우는 일, 나라조상님과 각자 조상님의 원과 한, 그로 인하여 우리 산 사람이 겪을 수밖에 없었던 인생사의 수많은 사연들과 아픔 고통의 정체. 조상님들의 원과 한, 산 사람들의 원과 한, 이 모두의 원과 한을 풀어 조상님과 이 나라 백성들이 잘사는 길을 찾는 길.
　외롭고도 쓸쓸한 긴 여정의 시간이었다. 남들은 모두 깊은 잠자리에 들어 있을 시간이건만 나는 하늘과 조상님들의 뜻을 이 땅의 자손들에게 전하고자 새벽까지 책을 집필하고 있다. 그냥 대충 대충하며 남들처럼 나 하나의 인생성공과 나 하나의 가정만 생각하며 살아도 되련만 하늘과 조상님들께서는 저자가 그렇게 살지 못하게끔 하셨다.
　세상 그 어느 누구와도 정확한 대화가 이루어지지 않아 답답하셨던 하늘과 조상님들은 쉼 없이 저자와 대화의 시간을 원하셨고, 하늘과 조상님들께서는 저자에게 본인들의 대변인이 되어 본인들의 뜻을 세상에 알려주기를 바라고 또 바라셨다.
　한 번 왔다 가는 인생. 남들처럼 평범하게 살다 어느 날 훌쩍 떠나버리면 될 인생. 나는 무엇 때문에? 무슨 부귀영화를 누리려고 이리도 밤을 지새우며 하늘과 조상님들의 뜻을 전하고자 고생을 하고 있는 걸까?
　많은 세월, 많은 의문들이 나 자신을 괴롭게 하였지만, 알고 보니 그것은 다름 아닌 하늘로부터 받은 나의 사명이었고, 조상님들로부터 받은 나의 사명이었다.
　사후세계는 보이지 않고 들리지 않는 세계이기에 많은 사람들은 사후세계에 대하여 아무 생각 없이 아무 의미 없이 하루하루를 보내고 있다. 지금 이 시간도 수많은 영혼들은 절규에 가까운 처절한 외침의 눈물을 이 땅의 자손들에게 보내고 있건만, 이 땅의 자손들은 그분들의 고통을 외면한 채 각자의 인생만 잘 살려 하고들 있다.

죽음의 세계, 모든 것이 끝이 아니다.

죽음의 세계, 새로운 시작을 알리는 하늘의 신호이다. 죽음과 함께 모든 영가들은 영계의 세계에 다시 태어나게 된다. 다시 태어남으로써 모든 영혼들은 영계의 세계에서 아기가 되어 버린다.

이런 사실 자체를 모르는 일반인들은 인생사 내 뜻대로 되지 않아 답답하고 힘이 들면, 절이나 무당집을 찾아가 조상님 천도와 굿을 통하여 본인들 인생의 소원을 이루고자 하지만 인생사 달라지는 것은 하나도 없다.

인간 육신의 옷을 벗는 순간.

죽은 영혼들은 사후세계에 다시 태어나 아기가 되기에 아기가 되어 있는 각자의 조상님들은 자손들을 도울 아무런 힘이 없다. 아기가 되어 있는 각자의 조상님들은 반대로 살아있는 자손들의 힘을 빌려 천상궁전으로 오르고자 학수고대하고 있다. 천도와 굿을 통하여 각자의 조상님들은 소원을 이룰 수 없고, 산 사람들도 소원을 이룰 수 없다.

저자는 많은 아픔과 고통의 시간을 통하여 하늘과 조상님들과의 대화의 시간을 통하여 숨은 진실을 알게 되었고, 이들을 구원할 수 있는 방법도 알게 되었다.

이 설명은 뒷부분에서 더 자세히 할 것이며 본론으로 들어가 이토록 저자가 힘든 고통의 세월을 지나 하늘과 조상님들께 받은 사명의 과정은 참으로 힘들고도 아팠지만 결과와 해법을 찾고 난 지금은 몸도 마음도 이 세상 그 누구보다 편하고 행복하다.

우리 독자들도 이 책을 통하여 인간의 도리, 자손의 도리 또한 각자의 도리를 다하여 앞으로 남은 인생 살아가면서 근심걱정 없이 행복하였으면 하는 것이 저자의 간절한 마음이다.

또한 이 세상의 삶이 다 하여 사후세계로 돌아갈 때 짧은 인생이었지만 뜻있고 부끄럽지 않게 살았음에 흐뭇해 하며 웃으면서 떠날 수 있는 멋진 삶들이 되기를 하늘과 나라조상님 또한 각자의 조상님들과 저자는 간절히 원하고 바란다.

  한숨 쉬고 인생 푸념한다고 인생사 달라지는 것은 하나도 없다. 진정으로 잘 살고자 한다면 인간으로서의 도리를 다하여야 한다.

  본인들 스스로는 하늘과 조상님 전에 아무런 선행도 안 쌓고, 본인들만 잘 되기를 바란다면 살아서도 죽어서도 하늘과 조상님 전에 받을 복은 하나도 없다.

  하늘과 조상님들은 바보가 아니다. 우리가 하루하루 행한 일들을 하늘과 조상님들은 모두 알고 계시고, 우리가 먹은 마음들도 하늘과 조상님들은 모두 다 알고 계신다.

  우리의 모든 것을 다 알고 계시는 위대한 하늘과 조상님께 우리 인간이 대적해 본들 우리 인간은 그분들을 감히 이길 수 없다. 이길 수 없다면 차라리 하늘의 뜻, 조상님들의 뜻에 순응하는 순천자가 되어 하늘의 복, 조상님들의 복을 받아 잘 사는 길을 찾는 현명한 사람이 되었으면 하는 것이 저자의 바람이다.

  하늘과 조상님들의 미움이 아닌 사랑을 받아야 앞으로 각자의 인생, 각자의 가정이 평안해져 각자 모두가 인생의 승리자가 될 수 있다.

  각자들의 인생사에 일어나는 고통과 불행, 슬픔은 하늘과 조상님들이 행복을 주시고자 부르시는 메시지이다. 즉, 인생의 고통과 불행은 각자가 행복해지기 위한 근원인 것이다.

  발등에 급한 불이 떨어져야 행하듯 어떤 심각한 문제가 발생해야만 인간들이 마지막으로 하늘과 조상님을 찾으며 매달리고 굴복한다는 말이다.

# 제4부
# 조상님 영가들의 천상궁전

조상님들을 마귀라 박대하지 마라 | 죽음 이후의 모습들 |
유령(원한 귀신)이 되는 죽음이란! |
세계 최초로 행해지는 조상님 벼슬입천의식 |
이승을 떠나 저승으로 들어가는 영혼들 | 자미국 자미천궁! |
조상님들이 가고 싶은 곳은 천상궁전 | 영혼의 안식처 천상궁전 가려면

## 조상님들을 마귀라 박대하지 마라

얼마 전 인터넷에 올려놓은 글 한 대목을 보았다.

종교에 심취한 네티즌이 올려놓은 것이었는데, 그가 올린 글은 하나님과 예수님 찬양 일색이었고, 각자의 조상님은 사탄마귀이니 제사를 지내지 말자는 내용의 글이었다.

저자는 이번 책을 통하여 독자 여러분에게 하늘·신·조상님들께서 우리 인류에게 내리시는 또 하나의 진실을 만 세상에 전하고자 한다.

종교인들과 세상 사람들아! 그대들은 알고 있는가? 하늘의 참뜻이 바뀌었도다. 세월의 흐름 속에 인간사의 모든 것들도 바뀌었듯이 하늘의 참뜻 또한 바뀌었도다.

바뀐 하늘의 참뜻을 아직도 모르고 인간이 만든 종교의 굴레에 갇혀 인간이 허우적대고 있으니 하늘이 웃을 일이고 구천세계에서 방황하는 만 조상님들이 통곡할 일이도다. 또한 종교의 굴레에 갇혀 만 사람들이 고통의 삶으로 통곡을 하고 있도다.

도리천의 천주요 성주이신 하나님(천상천감). 이분의 아들 예수도 본의 아니게 하늘에 죄인이 되어 있다는 사실을 그대들은 알고 있는가? 예수님께서는 살아생전에 "영혼의 부모님(하나님)만 열심히 찬양하고 육신의 부모들은 사탄마귀이니 조상님에게는 제사 지내지 말고 절을 하지 말라"고 가르쳤기에 현재의 개신교에서는 이 뜻을 받들고 있다.

예수님께서는 죽은 후에 자신의 뜻이 잘못되었음을 아버지 하나님과 할아버지 하나님이신 천황태제님으로부터 전해 듣고 용서를 빌었고, 이에 그의 아버지이신 하나님께서도 자식(예수)을 잘못 가르친 죄로 예수와 함께 죄인이 되어 천황태제님께 용서를 빌고 있다.

또한 본인들로 인하여 자손들에게 박대를 받아온 수많은 영가들에게도 죄인이 되어 영가들의 아우성에 예수님과 하나님은 정신이 없는 상태라 한다.

　태상천존 자미 천황태제님께서는 하늘·땅·해·달·별·불·물·바람·삼라만상을 창조하셨고 또한, 우리 인간을 창조하여 이 땅에 살게 해주신 우리 모두의 영혼의 창조주이시며, 또한 사후세계에 계시는 각자 조상님들의 영혼도 창조하셨으며 예수님·부처님·상제님·하나님도 창조하신 만생만물의 창조주이시며 만생만물의 어버이이시다.

　그러나 예수님께서는 그의 본 어버이(천황태제님)뜻을 무시하였다.

　본 어버이의 뜻을 무시한 그 죄가 어찌 크지 않을 수 있으리오? 또한 사후세계에 있는 영가들도 천황태제님께서 창조하였다 하였거늘 예수님의 이론대로 각자의 조상님이 마귀라면, 그럼 천황태제님께서는 마귀를 창조하였단 말이던가?

　또한 각자의 조상님을 사탄마귀로 여기게 함은 하늘의 창조에 반대함과 진배없는 말이었다. 이 얼마나 무례한 말과 행동들이었던가? 우리 모두도 언젠가는 사후세계로 가야 한다. 그대들 모두는 좋든 싫든, 준비된 예비조상님 예비귀신들이다.

　그대들이 정녕 사후세계로 갔을 때 자손들이 각자들에게 사탄마귀라 할 때 그 말을 듣는 각자들의 마음은 과연 어떠할까? 천황태제님의 진실 앞에서는 더 이상 어떠한 거짓도 어떠한 변명도 통하지 않는다 하였다.

　각자들도 사후세계에서 자손들에게 사탄마귀 취급당하고 싶으면 계속 각자의 조상님들에게 사탄마귀라 하면 된다. 하지만 그대들 역시도 죽은 후에 자손들에게 사탄마귀 취급당한다는 이 사실을 잠시도 잊어서는 안 된다.

　또한 본인들의 조상님을 사탄마귀 취급한 자손들은 죽어서 천황태제님의 궁전 천상궁전에 들어갈 수 없다. 천상궁전은 맑고 깨끗한 영가들이 오를 수 있는 천상의 궁전이다.

　그런 고귀한 궁전에 살아생전 각자의 조상님을 사탄마귀라 취급한 못된 사람들은 한 발짝도 들어갈 수 없다. 천황태제님께서는 그런 영가들을 받아주지 않는다.

살아생전 하늘의 존재를 알고 조상님의 존재를 알고, 하늘의 고마움을 알고, 조상님들의 고마움을 알았던 착하고 예쁜 영가들이 올라갈 수 있는 궁전이 천황태제님의 궁전 천상궁전이다.

어느 누구도 알지 못했던 하늘의 진실이 천황태제님의 말씀을 통하여 자미국 자미천궁에서 하나씩 밝혀짐에 천황태제님께서는 용화세존 미륵존 불님께 '천상도감님'이란 새로운 하늘의 관직을 내려주셨다.

또한 선천세계에 예수로 인하여 조상님들을 박대한 대죄를 씻고 오라고 하나님(도리천주)에게는 '천상천감님'이란 새로운 하늘의 관직을 내려주셨다.

'천상도감님'과 '천상천감님'은 천황태제님의 명을 받들어 자미국 자미천궁으로 강림하시어 천황태제님의 참뜻을 펼치시고 있다.

'예수님'은 2천 년 전, 천황태제님의 황명을 받아 잠시 잠깐 인간세계에 왔다 간 성자임에는 틀림없다. 그러나 많은 사람들이 "예수님 믿어야 천당 간다"고 할수록 예수님은 천황태제님 전에 죄인이 되어 고개를 들 수가 없다고 한다.

천상의 모든 신들을 지휘 통솔하시는 분은 태상천존 자미 천황태제님이시다. 그 사실도 모르고 "예수님을 믿어야 천당 간다"라고 하고 있으니 그럼 우주의 주인이 예수님이란 말인가?

예수님이 하나님도 창조하고 부처님, 상제님, 우리 인간도 창조하였고 천황태제님도 창조하였단 말인가? 누가 들어도 말이 안 되는 말이다.

예수님 위로는 예수님의 아버지인 하나님이 있고, 하나님 위로는 하나님 아버지인 천황태제님이 계시건만 하나님, 천황태제님의 존재가 다 필요 없이 예수님만 믿어야 천당 갈 수 있다면 세상 만사 무슨 걱정이고, 하나님과 천황태제님의 존재는 그럼 어떻게 되는 것인가?

하나님, 천황태제님은 예수님이 하는 대로 그대로 따르고 있는 예수님의 아래란 말이던가? 정말 하늘이 대로할 일이고 하늘이 뒤집힐 일이다.

그리고 또 한 가지, 예수님을 믿는 그들의 이론대로라면 살다가 죽으면 사탄마귀라면서? 그럼 예수님도 이 땅에서 살다가 죽었으니깐 예수님도 사탄마귀 아니던가?

누구는 죽었다고 사탄마귀고, 누구는 죽었는데도 신이고. 도대체 예수님의 이론과 예수님을 믿는 사람들의 이론은 일관성이 하나도 없다. 천상궁전의 주인은 예수님, 하나님, 부처님, 상제님이 아닌 태상천존 자미 천황태제님이시다.

예수님, 하나님, 부처님, 상제님을 믿고 따라야 천당, 극락 가는 게 아니라 살아생전 육신의 부모 잘 섬기고, 사후세계의 조상님들 구원 잘하고, 천황태제님의 참뜻을 알고, 명을 받아야 죽어서 천황태제님의 궁전 천상궁전에 갈 수 있다.

이런 하늘의 참 이치를 깨닫지 못하고 자신(예수)의 이름만 불러주는 성직자들 때문에 예수님은 더욱더 고통스럽다 한다. 하나님은 천상천감님으로, 부처님은 천가신명님으로, 미륵님은 천상도감님으로 이분들 모두는 이젠 하늘 천황태제님께 새로운 하늘의 관명을 하사받아 선천시대에 잘못 펼쳐진 모든 종교를 멸하고, 진정한 천황태제님의 존재와 천황태제님의 참뜻을 이 땅에 전하고자 합의 합심, 합의 동참하시어 자미국 자미천궁에 하강 강림하시어 종교의 굴레에서 고통받았던 만 인간과 만 영혼들, 만 신명들을 구원하고자 뜻을 함께하시었다.

이 모든 분들이 천황태제님께 새로운 관명과 새로운 역할을 부여받음으로써 2천 년, 3천 년 이어져 왔던 기독교와 불교의 모든 기운을 천황태제님께서 거두시어 새로운 하늘의 기운이 이 땅 자미국에 내리고 있다. 그 기운은 기존 종교의 기운이 아닌 하늘 참뜻의 기운이다.

태상천존 자미 천황태제님께서 펼치시는 세상은 서로가 서로를 배신하여 아픔 주고 상처 주는 세상이 아닌, 서로가 서로를 아껴주고 사랑해 주는 신과 인간, 조상님 모두가 행복한 무릉도원의 세계를 이 땅에 펼치시고자 하시는 것이다.

조상님을 사탄마귀라고 하는 기독교인들의 주장에 대하여 천지 이치에 맞추어 반박해 보고자 한다. 마귀魔鬼는 한마디로 요사스런 귀신을 말하고, 악령惡靈은 못된 재앙을 내리는 사령死靈 즉, 원한 귀신을 말한다. 나실 때 괴로움 모두 잊으시고, 내가 이 세상에 태어날 수 있도록 육신을 빌려주신 아버지와 어머니.

교인들 말처럼 그분들이 죽음으로써 그분들이 '요사스런 귀신'이고 '못된 재앙을 내리는 원한 귀신'이 된단 말인가? 이 논리는 도대체 누구의 논리란 말인가? 예수님, 하나님, 미륵님, 부처님, 상제님, 모두와 통신을 하여 보았다. 그분들 모두는 그렇게 말씀하신 적 없다 하시면서 정답을 가르쳐 주셨다.

그 논리는 어느 누구의 논리도 아닌, 종교를 만든 인간들의 논리이고 그 종교 안에 가두기 위한 인간의 논리라고 말씀하셨다. 인간이 만든 인간의 종교 이론에 인간 스스로가 빠져 허우적대며 예수님과 하나님의 뜻이라는 둥, 부처님과 상제님, 미륵님의 뜻이라는 둥, 하늘과 조상님들의 뜻이라고 말하면서, 하늘과 조상님을 팔아 각자의 배를 채울 때 이를 지켜보는 하늘과 신과 조상님들은 이런 인간의 말과 행동에 역겹다고 하신다.

자기 조상님을 박대하지 마라.

말 못하는 조상님들의 저주가 각자의 가정에 내린다. 또한 하늘의 진짜 주인을 본인 스스로가 바꾸려 하지 마라. 하늘의 재앙이 본인들 인생과 본인들 가정에 내린다. 또한 하늘의 진짜 주인을 몰라보고 살다 보면, 각자의 자손들도 이다음에 성장하여 부모 고마움의 존재를 몰라보고 부모를 박대한다.

이 세상의 모든 사람들아! 각자의 조상님들을 바로 찾고 하늘의 주인을 바로 찾아라. 각자의 조상님들은 인간이 만든 종교 안에 있지 않도다. 각자의 조상님들은 그대들의 몸 안에 있고 그대들의 가정에 있도다. 또한 만생만물의 정기 안에 숨겨져 있도다.

또한 진정한 하늘, 영혼의 어버이도 종교 안에 있지 않도다. 각자의 진실한 마음 안에 있고, 각자의 깨끗한 영혼 안에 숨겨져 있도다. 또한 만생만물의 정기 속에 숨겨져 있도다. 오랜 세월 인간의 종교 안에서 그 진정한 존재를 찾으려고 애를 써도 찾아지지 아니함은 종교 안에 없었기 때문이다.

각자의 조상님과 각자의 인생 구원의 지름길은 종교 안에 있는 것이 아니라 우리 모두의 원초인 천황태제님 전에 있도다.

인생의 실패와 고통, 몸의 질병, 가정의 불행을 원하는 자, 지금처럼 종교의 굴레에 갇혀 허우적대면 되고, 인생의 성공과 인생의 행복, 몸의 건강, 조상님의 구원, 신명의 구원, 자신 삶의 구원을 원하는 자, 지겨운 종교의 굴레에서 벗어나 자미국 자미천궁을 통하여 천황태제님의 진정한 뜻에 순응하면 된다.

잘 살고 못 사는 것도 각자의 팔자라고 하였다. 하늘의 뜻에 순응하여 하늘의 순천자가 되어, 하늘의 복과 하늘의 사랑을 받아 잘 사는 길을 선택하는 것도 본인들의 팔자요, 하늘의 뜻에 역천하여 하늘의 역천자가 되어 하늘의 벌을 받아 근심걱정의 인생을 선택하는 것도 본인들의 팔자일 것이다.

위대한 하늘 창조물의 완성은 우리 인간이다. 하늘의 뜻과 하늘의 창조에 대하여 반대하는 이들은 살아서나 죽어서나 하늘의 구원을 받을 수 없다. 각자의 부모조상님 모두도 대우주 천지창조주 태상천존 자미 천황태제님의 창조물이니 그들이 죽었다 하더라도 사탄마귀, 악귀잡귀, 악령으로 몰면 안 된다.

"나의 창조물인 모든 조상님 영가들에 대해 더 이상 너희 인간들이 그들의 존재를 가지고 왈가왈부하지 말거라. 너희들의 산 부모와 죽은 부모에게 효를 다하지 못하면서 나를 함부로 찬양하지 말거라. 너희들의 지저분한 마음과 욕심으로 가득 찬 이중성격을 지닌 인간들의 마음이 내 눈에 훤히 보이기에 이내 마음 괴롭도다.

너희들이 언제 나를 보았다고 찬양하고 있더냐? 너희 부모조상님들은 너희들을 이 땅에 출산시킴에 괴로움의 고통을 참아내며 너희들을 이 땅에 태어날 수 있도록 도와준 너희들 육신의 은인이었거늘 육신을 준 육신의 부모에 대해 고마움도 모르는 자들이 나를 본 적도 없으면서 너희들이 나에 대해 얼마나 안다고 감히 나를 찬양하고들 있는 것이더냐.

또한 불교인·도인·무당들도 하늘인 내 말을 잘 듣고, 불교의 중생들·도인들의 중생들·무당들의 중생들도 잘 들어라. 수천 년의 세월 동안 나는 높은 하늘세계에서 너희들이 한 짓을 다 지켜보고 있었도다. 각자들의 조상님을 구원하려고 애쓰는 마음들은 기특하다마는 각자들의 조상님을 구원함에 있어 조건을 걸지 말고 인간들의 욕심을 버리고 조상님 구원에 힘쓰도록 해라.

각자의 조상님을 구원함에 있어 각자의 조상님들을 거지 취급하지 마라. 인간의 소원은 하늘을 찌르건만 조상님에게는 손톱만큼의 정성을 들이고, 또 때로는 돈이 없다는 인간의 얄팍한 생각으로 돈 몇 푼 갖다 놓고 합동(단체) 천도재들을 올리고 있으니 각자의 조상님들이 무슨 거지더냐.

그리고는 자손의 도리를 다한 것처럼 "조상님 구원했다" 하면서 큰소리들을 치고 있으니 기가 막힌 노릇이도다. 너희들을 낳아주고 너희들을 성장시킴에 오랜 세월 동안 고생고생만 하다 이 세상을 떠난 너희들 부모의 존재가 고작 돈 몇 푼(몇만 원) 정도의 가치밖에 없더냐.

조상님의 존재를 소중히 여길 줄을 모르니 네 주위의 사람들 또한 그대들의 존재를 무시하고 있지 않던가? 이제부터는 잘 들어라. 조상님을 사탄마귀라 취급하는 자들은 그대들 역시도 인간사에서 사는 동안 사탄마귀의 인생을 살게 되어 배신과 고통의 인생을 살게 될 것이고, 조상님을 구원하면서 조상님을 거지 취급하는 자들은 그대들 역시도 인간사의 인생을 사는 동안 거지의 인생을 살게 될 것이다. 이제부터는 조상님을 사랑할 줄 알고, 조상님 구원에 힘쓰는 자손이 이 땅에서 가장 잘 살게 될 것이니 내 말이 틀리나 맞나 지켜들 봐라.

또한 조상님 구원, 신명 구원, 인간 구원은 나의 권한이니 나의 권한을 침해하는 자들은 내가 내리는 하늘의 벌을 받을 준비를 한 다음에 의식을 행하도록 하여라" 하시는 강력한 말씀이 있으셨다.

자신들의 몸에 수많은 신과 조상님(귀신)들이 함께 살아가고 있음을 인정해야 한다. 그분들이 원하고 바라는 것을 해 드려야 불행한 인생에서 하루 빨리 벗어날 수 있다.

몸 아프다고 병원 가지 마라. 그것은 죽으러 가는 저승길이다. 설령 치료가 되었다 해도 그 병을 일으킨 장본인은 자신들의 몸 안에 살고 있는 신과 조상님(귀신)들이기 때문에 또다시 재발하거나 사건사고로 이어져 목숨을 잃거나 불행하게 된다. 즉, 자기 몸에 들어와 있는 신과 조상님(귀신)들의 원초적인 요구사항이 받아들여지지 않으면 질병이 아닌, 다른 문제를 발생시켜 인생을 고통의 늪으로 인도하니 조상님 입천의식을 행하여 구원해 드림이 선결과제이다.

## 죽음 이후의 모습들

　죽음 이후의 세상은 어떻게 펼쳐지는가? 산 사람 모두가 가장 궁금히 여기는 대목이다. 만인 앞에 평등한 죽음! 잘 사나 못 사나 한평생은 80년이다. 빨리 죽어도 늦게 죽어도 그 차이는 80년이며 언제 얼마만큼의 풍요한 삶을 누리다가 죽는가? 그것이 문제일 뿐이다.
　엄마 뱃속에서 죽어도 하늘이 정한 명이고, 80살에 죽어도 정한 명이다. 비명횡사도 수명장수도 모두 하늘이 내리신 명이다. 인명人命은 재천在天이라 했다. 잘살고 못살고 인간 개개인 수명 모두를 하늘에서 관장하신다.
　질병, 사고, 자연사, 자살 등으로 목숨을 다하는 순간 육신이 명을 다함으로써 영혼과 육신이 분리되기 시작한다. 숨이 멎는 순간 몸 안에 있던 영혼(정신)은 육신을 빠져나와 자신의 죽은 육신을 물끄러미 바라본다. 하염없이 자신의 모습을 바라보다가 자신이 죽었다는 것을 점차 깨닫기 시작한다.
　많은 사람들이 향불을 피우고 절을 하며 애도를 표하는 모습을 보고는 당황한다. 정말 내가 죽은 것인가? 내가 왜 죽었지? 난 이렇게 멀쩡히 살아있는데 왜 죽었다고 하지? 이렇게 좌절하고 있는 중에 자신의 육신이 땅에 묻히는 모습을 보거나 불 속에 들어가 타는 모습을 바라보며 죽음을 조금씩 인정하게 되고 육신의 몸을 잃었음을 알게 된다.
　자신과 살아생전 인연 맺었던 가족들과 친척, 지인, 친구들의 모습을 바라보며 하염없이 눈물을 흘린다. 장례식이 끝나고 생전에 지은 선악의 과보에 따라가야 할 길이 정해진다.
　살아생전 선행공덕을 많이 쌓은 영가들은 천상궁전에서 선관(仙境의 관원)들이 내려와 천상으로 인도해 가고, 악행과 악업이 태산처럼 높은 영가들은 저승 명부전의 사자가 지옥으로 데려가고, 이도 저도 아닌 평범한 영가들은 갈 곳을 몰라 구천세계 허공중천을 떠돌다가 그의 자손들 몸으로 들어간다.

허공중천은 사람들이 살고 있는 인간세계를 말하고, 이 떠도는 영가들은 가야 할 곳을 몰라 방황을 하게 된다. 육신이 묻힌 산소에 머무는 영가. 산이나 강에 가서 천지 이치를 공부하는 영가. 자손들의 몸에 따라 들어가 자손과 함께 동고동락하는 조상님 영가로 나누어진다.

천상궁전에 오르지 못하고 지옥세계 명부전에 끌려간 영가들과 자손의 몸에 들어와 살고 있는 조상님 영가들은 우리 생활에 막대한 영향을 미치고 있다. 이 중에서도 질병이나 정상적 죽음이 아닌 비명횡사당해 억울하게 죽은 영가들이 산 사람들에게 가장 많은 고난을 주고 있다.

질병으로 죽은 사람이 가족들 몸으로 들어오면 그가 앓았던 질병을 산 사람도 똑같이 앓다가 죽는다. 비명횡사 역시 그가 자살로 죽었든, 사고로 죽었든 몸에 영가들이 들어옴과 동시에 그가 죽었던 것처럼 똑같이 목숨을 잃게 된다.

죽은 영가들은 가족들 몸에 들어와 자신의 고통을 호소하지만 산 자손들은 그 뜻을 헤아릴 길이 없다. 생자와 망자 간에는 언어소통이 안 되기 때문이다. 영가들이 산 사람들의 몸으로 들어오면 우리 인간은 여러 가지의 풍화환란을 겪게 된다.

갑자기 사업이 막히게 되고, 금전 문이 막히며, 알 수 없는 질병과 부부 간의 싸움이 잦고, 신경질과 짜증이 잘 나며 술을 많이 마시게 되고, 정신병과 우울증, 불면증 등등 조상님들의 풍화환란은 인간의 상상을 초월하여 일어난다.

## 유령(원한 귀신)이 되는 죽음이란!

자연의 이치에 따라 때가 되면 누구나 죽음을 맞이한다. 그러나 죽음도 그 종류가 여러 가지이다. 천수를 다 누리고 자연사를 한 일반적인 죽음. 각자의 의지와 상관없는 낙태유산으로 인한 죽음. 청춘의 나이에 사고·질병·살해·자살·천재지변으로 인한 죽음.

정상적으로 죽지 못하고 원과 한이 쌓여 억울하게 죽은 혼백은 저승에 들어가지 못하고 허공중천을 떠돌거나 그 가족들 몸에 들어가 온갖 조화를 부리며 살아간다. 우리 생활에 가장 큰 영향을 끼치는 혼령은 비정상적으로 죽은 혼령들이다. 이들은 원한 귀신이 되거나 악령으로 둔갑하여 수천 년 동안 인간세상에 영향을 미친다.

원과 한이 많은 조상님 영혼들은 입천의식을 통하여 천상궁전으로 보내드리면 더 이상 문제 되지 않는다. 하지만 우리 인간의 눈에는 신과 조상님들의 모습이 보이지가 않기에 무심코 지나칠 수밖에 없다. 원과 한이 쌓인 채 죽은 혼령들은 인간세계의 미련을 쉽게 버리질 못하고 자신들의 가족, 친지, 타인의 육신 몸을 빌려 그들과 함께 살아가고자 한다.

이런 영혼이 산 자손의 몸에 들어오게 되면 그 집안에는 뜻하지 않은 우환이 계속 생기게 되고 만사가 막히게 된다. 이런 풍파를 주는 것은 자손들이 미워서 그러는 것이 아니라 자신들이 찾아왔음을 자손들에게 알리는 죽은 영혼들의 메시지이다.

한 집안에 어떤 질환이 계속 반복되는 것도, 가족의 유전이 아니라 이 또한 조상님들이 찾아왔음을 알리는 신호이다. 정신병원에 들어간 사람들 대부분은 악령에 빙의 된 사람들이 많다.

이런 경우는 일반 조상님과 다른 신에 가까운 악령의 존재들이 많아 치유 자체가 매우 까다롭다. 이들 중에는 사람들의 과거를 훤히 보는 영적 능력을 보유하고 있는 신과 조상님도 있다. 이런 악령들의 현상은 우리나라에 국한된 이야기만은 아니다.

　미국을 비롯한 전 세계에도 똑같이 일어나고 있는 현상들이다. 천주교 로마 바티칸 교황청에서도 매년 수천 명의 사람들을 악령으로부터 퇴치시켜 주고 있다고 방송한 바 있다. 미국에서도 일반 가정집에 귀신들이 살고 있어 초현대식 녹음장비로 귀신의 목소리를 녹음하고 귀신의 형상 사진까지 찍어 그 정체를 밝히고 있다.

　케이블방송에서 심령 솔루션을 방영하고 있고, 미국의 Discovery 채널에서 〈유령사냥과 심령의 목격자〉란 프로를 방영하고 있다. 전 세계에서 유령으로 인해 일어나는 모든 현상들을 모아서 방영하고 있다. 유령들의 세계에 대해 좀 더 가깝게 우리 사람들이 접근하여 그들의 존재를 확실히 밝혀야 그들로부터 자유로워질 수 있을 것이다.

　미국인들도 유령의 존재를 인정하지 않았었지만 자신들 스스로가 직접 유령으로 인한 고통을 뼈저리게 체험하고 나서는 그 존재들을 인정하고 받아들이고 있다.

　한국인들이나 미국인들이나 영혼의 세계에 대해서 믿지 못하기는 마찬가지였다. 최첨단을 살아가는 시대에 무슨 귀신 타령이냐고 말이다. 그런 사고방식을 지니고 있었던 미국에서도 유령들로부터 큰 피해를 입은 후 정신적 충격을 받았다.

　우리 인간의 얄팍한 지식과 이론으로 그들의 존재를 무시한다고 그들이 이 땅에서 사라질 수 있다면 그 얼마나 좋으랴? 신과 조상님들은 우리 인간들이 그들의 존재를 무시하면 무시할수록 그들은 더욱더 강해져 결국은 인간들 스스로 굴복하게 만든다.

　건강, 금전, 행복. 이 모든 것을 다 잃고 굴복할 것이냐? 건강, 금전, 행복 이 모든 것을 지닌 채로 굴복하여 행복의 삶을 영원히 보존할 것이냐? 그것이 문제일 뿐이다.

## 세계 최초로 행해지는 조상님 벼슬입천의식

하늘의 명을 받아 중견 사업가의 직계 조상님 벼슬입천의식이 시작되었다.

순서에 입각하여 조상님 하강 청배의식이 시작되었다. 조상님께서는 천황태제님의 윤허를 받아 여자 저자 몸으로 들어오시어 그동안 힘들었던 허공중천 사후세계의 고통을 한동안 하소연하시더니, "이제야 살았구나" 하면서 안도의 한숨을 내쉬었다.

태산보다 높은 원과 한을 풀게 되어 정말 고맙다고 자손의 손을 부여잡은 채 눈물을 흘리시며 그동안의 고통을 말씀하시면서 대성통곡하고 있었다. "그동안 자손이 없는 돈에 우리들을 위하여 천도재와 굿을 여러 번 해주었는데, 네 지극한 정성에도 불구하고 천상세계에 올라가지 못하고 오늘 이렇게 또 찾아오게 되어 미안하다"면서 조상님께서는 금일 입천의식에 기쁘면서도 한편으론 자손에게 미안한 표정이시다.

그러면서 하시는 말씀은 "오늘에서야 수십, 수백 년 동안 조상님들 가슴 속에 맺혔던 응어리들이 모두 풀어져 후련하다"고 하셨다. 조상님들이 저자 몸을 빌려 자손과 눈물 어린 상봉을 통하여 가슴에 맺힌 원과 한을 모두 풀고 나니 자손도 조상님도 마음이 한없이 편해졌다고 했다.

다음 순서로 입천호명의식으로 이어졌다.

천황님의 황명을 받고 천상에서 금빛 찬란한 천룡이 청의 선관과 홍의 선관을 태우고 금일 입천 되시는 조상님들을 천상궁전으로 인도하기 위하여 자미국으로 하강하고 있었다.

이제 조상님들께서는 각자 위패의 이름이 호명되면 순서대로 천룡에 오르시라 하고 위패에 쓰인 각 조상님들을 호명하였다. 오늘 올라가는 자손의 직계 조상님과 배우자 직계 조상님, 그리고 양쪽 외가 조상님들도 어서 오르시라고 하였다.

모든 조상님들께서 저자가 호명한 순서대로 천룡에 오르니 그 영가들이 무려 수백 명이나 되었다. 입천 법문을 외우자 천룡은 순식간에 영가들을 태우고 쏜살같이 허공을 가르며 올라가더니 법문이 끝나감과 동시에 천상궁전 자미천궁의 넓은 잔디 광장에 사뿐히 내려앉고 있었다.

"자, 이제 모든 일가 조상님들이 입천 되어 천상궁전 자미천궁에 당도하였습니다."

청의 선관과 홍의 선관이 나와 수많은 조상님들을 인도하고 있었는데 입천 된 조상님들은 얼굴색이 모두 밝고 편안해 보였고, 할아버지 할머니가 모두 청춘남녀의 모습으로 젊어졌다.

천상궁전에 올라간 조상님들은 인간세상에서 구경도 못해 본 비단옷으로 모두 갈아 입혀져 있었다. 우주의 천황님이시고 우리 모두 영혼의 어버이이신 천황태제님께서 조상님들께 벼슬을 하사하여 주시었다.

할아버지께는 재상(총리)이란 벼슬을 하사하시었고, 할머니께는 재상부인으로, 아버지에게는 백만 대군을 거느리는 도독(정2품, 장관급)이란 벼슬을, 어머니께는 도독 부인으로 높은 벼슬을 하사하여 주시었다.

천상궁전 올라가신 부모조상님들께서 벼슬의 신분에 걸맞은 금빛 찬란한 관복을 입고 있는 모습이 보였다.

감격한 조상님들이 너무 좋아서 어쩔 줄 몰라 기쁨의 눈물을 흘리신다.

앞에 펼쳐진 금빛 찬란한 궁궐과 마중 나온 신선선녀들의 모습은 너무 아름다워 황홀하기까지 하였다.

이제부터 새로운 천상궁전 자미천궁의 생활이 시작되고 있었다. 천상궁전에 오르면 일정기간 천상세계 적응과정에 들어간다. 살아생전의 모든 원과 한이 풀어지고, 자의든 타의든 인간세상에서 살아생전 지은 모든 죄업을 하늘의 대우주 천지인 창조주이신 천황태제님으로부터 사면령이 내려져 죄가 모두 소멸된다.

살아생전의 모든 잘잘못을 영혼의 어버이이신 천황태제님으로부터 용서받는 것이다. 인간인 이상 죄짓지 않고 살 수는 없다. 또한 천상세계에는 영가들도 신분과 계급이 서열대로 존재하여 천황태제님으로부터 벼슬을 하사받아 입천 되면 많은 시종과 시녀를 거느리게 된다.

하지만 벼슬을 못 받으면 살아생전 신분이 아무리 높았다 해도 큰 공덕을 많이 쌓지 않은 이상 조상님 영가들은 싫든 좋든 높은 벼슬을 하사받아 올라온 다른 조상님들의 손발이 되어 그분들의 시중을 드는 아주 낮은 신분이 된다.

벼슬을 하사받지 못한 조상님들이나 자신의 직급보다 낮은 조상님들로부터 하례를 받는 것이 일상적 관례이다. 천상궁전은 선후가 분명한 계급사회이다.

음양이 뒤바뀌는 현상이 벌어진다. 생전에 높은 벼슬을 하다가 사망한 경우, 신명세계에 대한 믿음이 없어서 벼슬을 하사받지 못하고 자손들 몸에 들어가거나 허공중천 세계를 떠돌고 있다.

육신이 죽으면 그만이지 무슨 얼어 죽을 사후세상은 뭐고 벼슬이 어디 있어? 이런 생각을 갖고 살다가 막상 사후세계로 들어가면 처절하게 후회한다. 조상님도 자손 잘 만나야 한다. 자손이 이 뜻을 깨닫지 못하면 조상님들은 영원히 구원받을 수 없게 된다.

깨달은 사람과 조상님에 한해서만 행할 수 있는 조상님 벼슬입천의식.

일반 입천의식을 통하여 천상궁전에 백성의 신분으로 올라가게 되면 스스로 공부하여 벼슬을 받으려면 억만 년의 세월이 걸린다.

하급천손(하단세계) 중급천손(중단세계) 상급천손(상단세계) 특급천손(특단세계)으로 분류된다. 조상님 입천의식을 행할 때 특·상·중·하 등 4단계로 구분하여 천상세계 의식을 진행하고 있으며, 특단세계는 벼슬입천의식이라 하늘의 벼슬을 하사받을 수 있다.

조상님입천제의식은 여러 가지 형태로 진행한다.

하늘께서 죄를 심판하시고 입궁을 윤허하셔야 천상궁전으로 오를 수 있고, 하늘의 백성과 천인으로서 권한과 지위를 부여받게 된다.

## 이승을 떠나 저승으로 들어가는 영혼들

천지의 만생만물 모두는 죽음을 맞이하게 된다.

태어남도 세상을 떠남도 모든 것은 우주 운행의 천지 이치일 뿐이다. 인간의 탄생과 죽음, 각자들만의 기쁨과 슬픔 많은 사연들이 있다. 생명의 탄생은 기쁨을 의미하고, 죽음은 슬픔과 괴로움을 의미한다. 모두가 두려워하는 죽음의 세계를 많은 사람들이 무지함 속에 죽음을 맞이하고 있고 대책도 없이 죽음을 맞이하고 있다.

무지함과 대책도 없이 머나먼 죽음의 길을 떠나가고 있다. 무지함 속에 떠난 죽음의 길. 이승에서의 삶보다 더 괴롭고 힘든 길이라면, 각자들은 어떻게 하겠는가? 힘들고 괴롭다고 죽음의 길에서 다시 돌아올 수도 없고 살아생전 삶의 고통에서 피하는 방법은 여러 가지가 있다 하지만, 죽음의 길에서 힘들고 아플 때 각자들은 어떤 방법으로 그 고통의 길에서 벗어날지 생각들을 해보았는가?

인간의 삶은 짧다. 이 짧은 생을 살면서 각자들은 인생의 행복을 위해 많은 노력과 많은 대책들을 세우며 인생을 살아가고 있다. 그러나 장구한 죽음의 세계에 대해서는 대책을 세우는 이들이 없다. 장구한 죽음의 세계가 아니라 영원한 죽음의 세계가 될지도 모르는 죽음의 길.

피할 수 없는 죽음의 길.

우리 인간들 모두의 진정한 삶은 현세의 짧은 생이 아닌 다음 생의 장구한 죽음의 길이다. 현세의 짧은 생에서 성공한 이가 인생의 승리자가 아니라 장구한 다음 사후세계에서의 승리자가 진정한 승리자가 되지 않을까 하고 저자는 생각한다.

이승에서의 삶이 전부라면 저자도 보이지 않고 들리지 않는 하늘의 뜻, 신의 뜻, 조상님들의 뜻을 전하고자 이렇게 애쓰지는 않을 것이다. 저자가 이렇게 애쓴다고 세상 사람 누가 알아주랴? 또한 저자가 전하고 있는 이 내용들을 누가 진심으로 믿어주랴?

믿고 따르는 자도 있을 것이고, 정신병자라 하는 이도 있을 것이다. 믿음과 정신병자 둘 다 맞는 말일 것이다. 인간의 정상적인 마음만 있었다면 저자 역시도 내 인생의 행복과 내 가정의 편안함만 추구하며 이기적인 삶을 살았을 것이다. 하지만 저자에게는 남들과 다른 증상이 어려서부터 있었다.

보이지 않는 하늘세계, 신의 세계, 조상님 세계, 죽음의 세계에 대하여 나 스스로가 궁금히 여긴 것도 아닌데 쉼 없이 어느 누군가가 그 세계의 진실에 대하여 가르쳐 주었다. 인간세계와는 담을 쌓게 만들었고, 개인의 삶과 개인의 욕망을 위해 살지 못하게끔 누군가가 한없이 나를 이끌었다.

그러던 어느 날인가부터 남을 위해 희생하는 삶을 살기로 결정을 내렸다. 고아원으로 들어가 고아원의 아이들을 위해 희생할까? 양로원으로 들어가 양로원에 외롭게 와 있는 노인들을 위해서 내 삶을 희생할까? 수녀가 될까? 도인이 될까? 절에 들어갈까? 수많은 고민 속에 갈등과 번민을 하였고, 내 마음이 내 마음대로 움직여지지 아니함에 내 자신을 질책도 해보았다.

그러던 어느 날, 하늘의 뜻을 받게 되었다. 하늘의 말씀은 존귀하고 장엄하나 알아듣는 이 없도다.

인간과 말하는 방법이 달라 어느 누구도 하늘·신·조상님들의 애절한 마음과 답답한 마음을 알아주는 이 없다 하시면서 그들의 손과 발이 되고 그들의 입이 되어 달라고 하시었다. 하늘·신·조상님들의 뜻을 이루어 주고, 그분들의 소원을 이루어 주고자 저자는 그분들의 뜻대로 인간사의 삶을 포기하고 신의 길로 들어왔다.

물론 하늘·신·조상님들이 나의 육신의 몸을 원한다고 하였지만, 그분들의 손과 발이 되어줌도 내 마음이고 안 되어줌도 내 마음이다. 두 번 다시 돌아올 수 없는 현세의 한 번뿐인 인생, 소중하지 않은 사람 어디 있으랴?

나 역시도 한 번뿐인 내 현세의 삶, 나에게도 더 없이 소중하고 귀중하다.

나도 인간사 잘 살고 싶었다. 재미있게 살고 싶었다. 하지만 하늘께서 신께서 조상님들께서 내 육신의 몸이 필요하다 하시니 그분들께 내 육신의 몸을 '드림'이 당연한 이치 아니랴?

저자 역시도 현세의 삶이 전부라면 이렇게 하늘·신·조상님들의 뜻을 펼치느라 애쓰지는 않을 것이다. 누가 알아주랴? 이렇게 애쓰는 내 마음을. 누가 알아주랴? 내 진심의 마음을 인간사의 사람들은 절대로 알 수 없을 것이다. 하지만 하늘·신·조상님들은 내 진심의 마음을 알고 있다. 저자가 현세의 삶에서 나를 하늘·신·조상님께 아낌없이 헌신함! 난, 보이지 않고 들리지 않는 죽음의 길, 사후세계의 길을 미리 준비하고 있는 것인지도 모른다.

현세의 삶에서는 남들처럼 평범한 인간의 삶을 못 살아 내 영혼은 슬플지도 모르지만 난, 짧은 인간의 삶을 계획하는 것이 아니라 장구한 사후세계의 삶을 현세의 삶을 통하여 미리 준비하고 계획하고 있는 것인지도 모른다.

맞다. 장구한 죽음의 길. 아무런 대책도 없이, 아무런 준비도 없이 하루하루 무의미하게 살다 이대로 갈 수는 없다. 죽음 이후의 세계. 사후세계는 분명히 존재하고 있다. 이 책을 통해서도 사후세계의 진실 여부를 못 믿겠다면 안 믿어도 된다.

만인 앞에 평등한 죽음의 길. 세상 어느 누구도 피할 수 없다. 살아생전 그 세계를 부정한 이들이 정작 죽어 사후세계에 갔을 때, 사후세계에서도 부정을 할 것인지? 그것이 의문이다.

후회는 아무리 빨리해도 늦다 했다. 죽음의 세계에서 통곡을 하며 자손들을 부르지만 자손들 역시도 본인들이 살아생전에 죽음 이후의 세계를 부정하고 하늘·신·조상님의 세계를 부정하였듯이 본인들의 자손들 역시도 본인들과 똑같이 죽음 이후의 세계와 하늘·신·조상님의 세계를 부정하기에 절대로 하늘께 구원받을 수 없다.

또한 살아생전 본인들 스스로가 하늘·신·조상님 모두를 부정하였기에 자신이 사후세계에서 고통을 호소하여도 자신의 고통에 하늘·신·조상님 모두도 자신의 고통에 외면을 하기에 영원히 구원받을 수 없게 된다. 짧은 인생의 삶을 위하여 전력질주를 할 것이냐?

장구한 죽음 이후의 세계를 자미국 자미천궁 대우주 천지인 창조주 태상천존 자미 천황태제님을 통하여 미리미리 준비할 것이냐? 그것은 각자의 자유이고 각자의 마음이다. 믿는 자 따르면 되고, 못 믿는 자 부정하면 된다.

각자 삶의 주인공은 본인들 각자이니 불행도 행복도 각자의 몫이다. 누가 뭐래도 저자는 사후세계의 진실을 알기에 살아서도 죽어서도 하늘·신·조상님들의 뜻에 순응하며 살 것이다. 처음에는 하늘·신·조상님께 나를 희생하는 것 같지만 나중에 시간이 지나보면 그분들께 희생함으로써 내가 얻게 되는 행복, 화목은 인간의 상상을 초월한다.

저자는 앞으로의 인간사에 남은 나의 삶을 하늘·신·조상님께 드리고자 최선을 다할 것이고, 죽어서도 그분들의 사랑을 받고자 최선을 다할 것이다. 독자 여러분도 저자처럼 현명한 삶을 살았으면 좋겠다. 현세에서 현명한 이는 죽어서도 현명할 수 있다.

현세에서 죽음 이후의 길을 완벽하게 준비한 이들은 죽어서도 고통과 아픔의 길이 아닌 올바른 길로 갈 수 있다. 현세에서 진실의 뜻에 순응한 이들은 죽어서도 진실의 뜻에 순응할 수 있다.

현세에서 하늘·신·조상님의 존재를 믿고 따르면 그분들의 도움으로 인간사의 삶이 행복해지고 죽어서도 하늘·신·조상님들의 도움으로 행복의 길로 갈 수 있다.

하늘·신·조상님의 존재는 우리 산 사람의 마음과 같은 존재이다. 우리 산 사람 누구에게나 있는 마음은 분명히 존재는 하고 있으나 이 '마음'이라고 하는 부분은 인간의 눈에 보이지도 않고 인간의 귀에 들리지도 않는다.

하지만 안 보이고 안 들린다 하여 인간의 '마음'이 죽은 것은 아니다. 분명히 존재하고는 있으나 안 보이고 안 들릴 뿐이다. 하늘·신·조상님의 존재가 이와 같다.

분명히 존재는 하고 있으나 우리 인간의 눈에는 안 보이고 인간의 귀에는 안 들릴 뿐이다. 귀신과 조상님 영혼이라는 말은 같은 말 같지만 이들은 확실히 구분되어진다. 죽은 영혼이 인간세상에 출현하는 경우를 통상 귀신이라 하고, 본인들 직계가족의 망자들은 귀신이라 하지 않고 조상님이라 한다.

  자신들 조상님들이 사후세계에서 편히 계신지 아님 불편하신지는 자신의 삶과 자신의 가정을 살펴보면 된다. 현재 본인들의 모습은 사후세계에 계시는 본인 조상님들의 모습이다. 조상님들이 사후세계에서 고생을 하고 있으면 그 자손들 역시도 인간사의 삶이 고통스럽다. 각자의 조상님들은 각자 인생의 자화상이다.

  각자들 스스로는 각자들의 조상님들을 구원할 수 없다. 또한 영가들 스스로도 천상궁전에 오를 수 없다. 자미국 자미천궁을 통하여 상담을 받은 후 우주의 주인이신 천황태제님을 통하여 각자의 조상님들을 구원해 드려야 한다. 우주의 천황태제님은 천지조화를 자유자재로 부리시는 분이시다.

- 바람을 멈추거나 불게 하신다.
- 눈과 비를 자유자재로 내리시고 멈추게 하신다.
- 태풍의 진로를 마음대로 변경하신다.
- 뇌성벽력을 모두 주관하신다.
- 산 자의 생령을 자유자재로 부르신다.
- 1만 년 전에 돌아가신 환인천제님의 혼령도 불러주신다.
- 천상의 원 신명들을 하강시켜 천인합체를 시켜 주신다.
- 조상님 입천의식으로 조상님들을 천상궁전으로 승천시켜 주신다.
- 전인들의 생령을 천상궁전 자미천궁으로 인도해 주신다.
- 천인들의 생령을 지옥세계 명부전을 보게 인도해 주신다.
- 원 신명들과 자유자재로 통신을 시켜 주신다.
- 새의 영혼과도 대화를 나눌 수 있게 해주신다.
- 시험을 잘 보게 하여 1등을 시켜 주신다.
- 회장으로 선출되게 하신다.
- 모든 질병을 소멸시켜 주시어 건강을 주신다.
- 금전고통에서 벗어나게 해주신다.

- 이혼한 사람을 다시 결합시켜 주신다.
- 사업이 잘되게 도와주신다.
- 여러 사고로부터 보호해 주신다.
- 만 인간, 만 영혼, 만 신명들을 구원해 주신다.
- 재앙으로부터 구해 주신다.
- 모든 근심걱정과 우환을 소멸시켜 주신다.
- 인간사에서 느끼지 못한 쾌락과 즐거움을 주신다.
- 자미국 자미천궁을 세우게 해주신다.
- 우담바라를 피게 하신다.
- 저자의 몸에서 빛이 발하게 하신다.
- 저자를 천황태제님의 화신인 '하늘 대행자 인황'으로 관명을 내려주셨다.

## 자미국 자미천궁!

천황님의 나라 자미국, 무릉도원 천상 자미천궁!

이곳에서는 하늘 천황태제님의 명을 받아 많은 일들을 집행하고 있다. 하늘의 일을 집행함에 있어 기존의 어떠한 종교에서 행했던 의식들을 행하는 것이 아닌, 세상 어디에도 알려지지 않은 하늘 천황태제님께서 가르쳐 주신 대로 행하는 의식으로써 기존의 불교법도 아닌, 기독교 법도 아닌, 도교법도 아닌, 무속법도 아닌, 말 그대로 자미국 자미천궁의 모든 의식은 제2의 천지창조에 해당하는 의식이다.

구천세계에서 방황하는 만 조상님 영가들을 구원하는 입천의식! 조상님 영가구원 입천의식은 하늘의 윤허(허락)를 받아 행하기 때문에 기존의 천도재, 굿, 기도와는 전혀 다른 하늘의 신성한 의식이다.

천상궁전의 주인이신 천황태제님께서 직접 주관하시는 의식이기에 인간의 마음대로 인간의 생각대로 집행할 수 없는 고귀한 하늘의 의식으로써 각자들이 살아생전에 한 번 행함으로써 조상님들 구원이 완벽하게 이루어지는 의식이다.

이 의식이 끝난 사람에 한하여 "나는 누구인가? 나는 이 땅에 탄생할 때 하늘로부터 어떠한 사명을 받았나? 내 안에 숨어 있는 또 다른 나는 누구인가? 나는 전생에 누구였으며 다음 생에는 누구인가?"라는 정답을 찾는 천인합체의식을 행할 수 있다.

천인합체는 우리 인간이 행하고 싶다고 하여 인간들 마음대로 행할 수 있는 의식이 아니라 우주의 주인이신 천황태제님께서 허락을 하셔야만 가능한 의식이다.

다시 말하면 지금까지는 인간이 불교, 기독교, 도교를 다님에 있어 인간들 스스로가 그 종교를 선택하여 다녔었지만 자미국 자미천궁의 천황태제님은 인간이 선택하는 것이 아니라 천황태제님께서 인간을 선택하신다. 천황태제님의 허락이 있는 사람에 한해서만 가능한 의식이다. 천황태제님께서는 마음이 맑고 깨끗한 자손에 한해서만 하늘의 명을 내려주신다.

천인합체의식은 전 세계 어디에서도 아직 행한 적 없는 하늘 천황태제님만의 고유 권한이시고 천황태제님의 대 능력으로 인해 현실로 이루어지고 있다.

조상님 구원인 입천의식과 영혼 구원, 인간 구원의 천인합체의식을 통하여 하늘의 백성과 천인들로 탄생시켜서 세계 인류의 구심점인 천황님의 나라 자미국 자미천궁을 이 땅에 세우고, 우리 민족 모두의 구심점이 될 나라 조상님들 신위를 모셔 드릴 나라궁전을 세워 하늘· 영혼· 조상님· 인간 모두가 행복한 무릉도원의 세상을 이 땅에 세움이 목표이다.

밤하늘에 빛나는 북두칠성을 포함하여 북극성(작은곰자리)을 기점으로 한 구역을 자미원紫微垣이라 한다. 천상의 일체 신들의 중심 국가이기에 자미국紫微國이라 한다.

하늘의 모든 천주님(크고 작은 일체의 하나님. 하나님. 성주. 왕. 상제. 천존들)들을 거느리고 다스리시며 삼라만상 대우주를 창조하신 절대자 천황태제님께서 거처하고 계시는 궁궐을 자미천궁紫微天宮이라 한다.

천황님의 나라 자미국은 세계를 지배 통치하여 영도할 지상의 국가를 말하며, 천상 자미천궁은 대단하신 태상천존 자미 천황태제님께서 계시는 천상궁전을 말한다.

우리 인류 모두는 저마다 다르게 천상세계를 표현하고 있다. 유토피아 세계, 이상향의 세계, 지상천국, 지상낙원, 용화세계, 무릉도원 등등의 말들은 천상세계를 상징한다. 인류의 오랜 소원을 현실로 실현하고자 이상향의 세계를 꿈이 아닌 현실로 실현하고자 자미국 자미천궁이 개국을 하였다.

인간의 삶을 사는 동안 인간이기에 겪을 수밖에 없는 질병, 금전고통, 우환, 불행에서 벗어나 근심걱정 없는 무릉도원의 세상을 지상에 펼치고자 저자가 인류를 대표하여 그 뜻을 현실로 실현하고자 책을 집필하여 세상에 전하고 있다.

불가능의 세계, 가상의 세계, 공상세계는 시간이 얼마나 걸려 현실로 나타나는지 그것이 문제일 뿐 모두 현실로 이루어지고 있음을 독자 여러분도 잘 알고 있을 것이다. 이런 꿈같은 세계를 현실화시키는 데 있어서 그동안 왜 불가능했는지에 대한 문제점들을 하나하나 찾게 되었다.

즉, 인간의 힘人力만으로는 실현될 수 없는 세계였음을 알게 되었다. 신선선녀들처럼 살아가는 세상을 만들려면 신선선녀들이 인간세상의 인간 몸으로 하강해야만 가능한 일이었다.

이렇게 신선선녀로 알려진 존재는 바로 천상세계에 있는 신들이었다. 천상의 신들이 인간의 몸으로 하강하심에 있어서는 인간 육신의 몸이 청정해야 한다. 조상님 영가들을 비롯하여 잡신이나 귀신, 악령, 악신, 악마, 사탄, 마귀의 존재들이 각자의 몸 안에 들어와 있으면 천상의 신들은 하강을 하지 않는다.

그렇기에 조상님 입천의식을 통하여 조상님들을 천상궁전으로 승천시켜 드림으로써 각자의 몸을 청정하게 만들어야 한다. 또한 천상의 신선선녀들은 완벽한 것을 좋아하기에 팔다리가 정상이 아니거나, 선천적 또는 후천적 장애자의 몸은 싫어하고 시각, 청각, 언어 장애자 역시 천상의 신선선녀들은 싫어한다.

다시 말해 하늘의 벌을 이미 받은 상태이기에 천인합체의 명을 받을 수 없다는 말이다. 하지만 예외도 있는데 육신이 장애가 있다 할지라도 마음이 깨끗하고 순수한 하늘의 마음을 가진 사람들에게는 엄격한 심사과정을 통하여 천인합체의 명을 내려주신다.

육신의 불구보다는 마음의 불구 즉, 하늘·조상님·신을 깨닫지 못한 사람들은 선택받을 수 없다. 이미 그들에게는 하늘의 천벌이 내려진 상태이기에 그들은 정상인이 아닌 것이다. 천상의 신선선녀들이 천벌을 받고 있는 인간 육신의 몸을 빌려 하강하실 이유는 없다. 위대하신 하늘께서는 한 사람에게 두 번의 기회를 주지 않는다.

또한 이미 신을 받은 상태인 박수, 도사, 법사, 보살, 무당의 몸도 선택하지 않는다. 정신이상자, 간질, 말기 암, 중풍 등 중증 질환자들의 몸도 선택하지 않는다.

　천상의 고급 신선선녀들은 대우주 창조주이신 천황태제님의 상단 신들 이시기에 아무 몸으로나 하강을 하시지 않는다. 살아생전 신선선녀가 하강하는 합체의식을 통해서 신선선녀가 될 수 있으나 절차가 이토록 까다롭기에 아무나 할 수가 없다.

　요약한다면 신선선녀가 되려는 사람들은 우선 자신 몸에서 인간 모르게 살아가고 있는 정체 모를 모든 존재와 자신의 조상님들을 구원하는 조상님 벼슬입천의식을 행한 다음에 육신과 정신이 청정한 상태에서 천계의 신선선녀들을 몸으로 하강시키는 합체의식을 행하여야 한다.

　위와 같이 자미국 자미천궁은 인간을 신선선녀의 반열로 만드는 의식을 진행하고, 지옥에 있거나 구천세계를 떠도는 조상님 영가들을 입천의식을 통하여 천상궁전 자미천궁으로 인도하는 구원의식을 인류 최초로 행하는 곳이다.

　이런 의식을 행함으로써 첫째, 모든 조상님들이 구원되어 자손들의 몸을 떠남으로 산 자손들과 조상님들이 모두 편안해지고 천계의 신선선녀들 역시도 인간세상 육신을 얻어 기뻐한다.

　둘째, 천계의 신선선녀들도 합체의식을 통해서만 인간 육신의 몸을 얻을 수 있어 신선선녀들의 조화법을 펼쳐 보일 수 있다. 이렇게 1차로 1만 2천 신선선녀들을 탄생시켜 꿈의 세계 이상향의 무릉도원 세상을 열고, 단계별로 13만 2천 명을 추가로 배출시켜 세계를 정복하고 지배 통치하게 만들 것이다.

　이렇게 됨으로써 세계 모든 국가들이 자미국의 연방국가로 귀속하기에 자미국이 있는 대한민국은 세계 속에 종주국으로 탈바꿈한다. 이것이 옛 선인들이 예언했던 신의 종주국이다.

　전쟁 없는 평화의 세상을 만들고자 자미국 자미천궁이 개국 되었다. 각자 육신에 들어와 살고 있는 조상님들을 구원해 주고, 천계의 신선선녀들을 인간 몸으로 하강시켜 인간의 힘으로는 수억 년의 세월이 흘러가도 이룰 수 없는 이상향의 무릉도원 세상을 각자 신선선녀가 되어 신의 능력으로 세우는 것이다.

고차원적 천상의식을 행하고, 세계 인류가 스스로 감동하여 자미국의 연방국가로 귀속되게 천상공무를 집행하는 곳이 자미국 자미천궁이다.

인간세상의 국가를 세우려면 영토·백성·주권이 있어야 하지만, 자미국은 그런 인간세상의 국가를 세우는 것이 아니라 천상세계 신선선녀들이 함께하는 천황님의 국가를 세우는 곳이다.

현재 시점에서는 이해하기 어려운 자미국 건국이지만 이런 대역사는 하늘의 천력과 천권으로 행해질 하늘의 설계로 보면 된다. 즉, 인간의 국가 건국과 다르다는 점이다.

천인합체의식을 행하였거나 천황태제님의 실재하심을 진심으로 인정하여 자미국에 입문한 사람들에 한해서 건국에 참여할 수 있고 하늘 백성의 자격이 주어진다.

인간세상에 존재하지 않던 천황님의 나라를 세우는 일이니 망상이라고 할지 몰라도 하늘 천황태제님의 천령정기 기운으로 자미국은 이미 개국 되어 천상지상공무를 집행하고 있다.

시작 단계이기에 쉽게 믿기는 어렵겠지만 모든 인류문명의 발전은 상상 속에서 시작되었다. 상상 속에서 시작한 인류문명은 결국 현실화되었다.

상상 속에서 시작한 인류문명이 현실화되었듯이 천상의 신선선녀들과 하늘께서 세우시는 지상의 자미국 건국이 지금은 상상 속의 이야기로 들릴지는 모르지만, 천지자연의 이치에 입각하여 자미국의 뜻은 현실루 이루어져 대한민국뿐만이 아니라 세계만방으로 펼쳐질 것이다.

무릉도원 이상향의 세상 건설.

이제까지는 종교적 관점에서 꿈속의 허상처럼 다루어왔으나 이제는 이를 좀 더 현실화시키려 한다. 발명가 한 사람이 수천 번의 실패 끝에 위대한 문명의 이기를 개발한 것처럼 자미국 또한 천상에서 내려주시는 수많은 메시지를 통하여 인류의 구심점으로 우뚝 서고자 최선을 다하고 있다.

기존의 절이나 도교를 세우는 것도 아니고 교회, 성당을 세우는 것도 아니다 보니 참으로 힘들고도 힘들지만 하늘·신·조상님들께서 원하고 바라시니 그분들께서 가르쳐 주시는 대로 행하고 있다.

이 꿈을 현실로 이루는 것도 저자의 뜻이고 또한, 이 뜻을 이루지 못하고 이 세상을 떠난다 하여도 이 또한 저자의 뜻이다. 하늘·신·조상님들께서 원하시는 세상이니 내가 인간 육신의 몸으로 이 땅에 살아있는 한 그분들의 뜻을 받들어 행할 것이다.

왜? 하늘·신·조상님들이 원하시니까. 하늘·신·조상님들이 원하신다면, 우리 인간은 그분들이 원하고 바라는 것을 해 드려야 하는 것이 아닌가?

설령 잘못된 계시를 받고 잘못 행하여 천황태제님 전에 천벌을 받아 내일 이 세상을 떠난다 하여도 두렵지 않다. 오늘이라는 시간 속에 나 자신이 할 일이 있고 살아있음에 감사하다.

오늘이라는 시간 속에 내가 이 땅에 살아있음으로써 천황태제님의 뜻을 이 세상에 전할 수 있음에 감사하다. 각자들은 내일이라는 시간에 맞추어 인생의 계획도 세우고 10년, 20년, 30년 후의 인생의 계획을 세우고 인생의 목표를 세우겠지만 저자는 하늘의 계획, 죽음 이후의 계획을 세우고 있다.

하늘의 일, 한편으론 너무 힘들다. 하지만 한편으론 기쁘다. 누가 믿어주든 안 믿어주든 중요치 않다. 산 사람들에게는 칭찬의 말을 못 들을지는 모르지만 위대하신 하늘 천황태제님께서는 순간순간 칭찬의 말씀을 내려주시고 "잘했다, 수고했다" 하시면서 위로도 해주시고, 수시로 하늘 천황태제님께서는 하늘의 선물도 주시기에 하나도 힘들지 않다.

또한 저자가 잘못된 글을 쓰면 천황태제님께서는 "이 부분은 틀렸다" 하시면서 모든 것을 다 바로 잡아 주시니 저자는 천황태제님께 나의 손과 발, 입 육신을 빌려 드리면 된다.

하늘세계의 건설, 무릉도원의 세계 건설이 최초이니 꿈만 같다. 저자 역시도 때로는 믿어지지 않는다. 하지만 천황태제님께서는 말씀하신다. "겁낼 것 없다. 하늘세계의 건설은 천황태제인 내가 세우는 것이지 인간인 네가 세우는 것이 아니다. 내가 세운다는데 왜 네가 겁먹고 있느냐?" 하시면서 껄껄껄 웃어 주신다.

이 글을 쓰면서 독자들의 거부 반응에 대하여 저자가 걱정하자 천황태제님께서는 저자를 위로해 주셨다. 스스로 자미국 자미천궁에 입문하여 각자의 몸으로 천황태제님께서 내리시는 천계의 신비한 천령정기의 기운을 느껴보면 저자의 말이 무슨 말인지 스스로 알게 될 것이고 종교와는 너무 다른 천황태제님의 천령정기 기운에 스스로 놀라게 될 것이다.

눈속임이나 회유, 권유, 강요가 필요 없다. 각자 육신의 몸을 통하여 스스로가 느끼게 되기에 하늘의 진실만이 존재할 뿐이다. 이곳 자미국은 종교의 교리를 전파하는 곳이 아니다. 그러기에 경전이나 교리가 없고 국가 개념만 있는 곳이다.

인생의 부귀영화 그리고 살아가면서 근심걱정 없는 꿈의 세상을 세워 우리 모두가 평화롭게 편히 살아가는 참다운 이상향의 무릉도원 세상을 세워나가는 곳이다.

하늘께서는 오래전에 우리 인류 모두에게 문제를 주심으로써 그 문제를 풀게 하시었다. 우리 인류는 하늘이 주신 문제를 풀어야 한다. 이 세상의 누군가는 하늘이 우리 인류에게 내리신 문제(무릉도원 자미국 건국)를 풀어야 하지 않는가?

하늘께서는 우리 인류에게 문제를 주심에 있어 처음부터 정답 없는 문제는 주시지 않으셨다. 또한 우리 인류가 풀지 못할 문제를 주신 것도 아니었다.

단지 우리 인간이 무지하다 보니 하늘께서 감히 우리 인류에게 주신 문제가 있었나는 것조차 모르고 살아가고 있을 뿐이다. 저자는 하늘이 인류에게 내리신 문제를 하나하나 풀어가고 있는 중이다. 하나하나 풀어갈 때마다 하늘 천황태제님께서는 활짝 웃으시며, "힘내라" 하시면서 격려의 말씀도 아끼시지 않는다.

또한 천상궁전에 입천 되신 나라조상님들께서도 하늘의 진실을 하나하나 밝힐 때마다 "천황태제님 만세! 대한민국 만세! 자미국 자미천궁 만세! 천황태제님의 궁전 천상궁전 만세!" 하시면서 매우 기뻐들 하시며 기쁨의 눈물을 흘리고 계신다.

세상 그 어느 누구도 풀지 못했던 하늘 천황태제님의 문제를 대한민국의 자손이 풀어나감에 영광의 눈물을 흘리시고 천황태제님 전에 충성을 하시며 "대한민국의 자손들 살려 주옵소서, 대한민국의 영가들 구원하여 주옵소서, 자미국 자미천궁 세워 주옵소서" 하시면서 열심히 충성하시는 나라 조상님들의 모습에 저자의 눈시울이 뜨거워진다.

해답 없는 문제를 풀고자 함이 아니다. 이미 그 해답은 주어졌건만 진정한 하늘의 백성과 하늘의 천인이 부족하다 보니 힘이 들 뿐이다. 진정한 하늘을 찾고자 하신 분들, 조상님 구원에 진심으로 열과 성의를 다 하신 분들, 인간의 삶을 소중히 여기며 나라조상님 뜻에 동참하시는 분들은 자기 자신의 조상님 구원을 한 후 자미국 자미천궁의 건설에 동참하기 바란다.

'백지장도 맞들면 낫다' 했듯이, 인간세계 건설도 아닌, 하늘세계 건설을 저자 혼자의 힘으로 어찌 가능하겠는가? 또한 자미국 자미천궁 건설에 동참하는 분들은 살아서도 죽어서도 하늘·신·조상님들께 복을 쌓는 일이기에 각자의 인생에도 많은 발전이 있을 것이다.

미스터리극장 '위험한 초대'와 '토요미스터리 극장'을 통하여 귀신들의 출현으로 우리 일상생활에 일어나는 불가사의한 일들을 보았을 것이다. 그것이 바로 보이지 않는 귀신세계의 기운이다.

귀신들조차도 그런 신비의 기운이 있는데 천황태제님 궁전에 계시는 천상 신선선녀들의 기운은 오죽하랴. 귀신과 천상의 신선선녀들의 기운은 하늘과 땅 차이이다.

우리 인간이 하늘의 천지기운만 자유자재로 받고 빌려 쓸 수 있다면 불가능은 없다. 인간의 힘으로는 아니 되었던 이상향의 무릉도원 세상 건설 또한 하늘 천황태제님과 신선선녀들의 신비스러운 힘을 빌리면 얼마든지 가능한 일이다.

저자는 하늘의 무소불위한 천지조화를 온몸으로 직접 체험했다. 저자뿐만이 아니라 많은 일반인들도 하늘의 무소불위한 기운을 수시로 느끼며 살아가고 있지만 일반인은 모르고 지나칠 뿐이다.

어떤 이들은 저자와 만나기만 하여도 기분이 날아갈 듯 좋아지고 근심걱정이 모두 없어진다. 막혔던 일이 쉽게 해결되었다면서 저절로 힘과 새로운 희망이 용솟음친다고 했다.

독자들은 저자의 기운이라고 생각하고 있을 테지만 엄연히 말하면 천상의 태상천존 자미 천황태제님, 감찰신명님(교화자이시며 하늘의 명 수행자), 천상도감님(도솔천 미륵님), 천상천감님(도리천 하나님)께서 내려주시는 진기의 기운이다.

수많은 사람들이 본인들 스스로 하늘 기운을 직접 느끼기에 거짓을 말할 수 없다. 이들 모두는 천상의식 때 천황태제님의 천지조화 기운을 스스로 느끼고, 그들이 느꼈던 하늘의 신비한 기운들을 저자에게 직접 말해 주고 있다.

각자 집에서 기도할 때와 이곳 자미국 자미천궁에서 의식할 때 참석해서 느끼는 기운은 그 차이가 너무나 많고 크다.

## 조상님들이 가고 싶은 곳은 천상궁전

이곳은 종교가 아닌 천황태제님의 지상 국가 자미국이다. 하늘의 진정한 뜻인 인류의 구심점 역할과 조상님들이 간절히 바라고 원하시는 말씀을 그 자손들에게 전해 주어 각자의 조상님 영혼들을 천상세계로 인도하여 구원하는 곳이다.

조상님부터 잘 받들어야 매사 일이 잘 풀린다. 살아계신 각자의 부모님을 지극정성으로 봉양하지 않고, 돌아가신 자기 조상님을 사랑하지 않음은 자손으로서의 도리에 맞지 않다.

모든 조상님들의 오랜 소망은 오매불망 기다리던 천상세계 무극대천의 천상궁전인 자미천궁으로의 입궁이다. 설이나 추석, 한식, 기제사와 성묘 때 자손들이 찾아와 올리는 절이나 제사 음식을 기다리는 것이 아니라 살아생전 알 수 없었던 저 높은 천상궁전에 오르는 것이 부모조상님들의 간절한 소망이다.

독자들도 곰곰이 생각해 보시라. 살아계실 때는 하루 세끼 식사를 하셔야만 살 수 있었던 부모조상님들이신데 돌아가시어서는 1년에 3~4회 자손들이 차려주는 명절 차례와 제사로 어찌 만족하시겠나? 그리고 언제까지 자손들의 손길을 기다려야 하는지 답답하기만 하다.

저자는 수많은 신명들과 조상님 영혼들을 청배하여 그분들과 많은 대화를 나누어 보았다. 신명이 인간에게 원하는 것은 천인합체, 신인합체, 신선합체였고, 각자의 조상님들은 이구동성으로 무릉도원 천상궁전으로의 입천入天이었다.

하지만 산 자손들은 사후세상 지식이 없어서 죽으면 모든 것이 끝이기에 사후세상은 존재하지 않는다고 하면서 조상님 구원을 하지 않으려 하니 구천세계에 있는 조상님들은 속이 새까맣게 탄다. 죽어봐야 안다고 했던가?

물론 산 자손들의 눈에는 조상님들의 모습이 보이질 않으니 이렇게 말할 수도 있다. 하지만 본인들의 의지와 상관없는 고통의 인생들은 어찌한단 말인가? 산 자손들 스스로가 보이지 않는 조상님 세계의 진실을 다 안 다음에 조상님 구원을 하려 하면 그것은 매우 위험한 일이다.

본인들 스스로가 조상님 세계를 알기 전 본인들의 인생은 내리막길 인생이 되기에 돌이킬 수 없는 고통을 자초하는 인생의 길이다. 조상님들께서는 그 시간 동안 산 자손들을 기다려 주지 않는다.

산 자손들은 이 책을 통하여 깨달은 바가 있으면 가족들이 더 많이 인생의 고통을 겪기 전에 각자의 조상님들을 천상궁전으로의 승천(입천)의식을 통하여 하루라도 빨리 조상님들을 구원해 주어야 본인들도 구원받을 수 있다.

그 세상은 모든 영혼들이 오르고자 하는 영혼들의 이상향 세상이다.

천상궁전으로 입천 되신 조상님들은 더 이상 자손들의 제사 음식을 기다리지 않는다. 천상궁전으로 입천 되신 조상님들의 산소는 가급적 빨리 화장해 드리는 것이 조상님이나 남아 있는 자손들에게 좋다. 자손들 몸에 내려와 있던 모든 조상님들이 천상궁전으로 승천하심으로써 가문은 날로 발전할 것이다.

이제부터 땅의 명당에 연연하지 말고, 영혼의 영원한 천상 제일 명당 자미천궁(자미원)으로 각자의 조상님들을 모셔야 자손은 자손으로서의 도리가 다 끝나게 된다. 이런 입천의식으로 각자의 조상님들이 천상궁전에 올라가셨을 때 기독교에서 말하듯이 "조상님 제사 지내지 마라, 절하지 마라"라는 말이 맞다. 이미 이 세상을 떠나신 부모조상님들도 이제 더 이상 자손의 몸에 와 있으면 안 된다.

천상궁전에 오르지 못한 조상님 영혼들은 자손들의 몸에 들어와 천상궁전으로 보내달라고 많은 고통의 메시지를 전하고 있으나, 살아있는 자손들은 그것을 해석하거나 알 수 없어 너무나 힘든 인생을 살아가고 있다.

내 부모형제가 죽은 뒤 산에 묻으면 영혼이 그곳 관 속에 있는 줄 알고 있는데 그것은 착각이며 화장도 마찬가지이다. 그 영혼들 99%는 장지에서 다시 자손의 몸으로 따라 들어온다. 이때부터 대부분 가정에는 이상한 일들이 꼬리를 물고 일어나기 시작한다.

그래서 절에 가서 천도재를 올리기도 하고, 무당 찾아가 지노귀굿을 해보기도 하지만 그때 잠시 잠깐뿐이다. 이 영혼들은 자신의 죽음 존재 자체를 잘 인정하려 들지 않고, 살아있는 것으로 착각하기에 가족들 몸에서 한시도 떨어지려 하지 않는다.

제사상에 차려 놓은 음식에는 관심도 없이, 너무나 믿어지지 않는 죽음의 현실 앞에 마냥 슬퍼 통곡만 할 뿐이다. 이 죽음을 깨닫지 못한 조상님 영혼들을 일깨워 가족들 몸에서 나오게 하여 천상궁전으로 보내 드려야만 우환이 사라진다.

죽은 영혼들은 무서움과 두려움에 항상 떨고 있으며, 천상세계 구만 리 장천 길을 가는 방법을 알 수 없기에 그저 막막할 뿐이다. 천상궁전으로 들어가려면 천상세계의 엄격한 법도에 따라야 하는데 대부분 조상님들은 전혀 모른다. 법문하고 굿하면 모두가 천상극락이나 천당으로 올라가는 줄 알지만 그렇지가 않다.

하늘의 명에 따라 천상궁전의 문이 열려야 들어갈 수 있다. 즉, 하늘 천황태제님의 입궁 허락이 있어야 들어갈 수 있는데 그 뜻을 아는 종교의 지도자도 없고, 그 뜻을 아는 일반 조상님 영혼들도 없다. 그러다 보니 굿을 하고 천도재, 치성을 올려도 아무런 효험이 없다 보니 서로 간에 분쟁만 일어난다.

각자의 개인 집에도 아무나, 아무 때나 들어갈 수 없듯이 천상궁전의 법칙 또한 지상과 다르지 않음을 알아야 한다. 천상궁전을 어찌 깨닫지 못한 죄 많은 영가들이 천황태제님의 입궁 윤허도 없이 조상님 영가들 마음대로 천상궁전에 함부로 들어갈 수 있단 말인가?

어떤 이유를 막론하고 자신들의 살아 계신 부모에게 효를 다하지 못하고, 이미 돌아가신 조상님들을 구원하지 못한 채로 사후세계에 갔을 땐 어떠한 이유나 변명이 필요 없다.

자기의 살아계신 부모나 이미 돌아가신 조상님들에게 효를 다 하지 않은 자손은 하늘의 복을 받을 자격도 없다고 하늘의 천황태제님께서 늘 말씀하신다.

하늘의 법도는 항상 도리를 근본으로 하신다고 말씀해 주시었다. "너희들의 뿌리도 몰라보고 인간의 근본이 안 된 자손들이 감히 어찌 나를 부르며 찬양하고 있더냐?" 하시면서 대로하신다. 하늘에 있는 내 모습을 본 적도 없고, 내 음성을 들은 적도 없는 인간들이 하늘을 감히 우롱하는 것 같아 기분이 나쁘다 하신다.

각자의 조상님들을 구원한 후 하늘의 천황태제님을 진정으로 모시어 찬양함이 기본 도리라 하신다. 하늘의 뜻이 바뀌었다. '조상님 숭배 잘하면 하늘의 복이 내린다.' 누구나 사후에는 천상궁전 들어가는 것이 소망이고, 사후세계가 확실히 존재한다면 하늘로부터 높은 벼슬을 하사받아 올라가고 싶은 것이 모두의 한결같은 소망이다.

보이지 않는 신과 조상님들과 싸워 이긴다는 것은 하늘의 별 따기이다. 단 한 사람도 그분들과 싸워 이길 수는 없다. 혹시 어떤 이는 "나는 이겼노라고" 하면서 큰소리치고 있을지는 모르지만 그건 자기 혼자만의 아주 큰 착각이다.

자신의 주위를 둘러보라. 배우자나 자식들이 본인이 겪었던 인생의 풍파를 똑같이 겪고 있을 것이다. 오히려 그들은 본인이 겪었던 고통보다 더 많은 고통을 겪고 있을지도 모른다.

설령 이겼다 한들 무엇 할 것인가? 어차피 그들은 본인들의 조상님이었거늘 자손이 조상님을 이겼다 한들 그것은 자랑스러운 것이 아니라 살아서도 죽어서도 하늘·신·조상님들에게 씻을 수 없는 죄가 된다.

하늘을 이기고 잘 되는 자손 없다. 신을 이기고 잘 사는 법은 세상 어디에도 없다. 조상님 이기고 성공하는 자손 이 세상에 단 한 명도 없다. 하늘·신·조상님을 이긴 자손들은 살아서도 죽어서도 영원히 구원받을 수 없는 최악의 죄가 될 것이다. 진심으로 인정하여 굴복하고 그분들의 오랜 소원을 즉시 이루어줘야 집안에 우환이 사라진다.

현대 의술로 아무리 치료해도 안 되는 병을 의술로 고치려다 저세상으로 떠나가고 있도다. 조상님들과 신을 병원에서 치료할 수 있다면 얼마나 좋을까?

조상님들과 신들은 병원에 가고 싶은 것이 아니라 구천세계를 떠나 천상궁전에 가고 싶은 것인데, 이를 모르는 자손들은 조상님들과 신을 병원으로 모셔 가고 있으니 이를 지켜보는 조상님들과 신들은 자손과 인간의 무지한 행동에 속이 새까맣게 다 탄다.

우리의 인생은 내일 꺼질지 모레 꺼질지 모르는 바람 앞의 촛불 신세이다. 아무리 노력을 하고 애를 써도 바람 앞에서 지킬 수 없는 촛불이고, 어차피 꺼질 촛불이라면 꺼지기 전에 나를 아낌없이 희생함이 꺼져가는 촛불의 아름다움이 아닐까?

언젠가는 가야 할 사후세계. 이 목숨 다함에 있어 억울하다 하지 말고, 이 목숨 다함에 있어 아름다운 죽음이 되어야 하지 않을까? 살아생전 하늘·신·조상님의 뜻을 따르지 않고, 사후세계에 들어가 제아무리 착한 척 하지만 하늘·신·조상님 모두는 알고 있도다.

살아생전 본인들이 하늘·신·조상님께 한 그 모든 행동과 본인들이 하늘·신·조상님께 먹었던 마음들조차도 그 모든 죄는 본인들 스스로가 지은 죄이기에 어느 누가 대신하여 본인이 지은 죄의 대가를 대신 받아줄 사람은 없다.

모든 것은 뿌린 이가 거둔다고 하였다. 죄도 뿌린 이가 거두어들임이 천지의 이치가 아니냐. 또한 복과 덕도 행한 이가 받는다. 복은 복대로 죄는 죄대로 받는다. 이것이 인간이 바꾸지 못하는 천지자연의 이치이고 하늘의 이치이다.

현세의 삶에서 하늘·신·조상님의 존재를 몰라봄에 행복하다 하여 안심하지 마라. 하늘·신·조상님들은 본인들의 죄를 저축하고 있을지도 모른다.

현세의 삶에서 고통스러운 사람들아! 너무 낙심하지 마라. 자미국 자미천궁에 행복의 인생이 숨어 있도다.

하늘·신·조상님들께서 진실의 뜻을 가르쳐 주었듯이 하늘·신·조상님들의 뜻에 따르면 된다. 지금까지는 길을 몰라 행할 수 없었다면 이제는 하늘·신·조상님의 가르침대로 행하여 행복의 길을 찾으면 된다.

언제까지 한숨만 쉬고 있을 것인가? 한숨 쉬는 동안 소중한 인생의 시간은 흘러가고 사후세계의 길이 가까워지고 있도다. 한숨 쉬는 동안 소중한 각자의 가족들 삶이 병들어 가고 있도다.

어차피 이 세상에 와서 이 세상을 떠나기 전에 각자가 하고 갈 일이 있다면 차일피일 미루지 말고 하늘의 숙제, 신의 숙제, 조상님의 숙제를 풀어 인간사 인생을 풀어야 하지 않을까?라고 저자는 결론을 내린다.

## 영혼의 안식처 천상궁전 가려면

삶 이후 시작되는 사후세계.

누구나 두렵고 무서운 미지의 세계이다. 살아생전의 재물 권력 명예가 모두 부질없고 오직 천상법도만 존재하는 사후세계. 살아생전 모든 것을 소유하였다 할지라도 사후세계로 돌아가게 되면 또 다른 영생靈生(영혼으로서의 삶)과 만나게 된다.

하늘이 내리신 사명을 완수하지 않고서는 사후에 편안한 자리를 보장받을 수 없다. 과연 하늘은 나에게 무슨 사명을 부여하셔서 이 땅으로 보내셨는지 그 사명을 알아야 한다. 정녕 나는 누구인가에 대한 신을 찾아 합체의식을 행함으로써 비로소 인간으로 온 사명을 완수하게 되는 것이다. 인생은 짧지만 사후세계는 장구하다.

80평생인 인생은 찰나일 뿐이고 죽음 이후의 사후세상은 영원하다. 현생만 준비하지 말고 죽음 이후의 사후세상 준비를 철저히 해야 한다.

사후세계를 인정하지 않는 사람은 해당되지 않지만 하늘이 존재하심을 진정 믿는 사람들은 주저하지 말고, 자신에게 내려진 명이 무엇인지부터 찾아내야 한다.

현생에서 내생에 이르기까지의 세월은 사람에 따라 천차만별이지만 짧게는 수천 년, 길게는 수십억만 년이라는 영겁에 해당한다. 그 영겁의 사후세계를 고통스러운 지옥에서 몸부림칠 것인가? 아니면 행복과 즐거움으로 가득한 천상궁전으로 갈 것인가.

사후세계에 대한 불안과 공포에서 벗어나는 길. 어차피 인간의 삶이 유한할진대 어떻게 하면 죽어서 좋은 곳으로 인도될 것인가? 탄생 이후 가장 현실에 직면해 있는 중요한 문제이다. 지금까지는 예수님이나 부처님만 믿으면 천국이나 극락은 떼 놓은 당상인 줄 알았으나 그 천상궁전의 열쇠를 가지신 분은 다름 아닌 천황태제님이시었다.

　이제부터는 세상의 종교를 떨쳐 버리고 우주의 주인이신 천황태제님께 충성하면서 하늘이 내리신 명을 받들어야 한다. 천황태제님은 세상의 사람들에게 명하시었다.

　"나의 화신으로 대행자 인황을 인간세상에 내려보냈도다.

　하늘의 대행자 인황의 몸은 이제부터 나의 신궁(집)이니라.

　나(천황태제님)의 형체를 너희들 스스로는 볼 수 없으니 하늘인 나를 만나고 싶거든 대행자 인황을 통하여 나를 만나면 되리라. 나의 화신이며 분신인 대행자 인황을 통하여 그대들의 말을 들을 것이니라. 허허공공한 하늘에 빌지 말고, 나의 화신인 하늘의 대행자 인황을 통하여 그대들의 소원을 말하여라.

　하늘인 나를 진심으로 믿는 자만 하늘인 나를 부르도록 하여라.

　또한 그대들의 소원을 말함에 있어 그대들의 소임을 다한 다음에 그대들의 소원을 말하도록 하여라. 너희 인간세계가 분명히 존재하고 있듯이 천상의 신명세계도 실제로 존재하고 있으니 천상세계의 존재 여부를 가지고 너희 인간들이 더 이상 갑론을박하지 말도록 하여라.

　너희 인간들이 천상세계의 존재 여부를 가지고 논해도 너희들 스스로는 억만 년의 세월이 흘러가도 정답을 찾을 수 없으니 더 이상 천상세계의 존재 여부를 놓고 논하지 말고, 진심으로 믿는 자들만 자미국 자미천궁의 뜻에 동참하면 될 것이니라.

　나의 육신이 너희 인간들의 육신과 다르다 보니, 너희들 스스로 나의 육신을 볼 수 없기에 내 친히 나의 화신으로 대행자 인황을 이 땅으로 내려보냈으니 대행자 인황을 통하여 나를 알현하면 될 것이니라" 하시는 말씀을 내려주셨다.

　하늘의 백성과 천인이 되는 길은 자미국 자미천궁을 통하면 가능하다. 살아생전 하늘의 천인과 백성이 되면 죽어서도 하늘의 천인과 백성이 된다. 이곳은 태초 이래 세계 최초로 처음 세워지는 하늘의 천상국가로서 천상세계 신명정부이다.

천상세계 주인이신 천황태제님의 존재에 대하여 책을 읽고도 믿지 못하거나 인정하지 않는 사람들은 부정하며 살아가면 된다. 살아서 인정 못 한다면 죽은 후에 고통의 세월을 통하여 스스로 알면 된다. 자신의 조상님과 자신의 신들을 사랑하는 마음이 남다른 자손들이 모여 조상님을 구원하고 신을 구원함으로써 천상국가를 지상에 세우는 곳이다.

하늘의 백성이 되고, 천인의 반열에 올라 천황태제님으로부터 천상세계 신명정부의 각료로 임명장을 받은 사람들은 사후세계에서도 높은 반열에 오르게 된다.

천상궁전에 오르려면 하늘의 윤허가 반드시 내려져야 한다. 자신들의 사후세계를 자신들이 스스로 미리미리 준비하고 대비해야 한다. 현실에서 인간의 상상을 초월하여 일어난 불가사의한 일들 모두는 우연을 가장한 천상신명들의 조화법이다. 우주 운행법칙에 따라 우연을 가장한 필연으로 우리 현실에 일어나고 있다.

복 받을 사람은 하늘의 뜻에 순종할 것이고, 벌 받을 사람들은 애써 부정하리라. 누구든지 인간의 명이 다하면 인간세상을 떠나 어둠이 짙게 깔린 저승길로 다시 돌아가야 한다. 비록 살아생전 높은 관직에 있었고, 이 나라의 모든 재물을 갖고 있었던 재벌이라 할지라도 죽음 앞에서는 그 어느 누구도 자유로울 수가 없다.

사후세상을 어찌 대비할 것인가? 믿을 수도 안 믿을 수도 없는 죽음 이후의 세상! 어떤 이들은 모든 것이 죽으면 끝이라고 부정하며 살아간다.

어떤 이는 사후세계를 인정한다. 인정은 하였지만 어떻게 해야 사후세계를 준비하는 것인지 몰라 많은 갈등의 시간 속에 어쩔 수 없이 죽음에 대한 두려움과 공포를 해소해 보고자 종교에 의지하며 살아간다.

그래도 어쩌랴!

인간의 삶이 다하는 그 순간까지 하늘의 숨은 진실은 인간의 눈에 보이지 않기에 죽음의 순간까지도 진실을 알지 못한 채 이 세상을 떠나가고 있는 영가들이 대부분이니 실로 안타까울 따름이다.

죽음 이후.

사후세계의 진실을 알고 하늘의 진실, 조상님의 진실을 모두 알게 되어 '다시 한 번 더 인간의 삶으로 돌아올 수만 있다면?' 하늘·신·조상님 세계를 부정하지 아니하고 참으로 잘하련만 하고 후회를 해보지만, 하늘께서는 두 번의 기회를 주지 않으시니, 사후세계의 영가들은 이러지도 저러지도 못하고 있다.

 사후세계의 길에서 뒤늦게 하늘의 진실을 깨달은 영가들은 발을 동동 구르며 목 놓아 울지만 하늘의 문, 천상궁전의 문은 그들을 향하여 굳게 닫히고, 지옥세계의 문은 그들을 향하여 활짝 열리니 모든 조상님 영가들은 선택의 기회도 없이 지옥세계로 향하도다.

 이것이 사후세계의 진실이건만 저자가 전하는 사후세계의 진실은 독자들의 눈에 안 보이기는 매 마찬가지이니 이를 믿을 수도 없고, 안 믿을 수도 없고 이 또한 독자 여러분에게는 또 하나의 고민일 것이다.

 저자의 말이 진실인지 거짓인지 가장 확실하게 입증하는 방법은 각자 스스로가 사후세계에 가보면 저절로 알게 될 것이지만 이미 때는 늦은 것이다.

 모두가 가야 갈 사후세계, 좀 더 편히 가는 방법은 정녕 무엇일까?

 하늘의 말씀을 통하여 그 진실의 열쇠를 찾았다. 진실의 열쇠를 아낌없이 내려주신 천황태제님 전에 감사드리며 하늘 천황태제님의 고귀하신 말씀을 전하는 바이다.

 너희들이 궁금히 여기는 천당과 지옥의 세계는 분명히 존재하고 있느니라. 살아생전의 삶이 어떠하였느냐에 따라 천당과 지옥의 세계가 결정되느니라.

 살아있는 그대들의 부모에게 효를 다하고, 정의와 도리 앞에 앞장서며, 이미 떠나간 그대들의 부모조상님 영혼 구원 잘하고, 그대들의 영혼을 준 영혼의 어버이에게 감사할 줄 알며, 진심으로 하늘을 인정하고 받든 자 근심걱정 없는 나의 궁전, 천상궁전에 올라 나의 백성과 천인으로 다시 태어나는 하늘의 영광을 누리게 될 것이고 그대들 삶의 부귀영화와 건강도 모두 마찬가지니라.

 그대 마음의 진실과 거짓 또한 그대들이 결정하는 것이 아니라 내가 직접 심판하여 내가 결정하느니라. 나는 그대들의 속마음까지도 알고 있느니라. 그대들이 할 일은 하지 않은 채, 하늘인 나를 원망하지 마라. 살아생전 하늘의 사명을 완수한 자 죽어서 천상궁전 올라 높은 벼슬자리에 오르고 천상의 선관과 선녀(천사)들로 하여금 지극한 대우를 받게 될 것이니라.

그대들의 영혼을 내가 창조함으로써 그대들의 생명을 내가 주었도다. 그대들의 영혼을 내가 창조하여 주었듯이 그대들의 영혼을 창조한 내가 그대들의 영혼을 구원할 수 있느니라.

살아서의 삶은 짧고 죽어서의 삶은 영원하니 하늘의 이치를 깨달은 현자는 살아서의 짧은 삶보다 죽음 이후의 장구한 삶을 준비하느니라. 어찌하면 죽어서 좋은 곳으로 올라가 편안하게 잘 지낼까 각자들 생각하지만 그 판단은 나의 권한이니라.

살아생전 나의 백성이 되어야 죽은 후에도 나의 백성이 되어 나의 궁전에 오를 수 있음은 만고의 진리 아니던가? 살아생전 나의 백성이 아니었건만 어찌 죽어서 나의 백성이 될 수 있다더냐? 살아생전 나의 명을 거역한 자 죽어서도 나의 곁으로 올 수 없도다.

그렇다.

사후세상이 있느냐 없느냐 의견이 분분하지만 분명히 존재하기에 수많은 지구촌의 인류가 종교에 빠져들고 있는 것이며, 나름대로 좋은 산소자리를 찾으려 하는 것도 사후세계를 믿기 때문에 행한 일들이었지만 하늘의 진실을 알고 보니 그동안 우리 인간들이 행한 그 모든 일들은 부질없는 일이었다.

하늘이 돕지 않으면 만사 불통이라! 산소가 제아무리 호화찬란하여도 육신은 썩어 없어지고 혼은 떠서 중천에 머물며, 이리저리 방황하며 천상궁전에 오르기만 학수고대하며 자손들의 몸에 들어와 울고 있다.

자신들의 몸에 들어와서 조상님들이 간절한 메시지를 전하지만 자손들은 조상님들이 전하는 그 뜻을 전혀 알아들을 수가 없으니 참으로 서로서로 답답하다.

죽은 조상님 역시도 살아서는 하늘 · 신 · 조상님 세계를 무시하며 죽어서 제삿밥이나 얻어먹고 호화 묘소에 안치되면 모든 것이 편할 줄 알았다.

　죽음 이후가 살아서 보다 더욱더 힘이 들어 천상궁전 오르려고 자손들 몸에 들어가 온갖 고난의 메시지를 전하다 보니 고통받는 자손들은 조상님 산소 탓인가 하면서 이장을 해보지만 백약이 소용없으며 이는 하늘을 바로 알지 못해 겪게 되는 고통이다.

　인간사의 모든 운수는 하늘에서 관장하고 있는데 인간들이 제멋대로 바꾸려 하니 하늘에서 진노할 수밖에 없다. 본인들 영혼의 어버이이시고 하늘이신 천황태제님께서 인간세상의 화신인 '하늘의 대행자 인황' 육신을 빌려 하늘의 뜻을 지상에 세우시고 있다.

　살아서 보다 죽음 이후의 삶을 준비해야 한다. 죽어서 고생하지 않으려면 살아서 자신의 조상님들 구원하고, 하늘의 백성되어 천황태제님께서 내리시는 하늘의 명을 받아 천인합체, 신인합체, 신선합체의식을 통해 하늘의 천인이 되는 길이 사후세상을 편히 보장받을 수 있는 확실한 길이다.

# 제5부

# 희망과 절망

하늘의 황실이 한반도에 세워져야 |
신비로운 천령정기 기운을 받으면 |
하늘의 백성으로 인생을 다시 시작한다 |
하늘에서 감추어둔 천계의 대 신명들 | 미륵님 출세 |
세기적 예언자들은 말한다 | 서기 2012년, 2036년 지구 종말론

## 하늘의 황실이 한반도에 세워져야

　신명세계, 영혼세계, 인간세계를 모두 다스릴 줄 아는 인류의 정신적 구심점이 될 하늘이 내린 지도자가 절실히 필요한 시기가 도래하였다. 하늘이 편해야 땅이 편하고, 땅이 편해야 사람이 편하다. 천지인 즉, 하늘의 천인(신명)들과 조상님들이 편하면 자연 사람들은 근심걱정 없는 세상에서 태평성대를 누리며 살아가게 된다.
　인생사의 모든 고통과 불행, 슬픔은 보이지 않고 들리지 않는 신과 조상님들이 각자에게 보내는 메시지이다. 그러므로 하늘·신·조상님에서 원하고 바라는 소원을 사람들이 먼저 들어드려야 한다. 지금 하늘에서 우리 인류에게 바라고 원하는 소원은 인류와 함께 공존공생하는 새로운 세상을 열고자 하신다.
　인류가 애타게 기다려 온 무릉도원의 세상. 이미 천상궁전 자미천궁에는 이상향의 무릉도원 세상이 펼쳐져 있다. 천상궁전과 똑같은 세상을 지상에 세우고자 함이 저자와 하늘의 뜻이다. 천상의 신들께서 인간의 몸으로 내려와 신과 인간이 하나가 되었을 때 이상향의 무릉도원 세상이 현실로 이루어진다.
　천상의 신들께서 인간세계로 하강하시어 천상세계 신명정부를 세우고 천황태제님의 나라를 세움으로써 인간과 신은 둘이 아닌 하나가 되어, 인간사의 고민걱정 질병들은 천상의 신명들께서 소멸을 하시어 서로 근심걱정 없이 활짝 웃는 세상이 되니 이것이 바로 온 인류가 기다려 오던 이상향의 무릉도원 세상이 아니던가?
　무소불위한 천력天力으로 인류를 영도해 나가게 되면서 세계를 깜짝 놀라게 할 대한민국. 우리나라도 이젠 모든 것이 바뀌어야 한다. 이제 우리나라 국민들도 정치적으로 많이 성숙했으므로 우리나라도 입헌군주제를 도

입하고 의원내각제를 실시해야 할 때가 온 것 같다. 수많은 국민들이 정부 수립 이후 역대 통치자들의 잘못된 국정운영으로 모두가 고통을 함께 겪어 왔다.

이제는 통치자가 잘 못하면 즉시 물러나게 하고 새로운 지도자를 국회에서 신속히 뽑도록 하는 것이 나라 발전과 안정을 위해서는 가장 바람직한 일이라고 본다.

난세가 영웅을 만든다고 했듯이 이제 그 영웅이 출현할 시대가 도래했다. 하늘이 내린 명! 세상이 하늘을 부르고 있다. 우리 인류 모두가 선택해야 할 하늘! 하늘의 천지기운이 내리신 인류의 영도자! 인류에겐 그런 하늘의 영도자가 절실히 필요하다!

수억 년의 오랜 세월 속에 처음으로 꽃피는 하늘. 이제 하늘도 그 원과 한을 풀 때가 왔다. 자미국 자미천궁을 통해서 하늘의 깊고도 깊은 원과 한이 풀려지도다. 천상의 천황태제님 명을 받은 천상신명(천인)들이 정치를 해야 하는 시기가 이제 도래하였다. 천상신명들이 정치를 해야 이 나라가 세계의 중심 지도 국가로 부상한다.

천상세계 신명정부 시대가 펼쳐지면 백성들은 경제가 잘 돌아가 근심걱정 없는 꿈의 세계 무릉도원 세상이 펼쳐진다. 하늘의 명을 받아 천상세계의 고급 신명님들이 사람 몸으로 하강을 하여야 한다. 하늘의 명을 받아 하강한 천상의 고급 신명님들이 세우는 천상세계 신명정부! 이 땅에 인류 최초로 세워지는 천상국가가 될 것이다.

천황태제님께서 세우시는 천황님의 나라 자미국! 신명세계, 영혼세계, 인간세계 모두를 주재하시고 통치하신다. 행복이 꽃피는 자미국 세상. 모든 인류가 수억 년 기다려 온 이상향 세계의 국가 이름이다. 하늘의 천황태제님께서 직접 통치하시는 무릉도원의 국가. 살아서 모두가 천상신명이 되는 별천지 세상이 당대에 현실로 이루어진다.

질병 없는 건강한 세상, 가난 없는 부귀의 세상, 불행 없는 행복한 세상, 거짓 없는 진실한 세상, 실패 없는 성공의 세상, 미움 없는 사랑의 세상, 사고 없는 안전한 세상, 근심 없는 편안한 세상, 단명 없는 장수의 세상,

전쟁 없는 평화의 세상을 만들고자 자미국 자미천궁이 개국되었다.

하늘의 백성으로 태어나게 되면 고통의 세월을 잊고 새로운 인생을 출발할 수 있다. 하늘의 명에 따라 백성으로 입국하면 힘들었던 일들이 보이지 않는 하늘의 힘으로 해결되는 신비함을 각자가 체험하게 된다.

하늘이 주도하시는 천상세계 신명정부에 스스로 참여하는 것은 나와 내 가정에 하늘의 천복이 들어와 근심걱정 없는 삶을 영위하게 되는 지름길이다.

저자는 천상세계에서 하늘의 명을 받아 인간 육신의 몸으로 세상에 내려온 천상신명들을 찾고 있다. 하늘의 명을 받고 인간 몸으로 내려온 신명들을 찾아 천인들이 정치하는 천상세계 신명정부를 구성하여 무릉도원 세상을 세우고자 한다.

사람의 힘으로 안 되는 것은 신명의 힘과 신명의 능력을 빌리면 된다. 신과 인간이 서로 대립의 상태가 아닌 화합의 상태가 되었을 때 인간의 상상을 초월한 이상향의 평안한 세상이 이 땅에 펼쳐지게 된다. 신은 인간의 능력으로 이루지 못하는 불가능한 영역의 일들을 이룰 수 있도록 인간을 도와주고 인간은 신들의 손과 발, 입이 되어 주면 된다.

하늘과 땅이 서로를 기쁘게 해주었을 때 지구촌의 인류 모두가 기다리던 진정한 무릉도원의 시대가 현실로 펼쳐진다. 천상신명들과 인간이 하나로 합체되면 인류가 오랫동안 원하고 바라던 이상향의 무릉도원 세상이 신들의 능력에 의해 현실로 이루어진다. 신과 인간이 하나 되지 않고는 이상향의 세상은 수억 년이 지나도 현실로 실현되지 않을 일장춘몽의 이야기일 뿐이다.

천상세계 신명정부! 신명정부의 관료가 되려면 천황태제님의 명을 받아 천인(천상신명과 합체)으로 탄생해야 한다. 천상 신명정기가 무궁무진하게 몸에 내리게 되므로 천상신명들의 역할을 충실히 수행할 수 있다. 독자들 중에서 탄생할 천인(천상신명)들은 인간세상을 천지개벽 시키고, 하늘이 내리시는 천력으로 인류를 영도하여 지상낙원 무릉도원의 세계를 이 땅에 건설하게 된다.

이제 인간이 아닌 천상신명들이 천계에서 내려와 무릉도원을 세우고 있도다. 이것이 바로 우리 인류 모두가 바라던 유토피아 세계의 건설이다. 천상신명들의 진기가 매우 강하게 내리어 각자가 원하는 인간사의 목표를 달성할 수 있는 새로운 별천지의 세상이 도래하리라!

근자에 역사적 문화 전통성을 잇기 위하여 조선 황실을 복원하자는 일부 여론이 잠깐 있었다. 어찌 보면 황실의 뿌리를 잇기 위한 좋은 발상이기도 하다. 한 왕조의 복원이기에 뜻이 깊다 할 것이지만 심사숙고해 봐야 하리라.

이 나라는 대통령제를 폐지하고 의원 내각책임제로 가야 한다. 하늘의 천황님께서 직접 통치하시어 영도하는 천황태제님의 나라가 세워져야 세계 인류의 구심점 역할을 할 수 있다.

의원내각제 실시와 더불어 하늘 천황태제님의 나라를 세계 최초로 세우는 것 또한, 이 나라의 국민들 모두가 선택할 사항이지만 받아들이고 안 받아들이고는 국운에 따라 좌우될 것이다.

세계를 하나의 자미국 단일국가로 통합시켜 천손민족이 세계 인류를 영도하려면 조선왕조의 복원이 아니라 세계 인류를 지배 통치하실 수 있는 하늘의 천황태제님 황실이 한반도에 세워져야 천손민족이 기다리던 신의 종주국으로 탄생할 수 있다.

무소불위하신 하늘의 천황태제님께서 동방 땅에 강림하시었다. 이제 자미국 자미천궁이 우뚝 세워진다면 초강대국들도 더 이상 저희들 마음대로 대한민국의 국정에 간섭하지 못할 것이다. 대한민국을 살리고자 하는 이 마음은 저자의 꿈으로 끝나면 안 된다.

대한민국의 자손들 모두도 이 뜻에 동참하여 이 나라를 살려야 한다. 대한민국을 살림은 대한민국 후손을 살리는 우리 모두의 막중한 임무이기도 하다. 또한 우리 선조 조상님들의 소원이기도 하다. 이 나라는 장차 세계를 호령하게 되기에 더 이상 초강대국들에게 비굴한 모습을 보이지 않아도 되리라.

자미국 자미천궁의 건립은 저자 개인의 소망을 이루기 위함이 아닌 대한민국 한 나라의 소망을 이루는 일이니 천손민족 모두가 합심 단결하여 국민 모두의 후원성금으로 세워져야 마땅하다. 이렇게 됨으로써 선천의 종교시대는 막을 내리게 되고, 후천의 이상향 세상을 펼치는 전환점이 될 것이다.

하늘이 친히 저자 몸으로 하강 강림하시어 행하시는 천지대업으로써 인류역사에 길이 남을 일이고 대한민국 모두의 자랑이기도 하다. 세계의 모든 국가는 장차 '자미국'의 연방국가로 자청하여 귀속될 것이며, 그들 스스로는 모두 천지기운에 이끌려 천손민족을 상국으로 깍듯이 예우하고 받들게 되며 하늘에 천공天貢을 올리게 되리라.

하늘의 천황태제님께서 이 땅 대한민국에 우뚝 서셨을 때 우리 인간의 모든 상상을 초월하여 현실로 일어날 일들이다. 단지 이 시기가 언제인가가 의문일 뿐이다. 진정한 하늘의 천인과 백성들이 모여 이 시기를 앞당기고자 이렇게 하늘의 뜻을 책으로 집필하여 전하고 있다. 진정한 하늘의 천인과 백성들이 힘을 합했을 때 이 뜻을 이룰 수 있다. 이와 같은 저자의 미래 구상에 공감하여 뜻을 함께할 천손의 후예들은 일단 하늘의 자미국 백성으로 입문하여 동참해야 한다.

조선의 황실을 복원하는 것이 장차 국익에 도움이 되는지 아니면 하늘의 천황태제님과 천상신명들이 모두 거처 하실 자미국 자미천궁의 건립이 옳은 것인지는 각자 국민들이 판단하여 실행하면 된다.

이제까지 미쳤다는 소리 듣는 사람들이 세상을 천지개벽 시키며 이끌어 왔다. 그 대표적 사람들이 갈릴레오, 노벨, 에디슨, 아인슈타인 등등이다. 이들은 당시 수많은 사람들로부터 미친 사람 취급을 받았으나 후세 길이길이 이름을 사해만방에 떨쳤다.

그 사람들이 당시 행하고 주장한 이론들에 대해 각자 자신들의 일반적 상식수준으로는 이해가 안 되었기에 모두 미쳤다거나 황당하다며 사이비로 몰아버려 미친 사람 취급을 했었다. 이들은 마음속에 공상의 세계를 현실로 이끌어 내어 인류문명 발전에 지대한 공로를 세운 세계적 유명 인물들이다.

이분들과 마찬가지로 하늘의 황실을 세운다고 주장하는 저자를 미쳤다거나 과대망상중 환자라고 몰아붙일 사람들도 부지기수로 많이 나올 것이라 본다. 한 가지 일에 몰두한 미친 사람들만이 성공의 열매를 거둘 수 있고, 세계 최고의 정상 자리에 오를 수 있다. 그래야만 타의 추종을 불허하며 그가 속한 전문 분야에서 세계적 권위를 자랑하는 최고 전문가로 우뚝 선다.

자미국의 황실이 이 땅에 세워짐은 대한민국의 국위가 선양되고 그 위상이 세계로 전파되어 국가의 품격이 그만큼 높아진다는 뜻이다. 즉, 자미국의 황실 건립은 대한민국의 국위를 세계만방에 떨치고, 인류 역사에 지대한 영향을 미칠 중차대한 일이기에 국가적 차원에서 추진되어야 마땅할 것이라 본다.

자미국이 개국한 2005년 7월 이후, 대한민국의 위상이 하늘 높은 줄 모르고 수직 상승하고 있음에도 왜 그런 것인지 정부와 국민들은 이 대단한 진실에 대하여 알려하지 않고 있다.

## 신비로운 천령정기 기운을 받으면

　하늘의 존재를 자신의 몸으로 느껴보지 못한 사람들은 보이지 않고 들리지 않는 세계에 대하여 부정할 수밖에 없다. 자미국 자미천궁에 방문하여 하늘 천황태제님께서 내리시는 천령정기의 기운을 본인들 스스로 직접 느껴보면 부정의 마음이 사라진다.

　의식을 행하면 하늘의 신비한 기운인 천령정기를 자신의 온몸으로 직접 느낄 수 있다. 어느 도교단체나 종교에서 몇십 년 수행해도 감히 느껴보지 못했던 천지의 기운.

　하늘의 천지기운을 받게 되면 얼굴 혈색이 변한다. 마음의 편안함을 느낀다. 크고 작은 난제들이 신기하게 해결된다. 술을 먹어도 피로가 빨리 풀린다. 온몸이 전기에 감전된 듯 강한 진동이 몰려옴을 느낄 수 있게 되고 또한 저자와 만남의 시간을 갖고 나면 천지기운을 강하게 느끼며 막혔던 일들이 잘 풀어지고, 무거웠던 마음이 갑자기 상쾌해지고 가벼워지는 사람들이 많다.

　이외에도 더 많은 신비한 조화들이 수없이 일어나고 있으니 많은 독자들께서 의식을 행해 직접 체험해 보시기 바란다. 이런 신비조화가 일어나고 있음을 볼 때 천황태제님께서 저자의 몸을 통하여 천령정기의 기운을 수많은 사람들에게 내려주시기에 가능한 일이다.

　하늘의 천황태제님께서는 각자에게 천령정기의 기운을 실제 체험할 수 있도록 기회를 주어 보이지 않는 하늘의 존재를 바로 알게 하시는 것이다.

　기도 중이나 일상생활에서 천황태제님의 천지조화를 온몸으로 느끼는 사람들은 참으로 많다. 백성과 천인들에게서 일어났던 사례를 들을 때 저자는 큰 보람과 긍지를 가슴 깊이 느끼며 천황태제님의 대 능력에 너무나 감사하다.

1999년도의 어느 날, 천황태제님께서는 저자에게 하늘의 말씀을 내려주셨다. "앞으로는 너를 바라보기만 하여도 그들의 소원이 이루어지는 일들이 너의 현실로 일어날 것이니라"라는 말씀이셨다. 그 시절에는 그 말씀이 무슨 뜻인지를 몰라 대수롭지 않게 생각하며 살았고 그 후로 8년의 세월이 흘러갔다.

지금 자미국 내에서 일어나는 모든 상황을 볼 때 8년 전에 내려주신 말씀이 현실로 이루어지고 있었다. 하나도 어긋남 없이 천황태제님께서 이루어 주고 계셨다.

그런 신비의 능력은 저자 인간의 능력이 아닌 하늘 천황태제님께서 저자 육신의 몸으로 친히 하강하시어 천상공무를 집행하시기에 신비한 일들이 현실로 이루어지고 있는 것이다.

하늘의 천황태제님께서 이 나라의 동방 땅에 내려오시었으니 이 또한 천손민족의 자랑이고 무한한 영광이리라. 이제 천손민족의 구심점이신 대단하신 하늘 천황태제님께서 하강 강림하시었으니 우리 모두가 영접하여 받들어야 하리라.

자미국에는 기독교의 도리천주 하나님이신 천상천감님, 그리고 도솔천주 용화세존 미륵존불님이신 천상도감님 모두가 함께 참여하여 이루어지는 하늘과 땅의 천상지상 공무이므로 더 이상 종교 간의 그 어떤 갈등도 일어나지 않는다.

이미 하늘의 신명세계에서는 기독교와 천주교, 이슬람교, 힌두교, 불교, 유교, 도교, 무속 등 기타 모든 종교가 하나로 합쳐졌다. 석가, 예수, 공자, 노자, 마호메트, 성모 마리아 등등 종교의 구심점 역할을 했던 천상신명들 모두가 천황태제님의 나라 자미국 건설에 동참하기로 하였다.

이제 독자들의 각자 선택만 남았다.

저자가 추구하고 있는 이상향세계 무릉도원 건설에 공감하여 하늘의 백성과 천인이 되고자 하시는 분들은 책의 내용에 공감한 사람에 한하여 입문할 수 있다. 하늘의 천황태제님께서 친히 다스리시는 위대한 천손민족의 국가를 세울 것인가? 아니면 지금처럼 늘 강대국들의 눈치나 보면서 피눈물을 흘리며 약소국가의 처절한 서러움을 가슴에 한으로 품고 살아갈 것인가는 정부와 국민들이 선택해야 할 일이다.

국가 재정이 튼튼하다고 약소국가의 서러움을 면할 수 있는 것은 아니다. 인간의 상상을 초월한 하늘의 무소불위한 절대적 천력天力과 천권天權의 힘이 있어야 한다.

## 하늘의 백성으로 인생을 다시 시작한다

조상님 입천제를 행하여 조상님들을 천상궁전으로 구원해 드리면 천상궁전의 천황님 백성으로 새롭게 탄생할 수 있다. 조상님들은 하늘에서, 그 자손들은 자미국 자미천궁에서 하늘로부터 천지 음양기운을 받는 하늘의 백성이 된다.

그때부터 새로운 인생이 시작된다. 입천제를 행하여 조상님들을 구원한 하늘 백성들의 사례이다. 비록 금전적으로 넉넉하지는 않지만 만사가 그리 태평할 수가 없다고 하였다. 그동안의 근심걱정들이 해결되었다. 사건사고의 위험에서 여러 번 구원받음에 기뻐한다. 매일 술을 먹던 어머니가 술을 끊었다. 주사가 심하던 남편이 술을 한 잔도 입에 대지 않게 되었다. 불면증이 해소되었다.

수입이 예전보다 크게 늘었다. 두통, 어깨, 가슴, 허리 등 온몸의 아픈 곳이 감쪽같이 없어졌다. 시험을 잘 보아서 1등을 했다. 방황하던 마음이 안정을 찾았다. 얼굴이 밝아졌고 얼굴에 윤기가 흐른다.

부인이 이혼해 달라 하여 말할 수 없는 고통을 겪었으나 다시 화합하는 조화가 일어났다. 아침에 일어나기 힘든 사람이 가볍게 일어났다. 직장을 옮겨 수입이 크게 늘어났다. 영안이 열려 천황태제님의 모습을 보게 되었다. 생령이 천상궁전에 올라가 그곳 세상을 구경하는 이변이 일어났다. 정말 환희의 세상이 열리고 있다!

이상향의 새로운 천황님의 나라 자미국 자미천궁! 인간이기에 고통과 번뇌 속에서 살아갈 수밖에 없는 세상을 탈피하여 신명 나는 세상에서 살아갈 수는 없을까? 우리 모두가 살아서나 죽어서나 그리워하며 가고 싶은 꿈의 세계이자 지상낙원인 천황님의 나라 자미국 자미천궁! 이는 천상의 절대자께서 지상에 세우시는 천황태제님의 국가로서 우리의 소망을 이루어 줄 공간이기도 하다.

　기도에 응답 없는 지금까지의 종교적 관념을 벗어나 하늘의 말씀을 들을 수 있는 사상 초유의 지상궁전 자미국 자미천궁. 이곳은 종교적 공간이 아닌 하늘과 신명들의 세계로서 인생 살아가는 동안 물질적 정신적 고통에서 벗어나 사후세계 천상궁전으로 오르고자 열망하는 이들이 함께하는 나라이다.

　천지기운을 받은 사람들은 인생을 살아가면서 음과 양으로 보이지 않는 엄청난 우주 에너지를 몸에 축적하게 되어 젊음의 활력이 넘쳐 새로운 삶으로 탈바꿈하게 된다. 하늘의 주인이신 천황태제님께 선택받을 수 있음은 축복과 영광의 일로서 개인과 가문의 경사이다.

　인간세계의 일들은 저자인 하늘의 대행자 인황을 통하여 모든 것을 지시하시고 관리감독 통솔하신다. 독자 여러분 모두는 천황태제님의 명을 받아 이 땅에 태어났다. 그 명命이 무엇인지 어서 찾아서 하늘이 내린 사명을 수행해야 인생을 살아가면서 고통이 즐거움으로 바뀐다. 여러분 몸으로 천상신명들이 하강할 날을 기다리고 있다. 각자가 어떤 신명의 몸으로 인간 육신을 빌려 내려왔는지 빨리 찾아내어 이 뜻을 수행함이 하늘이 내리신 사명을 완수하는 길이다.

　자미국 백성으로 입문 절차는 4단계가 있다. 특단, 상단, 중단, 하단의 등급이 있으며 본인의 인적사항을 기록하여 하늘의 천황태제님께 천고 의식을 통하여 하늘의 백성으로 다시 태어날 수 있다. 자미국 자미천궁에 입문을 하고 나면 위대한 하늘 천황태제님의 백성이 되었음에 보람과 긍지를 느끼게 된다.

　자미국과 인연 맺은 많은 사람들이 하늘의 천황태제님께서 내려주시는 천령정기의 사랑과 기운 덕분에 인생이 행복해진다. 정말 우주의 천황태제님께서는 천변만화의 천지조화를 부리시는 무소불위하신 하늘의 절대자이시다.

　경험보다 더 좋은 스승은 없다고 하였듯이 '조상님과 하늘(천황태제님)께서 원하시는 것을 각자가 행하지 않고서는 조상님과 하늘로부터 받을 것은 아무것도 없다'라는 진실을 깨달아야 한다. 즉, 내가 인생의 어떤 뜻을 이루고자 한다면 먼저 의식 절차에 따라 하늘께 천고의식을 행하고 하늘에서 내려지는 명에 따라야 한다.

그러하지 않고 인간의 마음이나 각자의 생각으로 사업이나 일을 시작한다면 마음의 상처를 받을 일들이 생기게 된다. 잘못된 판단을 내리게 하는 알 수 없는 존재(신, 조상님, 사탄마귀의 기운) 때문에 인간은 힘든 고통의 삶을 살아간다. 하늘의 보살핌 없이 이루어진 부귀영화는 오래 지속되지 않는다.

우리 모든 이들의 영원한 마음의 고향인 하늘의 천상궁전!

인생의 행복! 본인 스스로가 원한다고 행복해질 수 없다. 물질과 정신의 행복, 천황태제님께서 내려주셔야 가능한 일이다.

## 하늘에서 감추어둔 천계의 대 신명들

고위 공직자 관료로 대망을 이룬 사람들, 정치적으로 크게 성공한 사람들, 돈 빌려주고 받지 못하는 사람들, 거대기업을 이끄는 CEO와 기업총수들, 신과 조상님을 인정하지 않는 무신론자들, 모든 종교를 비판하는 사람들, 종교의 허점을 읽는 사람들, 마땅한 영혼의 쉼터를 찾지 못해 이곳저곳 방황하는 사람들.

마음 의지할 곳을 찾지 못해 허전해 하는 사람들은 하늘에서 내린 신명들로서 신명의 그릇이 아주 크고, 신명의 기운이 너무 강하여 한 곳에 머물거나 누군가에게 구속받기를 싫어한다. 각자의 몸 안에 하늘의 큰 신명들이 숨어 있기 때문이다.

자신을 이끌어 줄 강력한 영적 존재인 그 누군가를 기다리고 있는 천상의 대 신명들로서 하늘이 숨겨둔 사람(신명)들이다. 이들은 하늘의 천인들로서 하늘의 명을 받아 천지대업을 이루기 위해 천황태제님의 인간세상 강림을 기다리고 있는 신명들이었다. 종교가 아닌 사이비가 아닌 그 어떤 새로운 천상의 구심점을 찾고 있는 초상류층의 신들이다.

하늘이 내린 명!

장차 세계를 지배 통치하여 이끌어 갈 하늘의 기둥 신명들이 분명하지만 정작 본인 자신들은 몸속에 숨어 있는 대 신명이 천황태제님의 큰 신이라는 사실을 알아보지 못하고, 자신의 노력으로 크게 성공하여 거부가 되어 잘 사는 줄 알고 있다.

대부분은 자기 조상님 덕으로 크게 성공했다고 생각하고 있으나 그건 아니다. 조상님 없는 자손 어디 있겠는가? 이제는 확실하게 어떤 분이 자신을 크게 성공시켜 주셨는지 그 존재를 찾아 바로 알아야 하고 그 은혜에 보답해야 한다.

자신을 성공의 삶으로 인도하여 현재의 최고 높은 경지까지 오르게 한 분이 자신의 조상님이신지 아니면 천황태제님께서 큰 복을 내려주신 것인지 이 세상을 떠나기 전 알아내야 한다. 자신의 성공이 천황태제님께서 내려주신 천지기운 덕분이었다면 새로운 천지창조 대열에 앞장서 황명을 받아 큰 뜻을 펼쳐야 하리라.

하늘이 내린 명을 행하지 않는다면 생전에 부귀영화는 일장춘몽이다. 이제 천계에서 황명을 받아 인간세계로 내려와 있는 대 신명들을 천황태제님께서 부르고 계시니 이 책의 내용에 공감을 하는 자와 온몸으로 신비한 천지기운을 스스로 느낀 자들은 이 뜻에 동참해야 한다.

천황태제님의 황명을 받고 인간세계에 내려와 있는 천상의 대 신명님들은 본인들이 책을 읽는 동안에 본인들의 몸으로 천지기운을 내려주어 천황태제님의 명을 받고자 최선을 다할 것이다.

신들이 내리는 천지기운의 현상은 각각 다르겠지만 주로 이런 증상들이 일어나게 된다. 온몸에 전율이 느껴지고, 머리가 갑자기 상쾌해지거나, 반대로 무거움을 느끼는 사람, 어느 신체 부위에 갑자기 진동의 반응이 나타나기도 하고, 깜짝 놀란 사람처럼 자신도 모르게 갑자기 몸이 움찔거리기도 한다.

이는 천황태제님께서 부르시는 신호이다. 말로 들려줄 수 없기에 천령정기의 천지기운으로 각자의 몸을 통해 메시지를 전달하시는 것이다. 이런 천령정기의 기운을 받은 사람들은 하늘의 천인과 백성으로 선택받을 수 있는 신명들이라고 보면 된다. 즉, 영광스런 천손민족으로 다시 태어나는 기회를 얻을 수 있다는 하늘의 메시지이다.

또한 천상신명들은 사람 몸을 매개체로 하여 천지기운을 통하여 의사 전달을 하고 있다. 절대자이시고 무소불위하신 대우주 천지인 창조주 태상천존 자미 천황태제님의 아들딸인 하늘의 천인과 백성으로 다시 태어나야 천손天孫이 되는 것이고 이때부터 참다운 새로운 인생이 다시 시작된다.

천계에서 내려온 대 신명!

살아생전 하늘이 내린 명을 찾지 못한다면 사후세계로 돌아갔을 때 자신의 영혼을 보내주신 어버이 천황태제님을 알현할 수 없게 된다. 늦기 전에 하늘의 소리를 마음으로 들어라! 하늘이 내리시는 명에는 소리가 없다. 냄새도 없고 형체도 없다. 단지 각자의 마음을 통하여 들을 수 있다.

인류에게 내린 가장 큰 축복! 그것은 하늘의 존재를 진정 마음으로 깨닫는 것이며 그 명을 받들어 봉행하는 일이다.

아무나 하늘의 천인과 백성으로 탄생할 수 없다. 선택받은 천상신명들만이 천지기운 따라 자미국 자미천궁과 인연을 맺어 영광의 천손민족으로 다시 태어나게 되리라.

## 미륵님 출세

　불교에서는 조상님 구원한다고 하지만 정작 우주의 주인이신 천황태제님의 존재를 몰라보고 중생들이 석가모니 부처님만 찬양하고 있으니 부처님은 천황태제님께 대역 죄인일 수밖에 없었다. 물론 중생들에게는 유아독존일 것이다.
　하지만 지고 지존하신 천황태제님의 존재를 몰라보고 자기가 최고라고 중생들을 설법한 것은 석가모니 부처 자신의 영혼을 만들어 인간세상에 내려 보내주신 영혼의 어버이 대우주 천지인 창조주 천황태제님을 능멸한 대역 죄인이 분명하다.
　이런 연유로 인해서 석가모니 부처님 사후 3천 년 후에 오신다는 도솔천의 용화세존 미륵존불님께서 선천에 잘못 전해진 불법을 멸하고자 하늘 천황태제님의 명을 받아 천인합체의식을 통해 천상도감이란 천계관직을 하사받아 내려오시었다.
　도감님은 불교를 멸하라는 천황태제님의 어명을 받으시고 이 땅에 2006년 10월 30일 하생하시었다. 모든 이들이 미륵님이 하생하시면 불교가 부흥할 것이라 생각하고 사찰의 스님이나 불자들의 몸을 선택하여 미륵님이 출현할 것이라 믿고 있었지만 예상은 빗나갔다.
　미륵님은 천황태제님의 명命을 수행하는 천상도감天上道監님의 신분으로 하생하시었기에 불교와는 전혀 연관이 없으시다. 미륵님이신 도감님께서는 천황태제님의 명을 받아 불교와 도교·유교·무속 모두를 멸하시고, 도리천주 하나님께서도 자미천황님의 명을 받아 기독교와 천주교·이슬람교·힌두교를 멸하시기 위해 강림하시었다.
　앞으로의 세상은 종교가 없는 무종교의 세상이다. 이것이 하늘의 천황태제님과 도리천주 하나님과 도솔천주 미륵님이신 천상도감님께서 원하고 바라시는 세상이다.

다시 말하면, 도리천주님과 도솔천주님께서 천황태제님께 속죄양이 되기 위해서 스스로 모든 종교를 멸하고 두 분 모두가 천황태제님의 뜻에 동참하기로 하시었다.

도리천주 하나님은 예수님의 아버지로서 선천의 시대에 예수인 아들이 세상에 잘못 전파해 놓은 하늘의 진실, 영혼세계의 진실을 바로 전하고자 천황태제님의 황명을 받아 아들인 예수 대신 도리천주 하나님께서 직접 이 땅에 강림하시었다. 예수께서는 조상님을 마귀라 하면서 조상님을 박대하였기에 그 죄가 크다 할 것이다.

천황태제님께서는 천지인 삼라만상 모두를 창조하시었다.

예수께서는 천황태제님의 천지인 창조의 일부분이었던 사람이 죽었다고 그들을 사탄마귀로 몰아세웠다. 제사는 지내지도 말라 했고 절도 하지 말라고 하였다.

자신의 육신을 낳아준 부모가 죽었다고 어찌 사탄이고 마귀이겠는가? 죽은 영혼 역시 천황태제님의 명命으로 창조되어 인간세상에 태어나신 분이거늘 어찌 그분들이 죽었다고 야박하게 제사 지내지 말라 하고 절하지 말라 누가 말했던가?

하늘의 천황태제님께서는 모든 기독교와 천주교 성직자들에게 그런 명命을 내리신 적이 없으시다 말씀하셨다. 죽으면 부모조상님 모두가 사탄마귀가 된다 함은 예수님도 자동적으로 사탄마귀의 자식이 되는 이치 아닌가? 천지 만생만물 모두를 하늘에서 창조하신 것인데 그러면 천황태제님께서 사탄마귀의 어버이란 말이었던가?

말도 안 되는 이야기이다. 하늘에 이런 대역죄를 짓고 있는 줄도 모르고 감히 하늘을 찬양한단 말인가? 기독교가 부모조상님을 사탄마귀로 몰아 제사 지내지 말고, 절하지 말라며 신도들에게 설교한 대역죄를 씻고자 도리천주 하나님께서 자청하여 기존의 잘못 펼쳐진 기독교를 멸하시고자 세상에 강세하시게 되었다.

기독교는 자신들의 조상님들을 사탄마귀로 몰아 박대한 대역죄를 지었고, 불교는 하늘의 천황태제님 존재를 몰라보고 천상천하 유아독존이라며 하늘을 능멸한 대역죄를 지었다.

　이렇게 잘못 펼쳐진 종교의 교리를 바로 잡고자 도리천주님과 도솔천주님께서 스스로 나섰다. 도리천주 기독교 하나님의 아버지는 천황태제님이시다.

　도리천주 하나님도 분명히 하나님 자신보다 더 높은 아버지 천황태제님이 계시건만, 이를 몰라보는 성직자들과 교인들이 예수와 도리천주 하나님만 찬양을 하게 되자 도리천주 하나님께서는 아버지인 천황태제님께 죄송해 고개를 들 수가 없다 하시면서, 아버지 앞에서 눈물을 흘리시는 그 모습이 참으로 애처롭기도 하고 아름답기도 한 모습이었다.

　종교가 지은 죄!
　불교는 하늘인 천황태제님을 몰라보고 무시하며 능멸한 죄.
　기독교, 천주교는 자신의 부모조상님을 사탄마귀로 몰아 박대한 죄.
　도교는 이루어지지도 않는 도통을 빙자하여 혹세무민하며 아무것도 모르는 선량한 사람들을 현혹시켜 거대한 금전을 착취하고 수많은 가정을 파탄시킨 죄.
　유교는 조상님을 받들며 조상님이 최고다 하면서 우리 모두의 영혼을 창조해 주신 영혼의 어버이 천황태제님의 존재를 몰라보고 찾지도 않고 무시한 죄.
　무속은 조상님신을 내려 받아 자신의 조상님신만 최고로 여기면서 하늘의 천황태제님의 존재를 몰라보고 무시하며 받들지 않은 죄.
　이런 연유로 모든 종교를 멸하여 하나로 통합하여 종교가 아닌 천황태제님의 나라 자미국 자미천궁을 세우고자 천계의 대 신명들이 드디어 칼을 뽑으시었다.
　하늘의 허락 없이 모든 의식을 행하는 자들은 스스로 죄업을 태산처럼 높이높이 쌓아가고 있는 길임을 알리는 바이다.
　"도교인들은 들어라. 어찌 하늘을 능멸하려 하는가? 일어나지도 않을 도통을 시켜준다고 수많은 사람들을 왜 고통의 길로 끌어들이고 있는가? 100

년을 수행하고도 하늘을 통할 수 없는 도 공부. 그것을 빌미로 많은 사람들의 금전을 착취하였느니라." 10년 이상 다니면서 이것은 아니라고 생각이 들어 떠나고 싶어도 떠날 수 없는 도인들의 심정.

상급임원들의 감시와 회유가 아니더라도 종단을 떠나면 상제님께 벌 받을 까 봐 걱정하는 마음의 족쇄 때문에 이러지도 저러지도 못하고 마지못해 아직도 다니고 있는 사람들이 헤아릴 수 없이 많이 있다.

저자는 상제님을 믿고 따르는 그쪽 상황에 대해서 전혀 아는 바 없지만 그곳에 오랫동안 다녔던 도인들이 찾아와 전해 준 이야기들이다. 굿과 천도재를 통하여 자손들의 몸에서 떠나지 못한 조상님들이 천상궁전으로 오르고자 자손들의 손을 잡고 이곳 자미국 자미천궁으로 들어오고 있다.

## 세기적 예언자들은 말한다

**1. 샨볼츠**(미국인 예언 사역자)

"올여름 천사의 방문을 받았습니다. 그 천사가 50년 동안 북한에서 일어난 일들을 얘기해 주며 북한에 많은 역사가 일어날 것이라고 했습니다. 이제 우리 세대에 휴전선이 사라질 것입니다."

"현재 남한 사람들은 통일 후 북한 사람들이 남으로 내려와 경제가 악화될 것을 두려워한다는 것을 얘기했고, 그래서 하나님이 경제의 영을 남한에 주실 계획이라 하셨습니다. 그래서 하나님께서 남한에 세 가지 영역에서 신기술을 주시고 많은 나라에서 이것으로 인해 한국을 경제 파트너로 삼기 원하는 일이 일어날 것이라고 했습니다."

"하지만 이 모든 것은 고비를 넘길 때 가능합니다."

**2. 베니힌**(유태계 미국인 목사. 예언 사역자)

"한반도 위에 하나님의 천사들이 금 대접에서 금빛 액체를 쏟아붓는 환상을 보았습니다. 하나님이 한국을 쓰실 것입니다."

"곧 북한이 해방될 것이며 자유가 올 것입니다. 또한 통일 후 한국은 전 세계에서 가장 강력한 영적, 경제적 강국이 될 것입니다."

**3. 하이디 베이커**(영국인 신학박사. 여성 예언 사역자)

"북한이 해방되고 한국은 영적 강국이 됩니다. 하지만 앞으로 다가올 고비를 넘겨야 합니다."

**4. 체안**(중국인 목사. 예언 사역자)

"하나님께서 장차 한국에 기름을 부으실 것입니다. 하나님께서는 '내가 한국을 대 추수 때 지도자로 세운다'고 하셨습니다."

### 5. 신디 제이콥스(미국인 목사. 여성 예언 사역자)

"하나님께서 말씀하시길 '내가 한국에 기름을 부어줄 것이다. 내가 한국 사람을 쓸 것이다'라고 하셨습니다."

"제가 기도할 때 하나님께서 비전을 보여 주셨습니다. 하나님께서 한반도 위에 하나님의 숨결을 보이시고, 그 숨결이 강력한 바람이 되어서 중국까지 계속 날아가고, 곧 모든 아시아 대륙과 전 세계를 그 바람이 뒤덮는 것을 보았습니다."

"또 하나님께서 북한을 보여주셨습니다. 북한에 있는 악의 권세가 무너질 것이며 기적적인 회복의 역사를 북한에 허락하실 것입니다. 그래서 누구든지 북한에 가면 '어? 이게 어떻게 된 일이야? 믿을 수 없다. 정말 굉장한 일이다'라고 말할 것입니다."

"하나님께서 북한을 흔드실 것입니다. 북한의 문이 열릴 것입니다. 한국은 통일이 될 것이며. 엄청난 영적, 물질적 부강함을 하나님께서 한국에 쏟아 부어 주실 것입니다. 한국을 열강 중에 뛰어난 나라로 세우실 것입니다."

"한국인들에게 2007년은 아주 중요한 한 해가 될 것입니다. 이 영적 고비를 어떻게 넘기느냐에 따라 앞서 말한 엄청난 축복을 누릴 수도 있으며, 반대로 엄청난 위기가 될 수도 있습니다."

신디 제이콥 목사님은 기독교 세계 3대 예언 사역자 중 한 분입니다. 독일 통일 1년 전에 정확히 "1년 뒤 베를린 장벽이 무너집니다. 독일은 하나가 됩니다"라는 예언 외에 여러 예언들을 했는데, 그 정확도가 매우 높아 신망이 두터운 분입니다.

미국의 역대 대통령들과 남미, 유럽의 대통령들이 정기적으로 신디 목사님을 만나 하나님의 뜻을 구할 정도로 예언 사역자로서 탁월한 분입니다.

특히 이분은 극동의 작은 나라 한국에 대해서 하나님께서 왜 이런 특별한 예언들을 많이 주시나 싶어서 한국의 역사나 문화에 대해서도 공부하고 계시다고 한다.

미국의 기독교 계통 예언가들이 극동의 작은 나라 한국을 주목하는 예언을 하였다는 데에 대해 관심 있게 지켜볼 필요가 있다. 그들은 자미국 자미천궁을 잘 모르고 있지만 역시 자미국 자미천궁에 대한 예언도 들어 있다.

언젠가 미국의 기독교 계통 예언가들은 그것이 바로 자미국 자미천궁임을 만천하에 알려지게 될 그때에 비로소 그들이 한 예언들의 진면목을 스스로 알게 될 것이다. 자미국 자미천궁이 우뚝 서게 되어 동·서양 모두가 받드는 인류의 정신적 구심점이자, 세계 만민으로부터 존경과 칭송을 받는 그날이 앞당겨지게 되리라 본다.

저자 혼자만의 상상이라면 지금까지 저자가 말한 하늘세계가 거짓이겠지만 세계에서도 영적인 능력이 뛰어난 예언가들도 저자가 말한 내용과 흡사한 내용의 말들을 하고 있다.

자미국 자미천궁에는 도리천의 하나님이신 도리천주 천상천감님과 도솔천의 미륵님이신 도솔천주 천상도감님께서 우주의 주인이신 천황태제님을 이 땅에 세우시고자 손에 손을 마주 잡고 하강하시었다. 이제 서로는 대립의 관계가 아닌, 서로 협력자의 관계로 하늘 천황태제님을 이 땅에 우뚝 세우실 것이다.

우리 모두는 만세를 불러야 한다. 이 위대하신 두 하나님(도솔천주님, 도리천주님)께서 더 높으신 하늘 천황태제님을 모시고 동방 땅 대한민국에 하강하시었으니 이 얼마나 큰 영광이랴. 두 하나님께서도 대한민국을 선택하시어 하강하심에 많은 고민과 갈등이 있었을 것이다.

하지만 그 모든 것을 뒤로하시고 많고 많은 나라 중에서도 우리 동방 땅 대한민국을 선택하여 주심에 감사를 드리고, 이분들의 깊은 뜻에 우리 모두도 동참하여 하늘 천황태제님의 뜻에 동참하여야 한다.

하늘 천황태제님께서 우리 대한민국 국민 모두에게 주시는 마지막 기회일지도 모른다. 하늘이 주신 기회에 모두 감사하며 하늘의 뜻에 따라야 우리 모두가 잘살 수 있게 된다.

위대하신 하늘 천황태제님께서 이 땅에 하강을 하시었는데도 모른 체한다면 얼마나 큰 실례이겠는가? 또한 우리나라의 국민들을 믿고 하강하신 도솔천주님과 도리천주님은 입장이 어떠하겠는가? 어려운 난국에 하늘 천황태제님께서 우리나라를 살리시고자 하강하심은 우리 모두의 영광이다.

모두 한마음 한뜻으로 합심하여 하늘 천황태제님의 뜻에 동참하여야 한다.

하늘이 주신 기회를 놓친 후에 후회한들 소용없다. 하늘은 우리를 기다려 주지 않는다. 천황태제님께서 우리에게 기회를 주심에 감사할 줄 모르다 보면 천황태제님은 마음을 바꾸어 다른 나라를 선택하시어 다른 나라로 가실 수도 있다.

상황이 그렇게 된다면 우리나라는 영원히 하늘로부터 구원받을 길이 없게 된다. 믿음이 부족한 대한민국 국민에게 실망을 하신 후, 다른 나라로 가시어 그 나라를 저자가 말한 대로 상대 나라를 신의 종주국으로 만들어 주신다면 그때는 어떻게들 할 것인가? 발 동동 구르며 울고들 있을 것인가?

아니면 떠나간 천황태제님을 다시 대한민국으로 돌아와 달라고 빌 것인가? 우리 인간이 천황태제님 전에 다시 돌아와 달라고 한다고 천황태제님이 다시 돌아와 준다면 그 얼마나 좋을까? 그렇지만 그것은 가능하지 않은 얘기이다.

항상 기회는 한 번뿐이다. 하늘이 주신 귀하고도 값진 이 기회의 중요성을 우리 모두가 알아야 한다. 저자가 말한 뜻을 믿고 따름으로써 하늘 천황태제님의 무한한 천령기운으로 예언가들이 말한 그 일들을 우리 모두가 현실로 이루어 세계만방으로 우뚝 솟아올라야 한다.

하늘 천황태제님의 무한한 천령기운으로 세계인 모두가 깜짝 놀랄 신의 종주국으로 우뚝 솟아올라 세계인의 부러움을 한몸에 받아야 한다. 이 높은 뜻을 이루어 주고자 도솔천주님, 도리천주님께서 하늘 천황태제님을 모시고 동방 땅 대한민국에 하강을 하시었다.

우리 인간의 상상력으로는 말도 안 되는 얘기이고 가능하지도 않은 얘기이다. 우리 인간이 한다는 것이 아니고 저자가 한다는 것이 아니라 하늘 천황태제님께서 우리의 소원을 이루어 주시고자 동방 땅에 하강하셨다는 얘기이다.

저자가 무슨 힘으로 신의 국가를 세우겠는가? 또한 독자 여러분이 무슨 힘이 있어 신의 국가를 세우겠는가? 우리는 천황태제님의 뜻에 동참하여 천황태제님께서 가르쳐 주시는 대로만 행하면 된다. 저자 역시도 천황태제님께서 가르쳐 주시기에 이 글을 쓰는 것이다. 인간의 머리만으로는 하늘의 글을 쓸 수 없다.

인간이 하늘 세계에 대하여 뭘 알아야 쓸 것이 아닌가? 이토록 하늘 천황태제님의 뜻은 광활하고 천황태제님의 능력은 인간의 상상을 초월한다.

대단하신 천황태제님이시기에 독자 여러분에게 천황태제님의 뜻에 따라 하는 것이다. 전 인류가 대단하다고 생각하며 믿고 따르고 있는 하나님께 아버지가 되시는 천황태제님!

이 얼마나 엄청난 일이던가? 하나님의 아버지가 있음이 세상에 알려짐과 동시에 우리 대한민국은 세계 속으로 우뚝 서게 것이다. 천황태제님의 숨은 능력은 우리가 알고 있는 하나님의 능력을 초월한다. 그 대단한 하나님을 창조하신 분이 천황태제님이신데 천황태제님의 숨은 능력은 진정 어디까지일지 궁금할 따름이다.

천황태제님의 능력을 우리 인간이 논한다는 것은 어쩌면 또 하나의 죄일지도 모르나 독자 여러분들에게 설명을 하려니 어쩔 수 없었다. 하늘의 설명은 한도 끝도 없기에 이 단원은 이쯤에서 끝내고 다음 단원으로 넘어가야 할 것 같다. 하늘세계에 대하여 더 자세히 알고 싶은 분들은 신인합체, 신선합체, 천인합체의식을 행하면 스스로 알게 된다.

# 서기 2012년, 2036년 지구 종말론

근래에 지구가 멸망한다는 종말론이 전 세계에 갑자기 퍼지고 있다. 마야 인들은 2012년 12월 23일 동짓날 밤 11시에 혜성이 지구와 충돌한다는 끔찍한 예언을 인터넷에 올려 세기적 관심을 끌고 있다. 하늘이 수십억 년의 원과 한을 풀고자 이제 강림하시었는데 그런 엄청난 천지 대재앙을 그냥 바라만 보고 계시지는 않을 것이며, 어떤 방법으로든 지구와 혜성이 충돌하여 인류가 멸망하는 일을 하늘의 천황태제님께서는 막아주실 것이라 본다.

4경 2천조에 이르는 우주의 무수한 천체(행성)를 운행하는 것도 모두가 천황태제님의 명을 받은 해당 천상신명들이 주관하시고 계시기에 그런 불행은 일어나지 않으리라 생각한다. 혹 지구가 혜성과 충돌하는 천지 대재앙이 어느 날 갑자기 닥쳐올지라도 하늘의 백성과 천인들은 하늘로부터 구원받아 유일하게 생존하게 된다.

그 이유는 하늘의 천상신명들이 인간과 합체되어 있으면 미래에 일어날 대재앙을 미리 알기에 재난의 중심에 서 있지 않게 되므로 생존할 수 있다는 이야기이다.

천상의 신명들이 인간 육신을 대재앙으로부터 스스로 보호해 주어 살아남을 수 있다. 인간 육신이 죽어 없어지면 천상신명들 역시 인간세상에 자신들의 집神宮을 잃어버리는 것과 진배없기 때문에 인간 육신을 지키기 위하여 그런 엄청난 재앙을 두 눈 뜨고 지켜보고만 계시지는 않을 것이다.

'딥 임팩트Deep Impact', 1998년 제작된 영화를 보면 정말 그날이 다가올 것 같은 예감이 든다. 그 이유는 시나리오 작가들의 영성이 매우 발달해 있다는 데 있다. 그 대표적인 사례가 비운의 거대한 호화 유람선 타이타닉호가 침몰하기 수년 전 한 작가에 의해 침몰을 주제로 하여 쓰인 소설이 실제 그대로 적중했다는 것이다.

지금 이 글을 쓰고 있는 저자 역시 천계에서 전해 주시는 계시를 바탕으로 이 책을 집필하고 있듯이 작가들 역시 어떤 영의 파장을 받아 미래에 일어날 일들을 소설로 쓰고 있는 것이다. 말이 씨가 되듯이 가상의 일들이 현실에서 실제로 일어날 수 있다.

저자는 2012년 7월까지 16권의 책을 집필했다. 때로는 저자가 마음만 먹으면 불가능에 가깝던 일들이 현실로 일어나 가끔은 나 자신 스스로가 두려울 때도 있다.

이는 내 안에 계신 하늘께서 나의 마음을 모두 읽으시고 좋은 쪽으로 천변만화의 천지조화를 내려주시고 계시듯이 가상 시나리오 작가들 역시 나름대로 그 어떤 보이지 않는 존재가 그런 메시지를 보내주고 있기 때문에 가상소설을 쓰고 있는 것이다.

그 가상소설이 현실로 이루어짐에 있어서는 시간이 조금 걸릴 뿐 이 모두는 현실의 일로 이루어지고 있다. 100년 전만 해도 공상소설로 여겨졌던 현대 과학문명이 현실로 모두 이루어졌다.

아래 내용은 인터넷에 실린 내용들이다.

앞으로 2036大辰巳(대진사)년에 태양계의 행성이 지구와 충돌해 인류가 멸망할지도 모른다는 한 과학 다큐멘터리가 미국에서 방영돼 파장이 이는 가운데, 고대 마야 인들도 2012中辰巳(중진사)년 행성충돌로 인류가 종말을 맞을 것이라는 지구멸망 예언을 남겼다는 수수께끼가 번지며 경악을 금치 못하고 있다.

지구와 혜성의 충돌로 인한 재난은 공상과학 영화 '딥 임팩트' 같은 설정이다. 그러나 이 같은 가상의 시나리오가 현실로 나타나고 있다고 2007년 5월 9일 MBC는 9시 뉴스데스크를 통해 보도했다.

MBC는 '미 항공우주국NASA이 2036년 태양 주변을 도는 행성이 지구와 가장 근접하게 되며 지구와 혜성의 충돌 확률이 4만 5천 분의 1이라고 밝혔다'고 전했다. 이 확률은 길을 걷다가 자동차 사고를 당할 확률과 같다고 한다.

지름 1Km 이상의 행성은 현재 우주에 약 850개로서 철과 암석으로 이뤄졌다. 히로시마 핵폭탄의 5천만 배나 되는 위력을 갖고 있다고 한다. 섭씨 1600도가 넘는 혜성은 모든 물체를 녹여버린다.

만일 이 물체가 지구와 충돌하면 지진과 해일을 일으켜 해안지대도 쓸어버려 인류의 4분의 1이 순식간에 죽음을 맞게 될지도 모fms다고 한다. 또한 먼지가 햇빛을 가려 생태계는 거의 전멸하게 된다. 이 같은 충격적인 가설에 대해 과학자들의 의견은 팽팽하다.

언젠가는 지구와 행성이 충돌할 것(와젠버그, 캘리포니아 공대 교수)이다. 40억 년 전과 같은 충돌 사태는 일어나지 않는다(크링, 지구과학협회 박사).

NASA는 지난 2005년 행성을 파괴하는 실험을 성공적으로 마쳤다고 했다. 그렇지만 만일 행성이 무더기로 쏟아질 경우엔 속수무책이라는 점에서 종말론이 미국 사회에서 다시 고개를 들고 있는 것이다. 한편 이에 맞춰 고대 마야 인들이 2012년 행성 충돌로 인류가 종말을 맞을 것이라는 지구 멸망 예언을 남겼다는 소문도 번지고 있다.

5천여 년 전인 기원전(BC) 3114년 8월 12일의 마야 달력에는 '2012년 12월 23일 지구는 종말을 맞이한다'는 글귀가 담겨 있다는 것이다. 마야문명은 현재까지도 풀리지 않는 수수께끼로 남아 있다. 마야 인들은 5128년을 주기로 지구가 소멸 생성을 반복한다고 믿는다는 것이다. 따라서 2000년부터 2012년까지 13년 동안은 멸망과 부활을 준비하는 기간으로 설정돼 있다는 것이다.

원효결서 '비기秘記'에 진사성인출辰巳聖人出이라 쓰여 있다. 즉, 용띠와 뱀띠 해가 되는 2000년(경진년) 2001년(신사년) 사이에 대한민국에서 성인이 출현한다는 예언이었다.

이때를 비기에서는 시초라 하여 초진사初辰巳라 표기했고, 2012(임진년) 2013(계사년)년을 중진사中辰巳로, 2024(갑진년) 2025(을사년)를 말진사末辰巳로 표기하고 있다.

2036(병진년), 2037(정사년)은 표시가 없으나 병정이 모두 불火이니 화진사火辰巳라 해야 할 것인데, 즉 불의 재앙이 올 수 있음을 천간인 병정丙丁이 표시해 주고 있다.

비기(원효결서)에 이르기를 초진사(2000~2001년)에 성인이 나타나고, 중진사(2012~2013년)에 대한민국의 국민들이 성인을 모두 알아보고, 말진사(2024~2025)년에는 세계 인류가 모두 알게 된다는 내용이다.

또한 중진사에 자미국 자미천궁으로 들어오는 백성들까지는 하늘로부터 구원받으나 말진사에 들어오는 이는 하늘로부터 구원받지 못한다고 되어 있다.

우연인지 필연인지 하늘의 대행자인 저자는 2000년(경진년)까지 준비과정을 거쳐서 2001년(신사년)에 천지인세계(인간세계, 조상님 세계, 신명세계)를 하늘이 직접 주재하시는 기원인 천기원년 天紀元年을 선포하였고, 지금은 천기 12년(서기 2012년)의 7월 하순이다.

천기 7년 7천기 입하(5월 6일)일에 하늘이신 대우주 천지인 창조주이시며 우리 모두에게 영혼의 어버이이신 태상천존 자미 천황태제님께서 7년간의 등극 준비과정을 거쳐 저자 몸으로 공식 강림하시어 장엄하게 즉위식을 거행하시었다.

일련의 종말론이 어쩌면 하늘께서 알곡을 가리기 위하여 행하시는 천상 공무집행일 수도 있다고 생각한다. 말로 해서는 종교를 멸할 수도 없고, 하늘의 존재를 인정도 하지 않을 것이기 때문에 천지대재앙을 통해서 하늘의 자손들을 선별하시려는 것 같다.

인간의 힘으로 이겨내지 못하는 엄청난 고통이 따라야만 하늘과 조상님들을 받들기 때문이다. 밀교나 예언, 각종 비기에 수록된 내용들이 모두 현실로 나타날 수 있다.

16권의 책이 출간되었고 그 내용들이 모두 하늘에서 내려준 계시였고 현실로 나타나 이루어졌기 때문이다. 하늘이 인간 몸으로 강림하시어 성인이 출현한다는 예언 역시 정확히 맞았다. 저자를 성인이라고 독자들이 인정하고 안 하고는 중요치 않다. 인간들로부터 인정받고자 하늘의 일에 목숨 거는 것은 아니다.

하늘께서 저자 몸으로 내리신 것을 무엇으로 확인검증해 주겠는가? 스스로가 자미국 자미천궁에 들어와 각자가 깨닫고 직접 체험해 육신의 오감을 통해 느껴보면 알 것이다.

지금 현재 자미국 자미천궁에서 천상신명들이 천황태제님의 명을 받으시어 천인합체의식을 통하여 하강하고 있는 것을 보면 예삿일이 아니라고 본다. 이렇게 천상세계의 신명들이 하늘의 명을 받아 하강하시고 있는 것은 한 사람이라도 대재앙에서 구원하시고자 인간 몸으로 내려 보내시는 것 같다.

'비기'에 따르면 천조일손千祖一孫이라 했다. 즉, 천명의 조상님 중에서 한 자손이 살아남는다 했다. 대재앙이 일어나면 나의 귀한 자손일지라도 눈 뜨고도 구할 수 없다 하였다. 그만큼 절박하고도 비참한 최악의 상황이 발생한다는 내용이다.

이는 무엇을 말해 주는가? 하늘의 천인(천상신명)이 되지 않으면 대재앙으로부터 구원받지 못한다는 내용이다. 부모자식 형제라 할지라도 하늘의 백성이나 천인이 되지 않는 사람들은 하늘께서 그들을 구원하실 아무런 의무가 없다.

여기서 1만 2천 천인들의 출현이 1차로 이루어지고 단계별로 총 14만 4천명의 천인(신인)들이 하늘의 도움으로 살아남은 천손들이 세계 인류를 이끌어 영도해 가게 된다. 이때 지상에는 모든 종교가 멸망되고 하늘이 직접 통치하시고 다스리시니 후천의 무릉도원 세상이 열린다.

하늘의 존재를 인정하며 믿고 따르는 하늘의 백성과 천인만을 하늘께서는 구원하신다. 분명 현시점에서는 지구 멸망이 가상이고 예언에 불과하다. 그러나 거대한 운석(천체)들이 수백 년, 수천 년, 수만 년 전 지구에 떨어진 그 증거들이 세계 도처에 아직도 널려 있다. 이때 공룡과 같은 거대한 육식동물들이 멸종하였다.

어느 한 사람의 예언이 아니고 세기적 예언가들이 영상을 통하여 미래에 일어날 대재앙들을 영안으로 보고 말한 사례들을 너무도 많이 접해 보았다. 23.5도 기울어진 지구의 축이 바로 서면서 대재앙이 시작될 수 있다고 한다.

이 역시 저자가 1999년도에 강원도 울산바위 쪽에서 새벽 자시기도 중 2시간 만에 북두칠성의 위치(국자 모양)가 정반대의 방향으로 서 있는 실제 모습을 보고 하늘께 여쭈어 보았더니 지축이 그렇게 바뀌어지는 모습을 보여주신 것이라 하셨다.

　기도 시작할 때나 끝날 때마다 습관적으로 북두칠성의 위치를 확인하였기에 알 수 있었다. 이렇게 지축이 갑자기 바로 서면 예언처럼 일본이 바닷속으로 가라앉아 20만 명만 살아남을 수도 있고, 미국 대륙이 3분의 1만 남을 수도 있다. 1만 년 전 바다 밑으로 사라진 아틀라스 대륙이 떠오를 수도 있고 서해가 육지가 될 수도 있는 가상의 일들이 현실로 나타날 수 있다.

　이런 이치는 바람 빠진 풍선이나 축구공과 같다. 한쪽을 손으로 누르면 반대편이 튀어나오는 이치와 같다. 둥근 지구가 어느 한 쪽이 침몰되면 반드시 어느 한 쪽은 반대로 튀어 오른다. 천체(운석)가 지구와 충돌한 후 해일이나 지진, 화산폭발, 현대의학으로 치료되지 않는 사스보다도 더 무서운 괴질이 전 세계에 창궐하면 사람들은 파리 목숨만도 못한 인류 최악의 상황이 일어날 수 있다.

　장차 일어날 모든 천지 대재앙에서 구사일생으로 살아남을 사람들은 하늘에서 선별하신다. 하늘로부터 구원받을 사람들은 이 책을 보고 마음에 이끌리어 자미국 자미천궁을 찾을 것이고, 하늘이 구원하지 않을 사람들에게는 이 책 내용을 모두 허구라고 받아들이게 하늘에서 마음을 움직여 조화를 내려주신다.

　즉, 이 책을 통하여 하늘에서 구원할 사람과 구원하지 않을 사람을 선별하는 잣내 역할로 적용하신다는 말씀이시다. 그러니까 1차적으로 모든 사람들에게 공평하게 기회를 주시고 하늘에서 선별하시겠다는 뜻이다.

# 제 6부

# 세계를 다스릴 통치 국가

천상신명들이 인간 몸으로 하강하였다 |
새로운 나라가 세워지고 있다 | 천황태제님의 나라 |
천황태제님께서 지상에 내려오시는 연유 |
천황태제님의 공식하강 및 즉위식 |
70억 인류의 구심점을 한반도에 세우자 |
세계 최초의, 세계 최고의 조상님 영가 입천제!

## 천상신명들이 인간 몸으로 하강하였다

여러분들의 몸에는 신과 귀신(조상님과 유주무주 혼령)들이 살고 있다. 귀신은 대부분 자신들의 조상님들이시다. 책을 읽으면서 각자의 느낌이 모두 다르다. 책을 읽을 때 자신의 몸에 이미 들어와 있는 신과 조상님들이 본인들과 함께 책을 본다는 사실을 알고 있는 사람들은 이 세상에 없을 것이다.

읽으면서 책 내용에 공감하는 신과 조상님 그리고 사람들 중에서 어느 한 쪽이라도 깨달음을 얻은 분이 계신다면 온몸으로 천지기운을 느낄 것이며 자미국과 인연을 맺을 수 있다.

신과 조상님, 독자 모두 공부가 안 되어 깨닫지 못한 경우에는 책 내용을 황당하다고 비판하거나 사이비라고 매도하므로 자미국과는 인연을 맺을 수 없게 된다. 수많은 풍화환란의 고행을 겪고 난 뒤에 깨달음을 얻을 신과 조상님들이다.

책 내용에 공감하여 감명받을 정도면 수준급 이상으로 천지공부가 많이 된 신과 조상님들이시고 지체 높은 분들이시다. 이분들은 하늘이 내리시는 명에 대하여 금방 알아듣게 되어 조건 없이 이유 없이 하늘과 조상님들의 명을 받들게 된다.

이곳은 종교(도교)가 아니다. 천황님의 나라 자미국紫微國 자미천궁이다. 천상세계 신명정부로서 장차 세계를 호령하며 다스릴 천상신명들의 정부이다. 이곳의 주인은 세상에 한 번도 알려지지 않았던 우주의 천황님이신 태상천존 자미 천황태제님과 천황 황후님이시다. 대 신명님들은 천상감찰 신명님(명 수행자)을 비롯하여 천상도감님(미륵님), 천상천감님(기독교 하나님)님이 계신다.

신들은 인간 몸 주와 오랜 세월 줄다리기 싸움 끝에 인간을 굴복시켜 승리함으로써 신의 원과 한을 풀게 되었다. 천계의 신들은 인간 몸(육신)이 있어야 신의 역할을 행할 수 있기 때문에 사람 육신의 몸으로 찾아오는 것이다.

이렇게 하강하신 신들은 천상정부의 중책을 맡아 인간사로 하강했다. 신과 합체를 한 사람들은 본래 자신들의 일에 종사하면 된다.

사업가는 사업을, 군인은 군 복무에, 약사는 약국에서, 종정 스님은 절에서, 학생은 학교에서 각자가 평소 해왔던 일상 업무를 그대로 수행하면 된다.

하늘의 신과 합체한 천인들은 만족하고 있으며 이들은 모든 생활이 180도 바뀌어져 마음이 너무너무 편하다고 한다. 천상의 신들과 천인합체天人合體가 되었다고 하여 무속인들처럼 점을 보며 운명상담을 하거나 굿을 하는 그런 천인들이 아니다.

신의 환란으로 고통받는 사람들은 자신의 몸 안에 어떤 신이 자리하고 있는지 조상님 영가 입천제의식을 행하는 날 하늘의 검증을 받아보면 알 수 있다.

이제까지의 선천법도는 무속의 길을 가야 할 신들은 법사나 보살 찾아가서 신 내림 받아 무당 돼야 하고, 도 닦을 사람들은 도교단체나 산에 들어가야 하고, 절에 갈 사람은 절로 가고, 교회 갈 사람은 교회로, 성당 갈 사람은 성당으로 각자 가야 했지만 이제는 모든 종교의 기운을 하늘께서 각 신들에게 명을 내리시어 거두어들이고 있다.

종교가 아닌 하늘의 대우주 천지인 창조주 태상천존 자미 천황태제님께서 친히 세우시는 천황님의 나라 자미국 자미천궁에 천인과 백성이 될 천계의 신들은 이곳으로 찾아와 하늘이 내리시는 귀한 명을 받으면 된다.

하늘의 명을 받은 천계의 신들!

이분들의 육신(천황님의 천인)들은 하나같이 도교, 기독교, 불교, 천주교, 무속 등을 모두 두루두루 다녔었고, 그곳에서 더 높은 경지를 찾아 책을 통하여 감명받은 후 자미국 자미천궁으로 찾아와 신인합체, 천인합체, 신선합체의식을 통하여 위대하신 하늘의 천인으로 탄생하는 영광을 얻게 되었다.

하늘의 천인은 살아서도 죽어서도 천황태제님의 천인이므로 천령정기의 기운을 마음껏 받고 살아간다. 사후세계로 들어가서도 자손들의 몸이나 허공중천에 머물지 않으며 지옥세계 명부전을 거치지 않고 천상궁전 자미천궁으로 즉시 승천하게 된다.

한마디로 산전수전 다 겪어보았고, 조상님 구원에 열성적이었기에 굿과 천도재를 모두 여러 차례 지내본 경험이 있는 천인들이다. 그리고는 수십 년 다니던 종교의 노예에서 과감히 벗어나고자 용감하게 결단을 내린 사람들이었다.

종교의 굴레에서 벗어나는 길이 가장 행복한 지름길이라는 것을 자미국의 천인들은 깨달았기에 하늘이 내리신 명을 결행하여 마침내 하늘의 천인으로 탄생하였다. 하늘의 명을 받아 각자가 살아서 천상의 신, 천인天人으로 다시 태어난 것이다.

죽어서 천상의 신이 되려면 억만년의 세월이 소요되지만 신이 된다는 보장도 없다. 하지만 하늘의 명을 받아 신인합체, 천인합체, 신선합체의식을 행하면 그날부터 천상의 신명으로 탄생하게 되어 천력天力을 지닌 신인, 천인, 신선이 된다.

자신들의 몸에 신과 귀신들이 함께 살아가고 있다는 것, 인정하실 분 몇 안 될 것이라 본다. 각자의 몸에 들어와 계신 자신들의 조상님들을 천상궁전으로 벼슬을 하사받게 해 드리는 벼슬입천제를 행해 드리고, 천황태제님의 명을 받아 신명과 합체를 하면 인간세상의 불확실한 미래에 대한 불안과 공포로부터 벗어날 수 있다.

자신 몸에 합체된 천계의 신명들이 인간 육신을 자나 깨나 24시간 지켜주시기 때문에 잠자다가 악령과 악신의 침범으로 발생하는 심장마비 같은 돌연사가 예방된다.

악신과 악령, 원귀, 요괴, 사탄, 마귀 등이 자신들의 몸에 들어옴으로 인해서 인생사의 불행한 일들이 어느 날 갑자기 발생하지만 이들은 사람들 눈에 보이지 않고 들리지 않기에 미리 막을 방법이 없다.

하지만 천상신명과 합체된 하늘의 천인 육신에는 악귀잡귀들이 감히 침범하지 못한다. 하늘 천황태제님의 천인 몸이기에 근접을 할 수 없고, 몸에 합체되어 있는 천상신명들이 모두 방어해 주기 때문에 불행을 미리 차단시켜 준다.

이뿐만이 아니라 신과 귀신들의 온갖 조화로 일어나는 자동차 사고, 사업실패, 가정불화, 질병 등이 모두 막아지니 이것이야말로 하늘이 인류에게 내리신 가장 큰 축복이고 영광 아니겠는가?

어디 가서 복을 빌고 있는가?

자신 몸에 들어와 있는 조상님들을 구원해서 천상궁전으로 보내드리고, 천상신명들과 합체하여 구원해 주면 천만사가 모두 평안할 터인데 왜 종교의 노예가 되어 허송세월하고 정신을 잃고 살아가는가?

목사님들과 스님들도 자주 찾아온다.

하늘이 원하고 바라는 참뜻을 깨달았기에 새로운 진리의 길을 가고자 친견을 요청하고 있다. 이곳은 모든 종교에서 벗어난 사람들의 요람이요 무릉도원이다. 믿어지지 않겠지만 더 이상 하늘에서는 종교의 세계를 원하지 않는다.

자미국에 들어와 천인이 되면 인간 육신이 편안하고 가정사가 잘 풀리며 사업이 원활하게 돌아가고, 질병의 고통이 소멸되며 온갖 신과 귀신들의 불행에서 벗어났다.

말 그대로 하늘의 천인들에게는 무릉도원의 세상이 펼쳐지고 있다.

천인과 백성들 모두가 이구동성으로 이곳 자미국 자미천궁은 세상에 단 하나밖에 없는 하늘이 내리신 천상궁전임을 인정하며 이곳에 들어오기를 참 잘했다고 하면서 주위 사람들에게 자랑을 하며 스스로 보람을 느끼며 살아가고 있다.

## 새로운 나라가 세워지고 있다

우리 모두 아니 인류 모두가 기다리던 희망찬 천황님의 나라 자미국紫微國이 탄생되었다.

저자(하늘의 명 대행자)가 하늘의 주인이신 천황태제님의 명을 받들어 지구 탄생 이래 세계 최초로 세우는 천상국가 세계 정부이다. 천상궁전 자미국 정부의 천관(천상장관)이 되기 위한 자격 조건으로는 효도 사상을 으뜸으로 한다.

- 조상님 벼슬입천의식을 행하여 조상님께 효도를 행한 일반인
- 하늘의 명을 받들어 신인합체의식을 행한 하늘 백성
- 하늘의 명을 받들어 천인합체의식을 행한 하늘 백성
- 하늘의 명을 받들어 신선합체의식을 행한 하늘 백성
- 하늘의 명을 받들어 황명봉행의식을 행한 백성

하늘에서 지구 상에 오랜 세월 동안 펼쳐지기를 간절히 원하고 바라시던 종교가 아닌 천상세계 정부가 최초로 출범하였고 세계를 하나로 통일하는 천지대업은 시작되었다.

지금까지 수천 년 동안 세계를 지배해 온 종교의 뿌리를 송두리째 멸하고, 천황님의 나라를 세워 지구촌 모든 국가를 하나의 국가 자미국紫微國으로 흡수 통일하는 천상국가 세계 정부를 세우고자 하늘의 대역사는 시작되었다.

천기 7년(2007년) 2월 4일 입춘날에 하늘의 백성과 천인에게 정식으로 천상계 관직을 주는 임명장을 수여하였다. 많은 사람들이 임명되어 천황태제님으로부터 임명장을 받았다. 자미국 천상세계 정부는 대한민국의 정부

가 아니고 세계 모든 나라를 통치하기 위한 국가이므로 그 규모가 대한민국 정부조직을 초월한다.

하늘의 천황님으로부터 명을 받아 움직이는 하늘의 충성스런 천인들은 천령정기 기운과 함께 하늘이 내리시는 유무형의 특권을 모두 누리게 된다. 자미국 국가는 모든 종교를 멸하고 세계를 통일하여 천지인의 도리를 근본으로 하여 세계 인류를 평화의 공간 무릉도원으로 인도하는 곳이다.

하늘의 도리 천도리 天道理
땅의 도리 지도리 地道理
사람의 도리 인도리 人道理
영혼의 도리 영도리 靈道理

우리 인류 아니 각자 개인의 소망이 무엇이던가?

첫째는 건강이고, 둘째는 금전이고, 셋째는 명예와 권력이고, 넷째는 마음의 평화이다. 각자들은 인생을 살면서 네 가지 모두를 이루고자 나름대로 수많은 노력을 하였을 것이다. 하지만 인간의 노력만으로는 잘 이루어지지 않는다.

인간의 힘만으로는 안 된다는 깊은 진리를 빨리 깨달아야 한다. 마음먹은 대로 이루어지지 않는 인생. 하늘의 백성 하늘의 천인으로 탄생함이 인생 성공의 비결이다. 각자 인생의 모든 고난은 하늘과 조상님들의 메시지이다.

말 못하는 신과 조상님으로부터 세상 그 어느 누구도 자유로울 수 없다.

실패한 인생 다시 시작하고자 한다면 자미국 백성으로 탄생해야 한다. 모든 종교의 굴레에서 벗어나 종교에서 해방되는 길이 행복의 지름길이다.

왜 하늘의 백성이 되어야 하나? 근심걱정 없이 마음 편안히 잘 살기 위해서이다. 질병과 금전고통은 자신의 조상님들이 내리신 벌이다. 불행과 고통이 왜 일어나는지 이 책을 통하여 깨닫게 된다. 고통의 늪에 빠진 모든 사람들에게 희망의 등불이다.

천하세계 통일!

이는 저자 개인의 야망이 아니라 하늘(천황태제님)에서 인류에게 내리신 지엄한 명이다. 감히 저자 인간의 힘만으로 어찌 세계를 통일하고, 수천 년 동안 이어져 내려온 거대 종교를 멸망시킬 수 있단 말인가? 인간의 힘으로는 수만 년이 지나가도 도저히 이룰 수 없는 불가능한 일이다. 저자는 하늘이 인류 모두에게 내리신 명을 세상에 직접 전달하고 하늘의 뜻을 받아 집행하고 있다.

저자의 뜻이 아닌 하늘께서 우리 인류에게 오랜 세월 진정으로 원하고 바라신 중차대한 하늘의 뜻을 전달하고 있다. 저자는 하늘의 뜻을 받아 세계를 단일국가 자미국 하나로 통일하고 종교를 멸망시키는 사명을 완수해야 한다.

하늘께서 저자로 하여금 그 천상업무를 직접 대행하라 명하시니 하늘의 뜻에 함께한다. 저자의 몸으로 하늘의 명을 내리시어 그대로 행하라 하시니 열심히 행하고 있다. 인간세상에 하늘의 지엄한 뜻을 전하며 명을 내리고, 세계 통일국가와 종교를 갖고 있는 사람들의 마음을 바꾸는 일은 저자와 하늘 천황태제님의 몫이다.

참으로 상상하기조차 어려운 어마어마한 일이다. 누가 감히 세계를 통일시키고, 수천 년 내려온 종교의 맥을 끊겠다고 자처하며 나서겠는가? 이는 저자와 함께 하늘의 천황태제님만이 할 수 있는 일이다. 인간의 힘만으로는 도저히 불가능한 일이다.

한마디로 세계 초강대국들이나 기존의 종교세계에서 교조로 추앙되고 있는 부처님, 예수님, 하나님, 상제님에게 날벼락 맞을 일 아니던가? 저자가 한 말들이 진실이 아닌, 거짓이었다면 이 높은 신명이신 4대 성인들께서 저자를 가만히 놔두었겠는가?

자미국 자미천궁의 개국은 올해로 8년째이다. 인간의 하나뿐인 목숨을 걸고, 하늘 천황태제님께서 가르쳐 주시는 대로 엄청난 하늘의 일들을 집행하고 있다.

그러나 4대 성인들께서는 저자에게 날벼락을 내리시는 것이 아니라 천황태제님의 뜻에 동참하시어 자미국에 엄청난 하늘의 기운을 아낌없이 내려 주고 계신다.

저자 역시도 가끔은 두려울 때가 있었다. 모든 강대국들과 종교인들로부터 비난의 화살이 쏟아질까 봐. 저자 역시도 이 엄청난 하늘의 일이 두려워 포기 아닌 포기도 여러 번 했었지만 저자가 하늘의 일을 하기 싫어한다고 해서 내 마음대로 안 할 수도 없다. 내가 하기 싫어한다고 포기하면 저자를 그냥 내버려두시지 않는다.

하늘의 명을 행하면 강대국들과 종교인들로부터 비난받을 것이고, 하늘의 명을 행하지 않으면 하늘로부터 비난을 받을 것이고 정말 진퇴양난의 시간들이었다.

많은 하늘의 사실들을 글로 쓰는 순간 저자는 하늘의 명을 인간세계에 행하기로 결심을 하였다. 모든 강대국들과 종교인들의 비난이 빗발치듯 쏟아지더라도 하늘에서 원하고 바라시는 일이니 명에 따른다.

이 책을 읽은 후 저자가 전한 하늘의 진실 부분에 대하여 공감하신 분들은 어느 누구를 막론하고 종교에 회의가 느껴지면서 더 이상 종교에 나가고 싶은 마음이 사라지게 될 것이다.

그것은 저자의 마음과 함께 하늘 천황태제님의 뜻이며 종교를 멸하고자 하시는 부처님, 예수님, 하나님, 상제님, 미륵님의 뜻으로 이분들께서 내리시는 천지조화의 기운이다.

불교, 기독교, 천주교, 이슬람교, 힌두교, 도교, 무속에 열심히 다니고 있는 사람들이 이 책을 통하여 그동안의 잘못된 종교의 교리에 대하여 진실을 깨닫게 된다.

더 이상 종교의 노예가 되지 말자. 보이지 않는 종교적 신앙의 속박에서 벗어나 자유의 몸이 되면 행복의 길이 보인다. 종교인들은 저자에게 수많은 비난의 말을 할 수도 있다. 저자에게 비난의 말을 하기 이전에 진실을 찾고자 이제는 귀를 기울여야 한다.

저자는 하늘의 뜻을 받은 그대로를 전하는 것이니 저자에게 비난의 말을 할 자들은 뜻도 없는 비난의 말이 아닌 하늘의 진실을 통하여 어느 부분이 잘못되었다고 저자처럼 논리정연하게 정리하여 주어 하늘의 뜻을 펼침에 도움이 되는 조언들을 해주었으면 좋겠다.

자신 하나의 종교를 살리기 위한 이기적인 조언이나 비난의 말이 아닌, 우리 모두가 진정으로 하늘로부터 구원받을 수 있는 진리의 길을 조언해 달라는 말이다.

이젠 하늘께서는 말도 안 되는 인간들의 변명과 개인의 욕심을 채우기 위한 인간의 변명 앞에 이맛살이 편할 날이 없다 하신다. 4대 성인들께서는 수천 년 맥을 이어온 종교를 왜 멸하려 하는지 그 이유를 독자 여러분은 알고 계시나요?

예수님, 하나님, 부처님, 상제님께서도 미처 깨닫지 못했던 부분을 이제야 깨달았기 때문이다. 예전에는 자신들이 최고인 줄 알았는데 그것이 아니었음을 이제야 깨닫고, 그 죄들을 위대하신 천황태제님 전에 용서 빌고자 하신다.

하늘 천황태제님의 존귀하신 존재를 이 모든 분들은 순간적으로 망각하였었다. 자신들이 가장 높은 줄 알고 인간세상에 자신들의 존재를 전파하여 인간들로 하여금 종교를 세우게 하여 자신들이 최고로 추앙받아옴이 하늘에 대죄가 되었음을 이제야 진정으로 깨달은 것이다.

예수님, 하나님, 부처님, 미륵님, 상제님, 천존님들 모두는 천황태제님 전에 자신들의 죄를 용서 빌며 천황태제님을 천지 주인으로 받들어 모시기로 합의가 이루어진 상태이다.

천황태제님의 진정한 존재를 망각하고 자신들을 따르는 종교가 최고라고 수천 년간 종교전쟁까지 치르고 있으니 하늘 천황태제님께서 진노하실 일이었도다.

자신들을 내세움은 자연적으로 하늘의 천황태제님께 대 죄인이 되는 것이었다. 자신의 아버지를 외면한 채 자신들이 최고라고 인간들을 현혹시켰으니 그 죄가 막중하다 할 것이다. 부처님, 예수님, 노자님, 공자님 모두가 죄인이 되어 있도다.

석가모니 부처님께서는 하늘을 무시하고 자신이 '천상천하 유아독존'이라 하여 하늘 위에서나 아래에서 제일 높다고 중생들에게 설법하여 자신의 영혼을 이 세상에 보내주신 영혼의 어버이까지도 능멸하는 대죄를 지었으니 하늘에 대 죄인이로다.

  지장보살님께서도 하늘의 명을 받아 자미천장의 새로운 하늘의 관직을 하사받으시면서 하신 말씀이 있다. 사찰에서 조상님 영혼을 구원하는 천도재를 올릴 때 '지장보살'이란 명호를 외우는 중생들에게는 저주를 퍼붓겠다고 다짐의 말씀을 하시었다.

  사연인즉 대우주 천지인 창조주이신 '천황님'의 존재를 몰라보고 인간들이 함부로 지장보살 명호를 부른다며 크게 역정을 내시었다. 지장보살 명호를 중생들이 외울 때마다 지장보살님께서는 쥐구멍이라도 들어가고 싶은 심정이고 바늘방석에 올라앉은 기분이라고 하시었다.

  말인즉슨 천황태제님께 대죄를 짓게 된다는 얘기였다. 지장보살님이나 도리천주 하나님, 석가모니 부처님, 미륵존불님, 옥황상제님 모두도 감히 '천황태제님'의 존호를 함부로 부르지 못할 정도로 위대하신 분이건만, 천황태제님 앞에서 자꾸만 나의 이름을 부르니 그때마다 나는 천황태제님 전에 죄인이 될 수밖에 없다고 하시면서 천황태제님 전에 사죄의 눈물을 흘리고 또 흘리시었다.

  이렇게 교인들이 하나님이라고 부르시는 분조차도 '천황태제님'이란 존호를 함부로 부르지 못할 정도로 지고지존하신 존재임에도 불구하고 사람들은 하늘의 존재를 몰라보고 있다.

  이 책을 읽는 사람들 중에 하늘의 명을 받아 신인합체, 천인합체, 신선합체의식을 행하지 않은 백성들은 함부로 '태상천존 자미 천황태제님' 명호를 부르면 안 된다. 지장보살님께서 중생들이 명호 한 번 부를 때마다 고통의 번뇌 속에 계신다고 하시었다.

  조상님 영혼을 구원하여 주실 분은 우주에 '천황태제님' 단 한 분밖에 안 계신다고 전해 주시면서 천황태제님께서 행하시는 고유 권한을 지장보살님께 해달라고 중생들이 빌고 있으니 지장보살님 입장이 보통 난처한 것이 아니라 하시며 제발 지장보살 명호를 외우지 말라고 신신당부를 하시었다.

## 천황태제님의 나라

　천황태제님은 우리 인간 모두에게 영혼을 보내주신 지고지존하신 영혼의 어버이이시다. 많은 사람들이 하늘의 존호를 몰라 하느님, 하늘님, 하나님, 한울님, 상제님, 천존님 등등으로 불러왔고 종교의 구심점으로 이 분들을 세웠었다.
　또한 성인인 석가(불교), 예수(기독교), 성모(천주교), 공자(유교), 노자(도교), 마호메트(이슬람교)는 인간으로 세상에 왔다가 각각 종교의 씨를 뿌린 채 사후세계로 돌아갔고 세상 사람들 83%는 그들이 뿌려 놓은 종교사상을 믿고 따르고 있다.
　그러나 이제는 그 모든 종교의 울타리를 과감히 벗어날 수 있는 길이 있다. 1차는 '하늘 백성'으로의 탄생이고, 2차는 각자가 하늘에서 내리는 명을 받아 '하늘의 천인'으로 탄생하는 길이다.
　신으로 태어난다 하니 먼저 무속이나 미신이란 선입견이 들어갈 수도 있지만 남의 인생을 점치며 운명상담을 하는 그런 무속세계와는 차원 자체가 다르다.
　천상의 신으로 태어나는 길은 하늘이 선택하여야 가능하고 천인합체의 식을 행해서만이 태어날 수 있다. 살아서나 죽어서나 신의 역할을 하고 각자 현 직업에 그대로 종사하면서 살아가지만 엄연히 하늘의 천인(장관급) 신분이다.
　즉, 천황태제님의 나라(자미국 자미천궁)에 소속된 각 부서의 신명으로 살아간다. 천상의 신으로 태어남은 천상신명은 인간으로, 인간은 천상신명으로 승화됨을 의미한다.
　신명은 인간 육신을 얻게 되고 인간은 신명을 얻게 되어 서로 상부상조하고 상생하니 인간사의 어려운 난제들이 천상신명들로 하여금 해결되어 근심걱정 없는 무릉도원 세상에서 살게 된다.

　신들은 인간 육신의 몸을 빌리지 않고서는 아무것도 행할 수 없기 때문에 반드시 사람의 몸이 필요하고, 사람 역시 인력으로 안 되는 일들이 너무나 많기에 신의 절대적 능력이 필요하다.

　신의 천지기운을 빌리면 매사에 불가능이란 없다. 우리들이 알고 있는 상식 수준 이상의 엄청난 천지조화를 내리시기 때문이다. 하늘의 신명으로 탄생하면 인생이 천지개벽한다. 마음이 태평성대처럼 평온해지고 막혔던 일들이 어느 순간에 모두 해결되는 신비한 일들이 일상생활 속에서 일어난다.

　신들은 인간들로부터 칭찬받기를 좋아한다. 하늘의 천황태제님과 각 천상신명님들은 알아주는 자의 편이다. 각자가 그분들의 입과 손발이 되어드리면 자신들이 원하던 것 이상으로 상상을 초월하는 신비스러운 일들이 일상생활 속에서 수없이 일어난다.

　신의 세계도 천차만별의 신분과 서열이 존재한다. 특단신명·상단신명·중단신명·하단신명이 있고, 각 단의 신명들 중에서도 다시 특·상·중·하로 계급이 나누어져 있다.

　신은 애기 동자 신부터 도령, 선녀, 장군, 신장, 대감, 도사, 천존, 옥황상제에 이르기까지 그 종류가 천차만별이다. 신을 믿고 따르는 사람들을 보면 무당, 도사, 법사, 도인, 스님, 목사, 신부에 이르기까지 저마다 신분과 계급이 다르다.

　인간세계에서 공무원은 대통령에서 동사무소 일반직원까지, 군인들은 이등병부터 대장에 이르기까지, 평민들은 초상류층·상류층·중류층·하류층까지, 학벌은 무학·초등학교·중학교·고등학교·대학교·대학원 출신에 이르기까지 계급이 다양하다.

　천지 만생만물을 창조하신 위대한 하늘 천황태제님께서 자미국 저자의 몸을 빌려 공식 강림하시었다. 천황태제님을 세우시고자 황후님, 명 수행자 천상감찰신명님, 도솔천의 용화세존 미륵존불님이신 천상도감님과 도리천의 기독교 하나님이신 천상천감님 외에 천상궁전 자미천궁의 수많은 천계의 신명님들께서 함께 대거 강림하셨다.

　천황태제님의 나라 자미국 자미천궁을 한반도에 건립하시기 위해 강림하시었다. 아무도 생각하지 못했던 인류 역사에 한 획을 긋는 일이며 세계 만국을 하늘께서 친히 영도하시는 중차대한 일이시다.

　천지대업을 직접 행하시기 위하여 수많은 좌우보좌 신명들을 대동하시고 한반도를 선택하시어 강림하셨다. 천황태제님께서 강림하시어 이 세상에서 펼치시고자 하시는 일들 모두를 필설로 모두 전할 수는 없지만 큰 뜻만 전한다.

　인간 몸에 숨어들어와 있는 신과 조상님 원혼들을 찾아내 천상의 고급 신명에게는 하늘의 황명을 내려 인간의 몸과 합체시키어 서로 공존공생하게 만들고, 조상님 원혼들은 천상궁전으로 구원해 하늘의 백성으로 태어나게 하며 자격 여부를 엄격히 선별하신다.

　구천을 떠나지 못하고 사람 몸에 들어와 살고 있는 조상님 영가들 때문에 인간은 많은 풍파를 겪는다. 신과 조상님, 인간 즉 천지인을 먼저 구원하신다. 사람들의 마음에 평온을 되찾아줌으로써 즐거운 삶을 누리며 살게 해 준다.

　인생을 살아가는 동안 고통과 불행 속에 방황하는 사람들은 분명 그 원인이 있다. 그렇지만 세상 사람들은 그 뜻을 찾으려고 노력하지 않고 허송세월을 보내고 있다. 근본 원인을 찾아내어 해결하지 않고는 사람들 스스로 행복하고 즐거운 삶을 살 수 없다.

　보이지도 않고 들리지도 않는 영계와 신계의 기운이 결국은 자신 주변 사람들 몸을 통하여 자신의 생활에 불행과 흉사가 일어나게 만든다. 즉, 천황태제님께서 강림하시면 신과 조상님의 풍파가 모두 소멸되어 행복하고 즐거운 인생을 누릴 수 있다. 천인과 백성이 되어 하늘의 명에 따르는 사람들의 특혜이다.

　천황태제님의 천인과 백성이 아닌 사람들은 하늘의 도움을 받을 수 없음은 만고의 진리이다. 천인과 백성들은 모두가 천황태제님께서 내려주시는 천지기운을 본인들이 직접 체험하며 살아가게 된다.

1단계로 하늘의 백성이 되려면 책을 읽고 내용에 공감하거나 감동받은 사람들에 한하여 면담을 통해 백성입문 여부가 정해지고, 하늘의 명이 내려지면 절차에 따라 의식을 행해 입문이 이루어진다.
　우리 모두는 인생을 살아가면서 크고 작은 수많은 고민들이 있다. 고민의 일이 질병, 금전, 자식, 부부, 취업, 직장, 승진, 관재, 이성, 결혼, 이혼, 학업, 성격, 사업으로 인한 나름대로 걱정스러운 일들이 많이 있다.
　큰 고통을 겪지 않으면 절대로 하늘과 신과 조상님을 섬기지 않는다. 연속적으로 불행을 자신들이 겪어야 그때서야 억지로 조상님을 찾게 되는 자손들이 많다. 이 책을 집필하면서 새로운 사실을 알게 되었다. 나라의 대통령들이 부산과 대구, 경상남북도에서 집중 배출되고 있는 그 원인을 알게 되었다.
　저자가 책을 출간하여 구독자들의 반응을 살펴보았다. 부산과 대구 경상도 사람들은 너무 강한 단점도 있지만 반대로 일편단심인 장점이 있다. 하늘, 신과 조상님에 대한 믿음이 전국 어느 지역보다도 높았고, 하늘, 신과 조상님에 대한 마음도 다른 지역의 사람보다 진실하다는 사실을 알게 되었다.
　사찰도 다른 지역에 비해 집중되어 있다. 저자 역시 본관이 경북 상주이다. 즉 하늘과 신명, 조상님께서 적극적으로 도와주고 있다는 진실이 밝혀졌다. 부산, 울산, 김해, 거제, 마산, 창원, 진주, 함양, 대구는 거리가 멀어도 자미국에 찾아오는 사람들이 가장 많다.
　경상도 지역의 사람들은 하늘, 신과 조상님을 생각하는 마음이 지극하다. 그래서인지 정치인과 기업인이 경상도 출신들이 많다. 또한 그들은 사회적으로도 출세를 많이 하고 있다. 하늘·신·조상님들이 도와주고 살펴주시어서 인간의 출세도 좌우하고 있다.

## 천황태제님께서 지상에 내려오시는 연유

천기 7(서기 2007년)년 곡우 초하루.

대우주를 천지 창조하신 하늘 태상천존 자미 천황태제님의 황후님께서 많은 신인, 천인과 백성들이 참석한 가운데 하늘제자의 몸을 빌려 강림하시었다.

위대하신 하늘 태상천존 자미천황님의 강림을 1절기(15일) 앞두고 미리 오시어 하늘께서 왜 인간세상 저자(인황) 육신으로 내려오시는지 그 뜻을 자세히 설명해 주시었다.

최초의 하늘 하강 강림이셨다. 신명님, 하나님, 미륵님, 자미인황님, 나의 선대조상님들, 72위의 나라조상님 등 모든 분들이 대우주 천지인 창조주이신 하늘께 인간세상으로 하강 강림을 원하고 바랐기 때문이라고 가르쳐 주시었다.

우리 인간의 눈에는 아니 보이고 귀에는 아니 들리지만, 이 모든 분들은 일심의 마음으로 오랜 세월 하늘의 인간세계 강림을 원하고 바랐었다 하신다. 또한 창조주 하늘께 육신의 집(천궁)이 될 저자에게 수많은 하늘공부를 시켜 주셨고, 수많은 시험을 하셨는데 하늘이 내려주신 공부가 끝나고, 하늘의 시험을 통과하였기에 강림하신다는 말씀이셨다.

종교의 뿌리를 내린 석가·예수·공자·노자·마호메트·증산상제들이 했던 것처럼 또다시 하늘을 배신하지 못하도록 혹독한 하늘의 공부를 시키셨는데, 어느 누구도 통과하지 못한 힘든 하늘의 공부를 무난히 통과하였기에 강림하신다 하셨다.

지금까지 인간세상에 이름을 남겼던 성인들 역시도 하늘의 참뜻을 전하라고 하늘께서 이 땅에 내려보냈더니, 하늘의 참뜻은 펼치지 않고 자신들 스스로가 잘났다 하면서 자신들 스스로가 모두 숭배 대상으로 대우만 받았기에 이제는 이 같은 배신을 더 이상 당하지 않고자 저자에게 인간으로서는 도저히 감내해 내기 힘든 모진 시험과 하늘공부를 시키시면서 저자의 마음을 오랫동안 살피셨다 하신다.

필자도 황후님을 통하여 하늘의 진실을 알기 전 너무너무 힘든 과정이 많아 중간에 포기하고 싶었던 마음 정말 한두 번이 아니었다.

정말 세상 그 어느 종교 경전에도 없고, 교과서에도 없는 하늘의 공부였기에 어디 가서 물어볼 수도 없었다. 무속세계, 도인세계를 펼치는 것이라야 이름난 무당, 도사, 법사, 도인에게 가서 물어볼 수 있는데 나에겐 인간세상에 선생이 없었다.

교과서에도 없는 최초의 하늘세계를 펼치려다 보니 그 고생이 이만저만이 아니었다. 하늘제자의 몸으로 천상 자미천궁에 계신 3위님들께서 수시로 교차하여 하강 강림하시어서 하늘의 말씀을 들려주시면서 7년째 하늘공부를 계속시켜 주고 계신다.

인간인 내가 힘들어 포기하려 하면 하늘이 생각나서 이내 눈시울이 뜨거워졌고 마음 또한 아파 오니 이러지도 저러지도 못하고, 정말 어떠한 결정도 내릴 수 없음에 가슴이 답답하기만 했었다.

하늘께서는 저자에게 말씀하시었다.

"전지전능하되 인간 육신의 몸이 없다 보니, 인간들이 하늘의 주인인 나의 존재를 몰라보고, 나도 말은 하되 인간과 말하는 법이 달라서 나의 말을 아무도 못 알아듣기에 나의 광대한 뜻을 인간세상에 전할 수 없음이 가슴 아프다" 하시면서 저자 육신의 몸이 필요하다 하시었다.

그래서 필자는 하늘께 약속을 드렸었다. 하늘의 뜻을 따르겠노라고!

하늘과 약속을 하면서 하늘의 속상한 마음에 저자의 마음도 아파 함께 울었다. 그리고 굳게 다짐에 다짐을 하였다. 저자가 고통을 감내함으로써 하늘의 원과 한이 풀어질 수만 있다면, 이 육신 다하는 날까지 하늘의 손과 발, 입이 되어 드리겠노라고 약속했다.

그랬다.

하늘의 뜻을 이 땅에 펼친다는 것은 참으로 힘들고도 아픈 고통의 길이었다. 해도 해도 끝이 없는 하늘의 공부, 한도 끝도 없는 하늘의 시험. 교과서에도 없는 창시자의 힘든 고난의 길이었다. 시작을 알리는 신호도 없이 갑자기 시작되는 하늘의 공부, 하늘의 시험은 저자(인황, 지황)의 현실로 수시로 내려졌다.

그 과정의 시간들이 너무 힘들어 저자 역시도 하늘의 길이 아닌 도사, 법사, 스님, 목사의 길을 갈까? 하고 생각을 해본 적도 있었다. 이미 이 땅에 세워져 있는 하나의 종교를 선택해 그 종교의 교리를 펼치면 저자 역시도 이토록 힘들지는 않았을 것이다.

보이지도 않고, 들리지도 않고 이 땅의 세상 사람들이 전혀 알지도 못하는 하늘의 진실을 전하려 하니 그 고통의 세월을 어찌 말로 다 표현할 수 있을까?

세상 사람들이 난생처음 들어보는 존호 '태상천존 자미 천황태제님'

이분이 진짜 하늘 중의 하늘이시라니 처음부터 누가 인정하겠는가? 그렇지만 수많은 사람들이 책을 읽고 공감하여 천상입궁의식, 천인합체의식을 행하면서 인정하기 시작했다.

수많은 독자들이 정말 대단하신 진짜 하늘이 하강 강림하시었다고 말했다. 저자 역시 하늘께서 독자들에게 내려주시는 신비의 천지조화 기운 덕분에 많은 보람과 긍지를 느끼며 그동안 고생하고 아팠던 마음을 많이 위로 받게 되었다.

안 계실 것 같은데 현실로 실제 계신 하늘이셨다. 기존 종교의 뜻을 펼치면 모르는 부분이 있더라도 여러 사람에게 조언도 받을 수 있으련만 하늘의 뜻을 펼치려니 하늘의 존재에 대하여 아는 이가 없어 조언을 받을 수도 없고 난감한 적이 한두 번 아니었다.

저자가 겪은 창시자의 외로운 길.

끝없는 갈등과 고민, 번민의 시간 속에 새벽이 밝아온다. 어떤 이들은 이런 저자에게 미쳤다고 말하는 이들도 있었고 사이비라고 말하는 이들도 있었다. 또 어떤 이는 현실에서는 불가능한 일이니 그 어려운 하늘 세우는 일을 하지 말고 다른 편안한 일을 하라고 조언해 주는 이들도 많았다.

하지만 저자의 머릿속과 마음에는 오로지 '태상천존 자미 천황태제님' 생각밖에 없었다.

저자가 이 과정의 시간이 힘들어 포기한다면? 하늘께 한 약속들은 어떻게 되는 것이고? 하늘은 어떻게 되는 것인가? 하늘 생각을 하면 할수록 저자의 마음이 너무나 아팠다.

나의 인생이 힘들고, 나의 삶이 아파도, 하늘 전에 이 육신 그 어떤 고통이라도 감내하리라 굳게 마음을 먹었다. 넘어지면 다시 일어나 처음부터 다시 시작하고, 또 넘어지면 다시 일어나 또 시작하고, 말 그대로 눈물의 오뚝이 인생이었다.

이런 아픔의 세월을 지나 오늘 천상 자미천궁에 계신 황후님께서 하강 강림하시어 그동안의 일들을 모두 설명해 주시면서 하늘의 깊은 뜻도 알려 주셨다.

## ▎하늘의 황후님 말씀이시다

"힘들었던 하늘의 공부, 하늘의 시험과정은 인류 최초로 인간 육신이 신으로 재창조되어 진화하는 하나의 과정이었습니다.

하늘께서는 기존의 불교, 기독교, 천주교, 도교, 무속을 지켜주시고 세우려 이 땅에 하강 강림하시는 것이 아니라 새로운 하늘, 진실한 하늘의 세계를 이 땅에 최초로 세우시려 하강 강림하시는 것인데 어찌 그 세월이 힘들지 않겠습니까.

그동안 하늘께서는 수많은 사람들을 이 땅으로 보내시어 하늘의 진실을 전하라 하시었건만 그들 모두는 하늘의 진실을 부담스러워하고 외면한 채 본인들 스스로가 세상 사람들의 추앙과 숭배를 받으며 본인들 스스로가 우주의 주인인 양 수많은 인간·신·영·조상들을 속여 가며 그들을 고통의 굴레에 가두었고, 또한 하늘의 진정한 뜻이 아닌 종교를 이 땅에 세움으로써 수많은 이들을 종교의 굴레에 가둔 채, 세상 모두를 어지럽게 만들었습니다.

하늘께서는 이 뜻이 잘못되었음을 세상의 많은 사람들을 통하여 알려

주셨지만 그 위대하신 하늘의 들리지 않는 음성을 알아듣는 진정한 하늘의 인물이 지구촌에 존재하지 않았습니다.

모두가 자칭 미륵이고 구세주이고 재림예수이고 정도령이라고 하고들 있었지요. 수많은 하늘의 진실을 오늘 하루에 다 알려 드릴 수는 없지만 오랜 세월 동안 신과 인간들에게 끊임없는 배신에 배신을 당하신 하늘이시었습니다.

너무나 대단하신 하늘의 진실이 이러하다 보니 위대하신 하늘께서 하강 강림하실 육신의 몸이신 인황님(저자)께는 그들에게 안 시켰던 혹독한 하늘의 공부를 시키셨고 하늘의 시험을 통하여 인간을 신의 경지에 오르게 하셨습니다.

세상 사람들 모두는 하늘께서 내리시는 하늘의 혹독한 공부의 과정에서 탈락하였거나 본인들 스스로 '포기'의 깃발을 들고 중도하차를 하였습니다.

그들 모두는 하늘의 혹독한 공부를 포기한 채 불교를 세우고, 교회를 세우고, 성당을 세우고, 도교를 세우고, 무속으로 갔기에 수많은 세월 동안 이들 모두의 모습을 지켜보면서 무지한 인간들로 인하여 하늘의 마음과 황후의 마음은 너무나도 많이 아팠습니다. 그러나 자미국의 인황님(저자)님께서는 해내셨습니다.

정말 너무나 장하십니다! 세상 어느 누구도 극복하지 못했던 하늘의 혹독한 공부과정을 완수하시었습니다. 그동안 인간의 삶을 포기한 채 하늘을 이 땅에 세우고자 일심으로 애쓰신 마음, 하늘께서는 모두 다 알고 계십니다. 고통 없이 하늘의 공부를 시킬 수도 있었지만, 고통과 아픔을 안 주면 모두 "나 잘났다" 하면서 대단하신 하늘을 능멸하고 인간 스스로가 만인들의 추앙을 받고, 각자의 생각이 맞다 하면서 종교를 세우기에 하늘의 진실한 뜻을 세상에 전하기 위해서는 어쩔 수 없었습니다.

인황님도 이런 혹독한 하늘공부의 과정이 없었다면 그들처럼, '나 잘났다' 하면서 하늘을 능멸했을 것이고 또 하나의 종교를 세웠겠지요.

인황님(저자)!

그동안 정말로 고생 많으셨습니다! 오늘의 이 영광은 하늘의 승리이고,

인황님께 승리의 날입니다. 감히 그 높은 하늘의 마음을 움직이시다니, 정말 장하십니다. 또한 인간으로 태어나 인황님이 되신 것을 진심으로 축하드립니다.

지금부터는 하늘의 황후 역시도 하늘이 하강 강림하여 계신 지상에 천황님의 나라 자미국에서 하늘을 잘 보필하며 하늘의 새로운 뜻을 이 땅에 전하고자 최선을 다하겠습니다" 하시는 긴 말씀을 통하여 그동안 하늘의 숨은 공부와 진실들을 모두 가르쳐 주시었다.

황후님의 말씀을 듣고 있는 저자의 눈에도 눈물이 맺혔다. 그동안 저자가 애쓴 마음을 그 위대하신 하늘께서 모두 알고 있다 하시고 "수고했다" 하신다니, 인간 육신으로 하강 강림하시어 소원을 이루셨다 하시니 그동안 저자의 모든 고통의 시간들이 일순간에 사라졌다.

또한 황후님의 말씀을 통하여 하늘의 진실도 많이 알게 되었고, 앞으로 저자가 해야 할 일들이 무엇인지도 더 정확히 알게 되었다. 저자는 앞으로 하늘의 화신, 분신, 대행자로 종교교주들이 이 땅에 남기고 간 종교를 모두 흡수 통합하여야 한다.

강제로 종교를 통합하겠다는 뜻이 아니다. 산 사람, 신, 영, 죽은 조상님들을 종교의 굴레에서 구원하겠다는 것이다. 많은 사람들과 이분들이 종교의 굴레에서 배신의 고통과 불행의 아픔으로 너무 힘들어하고 있기에 그들을 행복의 길로 인도하고 싶은 것이 위대하신 하늘의 뜻이고 저자의 뜻이다.

하늘께서 인간세상 저자 육신으로 하강 강림하시어 태상천존 자미 친황태제님이란 존호를 쓰시게 되었고, 나의 영(신명)에게는 자미인황님, 나의 육신에게는 '인황님'이라는 새로운 직함을 주시었다.

만생만물의 천지부모님이시며 대우주 천지인 창조주이신 하늘께서 저자의 육신으로 하강 강림하시었다. 하늘이 강림하신 것을 천상의 모든 신들은 모두 알고 계신다.

각자 나름대로 하늘을 검증해 보고자 할지도 모르지만 인간 능력으로는 검증 방법을 찾을 수 없을 것이다. 인간의 눈에 보이지 않고, 인간의 귀에 들리지 않는 진정한 하늘을 알아볼 수 있는 존재는 천상의 신들 외에는 불가능하기 때문이다.

　인간의 능력으로는 세상 어느 누구도 하늘의 하강 강림을 검증할 수 없다. 자미국 자미천궁의 백성이 되고 신인, 천인합체를 행하여 하늘의 명을 받은 신인, 천인이 되면 스스로 알게 될 것이다.

　인류 모두가 기다리던 위대하고 대단하신 하늘!

　기독교의 예수님이 아닌, 불교의 부처님도 아닌, 도교의 상제님도 아닌, 거룩하고도 위대하신 하늘께서 인류 최초로 자미국 자미천궁의 저자 육신으로 하강 강림!

　우리 모두를 창조해 주신 육신과 영혼의 어버이, 천지 만생만물을 창조하신 천지부모님, 대우주를 창조하신 천지창조주, 신의 종주국임을 선포하신 천지 주인, 세계를 지배 통치하여 영도하실 분, 천인天人, 신인神人을 배출해 주시는 분, 불로 수명장생을 현실로 이루어 주실 분, 우리 모두의 삶을 천지개벽시켜 주실 분, 천지인 신명세계를 다스리는 총사령관님, 무소불위하신 대우주의 절대권자, 전지전능하신 대우주의 통치권자, 자미국 자미천궁의 국가원수이신 천황태제님, 모든 신과 영들을 천상궁전으로 구원해 주실 수 있는 분, 우리 산 인간을 대재앙에서 구원하여 주실 분, 질병과 불행에서 구원해 주실 대단하신 하늘께서 하강 강림하시었다.

　하늘께서는 기독교 하나님(도리천주), 미륵존불(도솔천주), 석가(불교), 예수(기독교), 공자(유교), 노자(도교), 마호메트(이슬람교), 성모 마리아(천주교), 옥황상제(무속교), 증산상제(대순진리, 증산도, 태극도), 하느님, 하늘님, 한울님, 한얼님, 하날님(민족종교), 환인, 환웅, 단군(개국시조), 천존(신흥도교) 등을 모두 다스리고 거느리시며 그들 모두에게 명을 내리시는 지고지존의 하늘이시다.

　기존의 모든 종교세계를 흡수 통합하여 새로운 천황님의 나라 자미국을 지상에 웅장하게 건립하고 하늘의 위대하심을 널리 알리고 우뚝 세우시고자 네 분들께서도 함께 해주고 계신다.

　살아생전이든 사후세상이든 하늘의 신인, 천인이 되면 하늘의 도움과 기운을 세세생생 받고 살 수 있다. 또한 죽어서도 천상궁전 자미천궁에 오를 수 있으니 사후세계에 대한 모든 두려움과 근심걱정이 사라지기에 죽음 이후를 걱정하지 않아도 된다.

## 천황태제님의 공식하강 및 즉위식

천기 7년(2007년) 양력 5월 6일 입하.
최초로 하늘께서 이 땅에 저자 인간 육신(인황)의 몸으로 내려오시는 날이다. 신명님, 하나님, 미륵님, 자미인황님, 신인, 천인, 백성들이 참석하여 공식 하강 강림의식 때 자리를 빛내주었고 태상천존 자미 천황태제님의 즉위식에 감동의 눈물을 흘렸다.
감격의 순간! 수십억 년의 오랜 세월 동안 기다려온 하늘의 공식 하강 강림! 보이지도 들리지도 않았던 하늘께서 인간 육신의 옷을 입으시고 내려오시었다. 태산보다도 더 높이 쌓인 하늘의 원과 한이 무엇인지 세상 사람들은 잘 모른다.
전지전능하시고 우주를 창조하신 무소불위의 절대권자 하늘께서 무슨 원과 한이 있고 소원이 있느냐고 반문할 독자들이 상당히 많이 있을 것이라 본다.
하늘! 하면 독자들 나름대로는 머릿속에 떠오르는 것이 있을 것이다. 대부분의 사람들은 하늘하면, 평안함 · 고요함 · 근심걱정 없이 모두가 행복한 나라. 이런 세계가 하늘세계라고 생각들을 했을 것이고, 하늘세계는 눈물과 배신이 없는 세계라고들 생각하고 있었을 것이다.
그러나 진정한 하늘은 우리 모두의 상상을 초월했다. 배신으로 얼룩진 인간의 마음. 그것이 바로 보이지 않는 하늘의 마음이었다 하신다. 태상천존 자미 천황태제님께서 강림하시자 뜻밖의 일이 일어났다. 생각지도 않았던 이변의 상황 앞에서 저자는 순간 깜짝 놀랐다.
저자는 그 위대하신 하늘 천황님께서 하강 강림하시면 "기쁘다, 좋다" 웃으시며 하강 강림하실 것이라 생각했었는데, 강림하신 천황님께서는 "슬프다, 그동안의 내 설움이 너무 깊고도 깊도다" 하시면서 아픔의 마음을 말씀하셨다.

뜻밖의 일에 그 자리에 참석했던 신인, 천인, 백성 모두는 놀랐다.
어느 누가 감히 상상했을까? 하늘께서 원이 있으실 것이라고.
어느 누가 알고 있었을까? 하늘의 마음이 아플 것이라고.

인간세상으로 하강 강림하신 하늘께서는 그동안 무지한 인간사의 자손들로 인하여 많은 세월 동안 마음이 아팠다 하셨고, 깨닫지 못한 신들의 자만과 배신으로 인하여 지금은 속이 새까맣게 다 타버리신 상태라고 말씀하셨다.

보이지 않고 들리지 않는 하늘의 깊은 뜻을 인간들이 감히 어찌 알 수 있었을까? 지금까지 우리 인간들은 부처님, 상제님 잘 섬기고, 예수님·하나님 잘 찬양하면 인간의 도리를 다하는 줄 알고 있었고, 그렇게 행하고 있었다.

우리 모두는 상상도 못했다. 그 위대하신 하늘께서 눈물을 흘리고 계실 것이라고는 감히 생각도 못했다. 하늘의 이 깊은 뜻을 누가 알 수 있었으리오? 세상 어느 누구도 예상하지 못했던 상황이었다.

천황태제님은 만생만물의 어버이시다.

산 우리들뿐만이 아니라 죽은 영혼들까지도 창조하여 이 땅에 살게 해주신 우리 육신과 신, 영, 조상들의 주인이시다. 하지만 이 땅의 자손들과 죽은 영혼들 모두는 육신과 영혼의 어버이를 몰라보았다. 그 긴 시간의 세월 동안 천황님께서는 자손들에게 버림받았던 것이다. 천황님께서는 우리 인간 하나하나를 창조하심에 애지중지 귀하게 창조하여 이 땅에 살게 해주셨다.

하지만 우리 모두는 이 땅에 태어남과 동시에 천황님 어버이의 존귀함을 몰라보고, 어떤 이는 부처나 상제 앞에, 어떤 이는 예수나 하나님 앞에 앉아 그들이 우리들의 어버이인 줄 알고 빌고 있었으니 그 죄가 얼마나 클까? 그 세월 동안 우리의 진정한 어버이이신 천황님의 마음은 그 얼마나 아팠을까?

하늘! 바로 눈물 자체였다. 참석한 신인, 천인, 백성들 모두는 하늘의

273

말씀에 마음이 아파 함께 울었다. 또한 천황님 전에 죄송스러워 고개를 들 수가 없었다.

원과 한이 너무나 깊고도 깊으셨던 하늘. 하늘의 눈물로 인하여 산 사람들의 인생도 아팠다. 감히 위대하신 하늘께서 눈물을 흘리시는데, 어찌 산 사람들의 인생이 평탄할 수 있었을까. 위대하신 하늘, 우리 모두의 어버이이신 천황님께서 슬퍼하시는데, 그 자손들(산 우리들)이 어찌 웃을 수 있었을까.

어버이(천황님)는 속상해 하시는데, 자손(산 우리)들은 그 마음도 모르고 깔깔대고 웃고 있다면 그 얼마나 불효란 말인가?

이제는 정답을 찾았다.

우리 인간이 겪는 고통과 아픔, 배신, 눈물, 이것은 바로 보이지 않고 들리지 않는 하늘의 아픈 마음이었다. 하늘 천황태제님께서는 우리 인간들 감정의 마음을 통하여 하늘의 마음을 지상의 자손들에게 전달하고 있었던 것이다.

그러다 보니 지상에 있는 우리 산 사람들은 우리들의 의지와 상관없이 슬프기도 하고, 기쁘기도 하고, 죽고 싶기도 하고, 한도 끝도 없이 외롭고, 이유 없이 몸이 아프기도 하고, 그 모든 것들이 하늘의 마음이었고, 하늘께서 지상에 있는 하늘의 자손들을 부르는 음성들이었다. 하지만 우리 모두는 하늘의 음성을 들을 수 없었다.

하늘께서는 애타는 마음으로 지상의 자손들을 부르고 또 부르셨다 하신다. 그럴 때마다 지상의 자손들은 그 뜻이 무엇인지를 모르다 보니, 종교의 세계로 빠져들어 참으로 하늘도 답답하고 지상의 자손들도 답답한 세월이었다고 하셨다.

높은 하늘의 세계에서 지상의 자손들을 크게 불러보지만 어느 누구도 못 알아듣자, 이제는 천황태제님께서 인간사로 직접 강림하신 것이다. 인간 육신(저자)의 몸을 빌리시고, 인간 육신의 입을 빌려 하늘의 뜻을 전하고, 하늘의 자손들을 구원하고자 하강 강림하시었다.

천상세계에만 있다 보니 하늘 천황태제님의 귀한 자손들이 종교에 빠져 고통받고 무속의 길로 접어들어 무당, 도사, 법사들이 되어 빈천한 인생들을 살아감에 가슴 아파하시며 그들 모두를 구원하고자 인간세계로 하강하시었다.

　이 책을 통하여 하늘의 신인, 천인, 백성으로 탄생할 수많은 사람들을 구원하실 것이라 하시었다. 이 책은 단순한 책이 아닌, 하늘의 신인·천인·백성을 하늘께서 부르시는 '하늘의 호출 통지서'라고 보면 된다.

　인류를 지배 통치하실 위대하신 하늘!

　그동안 참 하늘의 존재를 인류 모두가 모르다 보니 그 위대한 하늘을 종교적 존재로만 숭배하여 왔다. 각자의 부모조상님이 종교가 아니듯, 하늘 또한 종교가 아니고 부모조상님과 하늘, 우리 산 사람 모두는 종교가 될 수 없다.

　만 인간, 만 조상, 만 신명들의 어버이이신 천황태제님께서 우리 모두를 구원하고자 이 땅으로 하강 강림하신 것이다. 천황태제님께서는 모든 종교의 굴레에서 벗어나 만 인류의 구심점으로 우뚝 서게 되신다. 하늘은 원래부터 종교가 아니었기에 지상에 종교가 아닌 천황님의 나라 자미국이란 새로운 나라를 세우는 것이다.

　자미국의 하늘제자(인황과 사감)을 통하여 세계 인류를 어루만지시고 보살피시어 선택된 사명자들을 고난으로부터 구원하고자 하신다. 하늘이 머무실 지상궁전 자미국을 저자 인황이 인류 최고로 웅장하게 건립해 드림이 하늘께 대한 도리이자 의무이다.

　세계 최고의 화려하고 이름다운 자미국 궁전을 영국왕실, 일본왕궁, 로마 바티칸의 교황청을 능가하는 최고로 거대한 자미국 궁전을 건립할 것이다.

　세계 인류 모두가 하늘이 강림하였음을 알고 나면 천황님의 나라 자미국은 인산인해를 이루게 될 것이며, 자미국이 세계 사람들로 인하여 인산인해를 이루게 되면 자미국만 발전하는 것이 아니라 하늘의 명을 받은 신인, 천인, 백성들은 물론 대한민국도 잘살게 된다.

　그렇다.

　저자가 지금까지 설명했던 조상님 천상입궁의식과 신과 인간이 하나 되는 신인, 천인합체의 진귀한 능력이 수많은 사람들을 통하여 현실로 입증되고 있다. 전 세계인은 이런 천황님의 나라 자미국을 우러러보게 될 것이며, 세계 어느 누구도 이루지 못한 인류의 종주국으로 세계 속에 우뚝 서게 되는 것이다.

천황님의 나라 자미국이 이 땅에 있기에 한반도에는 더 이상 전쟁 같은 것은 일어나지 않으며 강대국들도 더 이상 얕보거나 업신여기지 못하게 된다. 오히려 그들이 감사의 조공을 올리는 입장으로 바뀌게 된다.

이것이 하늘 천황태제님과 신명님, 하나님, 미륵님, 자미인황님, 인황, 사감이 이 땅에 세우고자 하는 하늘의 완성 설계도이다.

## 70억 인류의 구심점을 한반도에 세우자

하늘께서 주관하시는 지상궁전 자미국 자미천궁 건립은 국가의 발전을 위하여 정부 차원에서 관심을 가져야 한다. 세계 인류 모두가 기다리시던 하늘께서 강림하시었다.

하늘의 뜻은 받았으나 저자 개인의 힘으로는 거대한 재정의 돈이 필요한 자미국의 궁전을 건립할 수 없다. 자미국 궁전은 세계를 거느리고 다스리는 인류의 최대 궁전이 되어야 한다.

강대국들의 틈에서 늘 왜소하기만 한 약소국가 대한민국! 이제는 잠에서 깨어나 세계를 지배하리라. 만생만물과 우리 인류 모두를 창조하신 영혼의 어버이이신 하늘께서 우리의 소원을 이루어 주시고, 우리를 구원하시고자 이 땅에 하강하시었다.

우리 모두는 하늘의 뜻에 동참하여 대한민국을 신의 종주국으로 세워 약소민족의 슬픔과 비애에서 벗어나야 한다. 국민 모두가 하나 되어 자미국 궁전을 지상에 시급히 건립해 놓아야 장차 세계 인류를 손님으로 맞이할 수 있게 된다.

국가적 차원에서 재정을 투입해서라도 하늘이 거쳐 하실 지상궁전 자미국 궁전을 건립해 드려야 한다. 자미국 자미천궁은 저자 개인의 이상을 펴는 곳이 아니라 하늘께서 천상세계의 뜻을 지상에 펼치시는 인류 역사에 한 획을 그을 중차대한 일이다.

한민족이 천손의 민족이라면 하늘이 하강하시어 내리시는 명命에 이유 없이 조건 없이 독자들 모두가 합의하여 하늘이 머무실 자미국 궁전 건립에 동참함이 마땅하리라 본다. 세계 최고의, 세계 최대의 웅장하고 장엄하며 화려한 자미국 궁전을 한반도에 세워 드려야 한다. 그것이 천손민족의 도리와 의무이다.

이제 하늘의 진실을 알게 되었다면 대한민국 국가 차원에서 인류의 구심점인 자미국 궁전을 건립하여 줌이 마땅하다. 하늘이 머무실 자미국 궁전은 70억 인류의 구심점을 한반도에 세우는 일이며 이는 바로 대한민국의 국위를 전 세계에 선양할 뿐 아니라 세계 인류를 정복하고 영도하는 초석이 된다.

하늘이 강림하셨음을 전 세계인들이 알게 되면 감히 하늘 천황태제님의 나라를 간섭하거나 얕잡아 보는 일은 결코 없을 것이며, 오히려 허리를 굽혀 하늘이 계신 대한민국에 정중히 무릎을 꿇고 하늘 천황태제님께 조공과 천공을 바칠 것이리라.

천손민족의 후예들이여! 이제 수억 년을 기다려온 하늘이 강림하시었으니, 모두가 환영으로 하늘을 맞이하여야 한다. 신의 종주국을 세우시고자 천지주인께서 강림하셨다. 하늘이 강림하셨음을 부정하고 외면한다면 진정한 천손민족이 아니리라.

하늘을 부정하는 사람들은 천손의 후예가 될 자격이 없도다. 저자 한 개인, 한 가문의 영광을 위해서가 아닌 천손민족 모두의 행복을 위해서이다.

자미국을 세우고 지상궁전을 건립하는 일은 저자 개인적인 차원의 문제가 아니라 한민족 모두의 국가 대사이다.

정말 믿어지지 않는 하늘께서 자미국 자미천궁으로 강림하시어서 '태상천존 자미 천황태제님'이라는 존호로 불리시면서 인간세상의 옷을 입으시게 되었다.

비결서의 예언대로 한민족 모두는 자랑스러운 하늘의 백성으로 다시 태어나 천손의 후예(천황님의 아들딸들로서 하늘의 천인과 백성을 말한다)가 되어야 한다. 하늘이 강림하실 것을 옛 선인과 성현들은 미리 아셨기에 비결에 '신의 종주국'이란 이름을 오래전부터 써 놓았던 것이다.

예언과 비결서의 그 모든 일들이 순서대로 동방의 작은 나라 대한민국 땅에서 현실로 이루어지고 있다.

신과 조상님들께서는 하늘이 강림하셨음을 알고 사람의 육신을 빌려 자미국으로 몰려오고 있다. 사람들은 몰랐었지만 신과 조상님들은 한반도에 하늘이 강림하실 것을 오래전부터 알고 계셨다. 세계에서 가장 의심 많은 민족이 한민족이다.

예전과 달리 거짓과 사기가 너무 많다 보니 진실 앞에서도 이제는 의심부터 해야 하는 세상이 되었다. 진실이 외면을 당하여 거짓이 진실을 이기는 세상이 되었다.

사람에게, 세상에, 종교에 너무 많은 배신을 당하다 보니 두 번 다시 속지 않으려고 애쓰는 독자들의 마음 모르는 바 아니다. 이제는 말에 현혹될 필요 없다. 본인들 스스로가 자미국에서 행하는 의식들을 직접 행하다 보면 저자의 말이 진짜인지? 가짜인지? 스스로 알게 된다.

자신의 몸을 통하여 세상 어디에서도 느껴보지 못한 신비의 조화가 본인 스스로의 몸으로 느껴지고 생활의 변화, 몸과 마음의 변화를 스스로 느끼게 되기에 현혹, 강요가 필요 없다.

그동안 세상의 많은 사람들이 자칭 자신이 구세주라고 하면서 수많은 사람들에게 상처를 준 가짜 성직자들 때문에 진짜 하늘이 내려오셨음에도 우선은 의심부터 하게 되는 사람들도 있겠지만 진실은 언젠가는 밝혀지게 되어 있다.

선천의 시대에는 거짓이 진실인 양 포장되어 진실을 이기는 세상이었는지 모르지만 후천의 시대에는 거짓은 존재할 수 없다. 천황태제님께서 이 땅에 하강 강림하시었는데 하강하시기 전과 하강하신 후 세상이 똑같이 흘러간다면 말이 안 되질 않는가?

천황태제님께서 이 땅에 하강하심이 여러분들 눈에는 안 보이겠지만 세상에는 희한한 일들이 이제부터 많이 일어나게 될 것이다. 놀라지 마시라.

그 모든 것은 천황태제님께서 이 땅에 하강하셨음을 여러분들에게 알려주시는 하나의 신호일 뿐이다.

살아계신 부모 공경 잘하고, 죽은 조상님 영혼 구원 잘하고, 영혼의 어버이를 알아보는 착한 자 하늘의 구원을 받을 것이고, 하늘의 뜻을 거역한 악한 자 하늘의 벌을 받게 될 것이다.

선은 선대로 구원하시고, 악은 악대로 처벌하심으로써 보이지 않고 들리지 않는 하늘께서 이 땅에 하강하시었음을 스스로에게 보여주실 것이다.

하늘 천황태제님께서는 악한 자들을 구원하러 이 땅에 하강하신 것이 아니다. 맑고 깨끗한 하늘의 진정한 천인과 백성들을 구원하러 이 땅에 하강하신 것이다.

진정한 하늘의 자손들을 구원하시고 대한민국 국민을 구원하시고자 무소불위의 하늘께서 하강하시었다. 믿고 따르는 자, 하늘이 내리시는 천복을 받아 부귀영화 누릴 것이고 부정하는 자, 또한 종교의 굴레에 속박된 자, 현실 그대로의 고통을 겪으면 된다. 아니 어쩌면 지금보다 더한 풍화환란과 고통이 그대의 인생에 찾아올지 모르니 초긴장하라.

세계를 통치하실 위대한 하늘!

대우주 천지창조주 태상천존 자미 천황태제님! 이 땅의 천손민족부터 구원하시고자 강림하시었다. "하늘을 팔고, 조상님을 사고파는 종교는 이 땅에서 소멸되어야 한다"고 강력한 어조로 말씀하시었다.

조상님들을 구원해 준다는 이유로 굿과, 천도재, 기도들을 올리고 있지만 다 필요 없는 의식행위라 하신다.

하늘의 법도를 모르는 자들이 어찌 조상님들을 구원할 수 있느냐고 역정을 내신다. 하늘의 법도를 무시한 채, 인간의 법도를 만들어 행하는 인간의 행위 더 이상 용납할 수 없다 하신다. 많은 사람들이 현재까지는 기독교의 하나님이 천지만물을 창조하신 분으로 알고 있었지만 사실은 그게 아니었다.

그분은 도리천에 계신 천주로서 현재는 천황태제님을 이 땅에 세우시고자 '천상천감님'이란 신명 직책으로 천황태제님 곁에서 천황태제님을 보필하고 계신다.

하나님께서 아버지라 부르는 분이 바로 대우주를 창조하신 태상천존 자미 천황태제님이시다. 천상천감님은 아버지를 이 땅에 세우시고자 자미국 자미천궁에 강림하시었다.

하나님(천상천감님)께서는 그 위대하신 아버지(천황태제님)를 종교의 숭배 대상으로 이 땅에 강림시키실 수 없어 천황님의 나라 자미국을 세우시고, 도솔천의 미륵님이신 도감님과 협력자의 관계로 뜻을 함께하신 후, 천황태제님을 설득하시어 인간세상으로 하강하시도록 공을 세우신 위대한 분이시다.

하나님(천상천감님)과 미륵님(천상도감님)께서는 천황태제님의 존귀함을 미리 알고 계셨기에, 스스로는 이 땅의 많은 사람들에게 추앙받고 대우받는 그 모든 욕심을 뒤로하시고, 오로지 하늘의 천황태제님을 이 땅에 세우시고자 뜻을 함께하시었다.

미륵님과 하나님께서는 천황태제님의 양옆에서 천황태제님을 보필하며 명에 따라 움직이시면서 편히 해 드리고자 애쓰시는 그 마음이 실로 감동적이다.

미륵님과 하나님은 말로만 대단하신 분이 아니었다. 천황태제님을 세우고자 스스로를 버리고 희생하시었다. 이분들의 뜻이 어찌 위대하지 않고 어찌 존경스럽지 않을까? 하나님께서는 아버지인 천황태제님을 이 땅에 우뚝 세우시고자 여념이 없으시다.

아들이 아버지를 이 땅에 세워 드림은 당연한 일 아니냐면서 눈물을 흘리시는 하나님의 모습에 저자 역시도 마음이 많이 아프다. 하나님(천상천감님)은 하강하실 때마다 눈물을 흘리신다. 아버지인 천황태제님을 생각하면 너무 마음이 아파 그냥 눈물이 흐른다고 말씀하신다.

기독교인들아!

그대들이 기도하면서 흘리는 그대들의 눈물은 하나님이 흘리는 눈물이었음을 알고 있었는가? 하나님이 어버이 천황태제님을 생각하며 흘리는 눈물이었음을 어느 누가 알 수 있을까? 하늘의 진실이 밝혀지면서 가슴 아픈 진실이 참으로 많았다.

또한 미륵님께서는 하늘의 진실을 전하시는 인도자로서 천황태제님의 일을 완벽하게 완수하고자 최선을 다하시는 그 모습 또한 실로 감동적이었다. 인도자로서 인간과 신명, 영혼들에게 하늘의 진실을 전하여 깨닫게 하시어 천황태제님의 존귀하심을 이 땅에 전하고 계시니 이분들의 노고에 저절로 고개가 숙여진다.

하늘의 강림! 온 인류의 소원이 이루어진 것이리라. 하늘의 존재를 인정한다면 그보다도 값진 것이 없으리라. 하늘의 강림을 실로 믿는다면 이대로 앉아서 지켜보고만 있지 않을 것이리라.

그 기쁨과 영광이 무한하리라.

신명님, 하나님, 미륵께서 강림하시어 천황태제님의 뜻을 전하시고 새로운 나라를 세우시고 있다. 하늘께서 인간 몸으로 강림하시었다. 천지인 세계에 하늘의 강림을 선포하시고 천황태제님으로 공식 즉위식을 거행하시었다.

천지 만생만물의 천지부모님이시고, 대우주의 절대권자 신분으로서 인간세계, 영혼세계, 신명세계를 모두 다스리고 통치하시는 분이 영광스럽게도 대한민국의 작은 땅으로 강세하시었으나, 얼마나 많은 사람들이 공감하며 하늘의 강림을 진정으로 인정할지는 알 수가 없다.

천황태제님은 천지 만생만물과 우리 인류 모두의 정신적 구심점이 되실 분이다. 저자의 소망 하나만으로 하늘을 하강시킬 수는 없었다. 천황태제님과 천상의 모든 신명님들께서 수고를 아끼지 않으셨기에 가능한 일이다.

태상천존 자미 천황태제님 즉위식!

생각만 해도 가슴 뿌듯한 일이다. 위대하고 지극지존至極至尊하신 하늘의 절대자께서 인간세상에 내려오시었으니 그 얼마나 영광이랴! 종교인이든 무신론자이든 한민족 모두의 영광 아니겠는가?

더욱이 종교를 펼치러 오신 것이 아니라, 지구상에 존재하는 그 모든 잘못된 종교를 멸하시고, 새로운 희망과 인류의 구원을 이루어 주시고자 강림하시었으니 큰 영광이리라. 한민족 모두의 기쁨이고 자랑이자 인류의 정신적 지주이시고 영원한 구심점이시다.

이제 한반도에는 하늘의 명 대행자이신 자미인황님(저자의 신명)께서 직접 천황님의 나라를 세우시어 하늘의 천인과 백성들을 거느리시고 다스리신다. 그 나라 이름이 '자미국'이고 천황태제님께서 집무하실 지상궁전이 '지상 자미천궁'이다.

## 세계 최초의, 세계 최고의 조상님 영가 입천제!

구천세계를 떠나지 못하고 자손들의 몸에 들어와 울부짖고 계신 조상님들의 목소리. 조상님들이 자손에게 보내는 영계의 메시지! 우리 모두는 끊임없이 찾아오는 원한 많은 영가들로 인해 불확실한 미래에 대한 공포와 불안으로 떨고 있다!

교통사고사 · 자살 · 살해 · 질병사 · 사고사 · 돌연사 등 갑작스러운 비명횡사로 자기 수명을 다 살지 못하고 세상을 떠나면, 천상세계에 오르지 못하고 구천을 떠도는 원귀가 되어 자손이나 다른 사람 몸에 들어가 풍화환란을 일으킴으로써 사업실패 · 사고 · 질병 · 이혼 · 금전고통 · 우환 · 신병 · 빙의 · 우울증 등 불행을 만들어 그들의 삶을 고통스럽게 만든다.

보이지 않는 조상님 영가들이 자신의 몸에 들어와 피눈물을 흘리며 울부짖고 계심을 아는 사람 몇이던가? 춥고 배고프니 천상세계로 보내달라는 조상님들의 한 맺힌 절규가 들리는가? 세상에 알려지지 않았던 영계의 처절한 메시지.

조상님의 기운으로 인해서 일상생활 속에 일어나는 모든 사업실패와 질병 · 사건사고 · 금전고통 · 이혼 · 교통사고 등 불상사가 일어나지만 사람들은 원인도 모른 채 가슴 아파하며 하늘을, 조상님을, 세상을 원망하며 살아가고 있다.

그 어느 누구도 조상님으로부터 자유로울 수 없다. 자미국 자미천궁에서 일평생 단 한 번의 조상님 영가 입천제를 봉행하면 49재, 천도재, 100일제, 소상, 대상, 기제사를 지내지 않아도 된다.

그 이유는 조상님 영가 입천제를 행하면 망자가 자손들의 몸이나 허공중천 구천세계에 머물지 않고 하늘의 명을 받아 천상궁전으로 곧바로 입천(승천)하기 때문이다.

천도재遷度齋와 입천제入天祭의 차이는 하늘과 땅 차이이며 비교 자체도 할 수가 없다. 천도재는 망자의 명복을 부처님께 빌어주는 불교의식이고, 입천제는 인류 역사상 최초로 하늘(천황태제님)께서 직접 주관하시므로 지옥세계 명부전을 거치지 않고, 천상세계 천상궁전으로 영가를 곧바로 올려(입천)보내는 세계 최초의, 세계 최고의 조상님 영가 입천제入天祭 의식이다.

불교나 도교, 무속의식이 아닌 천상궁전 자미천궁의 법도에 의하여 행해지는 세계 유일한 제祭의식이다. 종교적 의식을 초월한 대우주의 천상세계 의식으로 영가들이 천상궁전에 올라가는데 가장 빠르고, 가장 훌륭한 제의식이다.

조상님 영가 입천제를 행해 드리면 매년 지내는 기제사를 지내지 않아도 되고, 명절 차례만 연 2회 지내도 되지만 이 또한 생략하여도 아무 탈이 없다.

그 이유는 하늘께서 친히 명을 내려 천상궁전 자미천궁으로 조상님 영가들을 입천시켜 드렸기에 영가들이 자손들의 몸이나 허공중천을 떠돌며 인간세상에 머물지 않으며 이미 천궁에 올라가 계시므로 제사나 명절 차례를 지내는 것이 아무런 의미가 없다.

영가 입천제를 올리는데 드는 금전을 이곳에서는 조공祖貢이라 부르며, 조공은 하늘 천상궁전 자미천궁에 계신 만생만물 대우주 천지인 창조주 '태상천존 자미 천황태제님'께 올리는 예물의 성격이지 영가 입천의식 비용이 아니다.

하늘께서 머무시는 천상궁전이 자미천궁이고, 조상님 영가들이 이 궁전으로 입천 되어 올라가서 생활할 곳이므로 당연히 하늘께 예물로 바치는 것이다.

자미국 자미천궁 고유의 조상님 영가 입천제는 자신의 조상님들을 천상궁전 자미천궁으로 보내드려 하늘의 천황태제님 백성으로 다시 태어나게 해 드리는 매우 뜻깊은 의식이다. 하늘께서 친히 인간 육신을 빌려 불쌍한 영가들을 구원하시는 경천동지할 일이니 세계 최초요, 세계 최고의 조상님 영가 입천제 의식이라고 자부한다.

종교가 있든 없든 나를 낳아주신 육신의 어버이이신 조상님에 대한 효도와 내 영혼을 주신 창조의 신께 감사함을 표하는 것은 만물의 영장으로서 갖추어야 할 인간의 근본 도리이고 조상님에 대한 효행이다.

큰돈을 번 사람들은 자신의 노력만으로 벌어들인 줄 알고 있기에 하늘과 조상님께 감사할 줄 모르고 살아왔다. 이 기회를 통하여 진정으로 하늘과 조상님들께 지상궁전과 나라궁전을 건립하기 위해 감사의 천공을 올려야 도리일 것이다.

1만 년의 역사를 자랑하는 천손민족이지만 민족정신의 구심점이 없다는 것은 후손들로서 참으로 부끄럽고 진정한 도리가 아닐 것이리라.

자미국 자미천궁은 인류의 구심점과 민족의 구심점을 세우라는 하늘과 조상님들의 강력한 계시를 받았기에 그 뜻을 수많은 독자들에게 전하고 있으니 공감하거나 감동하는 독자들은 이 뜻에 참여하면 된다.

# 제7부
# 천지조화 부리는 신비 능력자

산 사람의 생령을 부르는 능력자 | 생령을 청배하여 상대의 마음을 알았다 |
애인의 생령을 불러 보았더니 | 김정일 국방위원장 생령과 대화 |
150밀리 강우降雨신명공사 | 자미인황님의 풍운조화! |
산 기도에서 만난 기적 | 하늘이 보내주신 최고의 선물 |
하늘이 맺어주신 인연자 | 상상을 초월한 천상세계 나들이 |
대단하신 하늘의 진실 말씀 | 저승세계 명부전을 다녀왔다 |
작명과 개명의 비밀! | 하늘께 바치는 공덕 |
예비백성 가입 | 하늘이 내리신 비결서

## 산 사람의 생령을 부르는 능력자

언제부터인가 저자에게 신이나 조상영혼 그리고 귀신은 물론 살아있는 사람의 생령(영혼)을 부르는 신비한 능력이 생겼다. 산 사람의 생령을 부른다고 하면 일반인이나 신명제자도 이상하게 생각하고 잘 믿으려 하지 않는다.

사기 친다거나 쇼한다고 부정해 버리고 만다. 그러나 저자는 그러한 실험을 수없이 많이 시도하였다. 상대방의 생령이 들어오면 그의 모든 마음을 알 수 있다. 상대가 국내에 있던 외국에 있던 거리에 상관없이 부르면 바로 들어온다.

이것은 천상에 신께서 친히 저자 몸으로 내려와 그런 능력을 보여주시는 것이라고 계시를 내려주시었다. 일반 세상에선 감히 상상도 못할 일들을 신은 저자의 몸을 통해 여러 형태로 신들의 능력을 보여주고 계시는 것이다.

이럴 때면 보람과 긍지가 하늘을 찌른다. 아무나 할 수 없는 일들을 하늘의 대행자 몸이 되어 해내고 있으니 말이다. 처음엔 믿을 수 없었다. 차츰 시도해 보니까 진짜로 생령이 오고 있는 것을 알게 되었다.

말만 하면 신과 생령(산 영혼), 사령(조상님)이 바로바로 들어오고 있었다. 때론 생각만 해도 상대가 들어온다.

나의 명에 따라 생령, 신명, 조상님 싣는 역할을 하고 있는 이씨 제자는 하늘이 나에게 보내주신 최고의 보물이다. 수많은 도인과 신명제자를 만나서 하늘공부, 신 공부를 무수히 시켜 보았지만 이씨 제자를 능가할 사람이 없었다.

저자 인황이 이씨 제자의 몸으로 천상신명, 산신, 용신, 조상님, 생령을 부르면 이분들을 실어서 한 치의 오차도 없이 말씀을 전해 주는데 기가 막힐 정도로 정확히 맞는다.

그래서 자미국에 방문하여 저자 인황과 사감을 통하면 하늘세계, 신명세계, 조상님 세계, 영혼세계, 사후세계에 대해서 자세히 알 수 있기 때문에 답답한 일이나 우환, 질병, 사업부진, 우울증, 불면증, 자살충동, 결혼과 이혼 문제에 대하여 자세히 상담할 수 있다.

특히 결혼과 이혼하기 전에는 필히 자미국에 방문하여 상담한 후 결정해야 두 번 후회하는 일이 생기지 않는다. 이씨 제자는 지금은 자미국에서 저자 인황과 함께 하늘의 뜻을 전하고 자미국 세우는 대단한 역할을 하고 있으며 '하늘의 명 수행자 사감'으로 부른다.

하늘께서는 저자 인황과 사감에게 신의 조화를 부릴 수 있는 대단한 능력을 주셨는데 이는 인간의 상상을 초월한다. 그러기에 이제부터 잘 맞지도 않는 점을 보러 전국에서 유명하다는 역술인, 보살, 무당, 도인, 도사, 법사를 찾아갈 필요가 없어졌다.

대통령선거, 국회의원선거, 자치단체장선거, 승진, 영전 등에 대해서도 미리 가부를 정확히 알 수 있고 하늘, 신명, 조상님, 생령들의 도움을 어떻게 받을 수 있는지도 알려준다.

전 세계에서 최고로 용하다는 신명제자들도 자미국의 인황과 사감을 능가할 수 없다는 것을 바로 알게 될 것이다. 산 사람의 생령, 신명, 조상님을 불러서 실을 수 있고 하늘을 통하고 하늘의 말씀을 들을 수 있는 전 세계 유일한 곳이다.

대단하신 하늘을 통하면 어디서부터 무엇이 잘못되었는지 정확히 알 수 있고 해결방법 또한 정확히 제시해 준다. 아마도 전 세계에서 두 저자를 능가할 영 능력자는 지금까지도 없었고, 이후의 세상에서도 영원히 없을 것이라고 하늘께서 말씀해 주시었다.

두 저자는 하늘 천황태제님, 신명님, 하나님, 미륵님께서 함께해 주시면서 가르쳐 주시기에 하늘세계, 신명세계, 영의 세계, 조상세계, 사후세계에 대해서는 전 세계 최고의 전문가이고 이들 세계에 대해서는 모르는 것이 거의 없으니 종교세계, 무속세계를 더 이상 방황하지 말고 하루라도 빨리 종교와 사주, 역학, 작명, 개명, 풍수, 무속, 도교의 종착역인 자미국에 들어오는 것이 각자들의 유일한 살 길이다.

　하늘 앞에서는 종교, 사주, 역학, 작명, 개명, 풍수, 무속, 도교가 모두 무용지물처럼 아무 소용이 없다. 세상 어느 누가 하늘의 능력을 능가한단 말인가? 유명한 역술인에게 몇 백만 원씩 주고 작명이나 개명한 사람들이 무수히 찾아오는데, 그의 인생들이 하나같이 힘들어하고 어려워졌음을 볼 때 작명이나 개명도 아무 소용이 없다는 것을 알았다.

　하늘의 명을 받는 천인합체의식을 행하는 백성이 자미국을 알고서도 역술인에게 가서 본인과 가족까지 모두 개명했다고 하자 하늘께서 진노하시면서 천인합체의식을 중단시키시었다. 사람들 모두가 잘 살아보려고 역술인에게 찾아가서 개명을 하는데 그 어떤 기운의 도움도 받을 수 없다는 진실을 알게 되었다.

　수백만 원 들여 개명하고 도장 파고 행운번호를 받았던 수많은 사람들이 돈만 날렸다고 역술인을 원망했다. 저자 역시도 하늘께서 의식을 중단시키시기 전까지는 이런 일들이 잘못된 것인 줄 몰랐었다.

　하늘께 운명을 의지하지 않고 역술인에게 운명을 의지한 백성은 2012년 7월 20일 의식이 중단되고, 7월 29일 다시 의식을 하여 천인으로 탄생하였다. 이것이 하늘을 몰라본 죄이다.

　하늘의 기운을 받아야지 역술인의 기운을 받아서 어찌 운명이 바뀌겠는가? 작명이나 개명으로 운명이 바뀔 수 없고, 운명 역시 하늘이 좌우하시는 것이지 인간이 어찌 운명을 바꿀 수 있나?

　그래서 위대하시고 대단하신 하늘의 기운을 받을 수 있는 자미국이 전 세계에서 최고로 대단하다는 것이다.

## 생령을 청배하여 상대의 마음을 알았다

　천황태제님의 대 능력은 인간의 상상을 초월한다. 인간의 상상을 초월한 천황태제님의 대 능력은 천황태제님의 분신이요, 천황태제님의 대행자이신 자미인황님을 통하여 현실로 이루어 주신다. 하루는 자미인황님의 부름을 받고 자미인황님의 신전으로 갔다. 처음 보는 낯선 여자 손님이 한 명 앉아 있었고, 그 여자 손님은 엉엉 울고 있었다.

　자미인황님께서 손님에게 뭐라 한 말씀 하시더니, 나에게 와서 해주시는 말씀이 "한 남자를 사랑하고 있는 여인인데, 그 상대의 남자가 본인을 자꾸 피하니 그 남자가 자신을 진정으로 사랑하고 있는 것인지? 아니면 본인이 싫어서 피하는 것인지 그 남자의 본심을 알고 싶어 한다"는 것이었다.

　자미인황님이 하시는 말씀이 "저 여인이 알고 싶어 하는 상대 남자의 본심은 그 남자가 아닌 이상, 세상 그 어느 누구도 그 남자의 숨은 마음을 모르니 그 남자의 생령을 불러봐야겠어.

　그래서 저 여인을 어떻게 생각하고 있는지 대화를 나누게 하고 그 남자의 마음을 속 시원히 얘기하라는 방법 외에는 달리 방법이 없으니, 오늘은 어쩔 수 없이 '생령生靈' 청배를 해야 할 것 같으니까 준비해" 하시는 것이었다.

　갈수록 태산이었다. 아무리 천황태제님의 대행자라 하시지만 어떻게 생령을 부를 수 있단 말인가? 신명과 조상님 영가는 자미인황님의 명에 따라 그들이 자유자재로 오가는 것을 수없이 보았고 직접 체험도 하여 봤지만 지금 말씀하신 이 '생령' 부분은 한 번도 들어본 적이 없는 희한한 말씀이었다.

　죽은 혼도 아니고, 산 사람의 혼(생령)이 어떻게 올 수 있단 말인가? 만에 하나 그 산 사람의 혼이 온다 하더라도, 그 산 사람의 혼이 오면 살아있는 그 사람은 혹시 죽는 것이 아닌가? 생전 처음 들어보는 자미인황님의 말씀에 여러 생각으로 겁이 덜컥 났다.

　자미인황님께서는 나에게 많은 설명을 해주시면서, "그런 걱정은 안 해도 된다"고 하시면서, "천황태제님의 대 능력으로 진행되는 일인데 어찌 인간이 겁을 내느냐"고 하시었지만 그래도 나는 겁이 났다.

　안에서는 한 여인이 흐느끼는 소리가 간간이 들려왔다. 한 번 시도해 보자고 말을 할 수도 없고 안 한다고 말을 할 수도 없는, 그야말로 진퇴양난의 순간이었다.

　고민에 빠져 있던 나는 드디어 결정을 내렸다. 위대하신 천황태제님의 대 능력을 믿기로 했다. 천황태제님의 대행자이신 자미인황님의 말씀을 믿기로 하고 의식에 들어가기 전, 자미인황님께 한 말씀 드렸다.

　"천황태제님을 믿고 자미인황님을 믿고 의식에 임하기는 하지만 자미인황님도 생령을 부르는 것은 이번이 처음이시고, 저 또한 생령청배의식은 처음 해보는지라 제가 혹시라도 잘못해서 천황태제님 전에, 자미인황님 전에 누를 끼치더라도 용서해 주세요" 하면서 그 여인의 소원을 이루어 주는 '생령'청배의식이 시작되었다.

　자미인황님의 명에 따라 그 남자의 생령은 나의 몸으로 응감을 하였다.

　신과 죽은 혼이 응감했을 때와는 느낌이 많이 달랐다. 자미인황님의 명을 받고 응감한, 산 영혼은 처음에는 본인의 마음을 밝힐 수 없다고 하면서 자미인황님의 명에 거부를 하였으나 얼마의 시간이 흐르자, 자미인황님의 명을 순순히 받들어 본인의 마음을 솔직히 얘기하기 시작했고, 자미인황님의 지도하에 나의 몸으로 응감한 남자의 산 영혼과 여인의 대화는 시작되었다.

　이 과정에서 그동안 인간사에서 둘이 만나면서 서로가 서로에게 하지 못했던 진심의 대화를 주고받았다. 많은 대화를 나눈 후 둘의 오해는 풀렸고 여인 역시도 사랑하는 남자친구의 진심을 알고 나니 가슴이 후련하다고 하였다.

　생령청배의식이 끝나자 이 여인은 처음처럼 답답함의 눈물을 흘리는 것이 아니라 감사의 눈물을 흘리며 천황태제님과 자미인황님께 감사하다는 말을 하였다. 천황태제님의 대 능력으로 한 명의 중생이 구원되는 순간이었다.

 이 여인은 남자 문제로 고민을 너무 하여 밤에 잠도 제대로 이루지 못하였고 몸도 마음도 괴로워 죽고 싶은 심정이었다고 하였다. 하지만 위대하신 천황태제님께서는 자미인황님을 통하여 불쌍하고 가련한 여인의 소원을 이루어 주시는 대 이적을 오늘도 보여주셨다.

 그 여인이 돌아간 후 천황태제님에 대한 감동의 물결과 자미인황님에 대한 감탄의 마음이 나의 마음 깊은 곳에서 밀려온다. 정말 천황태제님의 대 능력은 항상 우리 인간의 상상을 초월하였다.

 그리고 이 저자는 천황태제님과 자미인황님의 기적, 이적 앞에서 언제나 감탄을 안 할 수 없었고, 매번 보여주시는 천황태제님의 이적 앞에 "이번에는 안 될 거야, 이번 일은 가능하지 않을 거야"라고 생각했지만 나의 상상을 초월하여 천황태제님의 기적과 이적은 끝이 없었다.

 도대체 천황태제님의 기적과 이적은 어디까지이고 자미인황님의 기적과 이적은 어디까지일지 참으로 신기하기만 하고 놀랍기만 하다. 이 생령 청배 의식을 위대하신 천황태제님께서 자미인황님께 윤허 내려주심은 '적을 알고 나를 알면 백전백승'이라 하였듯이 나랏일(고급관료, 정치인, 현직 대통령 및 대통령 후보)을 하는 사람들과 개인 사업장을 운영하는 사람들은 상대의 말과 행동을 무조건 믿고 큰일에 임하지 말고, 큰일을 결정하기 이전에 상대의 속마음을 미리 알고 임하면 정책의 실패로 인한 국민의 불신, 인간의 배신, 금전의 큰 손실을 막을 수 있기에 천황태제님께서 이들을 위하여 윤허하여 주셨다고 말씀을 내려주셨다.

 또한 결혼을 앞둔 남녀가 결혼을 하기 이전에 생령청배의식을 통하면 상대의 진심을 미리 알 수 있기에 결혼의 실패로 인한 아픔을 막을 수 있다고 가르쳐 주셨고, 이혼을 결정한 부부들도 행을 하기 이전에 이 의식을 통하다 보면 서로가 몰랐던 서로의 숨은 진실을 알기에 서로가 오해했던 부분도 풀려 이혼을 막을 수 있다고 가르쳐 주셨다.

 대신 천황태제님께서 주신 이 고귀한 의식을 대행하는 자미인황님도 이 의식을 부탁하는 손님들도 진정으로 가정을 살리고 나라를 살리는 좋은 방향으로 활용을 할 때만 하늘께서 생령청배에 대해 윤허를 내려주신다고 하시었다.

개인의 욕심을 위하여 또는 장난삼아 상대의 마음을 알아보고자 한다면 절대로 윤허를 아니 내려주신다는 당부의 말씀도 계셨고, 대행자이신 자미인황님께 이러한 천황태제님의 대 능력을 아낌없이 주심은 하늘 천황태제님의 일을 대행하는 대행자는 천황태제님의 조화능력이 모두 있어야 이 땅에 천황태제님의 진정한 뜻을 전파할 수 있고, 만 인간과 만 신명과 만 조상님을 지휘 통솔할 수 있다고 일러주시었다.

지상의 자미국 자미천궁에서는 천황태제님의 황명을 받아 천황태제님께서 일러주시고 가르쳐 주신 그대로 하늘의 천상공무를 집행하는 하늘의 궁전이다.

물론 이제 시작이다 보니 외형상 보기에는 규모는 작을지는 모르지만 하늘의 기운이 지상에서 가장 강하게 내리는 하늘의 궁전 자미국 자미천궁이다.

천상의 모든 신들이 원하고 바랐던 유토피아의 세계인 지상의 자미국과 천상의 자미천궁. 모든 조상님 영가들이 손꼽아 간절히 원하고 바랐던 무릉도원의 세계이고, 천지의 모든 만생만물이 숨죽이며 기다려 왔던 꿈의 세계가 분명하다.

천황태제님께서는 대행자 자미인황님과 명 수행자 자미천감을 황명으로 하명하시었다.

## 애인의 생령을 불러 보았더니

천기 5년 을유년 3월 9일(음력 1월 29일). 평소 알고 지내던 하늘제자가 자기가 알고 있던 40대 중반의 다른 신명제자女를 데리고 방문하였다. 그간의 사연을 들어보니 참으로 너무 답답하였던 제자생활이었다.

신 내림을 받고 1년 동안 많은 방황을 하다가 인천에서 찾아온 제자는 우울증까지 찾아와 답답함에 지쳐 있었고 1년 동안 신을 3번이나 받았지만 말문이 터지지 않아 답답해 하던 중, 이런 마음을 달래보고 무엇 때문에 말문이 확 트이지 않는지 궁금해서 찾아온 것이다.

그래서 살펴보니 그의 외할머니가 몸에 주장으로 들어와 있음을 알아내었고, 그 외할머니와 대화를 나누어 본 결과 신명제자 시키기 싫다는 것이었다. 말하는 것조차 힘에 겨워했고 신명 기운 또한 매우 약하게 내려오고 있었다.

첫 번째 신을 내려준 선생이 외할머니를 주장으로 세워줘 직계 친할머니는 할 일이 없어지고 뒷짐 지고 구경만 하는 처지가 되어있었다. 친할머니가 주장으로 들어가려고 하여도 이미 사돈 할머니가 주인 역할을 하고 있으니 발만 동동 구르며 안타까워하고 있었던 것이다.

이제 외할머니를 천국으로 보내드려야 친할머니가 제 역할을 하게 될 것이다. 1년 남짓 된 제자로서 모든 게 신기하고 배울 것이 많은 제자였지만 스승을 잘못 만나 많은 고생을 하며 살아가고 있었다.

남편과 20년 전에 이혼하고 아들과 둘이 살고 있는 그녀는 자기 애인의 마음을 알고 싶다고 졸라대었다. 저자가 죽은 조상이나 신명만 부르는 신력神力만 갖고 있는 것이 아니라, 살아있는 사람의 영혼(생령)도 불러올 수 있다고 이야기하자 호기심이 발동한 것이다.

점占은 어느 제자에게든 가서 볼 수 있지만, 산 사람의 생령을 부른다니까 의아심도 생기고 정말 오는지 호기심도 생겼던 것이다. 그래서 상대의 생년월일과 이름을 적어놓고 상대방 생령을 들어오라고 저자가 명命을 내렸다.

저자 앞에는 당사자와 그의 신 엄마 이씨 제자(사감)가 있었다. 그래서 당신 신 엄마 몸으로 당신 애인의 생령을 오게 해서 대화를 나누게 해주겠다고 하자 신 엄마 또한 영문도 모른 채로 어리둥절하며 저자가 시키는 대로 합장 자세를 취하고 있었다.

신 엄마도 처음 해보는 일인데다 이해가 잘 가지 않았던 모양인지 좀 못 믿겠다는 듯이 겸연쩍게 따랐다. 이제까지 죽은 조상이나 신명들만 몸에 많이 실어 보았지 산 사람의 영혼(생령)을 한 번도 실어 보지 않았기 때문이었다.

저자가 산 사람의 생령(영혼) 부르는 주문을 하고 난 후,
"애인 건명男 김○○ 생령은 이씨 신명제자 몸으로 즉시 하강 강림하시오"라고 명命을 내렸다. 순간 이씨 제자(사감)는 산 영혼이 들어오는 기운 때문에 손과 온몸으로 심한 떨림을 느끼고 있었고, 애인 영혼을 불러달라고 부탁한 제자는 심각한 표정으로 자기 신 엄마 모습을 세심히 바라보고 있었다.

저자가 이씨 제자 몸에 애인의 생령이 들어온 것을 확인하고 나서,
"어서 오십시오. 오시느라 수고하시었습니다. 다름이 아니라 그대와 사귀고 있는 여자 친구 김○○이 당신과 대화를 나누고 싶다고 해서 잠시 그대 생령을 이씨 제자 몸으로 불렀습니다"라고 말하였다.

**애인 김○○ 생령** "불러주셔서 감사합니다. 그렇지 않아도 내 마음을 표현할 수 없어서 무지 답답했습니다. 남자 체면에 먼저 속내를 털어놓고 말하기가 너무 자존심 상했습니다. 여자 친구를 제가 좋아하긴 하는데 몇 번 만나 애인이 되어 달라는 뜻을 전달하였으나 답변을 차일피일 미루어 속이 까맣게 탈 지경이었습니다."

**애동제자** "저도 자존심이 있고, 아직 4번밖에 만나지 않아서 그쪽의 신상파악이나 마음도 다 알지 못하는데 쉽게 대답할 수는 없지요. 저도 나

름대로 그쪽을 평가하고 생각할 시간적 여유를 주셔야 하지 않은가요."
그간의 사연인즉, 애동제자가 사업장을 옮기려고 이곳저곳 장소를 알아보고 다니는 것을 남자친구가 알게 되었다. 장소 옮기는 것이 돈이 부족해서 조그마한 것을 물색하고 다닌다고 말하였던 것이다.

**애인 김OO 생령** "아~! 그러시면 얼마 정도는 제가 빌려 드릴 수가 있지요. 술, 담배 끊고 모아놓은 돈이 좀 있지요."

**애동제자** "그러면 돈 2천만 원 정도 빌려주실 수 있나요?"

**애인 김OO 생령** "아니요! 더 빌려줄 수 있어요."

**애동제자** "그럼 5천만 원까지도 가능한가요?"

**애인 김OO 생령** "아니요, 5천은 안 되고 3~4천은 해 드릴 수 있어요."

**애동제자** "정말 고맙습니다. 꼭 그렇게 빌려주세요."

애동제자보다 다섯 살 더 많은 남자는 네 번을 만나 식사 정도만 하고 헤어져 손목 한 번 제대로 잡아보지 못했던 것이다. 마음에서는 애인으로 만들고 싶은데 여자가 좀처럼 입을 열지 않으니 몸이 달아오르고 있었던 것이다.

그래서 돈이라도 빌려주어서 여자의 환심을 사보려고 하는 것인데 여자 쪽에서 그것이 미끼인 줄 알고 있기에 좀처럼 답변을 해주지 않았던 것이다. 그 정도 돈을 받으면 당연히 그의 애인이 되어야 한다는 마음의 부담 때문이었다.

말이 빌려준다는 것이지 애인해 주면 그 정도 돈은 그냥 주겠다는 뜻을 이미 비쳤던 것이었다. 그냥 준다고 하면 여자가 자존심이 상할까 싶어서 빌려준다고 했던 것이다. 여자는 나이에 비해서 30대 중반의 미모를 지니고 있었고 남자들이 많이 탐내는 스타일이었다.

그러니까 남자가 자기 여자로 만들고는 싶은데 여자가 말을 안 들으니 혼자 속만 태우고 있었다. 중소기업을 운영하여 제법 돈을 많이 번 사장이었다.

자기의 선심을 알아주지 않아 늘 답변을 기다리고 있던 참인데 이렇게 생령을 불러 돈을 빌려달라고 청해 오니 기다렸다는 듯이 선뜻 돈을 해주겠다고 애인 앞에서 약속을 하고 있는 것이었다.

이런 생령 호출 천지신명공사가 있고 20분 후에 남자로부터 전화가 걸려왔는데 여의도에 있으니 만나자고 하였다. 참으로 신비하고도 또 신비하다. 저자가 펴고자 하는 세계가 바로 이런 신인조화 세상이다.

아무리 상대가 멀리 있어도 그의 생령을 불러들여 나의 뜻을 전달하거나 그의 마음을 모두 알아내고 또한 그 마음도 내가 원하는 대로 돌려놓게 할 수 있는 것이다. 이렇게 신인합체만 되면 신과 귀신과 산 사람 영혼까지도 부를 수 있는 초인간으로 바뀌어지는 것이다.

저자가 애인 김○○ 생령에게 다시 육신으로 돌아가라고 명을 내린 후 바로 다른 사람의 생령을 불렀다. 이름은 이○○였고 8살이나 위인 남자였지만 이성간의 상대라기보다는 아버지에 가까운 역할을 해주는 사람이었다고 했다.

그런데 어제 남자 이○○를 만나서 자신이 한 모든 말을 그대로 자기 신 엄마 몸(사감)에 실려서 말하자 애동제자는 넋이 나간 듯 마냥 신기하게 바라보고 있었다. 자신을 걱정해 주는 말이며 몸에 함부로 손을 대지 않는 스타일하며 똑같이 말하였기 때문이다. 이렇게 천지공사를 보고 난 뒤,

**이씨 제자=사감**

"제가 민망해서 참느라고 힘들었습니다. 제 몸에 실린 애인 김○○ 생령이 여자 친구의 가슴과 하반신 중요 부분을 만지고 싶어서 손이 그쪽으로 향해서 가는 것을 억지로 참느라고 혼났습니다. 선생님 앞에서 차마 그런 모습을 보여주기가 매우 민망스러웠습니다.

신명 제자생활 12년 정도 되어 많은 신 선생님들을 만나서 겪어보았고 제자들끼리도 수많은 정보를 교환해 보았지만 이렇게 산 사람의 영혼(생령)을 불러서 대화를 나눌 수 있으리라고는 꿈에서도 생각 못했던 일이었습니다.

신이 아니고는 정말 할 수 없는 일입니다. 신을 모시는 수많은 법사 선생님을 겪어보았지만 이런 능력을 가진 법사님들은 아직까지 들어보지도 만나보지도 못했습니다. 내 몸에 실린 생령이 말하며 행동하는 것을 보고 너

무나 놀랐어요. 오늘 이런 자리를 마련해 주시어서 정말 감사합니다. 앞으로도 더 많은 신명 공부 많이 가르쳐주시기 바랍니다.

선생님께서 생령 부르는 명을 내리시면 생령이 즉시 감응하는 조화가 바로 일어나고 있음을 알 수 있었습니다. 여러 가지 신비한 체험이 있었지만 오늘 또 다른 체험을 생생하게 하였으니 큰 공부 했습니다.

아, 그러고 보니 3년 전 생각이 납니다.

선생님(저자 인황)께서 조상님 벼슬입천제와 산사람 생령 벼슬입천제 그리고 신인합체 신명공사를 할 수 있다고 해서 믿어지지 않았던 것이 생각납니다. 그 당시에도 명命을 내리시면 저의 생령이 천상세계나 지옥세계를 갔었던 기억이 살아납니다.

당시 그 세계를 보고도 헛것을 본 걸로 믿고 있어서 그리 큰 관심을 갖지 않았었습니다. 또한 죽은 사람 영혼에게 벼슬을 달아서 보내는 장면을 내 눈으로 보았으면서도 모두 허상일 거라고 믿지 않았습니다.

그래서 당시에 저는 사이비 교주라고 생각되어 인연을 끊었었습니다. 당시 조상님 벼슬입천제(천도재)를 올릴 때 영가들에게 벼슬 달아주는 명命을 내리시면 조상님들이 모두 벼슬하는 사람들이 입는 관복으로 갈아 입혀져 있음도 보았지만 내가 홀린 것으로 생각하였고 동료 제자들도 모두 그렇게 생각하였던 기억이 생생합니다.

그러나 몇 년 세월이 흐른 오늘 제가 데리고 온 신딸의 애인 생령(영혼)을 몸에 실어주어서 똑같이 말하였다는 사실을 알고는 그 당시 제가 너무 경솔하였다는 것을 깨닫게 되었으며 깊이 뉘우치고 있습니다.

그때 벼슬 달아 입천(천도)한 조상님 영혼들은 일반 사람들이 볼 수 없어서 아쉽지만 오늘 애인의 생령을 불렀을 때 당사자가 어쩜 똑같이 말하느냐고 경악하는 모습을 보고는 지난날이 후회됩니다.

그 당시 내 눈에 영혼들이 올라가는 모습 하며 관복을 입고 서 있던 조상님들이 모두 사실이었다는 것을 이제야 인정할 것 같습니다. 이런 신인조화는 천상에 최고 높은 신이 내려오지 않고서는 아무도 해낼 수 없는 일이라고 생각됩니다. 어리석은 저를 꾸짖고 용서해 주시기 바라며 진심으로 사죄드립니다."

**저자** 그랬었다. 이씨 제자(하늘의 명 수행자 사감)는 저자가 지난날에 생령을 불러 상대방 마음을 알 수 있다고 말해 주곤 했는데 전혀 믿지 않았었다. 사이비 교주라고 생각하고 있음을 내가 이미 알고 있기에 더 이상 권유하지 않았었다. 신이나 조상님 영혼은 몰라도 산 사람 영혼을 어찌 부르냐고 믿지 않았고 벼슬입천제나 천당과 지옥을 다녀온 일까지도 모두 부정적으로 받아들였던 것이다"

**애동제자** "참으로 신기하네요!"

어떻게 그가 평소 해오던 말이나 행동까지 똑같이 할 수 있느냐고 신기해 했다. 본인 자신도 애동제자이지만 이런 신인조화 법을 부리는 저자가 너무나도 신기해 보이는 모양이다.

신명제자 길을 들어와서 여러 법사나 선생님들을 모시며 만나 보고 굿도 해보았지만 이런 현상이 일어나는 것을 목전에서 처음으로 겪어보고는 너무너무 신비하다고 감동의 말을 계속했다. 도저히 상상을 초월하는 일이 그가 보는 앞에서 실제로 일어난 것이다.

## 김정일 국방위원장 생령과 대화

아끼던 제자가 찾아왔다. 오늘은 무슨 천지신명공부를 시켜 줄까 하다가 김정일 국방위원장 생령(영혼)을 불러 대화를 나누어 보고 싶었다. 독자들은 무슨 SF 영화 같은 이야기냐고 할지 몰라도 실제 그의 영혼은 순식간에 찾아왔다.

**저자 인황** "이씨 제자는 김정일 국방위원장 생령을 몸으로 받을 준비를 하시오"라고 말하자, 제자가 자세를 가다듬으며 양손을 합장하여 가슴에 대고 "예, 준비 다 되었습니다. 분부 내리십시오." 김정일의 생년월일과 이름을 백지 위에다 생령(영혼)을 부르는 주문과 함께 써놓았다.

**저자** "생령 부르는 주문을 외우고 나서 건명 임오년 2월 16일생 조선인민 민주공화국 김정일 국방위원장 생령은 속히 이씨 제자 몸으로 강림하시오."

앞에 있는 이씨 제자가 생령이 오는 기운을 느껴 몸에 변화가 일어나고 있었다. 이씨 제자 몸에 실린 김정일 국방위원장의 생령이 말을 한다. 이때 시간이 2005년 2월 6일 밤 9시 10분이었다.

**김정일 국방위원장** "안녕하십네까? 선상님. 찾아주셔서 반갑슴네다."

**저사** "어서 오십시오. 반갑습니다, 김정일 국방위원장! 요즈음 신경 써서 머리가 많이 아프시죠? 내가 오늘 이렇게 생령을 부른 것은 북한 최고 통수권자인 김 위원장의 심중을 알아보려고 불렀습니다. 되도록 표준어로 말씀해 주시기 바랍니다."

**김정일 국방위원장** "예, 표준어로 말하겠습네다. 보통 신경이 날카로운 게 아니라요. 나라 운영이 경제적 사정으로 매우 힘이 듭니다. 강대국들의 압력이 너무 강해서 골치가 아픕니다. 특히 미국의 압력 때문에 잠을 자도 숙면을 취할 수가 없습니다."

**저자** "그러시겠지요. 심신이 피곤하실 테지만 오셨으니 진심으로 속내를 말씀해 주시기 바랍니다."

**김정일 국방위원장** "예, 최대한 있는 그대로 말씀해 드리겠습니다."

**저자** "세계 사람들 관심이 북한에 모두 쏠려 있습니다. 핵무기를 이미 보유하고 있다고 북한 당국자도 발표했고 미국에서는 7~8개를 보유하고 있을 것이라고 말하고 있습니다."

**김정일 국방위원장** "예, 핵무기는 이미 보유하고 있습니다. 그러나 핵은 자위 수단이지 동포인 남한이나 미국, 일본을 공격하기 위한 공격용은 아닙니다. 저들이 공격하지 않는 이상 절대로 선제 핵미사일 발사는 없을 것입니다."

**저자** "핵무기는 언제부터 개발했습니까?"

**김정일 국방위원장** "핵개발은 아버지(김일성 주석) 때부터 계속 이어져 내려왔고 공격용이 아닌 자체 방어용으로 개발했습니다. 작은 나라가 강대국 틈바구니에서 먹히지 않으려면 핵무기 보유밖에 대안이 없었으며 우리로서는 불가피한 선택이었습니다. 계속되는 미국의 협박에 굴복하지 않기 위해서입니다."

**저자** "그럼, 핵미사일은 몇 개나 보유하고 있습니까?"

**김정일 국방위원장** "죄송합니다. 그것만은 함부로 발설할 수 없습니다. 핵무기 보유 숫자는 국가 특급비밀이니 양해해 주시기 바랍니다. 정말 죄송합니다. 나를 포함해서 군부나 핵무기개발 관계자 등도 이 문제에 대해서는 외부에 발설하면 엄중히 책임을 물을 것이라 했기에 말씀드릴 수 없음을 이해하여 주시기 바랍니다."

**저자** "예, 알겠습니다. 그리고 지금 미국에서는 6자 회담을 조기 개최하려고 움직이고 있으며 그들은 북한이 핵무기를 포기하도록 모종의 대안을 마련 중이라는 말들이 있습니다. 핵을 포기할 생각은 없습니까?"

**김정일 국방위원장** "제가 핵을 포기하면 바로 먹힙니다. 절대로 포기 못 합니다. 어떠한 좋은 조건을 제시해도 핵무기만은 우리의 생명이나 마찬가지이기에 포기할 수 없습니다. 포기하면 우린 바로 정권이 무너지고 이라크처럼 죽습니다."

**저자** "예, 의지가 확고하군요. 참, 건강은 어떠합니까?"

**김정일 국방위원장** "정신적으로 스트레스를 많이 받아 심장이 안 좋습니다. 나이도 이제 64세나 되니 건강이 예전만은 훨씬 못합니다."

**저자** "정신적 스트레스가 모든 건강을 해치는 주범이지요. 후계자는 정해졌습니까?"

**김정일 국방위원장** "아직 정해지지는 않았습니다. 후계 문제만 생각하면 골머리가 아픕니다. 진퇴양난입니다. 마음속으로는 김정남이 보다는 김정은이를 마음에 두고 있습니다. 그런데 잘해 나갈 것 같지가 않아서 고민이 아주 많습니다."

**저자** "그런 고뇌도 있군요. 남북통일에 대해서는 어떤 생각을 가지고 있습니까?"

**김정일 국방위원장** "언젠가는 하기는 해야 하는데 통일을 하자니 미국에 먹히는 것 같고 안 하자니 외세 압력이 높아져 경제사정이 더 어려워지니 어느 쪽으로 결정을 내려야 할지 모르겠습니다. 미국 간섭이 제일 무섭습니다. 그들만 개입하지 않는다면 남북한 당사들끼리 머리를 맞대고 언제든 할 수 있습니다."

**저자** "예, 지금 당장은 무력이나 흡수 통일은 생각하기가 어렵겠군요. 이참에 남한 국민들에게 하고 싶은 말이 있으면 기탄없이 말씀하시지요."

**김정일 국방위원장** "예, 감사합니다.

남조선 국민 여러분!

이 김정일은 본래 악한 사람이 아닙니다. 북한 인민들의 생명과 안위를 보장하고 미국에 먹히지 않기 위하여 어쩔 수 없이 핵무기를 개발한 것입니다. 저만 나쁘다 하지 마시기 바랍니다. 중국, 러시아, 미국, 영국 등은 세계 여러 나라들을 무력을 동원하여 식민지로 만들었었습니다.

무력에 의해 중국에 흡수된 55개 소수민족도 결국은 군사력이 약해서 중국에 먹혔습니다. 국가 간에는 힘이 없으면 나라를 빼앗기게 되어 있습니다. 약육강식으로 동물의 먹이사슬과 똑같으며 개인이든 국가든 승자만이 존재하는 세상입니다.

우리 북한 역시 핵무기가 없으면 미국은 언제든지 북한을 점령할 것입니다. 한민족이 찾아야 할 중국의 동북삼성(흑룡강성, 길림성, 요녕성)도 있으며 발해가 망하지 않았으면 한반도의 운명도 달라졌을 것입니다.

핵무기 개발에 제가 목숨을 거는 것은 정권유지 차원도 있고 나라가 작아 핵무기가 없으면 상대국들이 우리를 깔보기 때문입니다. 핵무기 개발에 막대한 돈이 들어가 북한 인민들에게 배불리 먹이지 못해 대단히 미안하게 생각합니다. 하지만 핵무기 개발은 계속되어야 하며 결코 중단할 수 없습니다.

남조선 국민들에게도 핵 공포의 불안감을 주어서 대단히 미안합니다. 하지만 저는 절대로 같은 동포에게는 맹세코 핵미사일을 발사하지 않습니다. 또한 남한 당국이 어떤 외세에 침략을 당한다면 동포애로서 침략국에 핵미사일을 퍼부을 것입니다.

이것이 저의 순수한 마음입니다. 저를 무지막지한 불한당으로 보시는 남조선 국민이 많은 줄 압니다만 사실은 그렇게 포악무도한 사람이 아님을 천명하는 바입니다. 김대중 대통령 방문에 대한 남한 답방을 하여야 하는데 못 가는 것은 이쪽 군부 반란 같은 것이 우려되고 군부를 통제하기 어려운 군사적 문제 때문입니다.

남한에 내려갈 경우 당국에서 삼엄한 경호경비를 한다지만 돌발 상황이 발생하지 말라는 법이 없기에 심사숙고하고 있는 것입니다. 미국 앞잡이들의 저격도 우려되는 항목이며 또한 6·25 전쟁 피해자들도 돌발변수로 작용할 것입니다."

**저자** "예, 나름대로 북한 내 사정이 있군요. 오늘 이렇게 많은 대화를 나누니 반가웠습니다. 오늘은 생령(영혼)을 불러 이렇게 오랜 대화를 나누었으니 자~ 이제 돌아가셔도 좋습니다. 잘 돌아가십시오. 필요하면 또 부를 것입니다." 명命, 김정일 생령은 육신의 몸으로 즉시 돌아가라!

**김정일 국방위원장** "예, 불러주셔서 감사합니다. 오늘은 초면이었는데 마음속에 있는 말들을 모두 털어놓으니 속이 다 후련해집니다. 불러만 주신다면 언제든지 다시 오겠습니다. 그리고 한 가지 부탁드립니다. 미국 놈들 제발 북조선에 대해서 사사건건 간섭 좀 하지 말라고 전해 주시기 바랍니다. 감사합니다, 안녕히 계십시오."

그랬다. 핵 강대국들은 핵무기를 가질 대로 다 가지고 있으면서 다른 나라는 보유하면 안 된다는 논리이니 이해할 수 없다. 그러려면 자기네들부터 핵무기를 폐기 처분해야 마땅할 것이다. 힘이 없으면 언제든 강대국에게 먹히게 되어 있다. 한마디로 한국은 미국의 51번째 주나 마찬가지이다. 모든 권한을 정부에서 마음대로 행할 수가 없다. 정치·경제 식민지로서 강대국 눈치나 봐야 하니 애석하다. 언제나 나라다운 나라가 되려는지 걱정스럽다.

초강대국들은 무력으로 주변 국가를 굴복시켜 수많은 나라를 집어삼켰지만 어느 누구도 항의 한 번 제대로 못 하고 숨소리 죽이며 나라 빼앗긴 원과 한을 가슴에 품은 채 살아가고 있다. 침략하여 남의 나라를 빼앗은 대표적인 나라가 중국, 미국, 소련, 영국으로 지금도 호주나 캐나다가 영국의 연방국으로 영국 여왕이 총독을 임명하고 있다.

약자는 할 말이 없다. 국력만이 우리 한민족을 외세의 침략에서 지켜줄 것이다. 북한의 핵무기 보유는 당장은 위협 요소가 되어 남한 국민들이 불안과 공포에 떨겠지만 먼 국가 장래를 생각해서는 아주 잘 된 일이라고 생각한다.

핵무기 보유 상태에서 남북한이 통일되어야지 안 그러면 미국의 압력으로 한국은 영원히 핵무기 개발을 못 하고 핵보유국도 될 수 없기 때문이다.

후세 사람들이 김대중 전 대통령을 언젠가는 영웅으로 다시 평가할 것이다. 북한에 퍼다 준 달러로 곤욕을 치르며 많은 욕을 먹었지만 거기에는 약소국가 설움을 씻기 위한 모종의 거래가 있다고 보여진다.

## 150밀리 강우降雨 신명공사

2000년 늦은 봄이었다. 풍운조화신장 3위 신명들을 불렀다. 이때는 겨울에 눈도 많이 오지 않았고 봄에도 비가 내리지 않아 농촌에 전국적으로 양수기 보내기 운동이 한창일 때다. 5~6개월 동안 거의 비가 오지 않아서 농부들은 하늘을 원망했으며 모내기 철을 앞두고 야단들이었다. 저자도 농부의 아들로 태어났으니 그 마음을 누구보다도 잘 알고 있었다.

신명들에게 하명했다.

**저자** "풍운조화 3위 신명들은 속히 하강하시오."

**풍운조화 신명** "예, 명받고 대령하였습니다."

**저자** "이 나라 백성들이 비가 오지 않아 하늘을 원망하더이다. 이대로 가다가는 1년 농사를 지을 수 없고 백성들이 굶어 죽게 생겼소이다. 해서 내가 그대 신명들을 불렀소."

**풍운조화 신명** "예, 분부만 내리십시오. 즉시 거행하겠습니다."

**저자** "3위 신명들에게 비를 내리는 강우신명공사를 하명하니 명命대로 즉시 이행토록 하시오. 지금 현재 상태로 보아 전국적으로 150밀리의 비가 와야 가뭄이 해갈될 것 같소. 단 하루에 모두 내리면 물난리가 날 것이니 3일간 나누어 내리도록 하시오."

**풍운조화 신명** "예! 하명 받은 대로 강우 천지신명공사를 거행하겠나이다."

당시 일기예보는 전국적으로 단 하루 5~10밀리 정도 비가 내린다고 예보했었다. 이때 일기예보와 3일간 내린 전국 강우량 기록을 찾아보면 지금도 기상청에 있을 것이다.

한꺼번에 비가 오면 홍수 염려가 있으므로, 신들에게 3일 동안 비를 뿌리게 천지신명공사를 보았던 것이다. 이날부터 3일 동안 전국적으로 세찬 빗줄기가 퍼붓기 시작했다. 많이 온 곳은 180㎜, 적은 곳은 140㎜ 내외였다.

하늘의 신명들에게 감사했고 풍운조화신명들을 불러 수고하셨다고 위로해 드렸다. 이렇게 내린 비로 6개월 동안 가물었던 전 국토는 해갈되었고 농부들은 한시름 놓았다.

이런 강우천지신명공사는 아무도 알지 못하는 내용이지만 기상청 관계자가 지난 예보와 강우 기록을 찾아보면 저자가 지금 하는 말이 거짓인지 참인지 알 것이다.

이 말을 진실로 믿으라고 하면 코웃음칠 독자도 많이 있을 것이다. 독자 여러분의 눈으로 직접 보지 않았기에 믿지 않는 것은 너무나 당연한 이치이다. 반대로 독자 여러분이 모두 현장에서 직접 보았다고 하면 어떤 말이 나왔을까?

신통하다고 놀라워하면서도 "우연이겠지"라고 넘어갈 것이다.

그렇다. 신의 세계는 인간 눈에 보이지도 않으며, 누구로부터 인정받기도 어려운 부분이고 잘 믿으려 하지 않는다. 그러나 반드시 신들은 인간 말을 알아듣고 그렇게 행하고 있다.

사실인즉 저자는 하늘 천황태제님께 몸만 빌려 드리고 나의 소원을 이야기한 것이다. 그분이 신들을 불러서 내 입을 통해 비를 오게 하는 강우 천지신명공사를 보셨던 것이다. 이런 것을 두고 신인합체 천지신명공사라고 한다. 이처럼 신이 왔다고 점쟁이가 되는 것은 아니다.

1999년 7월의 어느 일요일.

서울 우면산에서 천지신명공사를 행하기로 나흘 전부터 날을 잡아두었는데 막상 그날이 되니까 장대같이 쏟아지는 강한 빗줄기에 김선관仙官이 어찌 하실 거냐고 물어왔다.

**저자** "무얼 어찌합니까? 당연히 가야지요."

억수같이 쏟아지는 빗줄기를 보면서 근심 어린 표정이 역력했으며 다음으로 미루었으면 하는 눈치가 역력했었다.

**저자** "차 선관에게 차 대기시키라고 하세요."

그리고는 대치동 그랜드 백화점으로 가서 간단한 제물을 준비해 가지고 출발하였다. 20분 거리이니 가까운 곳이었다.

차 선관車仙官 이기사와 여 제자 김선관(저자보다 11년 손위로서 20년 동안 모 종단에서 도를 닦았던 여자 도인), 그리고 저자인 나와 3명이 타고 있었다. 저자가 차 뒷좌석에 앉은 채로 풍운조화신명을 불러 천지신명공사를 보았다.

**저자** "내가 우면산에 들어가 1시간 동안 천지신명공사를 봐야 하는데 풍운조화신장 3위 신명은 즉시 하강하여 명을 받으시오!"

**풍운조화 신명** "예! 명받고자 풍운조화 3위 신명 대령입니다."

**저자** "지금 앞이 안 보일 정도로 억수같이 쏟아지는 장대비를 천지신명공사 보는 1시간 동안만 그치게 하시오."

**풍운조화 신명** "예, 즉시 명 받들어 우면산에 도착하시면 그곳만 비가 그치도록 신명공사를 거행하겠습니다."

**저자** "고맙습니다."

알고 있던 주문도 필요 없이 그냥 간단하게 명을 내렸다. 아무리 다급한 천지신명공사라도 장대비를 맞으면서 우산 받쳐 들고 천지신명공사를 볼 수는 없었기 때문이다. 승용차는 20분 만에 과천경마장 가는 길목 비닐하우스 화훼단지 사이를 지나 우면산 입구에 당도하였다.

차에서 내려 한 손엔 우산을 다른 손엔 봇짐을 들고 김선관과 둘이서 산을 오르기 시작하였는데 낮은 산이라 10여 분 올라가니 목적지에 도착하였다. 짐을 내려놓자 빗줄기가 갑자기 잦아지더니 2분가량 지났을까 강한 빗줄기는 거짓말처럼 뚝 멈추는 것이었다.

준비해 가지고 간 과일을 진설하고 천지신명공사의식을 치렀다. 50분가량 신명공사를 보았으나 비는 한 방울도 내리지 않았다. 신명공사를 마치고 산길을 내려와 승용차에 올라탔다.

**저자** "차선관, 자~ 출발합시다."

이기사에게 말하고 1분가량 지났을까 비포장도로에서 아스팔트 도로로 접어드는데 갑자기 '후드득' 하면서 승용차 지붕 위에 장대비 떨어지는 소리가 요란하게 들리는 것이었다. 내리는 것이 아니라 양동이로 쏟아붓듯 퍼부었다.

승용차 안에서 기사와 제자 그리고 저자가 서로 보면서 웃었다. 이렇게 조화를 부리는 것이 신명이란 말인가? 저자는 다시 한 번 신의 조화에 놀랐고 천지신명님께 감사하였다. 만물 속에 정기(신명)는 알아주는 자의 편이었다.

이번은 저자 외에도 운전기사와 여 제자가 함께 차 안에 동승해 있는 상태에서 잠시 동안만 오던 비를 멈추게 하는 신명공사를 보았고 그대로 비가 멈추었다. 그것도 정확히 천지신명공사 보는 1시간 동안만 비가 그쳤었다.

동승했던 운전기사와 여 제자도 장대비가 1시간 멈추었던 광경과 공사 끝나고 퍼붓듯 다시 내리는 폭우를 보고 경악하며 탄성을 질렀던 대단한 천지신명공사였다.

2004년 7월 태풍이 2~3개 올라오고 난 뒤였다.

몇 년 전에 강릉 일대가 태풍 루사와 매미로 쑥대밭이 되어 인명과 재산 피해가 수조 원에 이르는 막대한 피해를 보았고, 충청 지방엔 갑작스러운 폭설로 6천억이라는 천문학적 피해가 발생되어 비닐하우스 농민들이 시름에 빠지기도 했었다.

이런 엄청난 자연재해를 막을 수 있는 방법은 없을까 고민하다 풍운조화 신명들을 불렀고 이내 신들과 대화를 주고받았다.

**저자** "풍운조화 3위 신명은 즉시 하강하시오."

**풍운조화 신명** "예! 명받고자 대령하였습니다. 분부 내리십시오."

**저자** "오늘 한반도로 올라오는 태풍을 소멸시키십시오."

**풍운조화 신명** "그건 곤란합니다. 저희 풍운조화신장 3위 신명들이 의논하여 대안을 내놓을 테니 잠시 시간을 주시기 바랍니다."

약 2분 정도 시간이 흘러갔다.

**풍운조화 신명** "태풍 자체를 소멸하는 것은 자연의 이치에 맞지 않고 불가능에 가까운 일이오나 육지로 올라오는 태풍의 방향을 바꾸는 것은 가능합니다."

**저자** "아! 그렇군요. 그럼 그렇게 방향이라도 바꾸어 주시면 고맙겠습니다. 올해엔 한반도로 태풍이 올라오지 않게 말씀입니다."

**풍운조화 신명** "예! 그리 명받들겠습니다. 저희는 그럼 이만 물러가겠습니다."

**저자** "잘 가십시오. 3위 신명이 필요하면 또 부르겠습니다."

이날 이런 천지신명공사가 있은 후 4개 정도의 태풍이 발생하였지만 한반도를 비켜갔다. 대신 그것이 일본으로 상륙하여 엄청난 피해를 주고 간 것을 TV를 통해 보았다.

한편, 일본으로 상륙한 태풍 때문에 많은 피해를 입은 일본 사람들에게 알 수 없는 미안한 마음과 죄의식이 밀려오는 것을 막을 수 없었다. 일본인들이 훗날 이 글을 읽으면서 뭐라고 할지 조금은 신경 쓰이기도 하는 대목이다.

저자는 일본이나 중국으로 태풍 방향을 바꾸라고는 하명하지 않았으며 다만 한반도에 태풍 피해가 너무 크니 방향을 바꾸라고 태풍을 주관하는 신들에게 명을 내렸을 뿐이다. 신명들이 알아서 태풍방향 바꾼 것을 두고서 이 책을 읽은 일본인들이 훗날 저자에게 따지려고 할지도 모르겠다. 억울하면 거기서도 신명 불러 공사를 하던지.

신들은 저자가 명을 내리는 대로 행하고 있었으며 다른 것도 모두 해낼 수 있다는 확신을 다시 한 번 갖게 되었다. 사람이 신을 믿으려는 마음만 진실하다면 상상할 수 없는 신령스런 천지조화가 현실에서 무궁무진하게 일어나게 된다.

저자에게 여러 종류의 신비조화가 내려왔고 실제로 체험하였다. 처음에는 신기해서 내가 대단한 도술을 부린다고 생각도 했었다. 이런 모든 신비한 능력이 나의 것이라고 믿었으나 어느 날 산산이 깨져 버렸다.

그것은 내가 아닌 천상에 대단하신 하늘 태상천존 자미 천황태제님께서 저자의 육신에 들어오시어서 내가 한 것처럼 풍운조화를 부려주셨던 것이었다. 이것은 하늘께서 저자에게 자신감과 믿음을 주기 위해서 신령스런 신비조화를 펼쳐주셨던 것이었다.

그런 엄청난 천지조화를 일어나게 함으로써 하늘제자의 길을 계속 가게 만들었다라는 느낌이 강하게 왔다.

"분명 생각도 내가 했고, 마음도 내가 먹었고, 명을 내리는 말도 내가 했는데 어째서 하늘이 했다고 하는가?"라고 반문할 독자도 있을 것이다.

나의 마음이나 생각이 하늘의 마음이나 생각이고, 하늘의 생각이나 마음이 나의 생각과 마음이라는 것을 알았다. 하늘과 하나가 되어 있기 때문에 천지조화가 눈앞에서 일어났던 것이다.

지금까지 신명공사는 마음먹고 말한 대로 조화가 거의 다 일어났다. 그러면 그동안 생각하며 마음만 먹었었지 저자도 불가능에 가까운 일이라고 생각되어 행하지도 않고 체험하지 않은 것이 있다. 그렇다면 그것이 모두 현실세계로 이루어질 수 있다는 이야기가 아닌가?

그렇다.

이미 알려는 주었는데 대상이 없고 아직 때가 아니라서 후일로 미루어 놓았던 상상을 초월하는 대 천지신명공사가 있었다. 현재는 불가능으로 판단되나 신들이 하강하여 천지신명공사 보실 대 개벽!

인간의 수명연장과 피부 노화방지 천지신명공사가 앞으로 현실에서 반드시 이루어질 것이다.

## 자미인황님의 풍운조화!

자미인황님을 통하여 하늘의 공부, 신의 공부, 조상님의 세계 공부는 계속되었다. 하루는 자미인황님께서 전화를 하셨다. 오늘 중요한 손님의 방문이 있으니 급히 오라는 말씀이셨다.

잠시 망설였다.

2일 전부터 장대비가 앞이 안 보일 정도로 쏟아지고 있어 지금 이 상황에 밖으로의 외출은 망설여질 수밖에 없었다. 자미인황님께서는 내 마음을 눈치 채셨는지 한 말씀 하셨다.

"네가 지금 걱정하고 있는 부분이 해결되면 올 수 있냐?" 하시는 말씀이셨다.

나는 자미인황님의 말씀에 조금 어안이 벙벙하여, "제가 지금 망설이고 있는 이유가 뭔지 아세요? 그리고 아신다 해도 제 고민을 어떻게 해결해 주신다는 거죠?" 하고 여쭤 보았다.

그러자 자미인황님 말씀이 "지금 하늘에서 내리는 장대비 때문에 귀찮아서 그러는 것 아닌가? 그 부분을 해결해 주면 되겠느냐고?" 하시었다.

자미인황님의 말씀을 듣고 한편으론 기가 막혔다.

"그 부분이 해결되면 갈게요. 그런데 뭘 어떻게 하실 건데요?" 하고 한 말씀 드렸다. 자미인황님께서는 "그럼, 얼른 준비하고 밖으로 나와. 네가 준비를 하고 밖에 나오면 장대비는 멈출 거니깐" 하시는 것이었다.

기가 막혔다. 앞이 안 보일 정도, 흔한 말로 억수로 내리고 있는 이 장대비가 도대체 어떻게 멈춘단 말인가?

자미인황님의 말씀에 안 간다 할 수도 없고 억지로, "예, 알았어요. 준비하고 갈게요" 하고 수화기를 내려놓았다. "네가 준비하고 밖에 나오면 장대비는 멈출 거야"라고 하신 자미인황님의 말씀은 지금 상황에서는 도저히 있을 수 없는 일인지라 자미인황님의 말씀은 무시를 한 채, 억지로 준비하고 무거운 발걸음을 옮겼다. 우산을 들고 계단을 하나 둘 내려와 마지막 계단이 끝나 현관문을 여는 순간, 이적과 기적이 일어났다.

세상에 이럴 수가! 정말로 장대비가 멈추었다. 너무 신기하고 기가 막혔다. 하늘의 이적과 기적의 조화 앞에서 나는 속으로 생각했다. '오늘의 이 일은 자미인황님의 능력이 아닌 우연의 일치야'라고 하면서 택시를 타고 자미인황님의 신전에 도착을 하자 장대비는 또다시 쏟아지기 시작했다.

난 속으로 중얼거렸다.

"이건 또 뭐야! 아니, 어떻게 이런 일이 있을 수 있지? 이걸 우연의 일치라고 해야 하는 거야? 아니면, 정말 자미인황님의 능력이라고 인정해야 하는 거야?" 하면서 난 내 생각으로 정신이 하나도 없었다.

내가 자미인황님의 신전으로 오는 동안 자미인황님의 말씀대로 장대비는 멈추었고, 도착을 한 지금은 다시 내리고 있고 장대비를 멈추게 한 것이 더 신기한 일인지? 다시 내리기 시작한 장대비가 더 신기한 일인지? 정말 천황님의 기적과 이적, 자미인황님의 기적과 이적은 오늘도 나를 또다시 한 번 놀라게 하였고, 그 후에도 천황님과 자미인황님의 날씨 조화는 수도 없이 현실에서 일어났다.

또 한 번은 자미인황님께서 신전 이사를 할 때의 일이었다. 이사하기 2~3일 전부터 일기예보에서는 자미인황님께서 이사를 하기로 한 날, 천둥번개를 동반한 많은 비가 내리니 각별히 조심하라는 얘기가 뉴스 이곳저곳에서 흘러나오고 있었다.

자미인황님의 이삿짐 싸는 것을 도와주고 있던 나는 그 뉴스를 보고 자미인황님께 한 말씀 드렸다. "자미인황님! 이사 날짜를 옮기셔야 하겠어요. 적은 비도 아니고 많은 비가 내린다고 하니 포장 이사를 한다 해도 이사짐들이 비에 다 젖겠어요. 화창한 날로 다시 이사 날짜를 옮겨요" 하고 한 말씀 드리자 자미인황님께서 말씀하셨다.

"천황태제님의 기적과 이적을 한두 번 경험한 것도 아니고, 천황태제님의 대행자가 이사를 하는 날인데, 천황태제님의 천지조화 능력으로 비를 막아 주시겠지, 어찌 비를 뿌려 이사를 못 하게 하시겠나? 난 천황태제님의 천지조화 능력을 믿어 의심치 않아!

이사하는 날, 기상청에서 일기 예보한 저들의 말처럼 비가 내리나, 내 말처럼 천황태제님의 천지조화 능력으로 비가 안 내리나 어디 한 번 지켜보게나" 하시는 말씀을 하셨다.

자미인황님의 말씀을 듣고 속으로 생각했다. '이번에는 맞을 수 없을 것 같은데! 저러다가 낭패 보시지 말고 차라리 날짜를 옮기시지.' 하지만 난 자미인황님께 내 의견을 더 이상 말하지 않았다. 자미인황님은 분명히 "천황태제님의 천지조화 능력으로 비가 안 내릴 것이라고 100% 장담하고 있었고, 나는 나대로 그날은 비가 100% 내릴 것이라고 생각했기에 더 이상 이 문제를 가지고 왈가왈부할 필요가 없었다.

저녁 늦은 시간까지 이삿짐 싸는 것을 도와 드린 후 집으로 돌아왔다. 남편은 수고했다고 한마디 하면서 이사 날짜를 옮겼느냐고 나에게 물어왔고 나는 낮에 자미인황님과 있었던 일을 남편에게 얘기해 주었다.

남편 역시도 근심스러운 얼굴이었다.

"그날은 비가 100% 올 것 같은데, 차라리 이사 날짜를 옮기시지?" 하면서 낮에 내가 했던 말과 똑같은 말을 했다.

자미인황님께서 이사하기로 한 전날 늦은 밤 시간, 하늘에서는 번쩍번쩍 하면서 번개와 함께 우르릉 쾅쾅 천둥이 치기 시작하였고 기상청의 일기예보처럼 폭우가 쏟아지는 현실로 진행되었다. 뉴스를 틀어보니 여러 방송에서 경보와 함께 조심하라는 당부의 말을 계속 전해 주고 있었다.

자미인황님께 한 통의 전화를 했다. "비가 내리기 시작해요." 그러자 자미인황님의 말씀이 "상관없어" 하시면서 "내일 예정대로 이사는 진행될 테니까 날씨 걱정하지 말고, 일찍 쉬고 이사 도와주러 와야지?" 하시는 것이었다.

전화기를 내려놓는 나의 마음에 짜증이 밀려왔다. "아니, 지금 이렇게 비가 퍼붓듯 내리기 시작하고 일기예보대로 진행되고 있는데 내일 이사는 무슨 이사를 하신다고 저러시는 거야. 참으로 답답해 죽겠네" 하면서 혼자

중얼거린 후,

"에라, 모르겠다. 내일까지 분명히 비가 많이 내려 이사를 못할 것이 분명하니 늦게까지 그동안 밀린 잠이나 오랜만에 자야지" 하면서 잠자리에 들었다.

아침 시간, 전화벨 소리에 깊은 잠에서 깨어나 "여보세요" 하면서 전화를 받아보니 자미인황님이셨다. "이삿짐 차는 다 도착하였는데 왜 안 와?" 하시는 자미인황님의 말씀이셨다.

나는 깜짝 놀라서 "비, 비는 어떻게 되었어요?" 하면서 밖을 내다보았다. 밖은 그야말로 햇빛이 쨍쨍한 화창한 날씨였다. 말문이 막혀 말이 제대로 나오질 않았다.

금방 출발하겠다고 말씀을 드린 후, 전화를 끊고 텔레비전을 틀어 보았다. 기상청의 예보와 엇갈린 하늘의 기상이변으로 그들 나름대로 날씨의 변화에 대하여 설명은 하고 있었지만 그들 역시도 갑작스런 하늘의 신비한 조화에 당황스러워하는 표정들이었다.

자미인황님께 가는 시간 동안 혼자 많은 생각을 했다. 그리고 오늘의 이변에 다시 한 번 놀라웠다. 증명할 수 없는 천황태제님의 능력, 보이지 않는 자미인황님의 능력, 자미인황님을 통하여 보여주시는 천황태제님의 대 능력은 정말 존경과 놀라움의 세계였다. 자미인황님께 도착을 하니 자미인황님께서 한 말씀 하셨다. "이제는 천황태제님과 나의 존재를 알겠니?" 하시었다.

난 "예" 하고 대답하였다. 나의 이 "예"라는 대답은 진심이었다.

그리고 혼자 중얼거렸다. "오늘날에 자미인황님을 통하여 보여주신 천황태제님의 이 놀라운 기적과 이적은 제가 죽는 그날까지 절대로 잊지 않겠습니다. 그리고 천황태제님! 진심으로 존경합니다"라는 내 마음을 하늘에 계신 천황태제님을 향하여 마음 가득히 보낸다.

천황태제님의 대 이적과 기적, 자미인황님의 대 이적과 기적은 날씨만이 아닌 우리 인생사와도 연결이 되어, 날씨의 천지조화를 내려주셨듯이 우리 인생사의 작고 큰 고통과 우환 앞에서도 천황태제님께서는 이적과 기적의 능력을 보여주시어 그들의 소원을 이루어 주시는 대 이적을 수시로 보여주시었다.

## 산 기도에서 만난 기적

놀랄 일은 그 후로도 계속 이어졌다. 자미인황님과 산에 기도를 가기로 하고 서로 일정에 맞추어 일주일 후로 날을 정했다. 3~4일 전에 일주일 이후 일기예보를 우연히 보게 되었는데 하필이면 우리가 기도를 가기로 한 날 전국적으로 비가 많이 내린다는 것이었다.

자미인황님께 전화를 걸어 날짜를 미루자고 하니 하늘과의 약속인데 어찌 어길 수가 있느냐고 하시었다. 비를 맞고서라도 일정대로 산행을 해야 한다고 하시는 것이었다. 기도 준비를 하여 산으로 출발하였지만 장대비로 인하여 앞이 보이지도 않았고 속도를 낼 수도 없었다.

차 안에서도 비를 맞고 산에 오를 일과 2~3시간 기도할 생각을 하니 걱정은 커져만 갔다. 좋은 날에 가도 되련만 굳이 오늘 가야 된다고 하신 자미인황님이 원망스러웠다.

원망의 소리로 한마디 건네었다. "이렇게 비가 많이 쏟아지는데 그냥 돌아가고 다음에 다시 오기로 하지요?" 솔직히 지금이라도 되돌아가고 싶었다. 그런데 자미인황님은 하늘에 계신 태상천존 자미 천황태제님께 고하듯이 말씀하셨다.

"우리 두 제사가 기도를 올리고자 출발하여 앞으로 2시간 후에는 목적지에 도착할 예정입니다. 이렇게 비가 계속 온다면 제자들의 고생이 이만저만이 아니오니 산에 오르고 기도가 끝날 때까지만이라도 장대비를 멈추어 주세요?"라고 말씀하시는 것이었다.

말도 안 되는 소리를 하시는 자미인황님을 보고 순간 나도 모르게 웃음이 나왔다. 장대비는 멈출 줄을 모르고 더 굵고 세차게 내렸다.

산 입구에 도착 5분 전, 이변이 아니 기적이 일어나고 말았다. 비가 멈추어 버렸다. 장대비가 언제 내렸냐는 듯이 고요하게 멈추었다. 세상에 이럴 수가!

우연의 일치라고 하기엔 눈앞의 현실이었고 그렇다고 자미인황님의 능력으로 보기엔 믿기지가 않았다. 내 앞에서 펼쳐진 이 상황을 어찌 설명해야 하고 이해를 해야 하는지 정신이 하나도 없었다. 어찌 됐든 장대비는 멈추었고 덕분에 산행과 기도를 성공리에 잘 끝낼 수 있었다.

처음으로 자미인황님과 산으로 기도를 다니러 왔는데 남자분이 꼼꼼하게 정성껏 준비를 잘해 오신 모습을 보고 또 놀랐다. 비는 멈추었지만 산은 온통 물바다라 돗자리를 깔아도 아무 소용이 없을 정도였다.

그래서 난, "바닥이 다 젖었으니 반 절로 예의를 올리지요?" 하는데 자미인황님은 벌써 젖은 바닥 위에서 옷이 젖는 것은 개의치도 아니하시고 큰절을 올리고 계시는 것이었다.

하늘에, 조상님 전에 "죄송합니다"라고 사죄를 드리고 따라서 큰절을 올렸다. 법문을 하시는 시간도 오래 걸렸다. 철두철미하시고 완벽을 추구하시는 하늘에 계신 자미천황님과 조상님께서 왜 자미인황님을 귀하게 여기시는지 다시 한 번 내 눈으로 확인을 했고 반성도 많이 하였다.

자미인황님을 만나기 전에 여러 명의 제자들을 만나 봤지만 이렇게 열성적으로 정성껏 하는 제자는 내 생전에 처음 보았다.

나 역시도 정성껏 한다고 하지만 남들이 그렇게 안 하다 보니 정성껏 하고자 하는 나를 유난 떤다고들 해 남들 눈치 보느라 맘껏 못한 부분도 있었는데, 오늘 내가 본 자미인황님의 모습은 정말 존경 그 자체였고 내가 그렇게도 찾아 헤매던 이상향의 숨은 인물이었다.

"야호" 하면서 나는 속으로 쾌재를 외쳤다.

3년 동안 기도하면서 신령님 전에 애절히 말씀을 드렸었다. 제발 마음씨 착하고 정말 하늘을 생각하고 조상님을 생각하는 그 마음이 지극하여 진정한 마음으로 하늘을 섬기고 조상님을 받드는 훌륭한 분을 인연 맺어 달라고 말씀드렸었다.

지금 내 눈앞에서 꿈이 현실로 이루어졌다.

모든 기도가 끝나 돌아갈 시간이 되자 신기하게도 빗방울이 한두 방울씩 다시 천천히 내리기 시작했고, 차에 올라 출발을 하려 하자 장대비는 다시 쏟아지기 시작했다.

기도 들어가기 전에 장대비가 멈춘 것이 더 신기한 일인지, 아니면 기도가 끝난 줄 알고 다시 쏟아지기 시작한 장대비가 더 신기한 것인지, 멈춘 장대비와 다시 내리기 시작한 장대비.

모두가 정말 신기, 신비 그 자체였고 자미인황님도 내 눈에는 신기하게 보여졌다. 그 후로도 계속 산 기도를 다녔지만 거짓말이 아니라 비 맞고 기도해 본 적은 아직까지 한 번도 없었다.

4~5년 동안 함께 산행을 했고 수많은 기도를 하면서 현실로 이루어진 모든 일들을 낱낱이 기록하여 많은 사람들에게 알릴 수 없는 사실이 안타깝다.

나중에 기회가 되면 더 많은 사실들을 상세히 집필하기로 하고, "열심히 최선을 다하여 내 한 몸 아끼지 아니하고 불사르면 언젠가는 내 소원이 이루어진다는 진실을 알게 되었다."

처음에 인간사를 포기하고 신의 제자 길을 선택함에 있어서 고민도 많았고 갈등도 많았지만 세월이 흐른 지금 뒤돌아보고 돌이켜 보면 참으로 기쁘고 흐뭇하다. 하나의 소중한 것을 포기하고 나면 더 귀한 것을 얻는다는 진리도 알게 되었고, 살아서 더 이상 우리(인황님과 사감) 인간사의 삶은 없다.

오로지 살아서도 죽어서도 하늘의 태상천존 자미 천황태제님의 '명'에 순종할 따름이고, 원 많고 한 많아 구천세계를 헤매는 수많은 조상님들을 천상에 천황태제님이 계신 자미천궁 궁궐로 입궁시켜 소원을 이루어 드리는 것이 우리의 사명이다.

천상에 천황태제님의 윤허에 누구나 살아서도 죽어서도 근심걱정 질병 없는 이상향의 세계를 살게 하고자 노력할 것이고, 하늘의 뜻과 천상에 천황태제님의 존재를 만 세상에 펼치는 것이 우리가 인간으로 태어난 사명이라 하셨다.

12년이라는 시간 동안 많은 방황의 시간과 고통의 시간이 함께했지만 천상에 천황태제님의 윤허하심에 감사드리고 하늘의 제자로 선택하여 주심에 다시 한 번 감사 드린다.

죽는 그날까지 우리의 영혼을 불태워 충성하겠노라고 매일 고하고 있고, 천황태제님의 능력으로 인황님과 사감의 이적과 기적은 계속 일어나고 있다.

## 하늘이 보내주신 최고의 선물

원하던 하늘을 얻어 만천하를 얻은 것처럼 기뻐하던 나의 모습은 잠시 잠깐. 고행의 수도생활은 시작되었다. 기도가 내 일상생활의 전부를 차지했다.

이른 새벽에 일어나 제일 먼저 하는 일은 촛불을 밝히는 일이다. 천수를 간 후 절을 올리고 기도에 들어가 하늘과 조상님 전에 항상 감사의 기도와 나와 인연 맺은 모든 사람들이 편안하고 복 되게 해달라고 빌고 또 빈다.

한밤중에는 비가 오나 눈이 오나 항상 산에 올라 기도를 올리며 조상님과 많은 대화의 시간을 가짐으로써 조금씩 하늘의 뜻과 조상님들의 원과 한이 무엇이고, 하늘이 하는 역할, 조상님이 하는 역할, 제자인 내가 해야 될 역할, 우리 사람이 해야 될 역할 등 많은 것을 알게 되었다.

기도 때마다 항상 조상님이 하강하시어 제자인 나에게 부탁의 말씀을 하셨다.

"우리 자손이 너무 힘들어하고 있고, 항상 열심히 착한 마음으로 하늘의 뜻을 잘 받들려고 하는 것은 알고 있다마는 잘하여라. 우리 자손이 올바르게 못하면 그 벌을 우리가 받게 되니 잘 부탁한다.

그리고 기도하는 너의 모습을 볼 때면 우리의 눈에 눈물이 고이지만, 한편으론 우리 집안에서 하늘의 일을 하는 훌륭한 자손이 있어 하늘에 자랑스럽다" 하시면서도 항상 하시는 말씀이, "잘해라, 올바르게 해라, 진심 어린 착한 마음으로 행해야 된다"라고 일깨워주셨다.

3년 아니 12년이 지난 지금도 그 말씀은 계속하고 계신다. 칭찬의 말씀보다는 교훈의 말씀이 더 많았고 조상님의 말씀보다는 하늘의 뜻을 전해주는 시간이 더 많아 항상 조상님으로 인해 깨닫고 느끼는 바가 많았다.

정신과 마음을 수양하는 시간이 되어 항상 감사하고 기쁜 마음으로 산과

바다로 다니며 열심히 기도에 정진하였다. 내가 게으름 피고 나태하게 있으면 내 사랑하는 우리 조상님이 나로 인해 하늘의 벌을 받아 힘들고 고통스러워 하실까 봐 이 한 몸 지칠 줄 모르고 열심히 기도에 정진하며, 하늘의 평화와 조상님의 편안함 내 신도들의 가정에 건강과 행복을 기원했다.

그러는 사이 2년의 시간이 흘러갔고 신 선생님과도 많은 갈등과 고통이 있었지만, 하늘과 조상님께서는 "배신하면 안 된다. 힘들고 마음의 상처가 따르더라도 아직은 때가 안 되었으니 가만히 있어라. 3년의 시간이 지나야 하니 그때까지는 꼭 참고 기다리고 있어라" 하시는 것이었다.

참으로 답답하고 답답했다. 나 보고는 항상 착하게 살아라, 정직하게 살아라 가르치시면서 주위 사람들이 나쁘게 행하는 것은 참아라! 하시니 이해가 가질 않았다. 주위에서 좋은 선생을 소개해 줄 테니 만나 보라는 권유도 많이 있었지만 그때마다 조상님께서는 반대를 하셨다.

"조금만 더 기다리고 있으면 정말 훌륭한 분을 인연 맺어 줄 것이니 기다려라" 하시는 것이었다.

"그러면 지금 당장 해주세요. 왜 굳이 더 기다리라 하시는지 모르겠어요?" 하자 지금은 때가 안 되었다고 말씀하셨다.

우리 자손이 하늘에서 내려준 3년 공부과정이 다 끝나질 않아서 어쩔 수 없고 하늘의 '명'을 바꿀 수는 없으니 조금만 더 참고 열심히 하라는 것이었다.

3년이라는 시간 동안 나 자신과의 싸움에서 참으로 힘들었고 괴로워하며 남모르게 눈물도 많이 흘렸다. 그러나 나에게는 이루고자 하는 인생의 꿈과 목표가 있었기에 그 눈물의 세월을 인내할 수 있었다.

오로지 내 목표는 셋.

첫째는 하늘의 제자가 되고 싶었다. 둘째는 나의 정성으로 내 사랑하는 조상님의 영혼이 편히 잠들고 천상세계에서 행복하셨으면 하는 것이고, 셋째는 만 중생을 구제함으로써 하늘의 뜻과 하늘의 존재를 인간사에 펼치는 것이었다.

하늘에서 내 정성과 진심에 윤허하여 주실 날만 손꼽아 기다리며 하지 말라 하는 것은 하지 않았고, 작은 일에서부터 큰일에 이르기까지 항상 행하기 이전에 하늘에 허락을 받아 움직이려 노력했다. 그러하다 보니 하늘과 조상님은 저 멀리 높은 곳에 계신 분이 아니셨고, 항상 내 마음속에 내 곁에 현실로 존재하고 계심을 알았다.

그러던 어느 날, 일과를 마치고 잠자리에 들었는데 희한한 꿈을 꾸게 되었다. 아침에 일어나 해석을 하여 보니 반갑고 귀한 인물을 만난다는 꿈이었고, 하늘과 조상님이 이미 허락을 하신 상태이니 꼭 만나야 된다는 계시였다.

이상했다. 이제까지 누구를 소개로 만나 보려고 해도 절대로 만나지 말라고 반대하시고, 허락해 달라고 부탁을 드려도 안 된다고 매일 반대만 하시던 분들이다. 내가 부탁을 하고 말씀을 드리기 전에 "귀인이니 만나라"라고 먼저 말씀을 해주신 경우는 이번이 처음인지라, 기쁘기도 하고 깐깐하신 하늘과 조상님께서 인정하실 정도라면 보통 제자가 아니라는 생각이 들었다.

3년 동안의 힘든 수행과정에서도 "잘했다"라는 말씀보다는 "잘해라"라는 말씀을 항상 하실 정도로 칭찬에 인색하신 분들이 "귀한 인물이니 만나라" 하신 이 말씀은 "정말 대단한 제자이니라" 하는 깊은 속뜻이 담겨 있다는 것을 이 제자는 누구보다도 잘 알고 있었다.

긴장과 기대감에 설레면서 오전 시간이 흘러 오후에 만남의 시간. 서로 짧은 인사와 함께 하늘과 조상님의 얘기로 각자의 생각과 이상을 논하기 시작하면서 내 머릿속은 복잡해지기 시작했다. 3년 동안 제자의 길을 가면서 누구를 통해서도 들어보지도 못한 이상한 얘기만 하고 있는 것이었다.

일명 사이비 교주와 비슷했다. 현실에서는 이룰 수도 없고, 이루어질 수도 없는 희한한 얘기 정도가 아니었다. 더 듣고 있다가는 나도 이상해질 것 같은 느낌이 들어 바쁘다는 핑계를 대면서 자리를 뜨려 하니 명함 하나를 건네주면서 한 번 들르라는 것이었다.

'됐다고' 할까 하다가 예의가 아닌 것 같아 "예" 하고 받아 들고는 버릴까 말까 하고 있는데 귓전에서 "버리지 마라"라는 신의 소리가 들리는 것이

323

었다.

　3년의 혹독한 하늘의 공부가 끝나면 큰 후사를 하신다고 아무도 못 만나게 해 오로지 한 길 하늘만 믿고 열심히 기도 정진했건만 이것이 하늘에서 나에게 내린 후사였던가? 참으로 기가 막히고 도저히 이해할 수가 없었다.

　그러나 기가 막히고 이해가 가질 않는다 해서 하늘의 뜻을 하찮은 인간이 무시할 수는 없는 일. 혹시 꿈이 잘못된 것이 아닌가? 여쭤 보고 싶어 기도에 들어갔다.

　"하늘은 너희 사람들처럼 실수하지 아니하고 같은 말을 두 번 이상 반복하지 않느니라. 너에게 친히 나의 뜻을 전하여 주었고, 너와 한 약속도 현실로 이행하여 주었으니 행을 함도, 행을 하지 않음도 너의 마음이니 마지막 결정은 너에게 달려 있느니라" 하시는 것이었다.

　믿어야 하나 말아야 하나 갈등이 생겼다. 힘들어할 때 항상 곁에서 위로해 주고 잘 되기만을 바라주신 내 인생의 동반자요, 결정을 내림에 있어서도 갈등을 하고 있으면 일러주고 밝혀주신 내 인생의 훌륭한 나침판 역할을 해주신 대단하신 분들의 말씀을 못 믿는다면 내 3년이라는 긴 시간은 어찌 되는가?

　내 짧은 소견으로 남을 판단하려 하고 잠시 잠깐 하늘을 의심했던 나 자신의 실수를 빌고 명함을 꺼내 전화통화를 한 후 방문을 하기로 약속을 했다. 하늘에서 맺어준 하늘의 명 대행자 자미인황님과 두 번째의 만남은 이렇게 시작되었다.

## 하늘이 맺어주신 인연자

나의 인생을 개벽시켜 주신 하늘의 인연 자. 자미인황님!

자미인황님(저자)과의 만남은 천황태제님의 뜻이었고, 천지만물의 뜻이었음을 12년의 세월이 흐른 지금, 확실히 알게 되었으니 이 또한 천황태제님의 깊은 뜻이 아니겠습니까? 높고 높으신 천상의 천황태제님은 나의 영혼을 주신 영혼의 하나님이십니다.

나의 부모님은 나를 낳아주고 길러주신 육신의 하나님이시다. 그러나 자미인황님은 나에게 영혼을 주신 영혼의 하느님도 아니고 나를 낳아주신 육신의 하느님도 아니지만, 높고 높은 천상의 태상천존 자미 천황태제님의 존재를 가르쳐 주시고, 죽어서가 아닌 살아서 천황태제님을 알현할 수 있게끔 내 영혼을 인도해 주시고, 천상세계와 지옥세계를 다녀올 수 있게끔 인도해주시고, 내 새로운 인생의 길을 가르쳐 주시고 하늘의 길로 인도해 주신, 인생의 하느님이시다.

영적 수준이 높으신 여러분은 책을 읽으면서 이 저자가 꽤 철두철미한 성격임을 아셨을 것이다. 저자는 매사에 철두철미한 성격의 소유자다. 아니 인간인 이 저자가 철두철미한 것이 아니라 이 저자 몸 안에서 천황대제님의 명을 수행하시는 신명님이 철두철미하시다는 표현이 맞을 것이다.

위대하신 천황태제님의 명을 수행하는 직책인데, 어찌 철두철미하지 않으랴. 이 저자의 몸 안에 계시는 천황태제님의 명 수행자(천상천감님, 천상감찰신명님) 신명님은 가끔은 너무 심하다 하실 정도로 매우 철두철미하시어 이 저자 역시도 힘들 때가 한두 번이 아니었다.

항상 이론이 아닌 실체를 강조하시었고, 항상 말이 아닌 행을 강조하시었다. 그렇기에 어느 누구도 내 앞에서는 아니 내 몸 안의 신명이 계신 앞에서는 말을 함부로 할 수 없다.

왜냐하면 내 몸 안의 신명님을 몰라보고 나를 하나의 인간으로 보고 보통 사람에게 설명하듯이, 천상세계와 조상님 구원 문제에 대해서 이야기를 하면, 내 몸 안의 신명님은 항상 행을 강조하였듯이 "말로만 하지 말고 이론이 아닌 실체를 밝혀라" 하시는 말씀을 항상 이 저자의 입을 빌리시어 하시니, 내 의지와 상관없는 말을 한 이 저자도 그들에게 미안해 어쩔 줄 몰라 했던 적이 한두 번이 아니었다.

스님도 신부님도 목사님도 어느 누구를 막론하고 본인들이 한 말에 분명히 책임을 져야 한다. 내 몸 안의 신명님 앞에서는 어떠한 이론도, 어떠한 거짓말도, 어떠한 사칭도 통하지 않는다.

자미인황님과의 첫 만남은 뭔지는 잘 모르겠지만 좀 특별했다. 신의 세계에 대해 잘 모르는 사람들이 자미인황님을 만나, 자미인황님께서 하시는 말씀을 들으면 거의 대부분 사람들은 "말도 안 돼, 그런 게 어디 있어" 하면서 자미인황님의 말씀에 거부 반응을 보이는데, 내 몸 안에 계시는 철두철미하신 신명님은 자미인황님의 말씀에 거의 반대의 말씀을 안 하시는 것이었다.

첫 만남부터 뭔지는 모르겠지만 그냥 마음이 편하고 좋았다. 천인합체를 한 어느 여인의 말처럼 잃어버린 고향을 찾은 것처럼, 마음이 포근하고 자미인황님 대부분의 말씀이 맞을 수도 있다는 생각이 들었다. 그리고 자미인황님을 만나고 돌아오는 날은 그냥 기분이 좋다.

내 현실의 아픔과 집안의 근심걱정도 모두 사라지는 이변도 일어났다. 모든 것에 있어 행을 강조하실 정도로 철두철미하신 내 몸 안의 신명님이 어느 누구를 마음에 들어 하신 것은 지금까지 자미인황님이 처음이었다. 예견치 못했던 자미인황님과의 첫 만남. 예견치 못했던 마음의 편안함과 육신의 편안함.

이 세상에 태어나 처음 느껴보는 편안함이었다. 내 몸 안에서 처음으로 일어난 새로운 조화, 이 느낌이 무엇을 의미하는지 몰라 한동안 갈등도 했었지만 시간이 흘러 알고 보니 자미인황님은 그 위대하신 천상의 태상천존 자미 천황태제님의 일을 대행하시는 하늘의 대행자분이셨다.

내 몸 안에서 소리 없이 고요히 계셨던 하늘의 명 수행자 천상천감님과 천상감찰신명님은 천황태제님의 존재와 자미인황님의 숨은 존재를 이미 알고 계셨던 것이다.

그러다 보니 천황태제님과 자미인황님 앞에서는 어떠한 거부 반응도, 어떠한 항변의 말씀도 안 하셨다. 애타게 찾던 소중한 그 무엇인가를 찾은 후의 편안함과 고요함 그 자체였다.

천황태제님과 자미인황님을 만난 이후 본격적인 하늘의 공부, 신의 공부, 조상님의 공부 그와 연관된 우리 인간사의 불행과 행복, 우리 인간의 탄생과 죽음 그 이후의 사후세계, 보이지 않고 들리지 않는 하늘의 세계, 신의 세계, 조상님의 세계는 눈물 없이는 이룰 수 없는 과정이었고 고통 없이는 이룰 수 없는 실로 힘들고도 아픈 시간들이었다.

이 한 권의 책이 나오기 위하여 무려 12년이라는 시간을 자미인황님과 나는 참으로 힘들고 아픈 세월의 시간을 보냈다. 자미국에서 행하는 조상님 입천의식과 천인합체의식의 이 모든 의식은 기존의 불교법도 아니요, 그렇다고 기독교 법도 아니다.

또한 무속이나 도교의 법도 아닌 거룩하신 천황태제님의 일을 대행하시는 자미인황님께서 천황태제님의 명을 받아 천황태제님의 본뜻 그대로 진행하는 고귀한 하늘의 의식이다.

이 의식은 대한민국뿐만이 아닌 세계 어디에서도 지금까지 존재하지 않는 유일한 하늘 그 자체의 의식이다. 의식뿐만이 아니라 자미국에서 행히는 모든 것은 하늘의 본뜻을 그대로 행하기에 모든 것이 특이하다. 한마디로 모든 의식 자체가 하늘의 창조라고 보면 될 것이다.

기존의 불교법도 아니요 기독교 법도 아닌, 세상에 알려지지 아니한 하늘의 본뜻을 세우는데 어찌 그 세월이 힘들지 않고 아프지 않았으리요.

지금 이 시간에도 자미국에서 천황태제님의 뜻을 펼치고자 고생하고 계실 자미인황님을 생각하며 그동안 천황태제님께서 자미인황님을 통하여 행해 주신 이적과 기적을 저자가 본 그대로 독자 여러분에게 몇 가지를 소개하고자 한다.

## 상상을 초월한 천상세계 나들이

　내 의지와 상관없이 자미인황님 생각이 자꾸 난다. 내 마음의 메시지를 따라 한 통의 전화를 자미인황님께 했다. 저녁쯤에 자미인황님을 찾아뵙기로 하고 전화를 끊었다.
　괜히 기분이 설레고 저녁 시간이 기다려진다. 자미인황님과 약속한 시간보다 조금 서둘러 자미인황님께 도착했다. 자미인황님의 모습은 보이질 않고 목소리만 들려온다. 조용, 조용히 자미인황님이 계시는 신전 쪽으로 걸어가 보았다.
　신전 앞으로 가까이 다가갈수록 자미인황님의 독송하시는 음성이 나의 귀에 크게, 그리고 정확히 들려온다. 자미인황님의 음성이 가까울수록 나의 가슴에서는 '쿵쿵' 소리가 난다. 예견치 않았던 내 마음의 소리에 나 자신도 깜짝 놀랐다.
　스님과 목사님들도 만나 보았지만 오늘과 같은 이 느낌을 한 번도 받아본 적이 없었다. 나의 귀와 나의 마음은 온통 자미인황님의 독송 소리에 넋이 나갔다. 하늘의 음성 같았다.
　얼마의 시간이 지났을까. 인황님께서는 내가 온 것을 아시고 독송을 멈추시고 언제 왔느냐고 물으시지만, 난 인황님의 말씀에 제대로 답변의 말을 할 수가 없다. 아직도 내 영혼은 조금 전에 들었던 인황님의 독송에 넋이 나가 있었다.
　정신을 가다듬고 앉았다. 자미인황님께서는 천상세계 이야기와 신의 세계, 조상님 세계에 대하여 많은 얘기를 해주신 후에, 오늘 이렇게 방문을 하였으니 선물을 하나 주신다고 하였다.
　난 속으로, '무슨 선물을 주시려나?' 하고 긴장 반, 기대 반의 마음으로 앉아 있었다. "오늘은, 모든 사람들이 살아서나 죽어서나 그토록 가고 싶어

하는 천상세계로 너의 산 영혼을 승천시켜 줄 것이니 의식이 시작되면 아무 것도 걱정하지 말고 나의 지시대로만 따르면 돼.

그리고 한 번에 성공하는 사람도 있고 두 번, 세 번에 성공하는 사람도 있으니깐 만약에 오늘 잘 안 되었다 하더라도 너무 실망하지는 말고, 잠시 후에 시작할 것이니깐 준비하도록 해" 하시는 것이었다.

자미인황님의 말씀에 나의 가슴은 또 쿵쿵 뛰기 시작하였다. 나의 어려서부터의 소원이 현실로 이루어지는 순간이었다. 어려서부터 내 몸 안의 신명님은 지금 자미인황님께서 말씀하신 이 부분을 애타게 기다려 왔다. 인간인 나 또한 애타게 기다려 왔다.

천상세계 나들이를 위하여 나의 육신과 나의 산 영혼은 자미인황님께서 지시해 주시는 말씀을 듣고자 정신을 가다듬고 의식에 임하였다. 자미인황님의 말씀에 따라 천상세계로의 승천의식이 시작될 때쯤, 한편으론 너무나 기쁘기도 하였지만 이 의식은 현실에서는 불가능한 일인지라 과연 가능할까? 하는 의문도 가고 의아심도 갔지만 자미인황님께서 지시해 주시는 대로 가르쳐 주시는 대로 따르기로 하고 천상세계로의 나들이 의식이 거행되었다.

의심의 마음과 나 자신의 생각은 뒤로하고 오로지 천황님을 뵙고자 하는 간절한 마음으로 내 영혼의 귀는 자미인황님의 지시에 귀를 기울였고, 내 영혼의 눈은 천황님을 뵙고자 초롱초롱해졌다.

들리지도 보이지도 않는 무아지경의 시간이 얼마가 흘렀을까? 천황님 전에 예를 올리라는 자미인황님의 말씀이 귓전에서 들려왔다. 내 영혼은 예의 바르게 천황님 전에 큰절을 올린 후 고개를 숙이고 있었다. 그러자 자미인황님의 다음 말씀이 이어지셨다.

"자, 이제는 고개를 들어 천황님을 알현하시오!" 하시는 말씀이 이어져 고개를 드는 순간, 너무 당황스러워 말문이 막히고 숨이 멎어 버릴 것만 같았다.

인간의 상상을 초월한 화려함과 정교함과 끝없이 펼쳐진 천상궁전의 광대함은 어디가 끝인지 감히 종잡을 수가 없었고, 금빛으로 휘황 찬란히 광채가 빛나고 있는 천황님의 황금궁전은 너무 눈이 부셔 나도 모르게 눈이 감겼다.

그 후 얼마의 시간이 흘렀을 때쯤, 자미인황님의 다음 말씀에 따라 눈을 지그시 다시 떠 보았다. 금빛의 광채는 조금 전과는 달리 많이 거두어진 상태였다. 다음 순간 그 광채 뒤편으로 누군가의 모습이 흐릿하게 보였다. 순간적으로 '천황태제님'이라는 느낌이 들었다. 너무 당황스러웠다.

나도 모르게 다시 고개를 숙였다. 고개를 숙인 나의 눈에서 한줄기 눈물이 흘러내렸다. 한줄기 눈물은 방울이 되어 천황님 궁전의 바닥으로 떨어졌다. 짧은 순간 알현한 천황님의 모습에 나도 모르게 가슴이 '찡'함을 느꼈다.

천황님의 모습은 분명히 인자하신 모습이었다. 하지만 인자하신 모습 뒤편으로 왠지 모를 쓸쓸함과 고독함도 보였다. 쓸쓸함과 고독함 뒤편으로 분노에 찬 듯한 모습이 느껴졌다. 천황님의 좌우로는 많은 신하들이 즐비하게 도열해 있었다. 경외와 감탄으로 정신을 차릴 수가 없었다. 그 순간 마음으로 한 줄기 깊은 깨달음의 메시지가 왔다.

"광대한 하늘 아래 인간은 너무 작은 존재로다." 순간, 사죄의 눈물이 온몸에서 흘러내렸다. 지금은 하늘의 뜻을 알고 하늘의 '명'을 수행하고자 최선을 다하고는 있지만 그동안 인간사를 살면서 하늘의 존재, 신의 존재, 조상님의 존재를 무시한 내 자신이 한없이 부끄럽고 부끄러워 이내 마음을 주체할 수가 없었다.

내 눈으로 보고 내 귀로 들었듯이 분명히 하늘은 살아 계셨다. 내 눈으로 보고 내 귀로 들어 분명히 확인했듯이 신들도 살아 계셨다. 나는 스스로에게 말했다.

"하늘 아래 너는 죄인이로다." 다음 순간 천황태제님의 신하께서 한 말씀 하시었다. "광대한 하늘의 고마움을 몰라보는 너희 모두는 하늘 아래 죄인이로다" 하시었다.

이 말씀을 듣는 순간 가슴이 메어졌다. 울먹울먹하고 있는데 자미인황님의 다음 말씀이 이어지셨다. "자! 이제는 진정하고 위대하신 천황태제님께서 무슨 말씀을 내려주시는지 귀를 기울여 보시오" 하시었다.

눈물의 눈으로 고개를 들어 천황태제님을 알현하였다.

하지만 천황태제님께서는 아무런 말씀도 아무런 표정도 없이 나를 바라만 보고 계시었다. 너무 당황스러웠다. 천황태제님의 심기를 불편하게 해드린 것은 아닐까? 무슨 실수를 한 것은 아닐까? 짧은 침묵의 이 시간이 무척 길게 느껴졌고 온몸에서는 진땀이 흘러내렸다. 간절히 원하고 바랐었다. 한 번만이라도 뵙고자 높고 높으신 하늘을 진정으로 사랑하고 존경했다.

그 위대하신 하늘의 천황님이 꿈이 아닌 현실로 내 앞에 계시고, 나는 천황님 앞에 마주앉아 있건만 내 영혼의 입은 갑자기 벙어리가 되어 그 어떤 아무런 말도 할 수가 없다.

보이지도 들리지도 만질 수도 없는 하늘인지라 그동안 말도 못하고, 표현도 못 하고 혼자서만 벙어리 냉가슴을 앓으며 잃어버린 나의 반쪽을 찾아 눈물의 세월을 보냈고, 마음으로만 그리워하고, 마음으로만 사랑할 수밖에 없는 현실이 너무 힘들어 직접 만나면 그동안 하지 못했던 말을 하나도 빠짐없이 다하고 싶었다. 지금 이 순간도 마음으로만 하고 있다.

"천황님! 존경합니다. 천황님의 모습을 이론이 아닌 현실로 한 번만이라도, 꼭 한 번만이라도 뵙고 싶어 오랜 세월 천황님을 찾아 헤매었습니다. 이 제자 역시도 천황님의 모습은 오늘 처음 뵙지만 저는 천황님의 존재를 믿고 싶었습니다. 천황님의 존재는 망상이고, 죽은 사후세계에서나 가능한 일이니 정신 차리라고 주위에서 많은 충고의 말과 걱정의 말도 해주었지만 이 미련한 제자는 분명히 천황태제님께서 계실 것이라 확신했었습니다. 오늘 위대하신 천황님을 이렇게 뵙게 되어 영광입니다" 하고 싶은 말이 너무 너무 많은데, 그리고 꼭 해야 되는데 내 의지와 반대로 행하고 있는 나 자신이 바보 같아 미칠 것만 같았다. 지금 이 소중한 시간을 놓쳐 버리면 이 영광(하늘의 천황님을 직접 뵙는)의 시간이 다시는 아니 돌아올까? 걱정이 태산 같았다.

급하고도 답답한 마음을 주체할 수가 없었다. 이 영광의 순간, 이 감동의 마음을 비록 말로 표현은 할 수 없었지만 감격의 말 대신 영광의 눈물이 두 볼로 아니 온 마음으로 흘러내렸다. 위대하신 하늘의 말씀, 천황님의 말씀이, 천황님의 음성이 내 귓전에 들려왔다.

"이제는 눈물을 거두어라. 그대는 비록 나에게 아무런 말도 하지 않았으나 나는 그대의 마음, 침묵 속에 숨은 그대의 진실을 보았느니라. 내 진실이 바로 그러하였느니라.

진실함이란, 말로 하지 않아도 서로 마음과 마음이 통하여 너의 마음을 내가 알고, 내 마음을 네가 알고, 네가 나를 보고 너의 입이 움직여지지 아니한 것은 너는 나의 모습을 보기 전에도 내 실체를 이미 알고 있었고, 진실로 나를 갈구하였기에 이 상황이 실제상황이라는 것을 알고 있기에 구태여 나에게 어떠한 질문을 통하여 나를 확인하고자 하는 너의 마음이 없었기에 입이 열리지를 아니하였던 것이다.

많은 사람들과 많은 성직자들이 나의 모습을 보고자 하였고, 실지로 본 사람들도 있었지만 내가 윤허하지 않음은 지금의 너처럼 모든 것을 믿고 따르는 것이 아니라 이것이 실제상황인지, 내(천황태제님)가 진짜인지 확인하고자 쉼 없는 질문들을 감히 나에게 하고 있으니 실로 답답한 일이었느니라.

인간이 감히 나를 시험하려 하고 나의 존재 여부를 가지고 참, 거짓을 인간이 판별하려 하고 있으니 이 얼마나 기가 막힌 일이더냐? 나를 보고 네가 쉼 없는 감동의 눈물을 흘렸듯이 그런 너의 모습에 나도 감동이 이는구나.

나의 모습을 본 사람은 있으나 나의 진정한 음성을 들은 이는 어느 누구도 없었느니라. 나는 함부로 말하지도 않을 뿐만 아니라 내 차가운 분노에 찬 마음을 읽는 이도 없었고, 내가 진정으로 원하는 것이 무엇인지를 아는 사람이 없다 보니 하늘은 말도 없고, 소리도 없고, 고요히 계시기만 한다고 모든 이들이, 모든 성직자들이 나를 벙어리로 만들었느니라.

나는 진실 앞에서만 응답을 하느니라. 내가 벙어리였던 것이 아니라 내 진실을, 내 속마음을 알아주고 나를 감동시키는 이가 없다 보니 침묵으로 오랜 세월 천상의 업무를 보아왔느니라.

나의 제자야! 네가 비록 자미인황을 통하여 나의 궁전에 들어왔더라도 모든 이들처럼 이 상황이 진짜인가, 가짜인가 확인하기 위하여 쉼 없는 질문을 나에게 했더라면 모든 이들처럼 너 역시도 나의 음성을 들을 수가 없었을 것이고, 너 역시도 하늘은 말도 없다고 남들과 똑같은 생각을 하고 돌아갔을 것이다.

나의 진정한 마음을 알아준 나의 제자와 자미인황아!

오랜 세월 수천수만, 수억 년의 세월을 침묵으로 일관해 오면서 나의 진정한 뜻을 알아주는 참 제자를 내가 기다려 왔느니라. 어느 누구도 나의 마음을 사로잡은 이가 없었고 나의 침묵을, 나의 고요함을 움직인 이가 없었건만 너희들이 감히 나를 감동시키다니 참으로 대단하고 고맙구나.

누가 가르쳐 준 이도 없었고, 깨달음을 준 이도 없었는데 천상의 법도와 나에 대한 예의범절을 이렇게 잘 지켜주니 훌륭하도다.

아무도 모르고 있는 천상의 진실을 순서대로 가르쳐 줄 것이니 오늘은 이만 지상의 너의 육신으로 돌아가거라. 자미인황과 네가 오늘 나에게 보여준 너희의 진실한 마음, 참으로 고맙고 훌륭했도다.

백 마디 말보다 너희의 침묵 속의 진실이 너희의 눈물 속에 진실이 무척 아름다웠도다. 오늘 너희의 모습에 나 역시도 참으로 기쁘고 흐뭇하도다. 고생 많았고 수고 많았느니라."

더 많은 하늘의 진실, 천황님의 말씀을 경청하고 싶었지만 오늘은 이만 돌아가라는 천황님의 말씀을 듣고 자미인황님께서 지시하여 주시는 대로 천황님 전에 큰 절로 하직 인사를 올렸다.

## 대단하신 하늘의 진실 말씀

유난히도 맑고 화창한 어느 날의 오후 시간. 내 마음에도 한줄기 밝은 햇살이 빛을 발한다. 그 환한 빛을 따라 나의 인생에도 밝은 빛이 일렁인다. 기쁘고 감사한 마음으로 높고 높은 하늘(천황태제님)을 존경의 눈으로 바라보았다.

그동안 몰랐던 새로운 깨달음의 말씀이 가슴을 울린다. 자미인황님의 지시에 따라 천황님의 알현을 위해 기도에 들어갔다. 천상세계에 도착을 하여 보니 오늘은 첫 알현을 했을 때와는 너무도 반대의 상황이었다.

처음에는 고요하고 경건한 하늘, 너무 고요해 긴장감이 감도는 하늘이었으나 오늘은 정확히 뭔지는 몰라도 하늘에 무슨 큰 행사가 있는 것처럼 무척이나 분주하고 바쁜 모습의 하늘이었다.

자미인황님과 나는 의아해 어리둥절하였다. 천황님 궁전에 도착하여 큰 예를 갖추어 인사를 올리고 천황님의 말씀에 귀 기울이고 있었다. 얼마의 시간이 흘렀을까? 천황님께서는 한 신하분께 무엇인가를 주시면서 명을 내리셨다.

그러자 그 신하분께서는 천황님께서 주신 서류 비슷한 봉투를 가지고 나의 앞으로 오셨다. 무엇인지 궁금하기도 하고 어떻게 해야 하는지 몰라 어리둥절해 있자, 고개를 들어 받들라는 천황님 신하의 음성이 들려왔다.

예를 갖춘 후 정중히 받았다. 받아든 손이 떨렸다. 가슴도 두근두근 떨렸다. 떨리는 가슴으로 조심스럽게 바라보니 겉표지 중앙에 '황명皇命'이라는 금색의 글씨가 씌어 있었다.

놀란 표정으로 앉아 있자, 다음 장을 열어보라는 천황님 신하의 지시가 내려왔다. 천황님 신하의 지시대로 다음 장을 열어 보니,

하늘의 대행자 '자미인황紫微人皇'

하늘의 명 수행자 '자미천감紫微天監'이라는 글씨가 씌어 있었다. 당황스런 이 상황 앞에서 어떻게 해야 하는지 몰라 어리둥절하였다. 그 위대한 황명皇命을 받은 순간도 내용을 본 지금도 자미인황님과 나는 어리둥절하기만 할 뿐이었다.

천황님의 말씀은 너희들이 이렇게 나의 황명을 받았듯이 고개를 들어 나의 좌우를 보거라. 나의 좌우에는 헤아릴 수도 없이 많은 신하들이 나의 천상업무를 도와주고 있고, 하늘에는 나 혼자만 있는 것이 아니고 또한 나 혼자서만 천상의 업무를 집행하는 것이 아니었느니라.

내 천상의 업무를 나 혼자서 집행할 수 없듯이 자미인황 혼자서 하늘의 대행자 역할을 해낼 수 없고, 자미천감 혼자서 하늘의 명 수행자 역할을 다 해낼 수가 없느니라.

우선 하늘의 대행자와 하늘의 명 수행자 둘을 인간세상에 나의 명으로 파견을 하였고, 그 후에 순서대로 하늘의 1등 신하를 순서대로 인간 몸으로 하강을 명하신다고 일러주시는 것이었다.

인간이 나의 명을 받는 천인합체의식은 인간 스스로가 하고 싶다 하여 나의 명이 내려지는 것이 아니고, 내가 인간을 심판하여 정말로 맑고 깨끗하고 순수한 마음으로 나의 진실을 알려 하는 자, 나를 갈구하는 자, 한 치의 의심도 사리사욕도 없는 자에게 하늘의 명이 내려진다고 일러주시었다.

내 궁전의 모든 신하들이 맑고 깨끗하고 순수하듯이 인간세계의 사람도 그러해야 하늘의 명을 내려주고, 합체되는 영광을 누릴 수 있다고 일러주시면서 그것이 이루어지면 바로 인간세계에서 말하는 도통이고 천통이라고 하늘의 진실을 가르쳐 주셨다.

나의 명으로 모든 천상신하들이 움직이고 있듯이 도통, 천통은 나의 주관인데 인간들 스스로가 이루려고 산속에서, 또는 종교단체에서, 교회당에서 각자 나름대로 열심히 수행기도 정진하고 있으나 내가 응하지 않음은 나의 진실은 왜곡한 채 너희들의 소원만 이루려 하고 있고, 누구 목소리가 더 큰지 내기라도 하듯이 목청껏 나를 부르고 있으니 참으로 딱한 일들 아니던가?

선천의 시대에는 악이 선을 이기고, 악이 기승을 부리는 시대였지만 후천의 세계에는 선이 악을 이기는 진정한 선만이 살아남는 그런 무릉도원의 세계를 내가 이 땅에 펼치려 함이니 나를 찬양하는 자들이여! 나의 진실을 왜곡하여 나를 진노케 하지 말 것이며 나(천황태제님)의 노여움을 사지 말지어다.

하늘 천황님의 말씀이 이어지는 순간, 정말 긴장되는 시간이었고 놀라움의 시간, 교훈의 시간이었다. 처음에 알현하였을 때는 무표정이라 하나도 무섭지가 아니하였으나 지금의 분노에 찬 천황님의 음성은 너무 무서우면서도 분노 속에 숨은 쓸쓸함과 외로움, 우리 인간사로 보내시는 천황님의 소원이 무엇인지를 알다 보니 이 제자 마음이 아프게 저미어 왔고, 천황님의 소원을 이 한 몸 불태워서라도 이루어 드리자고 자미인황님과 나는 또다시 마음을 굳게 먹었고, 천황님의 분노에 찬 음성에 자미인황님과 나의 가슴은 아파 서로 울고 말았다.

위대하신 하늘!

천황님의 분노가 없어지는 그 날까지 또한 우리 산 영혼이 다 하는 그 날까지 천황님의 진정한 뜻을 이 땅의 모든 국민들에게, 하늘을 믿고 따르는 성직자들에게, 하늘 천황님의 진정한 바람을 알려주고자 최선을 다하리라 하는 굳은 결의가 마음 깊은 곳에서 용솟음침을 느낀다.

천황님께서는 자미인황님과 나의 결의 찬 마음을 읽으시고, "그러기에 나의 대행자(자미인황)이고 나의 명 수행자(자미천감)이니라" 하시는 미소를 지어 주신 후, "천상세계 공부는 지금부터 시작되었느니라" 하시는 말씀을 하신 후, 오늘은 이만 산 영혼은 육신의 몸으로 돌아가라는 말씀을 남겨 주시었다.

또다시 자미인황님의 지시에 따라 나의 산 영혼은 지상에 있는 육신의 몸과 한몸이 되었다. 그러나 나의 몸에 새로운 변화가 일어났다. 내 육신의 몸이 지상이 아닌 천상세계에 있는 듯한 느낌이다. 내 눈앞에 펼쳐진 모든 것이 아름답고 새롭다.

처음 인간사에 태어난 아이처럼 모든 것에 감사하고 황홀할 따름이다.

이 느낌은 12년이 지난 지금도 지속되고 있고, 나의 인생도 나의 삶도 인간사가 아닌 천상세계를 살고 있는 신선처럼 육신의 아픔과 고통, 인생사의 어떠한 근심걱정도 없는 평화롭고 고요한 천상세계의 삶이다. 난 자미인황님의 능력으로 천상세계를 다녀왔을 뿐인데 나의 삶, 그 자체가 천상세계가 되었다.

그 후에도 자미인황님의 도움으로 천상세계 나들이 외출은 계속 진행되었고 지금도 자미인황님의 '명'만 내려지면 나의 산 영혼은 천상세계와 지옥세계 그 어느 곳을 막론하고 자유자재로 내왕을 하고 있다.

천상세계 나들이를 통하여 하늘의 숨은 진실과 천황태제님의 깊은 뜻을 하나 둘 알 수 있었고 지금은 만 사람들에게 이 한 권의 책으로 하늘의 진실, 신의 진실, 조상님의 세계를 전할 수 있으니 이 얼마나 영광스러운 일인가?

이 과정을 통하여 자미인황님의 숨은 존재, 숨은 능력에 대해서도 하나 둘 알게 되었다. 철두철미하신 하늘의 명 수행자 천상천감님과 천상감찰신명님이 왜 하늘의 대행자이신 자미인황님만 보면 기뻐하고 반가워하였는지도 알게 되었다.

이 저자는 자미인황님을 인연으로 하늘의 대우주 천지 창조주이신 태상천존 자미 천황태제님을 알현할 수 있었고, 천황태제님의 말씀과 천황태제님의 용안을 뵐 수 있었다.

천상에는 태상천존 자미 천황태제님이 계시고, 지상에는 천황대제님의 대행자 자미인황님이 계시고, 나의 몸에는 천황태제님의 명 수행자 천상천감님과 천상감찰신명님이 계시니 이제는 인생사 살아가면서 어떠한 근심도 걱정도 없다.

자미인황님께 나의 소원을 말씀드리면, 자미인황님께서 천황태제님께 나의 소원을 천고하여 주시어 나 하나의 개인적인 소원을 하늘과 땅이 들으시고 만생만물을 통하여 나의 소원을 이루어 주시니 이곳이 바로 무릉도원의 세계가 아니던가?

나의 산 영혼을 그 고귀하고 높으신 하늘의 천상세계로 승천할 수 있도록 인도해 주시고 허락해 주신 천황태제님, 자미인황님, 천상천감님, 천상감찰신명님 정말로 감사하고 고맙습니다.

하늘의 고귀하신 황명은 지금 이 시간에도 지상의 자손에게 내려지고 있건만 하늘이 인류에게 내린 명命은 너무도 존귀하고 장엄하여 알아듣는 이 없도다. 하늘에서는 오늘도 소리 없는 깨달음을 주시고 하늘의 진정한 뜻을 일러주신다.

고요함 속에 숨은 진실을 볼 것이며 침묵 속에 숨은 진정한 의미를 알라. 보이는 것을 무조건 믿으려 하지 말 것이며 들리는 것을 진실이다 하지 마라.

때로는 보이고 들리는 것이 진짜인 것 같겠지만 사람의 입을 통해서 나오는 말들 중 진실만을 말하는 자, 과연 몇 명이나 있고 이 수많은 언어 속에서 진실을 알아내는 자 몇이나 있던가?

인간사의 모든 풍파들.

너희들이 자초한 고통과 아픔 아니던가? 너희들이 상대의 말들을 진실로 믿고 행하다 보니 배신으로 인한 마음의 상처와 정신적, 육체적 고통, 금전의 고통, 누구를 원망하지도 말 것이며 누구의 탓으로 돌리지도 말지어다.

진실의 소리를 듣지 못한 그대들의 실수이고 하늘의 진실한 소리에 귀 기울이지 못한 그대들에 대한 나의 분노이고, 하늘인 나를 믿지 못하고 나를 없다 한 그대들의 실수에 대한 나의 답변이었으니 인간사 누구를 원망하고 누구 탓을 하기 이전에 그대들은 하늘인 나를 우러러 정녕코 떳떳하던가?

내(천황태제님)가 말이 없고 음성이 없다 하여 그대들의 마음도 그대들의 진실도 모르는 눈뜬장님인 줄 알았던가? 허허, 참으로 애석하고도 답답하도다.

나는 너희들의 말과 행동 일거수일투족 모두를 알고 있고 숨은 너희들의 마음까지도 모두 알고 있건만 인간의 눈은 아름다움으로 속이고, 인간의 귀는 아름다운 언어로 잠시 잠깐 현혹시켜 속였을지 모르나 나를 감히 현혹시켜 말이 없는 나의 입을 열게 할 하늘의 제자 과연 누구이고 나를 감히 감동시켜 나의 음성을 듣는 이 영광을 누릴 하늘의 제자가 과연 누구란 말인가?

　너희들이 흔히들 말하듯이 인간은 누구나 다 잘 났도다. 너희 인간들을 내가 미완성이 아닌 완성의 단계에서 인간사로 보낸 그 뜻이 나의 뜻이었고 나의 창조였건만 이 깊은 뜻을 알아 나를 진실로 찬양하는 이 과연 몇이고 이 고마움의 실체를 알아 진실로 나에게 감사함의 예의를 갖춘 자 몇이던가?

　너희들이 정해 놓고 너희들이 행하는 대로 감히 나에게 따르라고 하고 있으니 내가 너희들로 하여금 이맛살이 편할 날이 없고 내가 너희들로 하여금 마음 편할 날이 없도다.

　나를 부르고 찬양하는 수많은 성직자와 백성들이여! 내가 그대들의 기도에 응하지 않음을 아직도 모르고 있더란 말이던가? 내 친히 나의 대행자와 나의 분신으로 자미인황을, 나의 명 수행자 자미천감을 나의 명 수행자로 황명을 내리니 너희들이 감히 진짜니 가짜니 운운하지 말고 진실로 나의 음성을 듣고자 하고 진실로 나의 뜻을 알고자 하거든 나(하늘)에게 예의를 갖춘 후에 정중히 찾아와 자미인황과 자미천감을 통하여 나의 뜻을 알지어다. 이것이 내가 인류에게 내리는 황명이며 이것이 바로 나의 원 뜻이니라.

　하늘의 말씀, 하늘의 뜻, 많은 것을 알고 나니 기쁨보다는 앞으로 이 많은 사실들을 세상에 알려야 한다는 사실과 천황님의 뜻을 정확히 전달할 수 있을지 많은 고민이 되었다.

## 저승세계 명부전을 다녀왔다

그 후로 자미인황님을 통하여 하늘의 공부는 계속되었는데 정말 하늘의 공부는 해도 해도 끝이 없었다. 3년의 수행과정이 끝나면 모든 것이 끝인 줄 알았는데 그 과정은 쉽게 표현하면 제자 길에 들어서 예행연습에 불과했고 진정한 하늘에 공부는 이제부터 시작이었다. 하루는 자미인황님으로부터 전화가 왔다.

중요한 공부를 할 것이 있으니 어서 오라고 하시기에 무엇인가 궁금하기도 하고 잘할 수 있을까? 걱정도 하며 약속 시간에 맞추어 도착을 했다.

자미인황님이 하시는 말씀이 "이제 천상세계도 다녀왔으니 오늘은 저승세계인 명부전을 다녀오라고 불렀다" 하시는 것이었다.

순간 가슴이 철렁했다. 아무리 신의 공부도 좋지만 명부전은 죽은 사람들이나 가는 곳이 아니던가? 천상세계는 죽어서도 살아서도 누구나 궁금해 하고 가고 싶어 하는 동경의 세계이기에 아무 거부 반응이 없었지만 명부전은 말만 들어도 소름이 끼치고 겁이 났다.

싫다고 할 수도 없고 하긴 해야겠는데 두려웠다. 더구나 자미인황님도 명부전으로 산 영혼을 보내는 것은 이번이 처음이라고 말씀하시기에 더 무서웠다.

하필이면 시험 대상이 왜 내가 되었는지 원망스러웠다. 명부전에 갔다가 돌아오는 길을 몰라 나의 육신을 못 찾으면 나는 영영 죽은 세계에 머물러 있게 되는 것이 아닌가? 갑자기 부모님 생각이 나고, 평상시에는 그다지 사랑하지도 않던 내가 알고 있는 모든 사람들이 소중해지고 보고 싶어졌다.

잘 못되면(명부전에서 못 돌아오면) 집으로 연락을 해 달라고 부탁을 하고, 입천 발원도 잘 부탁드린다고 말씀을 드린 후, 집 주소와 전화번호를 적어 드리고 명부전 출발의식은 거행되었다.

호랑이한테 잡혀가도 정신만 차리면 된다고 생각하며 꼭 살아서 돌아오겠노라고 다짐을 한 뒤, 무의식 상태에서 자미인황님의 명에 따라 나의 산 영혼(생령)은 명부전을 향하여 출발했는가 싶더니 어느새 저승세계에 도착해 있었다.

자미인황님의 명에 따라 명부시왕님께 공손히 인사를 올렸다. 고개를 들 수도 없었고, 무서워 말도 제대로 할 수가 없었는데 어디선가 음성이 들려왔다.

"그대는 누구이고 이곳에 무슨 연유로 왔는지 고해야지 그렇게 고개만 푹 숙이고 있으면 내가 그대의 얼굴을 어찌 보겠는가? 자! 이제는 고개를 들라!" 하시는 음성이 들려왔다.

명에 안 따르고 화나게 하면 영영 잡혀서 못 돌아올까 봐 말이라도 잘 들어야지 하면서 고개를 들려고 하는데, 이 고개가 얼마나 무거운지(겁에 질려서) 쉽게 들리지가 않았다.

이를 악물고 있는 힘을 다해 억지로 고개를 들어 얼굴을 마주한 순간 깜짝 놀라고 말았다. 내 상상과는 달리 하나도 무섭지 않고 너무나 인자하시고 잘생긴 미남의 모습이었다.

용기를 얻어 이곳에 오게 된 이유를 사실대로 말씀드렸더니, 이미 태상천존 자미 천황태제님께 들어서 알고 계시다는 것이었다. 그러면서도 많이 궁금하셨다고 하신다.

모든 사람이 죽어서도 오기 싫어하고 겁내는 이곳을 하늘에 대한 믿음이 제아무리 강하다고 하더라도 과연 올 것인가? 오늘 제자들의 하늘에 대한 충성심과 믿음에 다시 한 번 놀랐다고 하시며, 과연 하늘의 제자는 뭔가 달라도 확실히 다르다고 칭찬을 하시면서 흐뭇하게 웃어 주시는 것이었다.

이렇게 죽음을 각오하고 힘든 길을 찾아왔으니 오늘 중요한 공부를 시켜주겠다며 명부전의 제1전에서부터 제10전까지 대왕님들께 인사를 시켜 주시면서 그분들의 역할을 모두 가르쳐 주셨다. 착한 선행을 많이 한 영혼들과 악한 일을 많이 한 영혼들의 사후세계 차이점을 가르쳐 주시었다.

지금 보고 들은 이 상황을 만 사람들에게 알려 살아서 깨닫게 하고 앞으로는 해야 할 일들이 많이 있으니 열심히 기도 정진에 힘쓰고 나중에 인연이 되면 다시 만나기로 하고 돌아가라 하시는 것이었다.

인간사의 교도소도 나쁜 짓을 한 사람에게나 무섭고 두려운 존재이듯이 이곳 저승세계의 명부전도 인간사에서 나쁜 짓을 많이 하고, 하늘을 몰라보고 조상님을 몰라본 자손에게나 형벌이 가해지는 두려움의 세계라고 가르쳐 주셨다.

오늘 우리 제자가 보고 듣고 느꼈듯이 하늘이 윤허한 자손에게는 하나도 무섭지도 두렵지도 않은 그런 세상이니라. 훗날 다시 만나면 더 많은 것을 일러주기로 하고 오늘은 초행길이니 이만 돌아가라 하셨다.

안도의 한숨과 함께 짧은 순간이었지만 깊은 깨달음 꼭 잊지 않겠다고 큰절을 올린 후에 자미인황님의 명에 따라 지상에 있는 나의 산 육신을 찾아내 영혼은 바삐 움직였다.

드디어 나의 육신과 다시 합쳐지는 순간, 무의식의 상태에서 머나먼 길을 다녀온 내 영혼은 왠지 모르게 지쳐 있는 모습이었지만 아무 탈 없이 살아서 돌아와 기뻤고 명부전을 다녀왔다는 사실이 입증되는 감동의 시간이었다.

## 작명과 개명의 비밀!

　이름 작명과 개명으로 운명을 바꾸어 보려는 사람들이 엄청나게 많고, 실제로 철학관이나 작명소의 역술인에게 가서 수많은 사람들이 작명과 개명을 하였다.
　여기에는 우리 인간들이 모르는 태초의 엄청난 비밀이 숨어 있다.
　2012년 7월 29일 천인합체의식 때 하늘께서 가르쳐 주시어서 난생처음으로 알게 되었다. 엄청난 태초의 비밀에 대해서는 너무나 대단하기에 여기서 진실을 공개할 수 없다.
　철학관, 역술인에게 이름을 작명하거나 개명한 사람들은 이름을 작명, 개명함으로써 오히려 역반응이 일어날 수 있으니 속히 자미국으로 방문하여 상담을 통해 방법을 찾아야 한다.
　이름을 작명, 개명하려고 생각 중인 사람들은 자미국에 방문해서 하늘께서 가르쳐 주신 작명과 개명에 대한 태초의 비밀을 알고 나서 작명, 개명 여부를 결정해도 늦지 않다.
　작명과 개명에 대한 경천동지할 하늘의 태초 비밀이란 무엇일까? 그 해답은 하늘께서 가르쳐 주시어 자미국 저자만이 알고 있다.
　인류가 모르는 작명과 개명에 대한 태초의 비밀이 자미국을 통하여 밝혀졌다. 지금까지 철학관이나 작명, 개명하는 역술인들이 감히 상상조차도 못하고 알 수도 없었던 하늘의 비밀.
　작명과 개명뿐만이 아니라 아호나 상호도 마찬가지로 함부로 짓는 것은 복이 아닌 화를 불러들인다. 더 많은 하늘의 비밀은 자미국에 방문한 독자들에게만 공개한다.
　가장 좋은 이름을 짓는 방법은 하늘께 의뢰하는 것이다. 철학관이나 작명소의 역술인에게 이름을 지으면 그들의 기운을 받게 되어 있다. 살아서는 물론 죽음 이후에도 이름이 세상에 오래도록 남으므로 복되고 제대로 된 이름을 지으려면 자미국에 방문해서 하늘 태상천존 자미 천황태제께 의뢰해야 하늘의 기운을 받고 살아갈 수 있는 복되고 훌륭한 이름을 얻을 수 있다.

영의 부모님이신 하늘을 알려 하지 않고 작명·개명·아호·상호를 잘 지어서 운명을 바꾸어 보려는 사람들이 사탄마귀이고, 이런 행위가 얼마나 잘못된 일인지, 누구에게 어떤 죄를 짓게 되는 것인지 독자들은 알 길이 전혀 없다.

영의 부모님이신 하늘을 알려 하지 않고 종교를 믿어 잘되려고 하는 교인들이 진짜 사탄마귀라고 하나님께서 2012년 7월 31일 조상님 천상입궁의식 때 하강하시어 말씀해 주시었다.

40년 동안 교회와 XX재단을 다닌 79세 노인의 조상님 구원의식에 위대하신 하나님(천상천감님)께서 실제로 하강하시어 해주신 말씀이다. 어떤 종교든지 믿는 자체가 사탄마귀이고 자신과 조상님들을 고통의 지옥세계로 입문시켜드리는 못난 행위가 된다.

영의 부모님이신 진짜 하늘 태상천존 자미 천황태제님에 대해서는 알려 하지 않고 기존의 종교세계 이론과 교리를 받아들이고 믿고 있는 자체가 자신의 조상님들과 영의 부모님이신 하늘께 얼마나 큰 죄를 짓게 되는지 하루라도 빨리 알고 빌어야 죄인의 굴레에서 벗어날 수 있다.

17권의 책을 집필하면서 종교는 하늘의 뜻이 아니라고 누차 강조하며 말했지만 수많은 독자들이 자미국을 사이비로 몰아세우며 귀를 막고 부정했다. 왜? 하나님께서 진짜 하늘을 알려 하지 않고 종교를 믿는 행위가 사탄마귀라고 하는지 오늘 정확히 알게 해주시었다.

진짜 하늘은 어디에 계실까? 지금 무엇을 하고 계실까? 나에게는 뭐라고 말씀하고 계실까? 가장 좋아하시는 것은 무엇일까? 등에 대해서 궁금해 하는 사람들에게 자미국을 통하여 하늘께서 천상의 문을 활짝 열어주신다고 말씀하시었다.

하늘을 알려 하지 않는 사탄마귀와 죄인들은 하늘께서 내려주시는 천복

만복을 받을 수도 없고, 현생과 내생을 사랑으로 보살피시며 지켜주실 하등의 이유가 없으시다.

 역술인들에게 찾아가서 작명·개명·아호·상호를 짓는 행위가 하늘과 조상님들을 분노케 함은 물론 자신의 인생을 더 아프게 한다는 무서운 진실을 세상 사람들은 알 수 없으리라.

## 하늘께 바치는 공덕

축생이나 곤충, 미물이 아닌 만생만물의 영장인 인간으로 탄생시켜 주시어 이 땅에서 살게 해주신 천상의 위대하신 하늘 태상천존 자미천황님께 진정한 감사함을 올리고 살아가는 사람들이 이 세상에 얼마나 있을까? 전무하리라.

만물의 영장인 인간으로 태어나게 해주신 하늘께 감사함은커녕 존재 자체도 부정하고 몰라보는 세상이다. 인간으로 태어나기 위해서는 수억만 년이라는 억겁의 세월 동안 이 땅에 모든 생물체로 번갈아 탄생해서 윤회의 과정을 거치는 동안 묵묵히 하늘의 사명을 완수하여 뽑힌 생명체들이 만생만물의 영장인 인간으로 태어났다는 위대한 진실을 이 세상을 살아가면서 어느 누가 알고 있겠는가?

여기서 모든 생명체란 이 땅에 살아 움직이는 생물을 말한다. 가축인 소, 돼지, 말, 닭, 양, 토끼, 개와 동물인 호랑이, 여우, 늑대, 기린, 낙타, 타조, 코끼리, 족제비, 고양이, 미물인 뱀 종류, 지네, 두더지, 쥐, 지렁이, 구더기, 각종 벌레, 굼벵이, 바퀴, 파리, 모기, 하루살이, 그 이외에 어류나 조류 등으로 태어나서 하늘이 내리신 사명완수를 끝마친 생명체가 만생만물의 영장인 인간으로 태어났지만 감사함 자체를 모르고 살아가는 것이 현실이다.

위대한 이런 진실을 전해 주는 인류의 영적 지도자도 없었고, 또한 알지도 못하니 천상의 높고 높으신 태상천존 자미천황님께 감사함을 올릴 엄두도 못 내었을 것이다. 감사함을 올렸다고 해봐야 자신의 조상님들이나 종교의 숭배 대상자인 석가, 예수, 상제, 성모 등이 전부일 것이다.

천상의 위대하신 하늘 태상천존 자미천황님께 인간으로 선택받은 사랑의 진실을 몰라보고 살아가니 그것이 바로 죄이다. 인간으로의 탄생에 대한 감사함을 몰라보고 살다가 죽으면 다음 생에서는 만물의 영장인 인간이 아니라 축생이나 미물, 곤충, 조류, 어류로 태어난다.

하늘께 죄를 지은 죄인인 줄 몰라보고 나 잘났다며 하늘 향해 고개 쳐들고 거만, 자만, 교만하게 살았던 사람들의 죄가 가장 크고 많아 뱀과 지렁이, 구더기로 태어나서 땅에 납작 엎드려 목숨 다하는 날까지 땅을 기어다니면서 하늘을 몰라본 죄를 빌며 살아가게 되는 것이며 가장 나은 편이 조류로 탄생한 경우이다.

가장 성공한 다음 생을 선택받을 수 있는 길이 천황님의 나라 자미국에 있는데 그것이 하늘의 명을 받아 천인합체의식을 행해서 다음 사후세상을 축생이나 미물, 곤충, 벌레가 아닌 하늘 사람 즉, 천인天人으로 탄생하여 다음 생을 보장받는 천상의식이다.

하늘께 바치는 공덕금을 천공天貢이라 한다.

자신이 만생만물의 영장인 인간으로 탄생함에 감사함을 하늘께 올리고 싶은 독자들은 감사천공을 올릴 수 있는데, 천황님의 나라 자미국에 방문해서 정식으로 감사의식을 행해서 올리는 방법과 은행계좌로 송금하는 두 가지 방법이 있다.

하늘께 감사천공을 올리면 감사할 일들이 그때마다 생긴다. 한 번 올리면 한 번 감사할 일이, 두 번 올리면 두 번 감사할 일이, 세 번 올리면 세 번 감사할 일이 자신의 삶에서 줄줄이 일어날 것이다. 감사천공을 끝없이 올리면 그것이 하늘께 공덕으로 쌓여서 자신들이 살아생진 받게 되고, 육신이 죽어서도 받는다.

또한 자신이 하늘께 올린 감사천공의 공덕은 자손 대대로 수명장수와 만복으로 이어져 내려간다. 각자가 공덕을 행한 대로, 공덕을 쌓은 만큼 독자들이나 자손들이 받게 된다. 100만 원 올리면 100만 원의 공덕이 쌓일 것이고, 1천만 원 올리면 1천만 원의 공덕이, 1억 원을 올리면 1억 원의 공덕이 차례대로 쌓이게 된다.

하늘 태상천존 자미천황님께 감사천공을 이왕지사 올리려거든 현재의 목숨 값과 사후세계에서 끝없이 이어지는 목숨 값이 얼마인지 심사숙고하여서 정중히 올려야 한다. 종교단체에 수시로 내는 기부금 성격과는 전혀 다르다.

각자들이 하늘께 바치는 감사천공은 뜻깊은 것이며 자미국 은행계좌로 입금과 동시에 천상장부에 실시간으로 기록되고, 천상 자미천궁 은행에 그대로 예금된다.

독자들이 감사천공을 올리면 인생을 살아가면서 하늘의 보호를 받을 수 있고 죽어서도 하늘의 보호를 받게 된다. 육신이 죽은 다음에 천인이 되어 천상 자미천궁에 올라가면 자신들이 올린 공덕금(천공)만큼 천상은행에서 찾아서 쓸 수 있게 된다.

인간으로 태어나서 지은 죄를 하늘께 사면받고자 하는 사람들은 사죄천공을 올리면 되는데 이 역시 전황님의 나라 자미국에 방문해서 정식으로 의식을 행하여 올리는 방법이 있고, 은행계좌로 송금해서 올리는 두 가지 방법이 있는데 선택은 각자의 자유이다.

자미국에 방문해서 정식으로 사죄의식을 행하는 것이 도리이나 방문하기 불편할 경우, 은행계좌로 사죄천공을 보내면 자신들의 죄가 하나씩 사면되는데 하늘께 바치는 사죄천공 액수에 해당하는 죄만큼 사면받게 된다. 다시 말하면 태산 같은 죄를 지었으면 거기에 합당하는 사죄천공을 올려야 지은 죄를 하늘께 사면받을 수 있다.

천황님의 나라 자미국의 거대한 궁전을 세우고자 건립천공을 모금한다. 자미국 궁전은 인류의 중심 국가로 건립하는 것이기에 영국왕실, 일본황실, 로마 교황청을 능가하는 지상 최고의 궁전으로 건립할 예정이다.

천황님의 나라 자미국의 서울 본궁 예상 후보지는 청와대 터와 비원이 물망에 올라 있고, 별궁은 금강산 지역 일대가 될 것으로 예상하고 있다. 청와대 자리는 대통령의 터가 아닌 신의 터이기에 조만간 이전을 하게 될 것이다. 인간이 태어난 이래 태초의 천지대업에 동참하는 독자들은 그 자체가 자신과 가문에 영광이자 행운이다.

세계 최대의 자미국 궁전을 건립하는 일은 저자 혼자만의 힘으로는 불가능하고, 대단하신 태초의 하늘 태상천존 자미천황님께서 감사천공, 사죄천공, 건립천공을 자미국에서 받아도 된다고 윤허해 주시어야만 독자들이 천공을 자유롭게 송금할 수 있다.

하늘께서 천공 바치는 것을 윤허해 주시지 않은 독자들에게는 마음 안에서 천공에 대한 거부 반응이 강하게 일어나도록 해주실 것이고, 천공을 윤허해 주신 독자들에게는 천공을 바칠 수 있음에 감사하다는 마음이 저절로 일어나게 해주실 것이다.

평생 동안 가졌던 돈에 대한 애착과 욕심이 없어지고 거액의 천공이라도 전혀 아깝지 않다는 생각이 들어가고 오히려 기쁨과 보람, 감동의 마음으로 송금하게 될 것이다.

인간으로 태어나게 선택해 주심에 감사하고 거대한 재물을 벌어주신 분도 하늘이시라고 감동으로 인정하게 되어 흥분과 감사한 마음이 솟구치듯 일어나게 된다.

하늘께서는 여러분의 일거수일투족을 모두 실시간으로 지켜보고 계실 뿐만이 아니라 여러분의 마음을 무소불위하신 천지조화의 천권과 천력으로 자유롭게 움직이시는 대단한 능력을 갖고 계시는데 독자들은 이해가 잘 안 되겠지만 저자는 수없이 체험한 당사자이다. 정말 한 치의 오차도 없으신 무소불위한 하늘이시다.

자미국 건립은 하늘이 내리시는 지엄한 황명을 받은 해당 기업인들과 정부 당국자, 고위 공직자, 정치인과 일반 독자들이 함께 동참해서 세워야 할 인류 탄생 이후 최대의 숙원사업이다.

또한 천황님의 나라 자미국만이 세계 인류를 하나로 통일해서 호령하고 통치하며 다스릴 수 있게 된다. 자미국이 인류의 희망이며 바로 예언서에 등장하는 세계의 종주국이자 통치국가이기 때문에 우리 모두가 기쁜 마음으로 하나 되어 위대한 세계의 중심 국가를 세우는 일에 솔선수범하여 동참해야 한다.

자미국을 태초로 세우는 천지대업에 동참하는 사람들은 천상장부에 공덕으로 올라간다. 하늘과 땅, 인간이 함께해서 세우는 제2의 위대한 천지창조가 시작되었다.

감사천공은 이 책을 구독하는 독자라면 묻지도 말고, 따지지도 말고 바치는 것이 만생만물의 영장인 인간으로 태어나게 해주신 하늘의 사랑에 조금이나마 보답하는 최소한의 도리이다.

천황님의 나라 자미국은 분명히 이 땅에서 가장 거대하고 웅장하게 세워질 것인데 정말 신기한 것은 하늘께서 뽑아주신 독자들에게만 천공을 바치도록 신묘한 천지기운을 내려주신다는 점이다.

하늘께서 천지기운을 내려주시지 않는 독자들은 천공을 보내고 싶은 마음이 전혀 일어나지 않게 된다. 일정액 이상의 천공을 송금한 독자들에게는 자미국 백성(예비, 정식)으로 임명한다.

자미국은 비영리 사단법인이기에 은행계좌로 송금된 감사천공, 사죄천공, 건립천공에 대해서는 세금공제 혜택을 받을 수 있도록 기부금 영수증을 발급해 준다.

| 예금주 | 자미국 | 국민은행 | 580937-01-003573 |
| 예금주 | 자미국 | 농　협 | 301-0111-297051 |
| 예금주 | 자미국 | 신한은행 | 140-009-740324 |
| 예금주 | 자미국 | 제일은행 | 211-20-572632 |

## 예비백성 가입

　책을 구독하여 공감하고 감명받아 천황님의 나라 자미국에 방문하여 저자를 친견상담하고, 부모조상님 영혼 영가를 구원하는 의식을 행하고는 싶지만 금전적인 문제로 10일 이내에 의식을 행할 수 없는 사람에 한하여 가입을 권유한다.

　조상님 구원의식을 행한 사람은 신분이 정식백성이다. 의식을 금전문제 때문에 바로 행하지 못할 경우 예비백성으로 가입하면 조공(의식비용)이 좀 더 수월하게 구해지는 이변이 많이 일어난다.

　그리고 자미국 홈피는 일반 사이트의 홈피처럼 아무나 들어갈 수 없다. 자미국 예비백성의 신분이 아닌 사람들은 홈피에 접속하여 회원가입을 할 수는 있으나 내용검색이 안 되므로 수백 개의 의식사례 내용들을 검색할 수 없다.

　홈피에는 수많은 백성과 천인들이 몇 년간 올린 경천동지할 의식 사례들이 있고, 의식 때 말씀해 주신 하늘의 귀한 말씀을 읽을 수 있다. 그리고 예비백성들에게는 다른 사람들 조상님 입천제와 천인합체의식 하는 날 특별 초대하여 구경할 수 있는 자격을 부여하고 날짜와 시간은 문자 메시지로 일괄 발송한다.

　회원가입은 본인의 성명과 본관, 주소, 생년월일, 핸드폰을 상담할 때 알려주면 되고, 연회비를 납부하면 예비백성 자격을 1년간 부여하며 기한이 만료되면 재가입해야 하고 의식을 행하면 평생회원이 된다.

　예비백성으로 가입하면 그날부터 알 수 없는 하늘의 신비스러운 기운을 온몸으로 느끼는 사람들이 많다. 의식을 바로 행하지 못하는 사람들에게 예비백성 가입은 자미국 사람(백성, 천인)이 되기 위한 최소한의 자기 마음을 보여주는 것이다.

의식 행할 능력이 없는 사람들은 예비백성 가입이라도 해서 자미국과 인연을 맺어 놓아야 조상님들이 희망을 갖고 천상 자미천궁에 올라갈 날을 지루하지 않게 기다릴 수 있다.

## 하늘이 내리신 비결서

　이 책은 단순한 하늘·신·조상님에 관한 책이 아니라 우리 모두가 복 받아 잘사는 하늘이 내리신 비결서秘訣書이다. 현대과학과 의학, 종교 때문에 하늘, 신명, 조상님, 귀신들의 존재가 무시되어 왔다. 문명의 발달로 자기의 마음 즉, 정신까지도 미신이라고 하고 있다.

　현대과학으로 밝혀낼 수 없는 인간의 한계를 스스로 극복하지 못하고 하늘·신·조상님을 어리석게도 모두 비과학적 존재로 몰아세우며 미신이나 무속으로 생각하고 있다.

　눈에 보이지 않고 들리지 않으니 비과학적이라고? 그러면 독자들의 마음도 보이지 않고 들리지 않으니 비과학적이라 봐야 하지 않을까? 자신들이 모르는 것은 탓하지 않고 하늘·신·조상님 모두를 미신과 무속으로 몰아세우고 있다.

　특히 개신교인들이 더 심하다. 각자의 정신은 바로 예비 귀신들이다. 죽으면 우리 모두는 귀신이 된다. 육신이 죽었다고 그 정신(영혼)까지 죽는 것은 아니다. 조상님 입천제를 올려 한 조상님을 구원하면 한 가문이 구원받아 편안하고 우환이 사라신다. 나라의 모든 싱씨별 조상님들을 구원하면 모든 가문이 번창하고 알 수 없는 불행에서 벗어나며 국가 또한 부강해진다.

　선진국 일본인들이 그들 조상님을 어떻게 섬기는지 한민족은 배워야 하리라. 일본 총리는 주변 국가들의 거센 반대에도 불구하고 신사참배를 강행하고 있다.

　왜 하고 있는지 독자 여러분들은 그 이유를 모를 것이다. 귀신 하나의 힘은 나약하지만 신사에 모셔놓은 그 많은 혼령들을 나라에서 지극정성으로 위로하니 그들이 나라를 지키는 강력한 호국 신으로 둔갑해 일본을 거대한 경제 대국으로 이끄는 힘이 되어 주었다.

그러나 이 나라에는 이미 하늘께서 강림하시었으니 일본 신사와 같은 나라신전보다 지상궁전 자미국이 우선 건립되어야 한다. 지상에 거대한 지상궁전 자미국이 건립되고 난 후 나라궁전이 건립되어야 한다. 하늘의 천지 주인께서 집무하실 지상궁전 자미국 건립이 시급한 실정이다. 옛날부터 한반도에 비결로 전해지던 신의 종주국 자미국이 동방의 작은 이 땅에 세워지고 있다.

모두가 때가 되면 저세상으로 떠나간다. 잘 나도 못 나도 모두 함께 가야 할 사후세계. 몇십 년 더 살고, 덜 살고의 차이는 있겠지만 언젠가는 반드시 죽어야 한다. 살아생전의 삶도 중요하지만 사후의 삶이 매우 중요하다.

사후세계의 공간이 실제로 존재하고 있기 때문이다. 수많은 조상님 입천제와 천인합체의식을 통해서 알게 된 진실이다.

지옥과 천당, 극락이 존재하고 있다.

상천세계(천상) 중천세계(허공) 하천세계(지옥)로 나누어져 있다. 생전의 80년, 사후의 끝없는 시공간의 세월! 살아서의 삶보다도 죽어서가 더 중요하다. 천상궁전 올라가느냐 못 올라가느냐 그것이 생자와 망자의 최고 근심걱정이다.

깨달은 사람과 못 깨달은 사람,

깨달은 조상님과 못 깨달은 조상님,

깨달은 신명과 못 깨달은 신명으로 분류된다.

깨달은 사람은 천황님의 나라 자미국에,

깨달은 조상님은 천상 자미천궁에,

깨달은 신명은 하늘의 명을 받아 천인합체로 인간 육신에 머물며 신명나게 살아가고 못 깨달은 사람은 가난, 질병, 사업실패로 비참하게 살아가게 된다.

못 깨달은 조상님은 자손들 몸에 들어가거나 허공중천 떠돌고, 못 깨달은 신명은 하늘의 명을 못 받아 잡신과 악신으로 영원히 인간 몸에 머물며 온갖 풍화환란을 안겨준다.

신명세계와 조상님 세계의 진실에 대하여 모르고 있는 이 땅의 자손들.

서양 문물이 좋다고? 서양에는 귀신이 없는가? 미국에서도 귀신으로 인한 문제가 심각하다.

악령! 동물들의 혼령이 주류를 이루기도 하지만 악신에 빙의 되었다가 죽은 경우, 악령으로 돌변하여 산 사람들을 무섭게 괴롭히는 존재로 둔갑한다.

사람을 다치게 만들고 각종 사고로 죽게도 만든다. 생전에 원과 한을 가슴에 품은 채 사망하면 원귀가 되어 살아있는 자손들 몸으로 들어와 정신병자로 만들고, 사업을 실패하게 하고, 각종 질병과 가정불화, 이혼, 사고사로 이어지게 한다.

모든 독자들이여! 모든 종교에서 어서 벗어나 참 '나'를 찾자.

그 길만이 모든 저급한 혼령들의 침범으로부터 벗어나는 길이다.

이제 종교의 시대는 지나갔다.

하늘의 절대권자이시고 대우주 천지인 창조주이신 천황태제님께서 인류에게 바라고 원하시는 일이다. 각자의 원신인 천상신명들만이 자신의 육신과 영혼을 지켜줄 수 있다. 천상의 원신이 자신과 천인합체가 이루어지면 더 이상 종교의 노예가 되지 않아도 된다.

모든 신과 조상님들의 영혼들로부터도 자유로워진다. 각자 자신들이 살아있는 신명들이 된다. 다만 계급과 신분의 차이가 날 뿐 하늘의 신명이 된다.

또한 살아서든 죽어서든 하늘의 천인과 백성의 신분이 주어진다. 지구 탄생 이래 최초로 동방 땅에 세워지는 천황태제님의 나라 자미국 자미천궁이 하늘의 명을 받아 앞으로 종교를 멸하여 세계를 하나로 통일하고 인류를 영도해 나가게 될 것이다.

지금의 평균 수명 80세! 이것이 언제 얼마만큼 늘어날지는 예측하기 어려우나 자미국 자미천궁의 천인(합체의식을 행한 백성을 말함)들은 수명 장수하게 된다. 하늘의 창조주께서 행하시는 일이기에 반드시 현실로 도래하리라 본다.

인간의 힘이나 과학으로는 도저히 이루어낼 수 없는 수명이지만 하늘의 천황태제님께서 내려주시는 무소불위하신 천력天力에 의하여 장차 현실로 이루어지리라.

　기독교인들이 늘 '영생'을 줄기차게 외치는 것을 보면 그때가 임박한 것이리라. 천인합체한 자미국 천인들이 100세를 넘어서도 노인이 아닌 30대 전후의 젊은 육체를 갖고 있다면 세계 인류는 모두 대한민국의 자미국 자미천궁으로 인산인해를 이루며 몰려 올 것이다. 더 이상 자미국에 천인과 백성으로 들어오라고 말할 필요가 없다.

　지금은 비록 꿈같은 이야기이지만 꿈은 세월이 걸리기는 하지만 항상 현실로 이루어진다. 이름하여 천황님의 나라 자미국이 한반도에 우뚝 세워진다.

　무력이 필요 없다. 세계 인류는 천령정기의 천지기운에 이끌려 종교를 버리고 스스로 굴복하여 자미국에 자청하여 천공天貢 및 조공朝貢을 올리게 되며 세계 모든 나라가 자미국 연방국가로 귀속되기를 원하는 믿지 못할 일들이 현실로 일어난다.

　하늘이 내리시는 명에 따르지 않는 국가 즉, 자미국 연방국가로 편입되지 않은 나라는 많은 천지 재앙들이 꼬리를 물고 일어나게 되므로 자미국 자미천궁에 찾아와 스스로 천황태제님께 무릎을 꿇고 연방국가로 귀속되기를 자청하게 된다.

　초강대국들이 강제로 점령하였던 각 나라의 민족들도 이때부터 독립되어 새로운 나라가 수없이 많이 세워지게 된다. 저 광활한 고구려 영토 수복도 아마 이때쯤 이루어지리라 본다. 이것을 원시반본의 법칙이라 한다. 원래의 것으로 되돌아감이 천지만물의 이치다. 인간도 태어났다가 다시 죽음으로 돌아가듯이 말이다.

　천황님의 나라 자미국의 탄생!

　이는 천황태제님께서 저자에게 명을 내리시어 장차 이루어 나가실 일들이다. 이곳의 자미국 천인들은 각자 살아있는 천계의 신들이다! 그 몸에 하늘 천황태제님의 명을 받고 천상신명들이 모두 하강하여 있기 때문에 신들의 수명에 버금가는 인간 수명을 유지할 것이라 본다.

　인간 육신의 세포를 신명들이 개벽시켜 노화된 세포를 내보내고 하늘의 천령정기 기운이 들어 있는 새로운 천상세포로 계속 만들어 내 노화를 방지하게 된다.

신명과 천인합체한 천인들은 10년은 젊어 보인다. 천상신명님들의 천지조화로 육신의 노화가 아니라 젊음으로 계속 회귀하고 있다.

살아있는 신!

행복하고 즐겁다. 만사에 근심걱정이 없다. 천손의 후예는 분명 아무나 될 수는 없다. 한민족이라고 모두가 천손민족이 아니다. 천황태제님의 아들딸들이 되어야만 진정한 천손민족이다. 이는 하늘의 천황태제님께서 선택해 주셔야 가능하다.

인류의 천지개벽! 하늘의 천인과 백성으로 다시 태어나 근심걱정에서 하루속히 벗어나자. 늘 기쁨과 행복이 함께하는 자미국 자미천궁! 인류 모두의 영원한 정신적 구심점이며, 지상의 인류 모두가 원하는 이상향의 무릉도원 세상을 세워 나간다.

자미국은 종교나 도교단체가 아닌 하늘의 천인과 백성들을 배출하는 곳으로 하늘에서 사상 최초로 세우시는 천황태제님의 나라이다. 독자 여러분도 하늘의 천인과 백성으로 하루속히 다시 태어나 근심걱정 없는 즐겁고 행복한 삶을 영위하시기 바란다.

육신이 살아있을 때 천황님의 나라 자미국과 인연을 맺는 것은 가장 성공한 인생이고, 맺지 못하면 가장 불행하고 실패한 인생이 되어 살아서든 죽어서는 천추의 원과 한으로 남게 될 것이다.

천기 12(2012)년 8월 1일<br>
태초의 하늘 태상천존 자미 천황태제님의<br>
명 대행자 인황(남)<br>
명 수행자 사감(여)

### ▌조상님 입천제와 천인합체의식을 행해야 할 대상자

- 기존의 모든 종교에 실망하신 분
- 자신의 생령을 직접 만나고 싶은 분
- 조상님의 혼령을 직접 만나고 싶은 분
- 상상 속의 하늘을 직접 만나고 싶은 분
- 성에 차지 않아 여러 종교를 다니는 분
- 굿이나 천도재를 아무리 하여도 소용없는 분
- 신의 기운이 무엇인지 스스로 확인하고 싶은 분
- 자신의 몸에 누가 들어와 있는지 확인해 보고 싶은 분
- 머리가 늘 무겁고 신경질이 잦고 눈물을 자주 흘리는 분
- 매사 하는 일마다 되는 일이 없고 질병으로 고생하는 분
- 사업번창, 승진, 이혼, 자녀, 부부간 문제로 고민하시는 분
- 타고난 운명과 팔자를 재창조하여 하늘사람으로 살고 싶은 분

┃상담친견 예약
오전 11시~오후 6시
전화로 날짜와 상담시간 예약 후 방문 요망

┃행사 의식 종류
• 조상님 영가 구원
입천제의식 : 벼슬, 특단, 상단, 중단 하단의식 중 선택
(자손은 조상님께 지은 죄를 빌고, 조상님은 하늘을 몰라본 죄를 용서 빌어 천상 자미천궁으로 구원하는 의식)

• 인간과 신명 구원
천인합체의식 : 하늘의 명이 있는 사람만 행할 수 있다.
(인간과 영들은 하늘께 지은 죄를 빌고 천상의 신명과 하나로 합체하여 구원하는 의식)

전화상으로는 각종 의식비용을 알려 드리지 않으니 구원의식을 행할 마음이 있으신 독자들은 전화로 상담날짜 예약하시고 방문 바람.

상담전화 02)3401-7400
천황님의 나라 자 미 국
무릉도원 천상 자미천궁

• 주소 : 서울 강동구 성내3동 382-6 삼정빌딩 2층. 주차무료
동서울터미널에서 택시로 10분 거리
지하철 5호선 강동역 3번 출구 직진 120m 제일은행(강동예식장)에서 우회전 100m 지점 화로구이 옆 영마트 슈퍼 2/2층